Law and Economics of International
Telecommunications

Under the Auspices of the
Max Planck Institute for Foreign and
International Private Law
edited by Prof. Ernst-Joachim Mestmäcker
and Prof. Christoph Engel

Volume 35

Sebastian Seelmann-Eggebert

Internationaler Rundfunkhandel

Im Recht der World Trade Organization und der
Europäischen Gemeinschaft

Nomos Verlagsgesellschaft
Baden-Baden

Die Deutsche Bibliothek – CIP-Einheitsaufnahme

Seelmann-Eggebert, Sebastian:
Internationaler Rundfunkhandel: Im Recht der World Trade Organization und der Europäischen Gemeinschaft / Sebastian Seelmann-Eggebert. – 1. Aufl. – Baden-Baden : Nomos Verl.-Ges., 1998
    (Wirtschaftsrecht der internationalen Telekommunikation ; Vol. 35)
    Zugl.: Osnabrück, Univ., Diss., 1997
    ISBN 3-7890-5363-5

ISSN 0935-0624

1. Auflage 1998

Gedruckt auf alterungsbeständigem Papier.

meinem Bruder Florian

Vorwort

Von Journalisten sagt man im Englischen gelegentlich, sie seien „a jack of all trades, but master of none". Die Beschreibung paßt scheinbar auch für den Medienrechtler: Er muß ein breites Verständnis unterschiedlichster Rechtsdisziplinen vorweisen. Zugleich ist er aber Spezialist. Es herrscht gewiß kein Mangel an Regelungsansätzen und Ordnungskonzepten für die Medien. Die Industrie ist indessen dynamischer als ihre Regulierer. Aufgabe des Juristen ist es, den tatsächlichen Regelungsbedarf zu erkennen. Dazu muß er nicht nur die Pläne des Gesetzgebers, sondern auch die Strukturen der Industrie verstehen. Das macht die wissenschaftliche Arbeit auf diesem Gebiet reizvoll. Es erfordert aber auch den Zugang zu Theorie und Praxis. Die Zahl derer, die den Werdegang der vorliegenden Arbeit mit Rat und Tat begleitet haben, ist entsprechend groß. Ihnen allen schulde ich für die Unterstützung Dank. Namentlich erwähnen möchte ich meinen Doktorvater, Prof. Dr. Christoph Engel. Er fordert und versteht eigenes Denken gleichermaßen. Das zeugt von seinem ausgeprägten Interesse an der Person und der Sache.

Der Fachbereich Rechtswissenschaften der Universität Osnabrück hat die vorliegende Arbeit im Sommer 1997 als Dissertation angenommen. Ich habe die wichtigsten Entwicklungen bis zum Herbst 1997 berücksichtigt.

Hamburg, im November 1997   Sebastian Seelmann-Eggebert

Inhaltsverzeichnis

11

Abkürzungsverzeichnis

a.A.	anderer Ansicht
a.a.O.	am angegebenen Ort
ABl.	Amtsblatt der Europäischen Gemeinschaften
Abs.	Absatz
a.E.	am Ende
AETR	Accord européen sur les transports routiers
AfP	Archiv für Presserecht/Zeitschrift für Medien- und Kommunikationsrecht
a.M.	am Main
AöR	Archiv des öffentlichen Rechts
ARD	Arbeitsgemeinschaft der öffentlich-rechtlichen Rundfunkanstalten der Bundesrepublik Deutschland
Art.	Artikel
Aufl.	Auflage
BGBl.	Bundesgesetzblatt
BISD	Basic Instruments and Selected Documents
BVerfGE	Entscheidungen des Bundesverfassungsgerichts
CMLReview	Common Market Law Review
CPC	Central Product Classification
CRISP/CH	Centre de recherche et d'information socio-politiques/Courrier hebdomadaire
dass.	dasselbe
ders.	derselbe
dies.	dieselbe
Diss.	Dissertation
DÖV	Die Öffentliche Verwaltung
ECU	European Currency Unit
EFTA	European Free Trade Association
EG	Europäische Gemeinschaft
EGV	Vertrag zur Gründung der Europäischen Gemeinschaft
EJIL	European Journal of International Law
ELReview	European Law Review
EMRK	Konvention zum Schutze der Menschenrechte und Grundfreiheiten
endg.	endgültig
EuGH	Gerichtshof der Europäischen Gemeinschaften
EuGRZ	Europäische Grundrechte-Zeitschrift
EuR	Europarecht
EUV	Vertrag über die Europäische Union
EuZW	Europäische Zeitschrift für Wirtschaftsrecht

14

EWGV	Vertrag zur Gründung der Europäischen Wirtschaftsgemeinschaft
EWR	Europäischer Wirtschaftsraum
EWR-Abkommen	Abkommen über den Europäischen Wirtschaftsraum
EWS	Europäisches Wirtschafts- & Steuerrecht
f.	folgende(r)
ff.	folgende
Fn.	Fußnote
FS	Festschrift
GA	Generalanwalt
GATT	General Agreement on Tariffs and Trade
GATS	General Agreement on Trade in Services
gem.	gemäß
GG	Grundgesetz
GRUR	Gewerblicher Rechtsschutz und Urheberrecht
GRUR Int.	Gewerblicher Rechtsschutz und Urheberrecht Internationaler Teil
GS	Gedächtnisschrift
Habil.	Habilitation
HDTV	High Definition Television
Hrsg.	Herausgeber
hrsgg.	herausgegeben
IDATE	Institut de l'audiovisuel et des télécommunications en europe
ILM	International Legal Materials
ITO	International Trade Organization
ITU	International Telecommunications Union
i.V.m.	in Verbindung mit
JCMStudies	Journal of Common Market Studies
JIL	Journal of International Law
JWT	Journal of World Trade
JZ	Juristenzeitung
KOM	Kommission
lit.	littera (Buchstabe)
MAC	Multiplexed Analogue Components
MEDIA	Measures to Encourage the Development of the Audiovisual Industry
MJ	Maastricht Journal
MTO	Multilateral Trade Organization
m.w.N.	mit weiteren Nachweisen
NAFTA	North American Free Trade Agreement
Nr.	Nummer
OECD	Organisation for Economic Co-operation and Development
OVG	Oberverwaltungsgericht
PAL	Phase Alternation Line
RevMC	Revue du Marché commun et de l'Union européenne
RIW	Recht der Internationalen Wirtschaft
Rn.	Randnummer

Rs.	Rechtssache
RuF	Rundfunk und Fernsehen
S.	Seite
s.	siehe
s.a.	siehe auch
Slg.	Sammlung der Rechtsprechung des Gerichtshofes
SECAM	Sequence Couleur à Mémoire
TRIPS	Agreement on Trade-Related Aspects of Intellectual Property Rights, Including Trade in Counterfeit Goods
u.a.	und andere
UNESCO	United Nations Educational Scientific and Cultural Organization
Univ.	Universität
UrhG	Urheberrechtsgesetz
US	United States
USA	United States of America
v.	vom
vgl.	vergleiche
VO	Verordnung
Vor.	Vorbemerkung
VG	Verwaltungsgericht
VVDStRL	Veröffentlichungen der Vereinigung der Deutschen Staatsrechtslehrer
WiB	Wirtschaftsrechtliche Beratung
WTO	World Trade Organization
WuW	Wirtschaft und Wettbewerb
ZaöRV	Zeitschrift für ausländisches öffentliches Recht und Völkerrecht
z.B.	zum Beispiel
ZHR	Zeitschrift für das gesamte Handelsrecht und Wirtschaftsrecht
zit.	zitiert
z.T.	zum Teil

Einführung

Im internationalen Wirtschaftsrecht schwelt ein Streit, dessen Wurzeln bis in die Anfänge des GATT reichen. Es geht darum, passende Regeln für den internationalen Rundfunkhandel zu finden. Ein diffuses Gemisch aus handels-, industrie- und kulturpolitischen Interessen schürt diesen Konflikt. Gelegentlich läßt es ihn auch offen ausbrechen und verleiht ihm dann geradezu explosive Kraft.

So hätte der Streit zwischen der EG und den USA um die Regelung audiovisueller Dienstleistungen die Uruguay Runde des GATT beinahe gesprengt. Er entzündete sich an der Politik der Gemeinschaft, die europäische Programmindustrie vor übermächtiger US-amerikanischer Konkurrenz zu schützen. Im Mittelpunkt dieser Politik steht die Quotenregelung in Art. 4 Fernsehrichtlinie. Sie verpflichtet Fernsehveranstalter, in bestimmten Programmsparten vornehmlich europäische Werke auszustrahlen. Die Gemeinschaft sah eine Berechtigung ihrer Politik in dem Anliegen, die europäischen Kulturen nicht den Gesetzen des Markts zu opfern. Die Vereinigten Staaten vermuteten hinter den Maßnahmen der Gemeinschaft dagegen unzulässige Industriepolitik. Der Streit endete im Dezember 1993 in einem unversöhnlichen „agreement to disagree". Beigelegt ist er nicht.

Mit ähnlichen Positionen flammt der beschriebene Konflikt regelmäßig auch innerhalb der Gemeinschaft auf. Nicht nur der Erlaß der Fernsehrichtlinie, sondern nahezu jede Maßnahme zum Schutz der europäischen Programmindustrie hat Mitgliedstaaten und Organe der Gemeinschaft bislang in zwei Lager gespalten. Handels- und kulturpolitische Perspektive stehen sich hier in gleicher Weise unvereinbar gegenüber. Wo Mehrheiten nicht durch geschickt geschnürte Verhandlungspakete zu beschaffen waren, hat auch die Gemeinschaft heiße Eisen ihrer Fernsehpolitik fallen gelassen.

Die skizzierten Auseinandersetzungen sind Anlaß, nicht Gegenstand dieser Arbeit. Ihr Ziel ist es, wirtschaftliche und rechtliche Grundlagen darzustellen, die grenzüberschreitende Transaktionen im Bereich des Rundfunks steuern. Dazu sind zunächst einige Vorfragen anzusprechen (erstes Kapitel). Aussagen und Erklärungen, die die Wirtschaftslehre für den Rundfunkhandel entwickelt hat, bieten dann erste normative Regeln, um rechtliche Maßnahmen zu beurteilen (zweites Kapitel). Ein rechtliches Gerüst zunehmender Tragfähigkeit ist mit der WTO errichtet worden (drittes Kapitel). Hier zeichnen vor allem die für den Warenverkehr entwickelten materiellen Grundsätze die fortschreitende Regelung des Dienstleistungshandels vor.

Trotz daraus folgender struktureller Ähnlichkeiten unterscheidet das internationale Wirtschaftsrecht weiterhin zwischen Ware und Dienstleistung. Für die Anwendung be-

stehender und zukünftiger Regeln ist es daher unerläßlich, die Eigenschaft von Rundfunk als Ware oder Dienstleistung zu klären; im Gemeinschaftsrecht ist die Dienstleistung zudem von der Niederlassung zu unterscheiden (viertes Kapitel). Eine kompli-
zierte Frage des Gemeinschaftsrechts ist die Befugnis der Gemeinschaft, den Rundfunkhandel zu regeln (fünftes Kapitel). Die Kompetenzen spielen nicht nur für autonome
Maßnahmen eine Rolle, sondern sind gerade auch für die Beteiligung der Gemeinschaft
an zukünftigen Regelungen in der WTO zentral.

Materiell hält das Gemeinschaftsrecht ein dichtes Geflecht von Bestimmungen bereit,
die dem Rundfunkhandel mitgliedstaatliche Märkte öffnen (sechstes Kapitel). Der Gerichtshof hat erheblich dazu beigetragen, das Primärrecht gegenüber Partikularinteressen
der Mitgliedstaaten durchzusetzen. Demgegenüber läßt das Sekundärrecht keine klare
Linie erkennen. Das Gemisch widerstreitender Interessen spiegelt sich in verschiedenen
Regelungsansätzen, vor allem in Art. 4 Fernsehrichtlinie.

Auf welche rechtlichen Probleme diese Politik in der Gemeinschaft und der WTO
stößt, ist am Schluß der Arbeit zu prüfen (siebentes Kapitel). Die Rechtmäßigkeit der
Quotenregelung bleibt dabei im Brennpunkt. Daran wird sich wohl auch in Zukunft wenig ändern. Zu einer Abschaffung der Quoten hat sich die Gemeinschaft in der Novellierung der Fernsehrichtlinie nicht durchgerungen. Alle maßgeblichen Änderungsvor-
schläge sind wiederum an den unüberbrückbaren Differenzen in der Gemeinschaft gescheitert.

Erstes Kapitel: begriffliche und methodische Vorfragen

Mit „internationaler Rundfunkhandel" ist der Gegenstand dieser Arbeit nur thematisch bezeichnet: Es geht um grenzüberschreitende Handelsgeschäfte, die mit der Veranstaltung von Rundfunk zusammenhängen. Dabei kann es sich inhaltlich um den einfachen Kauf einer Fernsehkamera aus Japan, um den Auftritt von Michael Jackson in „Wetten dass ...?" oder um die Ausstrahlung von „Dallas" im deutschen Fernsehen handeln; genauso kann zum internationalen Rundfunkhandel die Einspeisung von „CNN" in deutsche Kabelnetze oder die Beteiligung Rupert Murdochs an dem Sender „VOX" gehören. Ein greifbares Kriterium, um diese unterschiedlichen Konstellationen zu einer handfesteren Definition zu verbinden, wird sich kaum finden lassen. Einstweilen fehlt es allerdings auch an einem entsprechenden Rechtsbegriff, den eine Definition gegenständlich aufschlüsseln müßte.

Anliegen dieser Arbeit ist daher weniger, die gegenständlichen Merkmale des internationalen Rundfunkhandels im Wege einer Definition abschließend festzulegen, sondern vielmehr seine normativen Grundlagen zu beleuchten. Dieses Kapitel soll nur einige typische Transaktionen beschreiben, um eine Vorstellung des internationalen Rundfunkhandels zu gewinnen. Zuvor gilt es aber, das Augenmerk auf bestimmte Fragestellungen zu lenken, die bei jeder Regelung internationalen Rundfunkhandels wiederkehren.

A. Rundfunk: Norm, Begriff und Technik

Der Begriff „Rundfunk" qualifiziert einen technischen Vorgang und nicht einen normativen, wie zum Beispiel der des Vertrags. Als Rechtsbegriff löst er freilich normative Folgen aus. So können Kompetenzen, Freiheitsgewährleistungen und vieles andere mehr davon abhängen, ob eine bestimmte Tätigkeit Rundfunk ist oder nicht. Methodisch hat es sich im Laufe der Zeit als Schwäche erwiesen, normative Vorstellungen, vor allem bestimmte Ordnungskonzepte an einen Begriff zu knüpfen, der dem technischen Wandel unterliegt.

I. Folgeprobleme des technischen Fortschritts

Die Entwicklung des Fernsehens hat dem Rundfunkbegriff noch geringe Probleme bereitet; daß Rundfunk den Hörfunk und das Fernsehen umfaßt, ist eigentlich nur eine Frage der Klarstellung[1]. Inzwischen spielt das Fernsehen im Rundfunkhandel die Hauptrolle.

Schwierig ist die Abgrenzung gegenüber der Presse durch die Entwicklung von sogenannten Teletexten geworden. Bei diesen Diensten werden Texte unter Ausnutzung der Austastlücke beim Fernsehempfang (Fernsehtext) oder durch eine Telefonleitung (Bildschirmtext, Datex-J) auf den Bildschirm übermittelt und durch entsprechende Dekoder lesbar gemacht[2]. Soll die Zugehörigkeit zu Presse oder Rundfunk hier allein von der gewählten Übertragungstechnik abhängen? Spielt die Möglichkeit eine Rolle, sich den abgerufenen Text ausdrucken zu lassen?[3] Ähnliche Fragen werfen Angebote aus dem Internet auf, das schon heute die Inhalte zahlreicher Zeitschriften bereithält.

Vor noch größere Probleme stellen neue technische Möglichkeiten die Abgrenzung von Telekommunikation und Rundfunk. Regelmäßig handelt es sich dabei nämlich zugleich um eine Unterscheidung zwischen Individual- und Massenkommunikation, für die meist auch ganz unterschiedliche Regelungskonzepte gelten. Die Qualifizierung als Rundfunk oder Telekommunikation kann daher Rechtsfolgen nach sich ziehen, die im Einzelfall nicht mehr sachgerecht sind. Vor allem folgende Dienste sind in diesem Zusammenhang bisher in Erscheinung getreten:

– Zugriffs- (Near Video on Demand) und Abrufdienste (Video on Demand), bei denen der Rezipient einzelne Programme entweder aus einem sich ständig wiederholenden Angebot auswählt oder diese von einem Speicher abruft[4];
– Data Broadcasting, das durch Ausnutzung insbesondere der digitalen Übertragungstechnik dem Rezipienten die unterschiedlichsten Dienstleistungen zur Verfügung stellt; als Fortentwicklung der Teletexte werden hier auch bewegte Bilder und akustische Signale übertragen, zudem lassen sich die Dienste interaktiv gestalten[5];
– Teleshoppingkanäle, die nach Art eines Verkaufskatalogs verschiedene Produkte erläutern und anpreisen, die der Rezipient dann gewöhnlich durch einen einfachen Anruf bestellt[6];

---

1 S. beispielsweise *BVerfGE* 12, S. 205, 226.
2 Ausführlicher dazu *Gersdorf*, Der verfassungsrechtliche Rundfunkbegriff, S. 40ff.
3 S. im einzelnen *Gersdorf*, Der verfassungsrechtliche Rundfunkbegriff, S. 143ff.
4 S. im einzelnen *Gersdorf*, Der verfassungsrechtliche Rundfunkbegriff, S. 37ff.
5 S. im einzelnen *Gersdorf*, Der verfassungsrechtliche Rundfunkbegriff, S. 41ff.
6 S. im einzelnen *Gersdorf*, Der verfassungsrechtliche Rundfunkbegriff, S. 51ff.

– Home-Shopping-Dienste, die sich vom Teleshopping dadurch unterscheiden, daß sie interaktiv gestaltet sind[7].

Die sich abzeichnende technische Veränderung verwischt die Grenzen zwischen Rundfunk und anderen Kommunikationsmedien zunehmend; technisch ist der Rundfunkbegriff bereits weitgehend verwässert. Das hat zu handfesten Auseinandersetzungen überall dort geführt, wo „Rundfunk" als Rechtsbegriff verwendet wird[8]. Im deutschen Verfassungsrecht geht es dabei um zwei Konfliktfelder: die Abgrenzung der Bundeskompetenzen für Telekommunikation gegenüber den Landeskompetenzen für Rundfunk sowie die Reichweite der restriktiven Grundrechtsdogmatik im Bereich der Rundfunkfreiheit[9].

Im Primärrecht der EG taucht der Rundfunkbegriff nicht auf; Art. 128 Abs. 2 EGV spricht lediglich von einem nicht weiter eingegrenzten „audiovisuellen Bereich". In der Fernsehrichtlinie sah sich die Gemeinschaft dann veranlaßt, jedenfalls das Fernsehen dort in Art. 1 durch ihr Sekundärrecht näher zu definieren[10]. Die Neufassung legt zudem fest, daß Teleshopping in ihren Anwendungsbereich fällt[11]. Indessen bietet auch die gemeinschaftsrechtliche Definition für die Fernsehsendung als „drahtlose oder drahtgebundene, erdgebundene oder durch Satelliten vermittelte, unverschlüsselte oder verschlüsselte Erstsendung von Fernsehprogrammen, die zum Empfang durch die Allgemeinheit bestimmt ist" keine Gewähr dafür, daß um den Anwendungsbereich der Richtlinie nicht künftig Streitigkeiten entbrennen[12].

II. Neubestimmungen des Rundfunkbegriffs

Angesichts der technischen Auflösung des Rundfunkbegriffs wird eine methodische Neuorientierung notwendig. Ein gangbarer Weg ist, als Rundfunk verstandene Dienste enumerativ oder als Regelbeispiele aufzulisten. Ansätze hierzu lassen sich in den Definitionen der Fernsehrichtlinie, aber auch in § 2 des deutschen Rundfunkstaatsvertrags

---

7 S. im einzelnen *Gersdorf*, Der verfassungsrechtliche Rundfunkbegriff, S. 53ff.
8 Zu den aktuellen ordnungspolitischen Problemen im Medienbereich s. vor allem *Monopolkommission*, Hauptgutachten 1994/1995, S. 348ff., sowie die Beiträge in: *Dittmann, Armin/Fechner, Frank/Sander, Gerald G.* (Hrsg.), Der Rundfunkbegriff im Wandel der Medien, und *Bullinger/Mestmäcker*, Multimediadienste.
9 S. dazu *Monopolkommission*, Hauptgutachten 1994/1995, S. 369ff.
10 Richtlinie 89/552 v. 3.10.1989, ABl. L 298/23 v. 17.10.1989; s. dazu *Martín-Pérez de Nanclares*, S. 89ff.
11 Richtlinie 97/36 v. 30.6.1997, ABl. L 202/60 v. 30.7.1997. Die ausdrückliche Einbeziehung weiterer Dienste ist zwischen den einzelnen Organen streitig. gewesen, s. die Meldung in Europe v. 17.2.1996, S. 7.
12 S. *Martín-Pérez de Nanclares*, S. 92; *Classen*, Der Rundfunkbegriff im Wandel der Medien, S. 56ff.

erkennen. Bei dieser Form der technischen Ausdifferenzierung kann man über die Auswahl der erfaßten Dienste den Anwendungsbereich normativer Vorgaben bestimmen. Beispielsweise wird im Internet auch die Fernsehrichtlinie eine europäische Programmquote nicht durchsetzen können. Es wäre also zu überlegen, ob das Internet nicht insoweit von dem Anwendungsbereich der Fernsehrichtlinie ausgeklammert bleiben sollte.

Diese Methode ist praktisch vielversprechend. Sie behält den eher technischen Definitionsansatz aber bei und läuft somit Gefahr, die Schwächen des herkömmlichen Rundfunkbegriffs zu übernehmen. Mit jeder technischen Neuerung stellt sich dann die Frage, ob es sich um einen den aufgelisteten Regelbeispielen vergleichbaren Dienst handelt. Eine Antwort hierauf fällt schwer, solange normative Bezugspunkte fehlen, die über eine Vergleichbarkeit entscheiden. Mit großer Wahrscheinlichkeit müßte eine solche Definition in regelmäßigen Abständen „modernisiert" werden. Sie würde dabei bereits in absehbarer Zeit Schwierigkeiten haben, der theoretisch unbegrenzten Vielfalt an technischen Möglichkeiten gerecht zu werden.

Die Alternative zu einer immer feineren Ausdifferenzierung der Kommunikationsdienste besteht darin, auf eine Abgrenzung unterschiedlicher Medien nach technischen Gesichtspunkten zu verzichten[13]. Jeder Kommunikationsvorgang, der sich einer Übertragungstechnik bedient, wäre dann mit dem Begriff „Rundfunk", „Telekommunikation" oder einem beliebigen anderen Begriff zu bezeichnen. Normative Vorgaben würden so allerdings zunächst auf ein einfaches Telefongespräch ebenso Anwendung finden wie auf die Ausstrahlung eines Fernsehprogramms. Die Regelungen müßten ihren Geltungsbereich nach ihrem Zweck selber bestimmen.

Eine solche Ausrichtung an den bezweckten Regelungsinhalten kann aber durchaus sachgerecht sein. Man kann beispielsweise von einer einheitlichen Sende- und Rezipientenfreiheit ausgehen und private Kommunikationsinhalte einheitlich schützen. Kommerzielle Anbieter können einheitlichen Vorschriften verpflichtet werden, beispielsweise im Hinblick auf das Anbieten von Pornographie oder die Verbreitung von Gegendarstellungen. Wo eine Norm nur bestimmte Bereiche des Kommunikationsangebots erfassen soll, wäre ihr Anwendungsbereich ebenfalls nach Kriterien festzulegen, die sich aus ihrem Regelungszweck ergeben. Vielfaltsichernde Zulassungs- und Aufsichtsregelungen wären beispielsweise auf Anbieter anzuwenden, deren Dienste am Prozeß der Meinungsbildung tatsächlich teilnehmen; bei rein wirtschaftlichen Dienstleistungen, wie etwa dem Teleshopping oder Telebanking muß das nicht der Fall sein[14].

Auf diese Weise richtet sich der Anwendungsbereich bestimmter Regelungsvorstellungen nach deren normativen Vorgaben und nicht nach einem technisch verwäs-

---

13 S. *Greiffenberg*, Wirtschaftsdienst 1996, S. 590.
14 S. dazu *Gersdorf*, Rundfunkfreiheit ohne Ausgestaltungsvorbehalt, S. 38ff.

serten Begriff. Um diesen Ansatz konsequent durchzuführen, wäre der Gegensatz zwischen Rundfunk und anderen Medien allerdings aufzuheben. Damit stößt man überall dort auf Schwierigkeiten, wo technisch definierte Rechtsbegriffe bereits verwendet werden. Bestehende Abgrenzungsprobleme lassen sich nur schwer dadurch lösen, daß man die Spielregeln verändert. Indessen kann man auch hier sachgerechtere Ergebnisse erreichen, wenn man den Rundfunkbegriff weniger technisch, sondern mehr teleologisch auslegt, um den passenden Regelungen auf diese Weise Geltung zu verschaffen[15]. So mag es im Hinblick auf die Kulturhoheit der deutschen Länder durchaus sachgerecht sein, Programminhalte auch dann als Rundfunk zu qualifizieren, wenn sie der Allgemeinheit über Telefonleitungen angeboten werden.

Für den Fortgang dieser Arbeit scheidet eine vorweggenommene technische Begrenzung des Rundfunkbegriffs aus. Jeder Kommunikationsvorgang, der technisch übertragen wird, kann Rundfunk sein. Ob er es im Ergebnis ist, hängt nicht von technischen Definitionen ab, sondern allein von der Anwendbarkeit der vorgesehenen Regelungsinhalte. Eine technische Konkretisierung dessen, was Rundfunk ist, erübrigt sich also.

B. Wirtschaftliche und publizistische Natur des Rundfunks

Ähnlich kontrovers wie die Frage nach dem technischen Gegenstand des Rundfunks ist die nach seiner Natur. Dabei wird vor allem ein Gegensatz zwischen wirtschaftlichen und nicht-wirtschaftlichen Eigenschaften des Rundfunks hervorgehoben. Formeln wie „Commerce versus Culture"[16] oder „Cola versus Zola"[17] bringen den Konflikt zwischen wirtschaftlichem und kulturellem Verständnis des Rundfunks auf den Punkt. Aus kulturpolitischer Perspektive geht es darum, die kulturelle Identität eines Staats oder Kulturraums nicht den Gesetzen des Markts anzuvertrauen. Im deutschen Verfassungsrecht wird in vergleichbarer Weise die Rolle des Rundfunks als „Medium" und „Faktor" der Meinungsbildung von seiner ökonomischen Dimension unterschieden[18]. Auch hier soll der Prozeß der Meinungsbildung nicht dem „freien Spiel der Kräfte" überlassen werden[19].

Das Verhältnis dieser im folgenden als publizistisch bezeichneten Perspektive zu der ökonomischen Sichtweise ist wenig geklärt. Die Veranstaltung von Rundfunk kann für

---

15 S. *BVerfGE* 83, S. 238, 302.
16 So die Überschrift des Beitrags von *Garrett*, North Carolina JIL and Commercial Regulation 19 (1994), S. 553.
17 S. *Hahn*, ZaöRV 56 (1996), S. 316, Fn. 4.
18 S. insbesondere *BVerfGE* 57, S. 295, 320ff.
19 *BVerfGE* 57, S. 295, 323.

beide Perspektiven von Bedeutung sein. Sie muß dies aber nicht. So bleibt der Rundfunk aus wirtschaftlicher Sicht bedeutungslos, wo er unentgeltlich ist; aus publizistischer Sicht spielt er keine Rolle, wo weder kulturelle noch meinungsbildende Inhalte übermittelt werden, beispielsweise bei der Ausstrahlung von Teleshopping-Angeboten. Rundfunk ist also weder stets wirtschaftlicher noch stets publizistischer Natur.

Dort, wo Rundfunk wirtschaftlich und publizistisch wirkt, entfaltet er eine Doppelnatur. Hier können die unterschiedlichen Betrachtungen Regelungskonflikte auslösen. Dabei kann es um Fragen der Zuständigkeit gehen, beispielsweise um die Reichweite der Bundeskompetenzen zur Regelung wirtschaftlicher Sachverhalte im Rundfunk oder um die Reichweite von Kompetenzen der EG. Es können aber auch Konflikte auftreten, denen unterschiedliche materielle Auffassungen zugrunde liegen. Dafür bietet der in der Uruguay Runde ausgetragene Konflikt um die Regelung des „Kulturguts" Rundfunk ein anschauliches Beispiel[20].

Ein grundsätzlicher Vorrang der einen Sichtweise vor der anderen wird sich bei diesen Konflikten nicht begründen lassen. Es fällt aber auch schwer, Regeln zu gewinnen, die beide Perspektiven in irgendein Verhältnis setzen könnten. Ansätze hierzu sind in der ökonomischen Theorie vorhanden. Man untersucht dort Wirkungen des Handels, die die freie Preisbildung nicht befriedigend steuert[21]. Eine solche Wirkung könnte vorliegen, wenn freier Wettbewerb die nationale Programmindustrie verdrängt, obwohl dies aus kultureller Sicht auch von den Wirtschaftssubjekten nicht erwünscht ist[22].

Mit dieser Methode kann zwar ein Regelungsbedarf für gewünschte publizistische Ergebnisse begründet werden, die der freie Markt nicht zu leisten scheint; sie kann aber wenig über den Vorrang der publizistischen oder der wirtschaftlichen Sichtweise aussagen. Das liegt nicht nur daran, daß die gewünschten publizistischen Wirkungen, also beispielsweise der Begriff „Kultur" kaum zu definieren oder zu messen sind[23], sondern auch daran, daß es an einem übergreifenden Bezugssystem fehlt, das eine Synthese ermöglichen würde.

Auf der Grundlage einer freiheitlichen Verfassung könnte man in der individuellen Freiheit einen gemeinsamen Nenner suchen. Der Rundfunkteilnehmer macht von seiner Freiheit in wirtschaftlicher und publizistischer Weise Gebrauch. Die Regelung der publizistischen Seite des Rundfunks muß sich also gleichermaßen an der Freiheit des einzelnen messen lassen wie die Regelung wirtschaftlicher Aspekte. Vor diesem Hintergrund ist es beispielsweise wenig plausibel, wirtschaftliche Beschränkungen wie die

---

20 Zu den insoweit vorgetragenen Argumenten s. *Garrett*, North Carolina JIL and Commercial Regulation 19 (1994), S. 553ff.; *Grant*, Indiana Law Journal 70 (1995), S. 1347ff.
21 S. *Ming Shao*, Yale JIL 20 (1995), S. 137, der solche Wirkungen als negative Externalitäten bezeichnet.
22 S. *Ming Shao*, Yale JIL 20 (1995), S. 137f.
23 S. dazu *Ming Shao*, Yale JIL 20 (1995), S. 139ff.; *Kilian*, Der Rundfunkbegriff im Wandel der Medien, S. 80ff.

Quotenregelung der EG mit dem Schutz publizistischer Freiheit zu begründen: Die Beschränkung trifft Rundfunkveranstalter und -rezipient ebenso wirtschaftlich wie publizistisch in ihrer Rundfunk- und Empfangsfreiheit. Für die Bewertung spielt die jeweils gewählte Sichtweise kaum eine Rolle.

Internationale Handelsregelungen stützen sich indessen nicht auf ein publizistische Aspekte umfassendes Konzept individueller Freiheit. Bestenfalls erkennen sie - wie zum Beispiel im EGV - die wirtschaftliche Freiheit des einzelnen unmittelbar an. Es fehlt also an einem übergreifenden Bezugspunkt, an dem die wirtschaftliche und die publizistische Perspektive des Rundfunks sich ausrichten ließen. Auftretende Konflikte zwischen beiden Betrachtungsweisen können in dieser Arbeit folglich nicht auf einer beide verbindenden Grundlage gelöst werden. Hier geht es vielmehr zunächst um die wirtschaftliche Perspektive des Rundfunkhandels. Dabei wird aber auch auf das Verhältnis wirtschaftlicher Regelungen zu der publizistischen Perspektive zurückzukommen sein, insbesondere dort, wo die wirtschaftliche Regulierung dem publizistischen Verständnis des Rundfunks verbindliche Grenzen zieht.

C. Rundfunkhandel: die Märkte

Um dem Begriff des Rundfunkhandels einen konkreteren Inhalt zu geben, sollen im folgenden die mit der Veranstaltung von Rundfunk zusammenhängenden Handelsgeschäfte typisiert werden. Die Produktionskette, an deren Ende die Bereitstellung eines Rundfunkprogramms für den Rezipienten steht, läßt sich in drei grobe Glieder einteilen: die Programmherstellung (dazu unter I), den Programmhandel (dazu unter II) und die Rundfunkveranstaltung (dazu unter III). Begleitet wird dieser Produktionsprozeß von speziellen technischen Leistungen, die im Anschluß (unter IV) dargestellt werden.

I. Programmherstellung

Am Anfang jeder Rundfunksendung steht die Produktion des Programms durch einen Produzenten oder Hersteller. Dazu sind eine Reihe unterschiedlicher Handelsgeschäfte notwendig[24]. Der Produzent muß beispielsweise Drehbuchautoren, Schauspieler und Aufnahmeteams verpflichten und die technische Fertigstellung und Nachbearbeitung des Programms veranlassen. Inhalt der Transaktionen, die zur Erstellung eines Programms führen, ist also in der Regel die entgeltliche Erbringung bestimmter Leistun-

---

24 Ausführlich dazu *v. Hartlieb*, S. 303 ff.

gen[25]. Hierzu zählt auch die Bereitstellung von Finanzmitteln[26], Versicherungen[27] oder von Studios und anderen Drehorten[28].

Bereits im Stadium der Herstellung spielen die Rechte an geistigem Eigentum eine erhebliche Rolle. Wird beispielsweise ein Roman verfilmt, so muß sich der Hersteller entsprechende Nutzungsrechte einräumen lassen[29]. Auch die Rechte der sonstigen an der Produktion Beteiligten muß sich der Hersteller zur Ausübung sichern[30]. Das gilt vor allem für Rechte an Drehbüchern[31], Filmmusik, Synchronisationen[32] und für die Rechte des Regisseurs, in dessen Person ein großer Teil der Urheberrechte an einem Filmwerk entsteht[33].

II. Programmhandel

Am Ende der Produktion steht ein Programm, das sich auf einem Tonband, Videoband, Film oder auf einem anderen Datenträger speichern und von diesem abrufen läßt. Die Wertschöpfung der Produktion schlägt sich aber weniger in dem Hervorbringen dieses körperlichen Gegenstandes nieder; weitaus wertvoller sind die Eigentumsrechte, die aus dem geistigen Schöpfen in den nationalen Rechtsordnungen entstehen[34]. Insbesondere die Urheber- und Leistungsschutzrechte machen den Hauptbestandteil des Produkts „Rundfunkprogramm" aus.

Wer berechtigt ist, an diesem Eigentum Nutzungsrechte einzuräumen, hängt von den Vertragsgestaltungen ab, die zu der Produktion des Programms geführt haben. Gleiches gilt für die Art der Verwertung. Üblicherweise geht der Hersteller oder Produzent als ausschließlich Berechtigter aus der Produktion hervor. Die Verwertung der Nutzungsrechte überträgt der Hersteller in der Regel einem speziellen Programmhändler durch einen Filmlizenzvertrag[35]. Dieser räumt den Rundfunkveranstaltern dann räumlich, zeitlich und gegenständlich konkretisierte Nutzungsrechte ein[36], beispielsweise das aus-

---

25 Ausführlicher zu Verträgen mit Filmschaffenden s. *v. Hartlieb*, S. 315ff.
26 S. dazu *v. Hartlieb*, S. 327ff.
27 S. dazu *v. Hartlieb*, S. 337ff.
28 S. dazu *v. Hartlieb*, S. 330ff.
29 S. *v. Hartlieb*, S. 304f.
30 S. *v. Hartlieb*, S. 307ff., 317f. Teilweise finden sich hierzu auch Reglungen im nationalen Urheberrecht, beispielsweise in den §§ 88 ff. UrhG.
31 S. *v. Hartlieb*, S. 209.
32 S. dazu *v. Hartlieb*, S. 324ff.
33 S. dazu *v. Hartlieb*, S. 212ff.
34 S. dazu *v. Hartlieb*, S. 203ff. Zu den einzelnen Programmärkten s.a. *Engel*, Medienordnungsrecht, S. 98ff.
35 S. dazu *v. Hartlieb*, S. 349ff.
36 S. dazu *v. Hartlieb*, S. 229ff., 545ff.

schließliche Recht zu mehrmaliger Ausstrahlung in deutscher Sprache in einem deutschen pay-tv Sender[37].

Soweit der Programminhalt dem Käufer nicht bereits zur Verfügung steht, spielt neben dem Vertrieb des Nutzungsrechts die technische Bereitstellung des Programminhalts eine gewisse Rolle. Sie erfordert heute kaum noch eine Übergabe körperlicher Gegenstände. Zahlreiche Rundfunkprogramme werden direkt überspielt, die Übergabe einer Kopie ist bisher noch für die Aufführung von Kinofilmen notwendig.

Für Transaktionen im Programmhandel ist also typisch, daß dem Käufer ein vertraglich festgelegtes Nutzungsrecht eingeräumt und der Programminhalt technisch verfügbar gemacht wird.

III. Rundfunkveranstaltung

Die Tätigkeit der Rundfunkveranstalter besteht darin, ihr Gesamtprogramm den Zuschauern oder -hörern bereitzustellen. Welche Transaktionen sie zu dieser Tätigkeit veranlassen, hängt von der gewählten Finanzierung ab. Meist geht es weniger um den unmittelbaren Verkauf von Rundfunkprogrammen an die Rezipienten. Von einem direkten Programmverkauf kann nämlich nur dort die Rede sein, wo der Rezipient auch etwas für das Programm bezahlt. Programme werden also insbesondere an die Empfänger von pay-tv verkauft[38]. Dabei kann das Entgelt auch von dem Betreiber eines Kabelnetzes entrichtet werden, der anstelle der Rezipienten für die entschlüsselte Einspeisung in sein Netz bezahlt. Zum Programmverkauf zählt ferner der Vertrieb bespielter Kaufkassetten an die Verbraucher. Eine Belebung wird der Programmverkauf in Zukunft durch die Verbreitung von Zugriffs- und Abrufdiensten erfahren. Je selbständiger der Nutzer dabei in der Zusammenstellung seines Programms wird, desto mehr übernimmt dann der Programmhändler die wirtschaftliche Funktion des Rundfunkveranstalters. Er vertreibt seine Programme direkt an die Rezipienten.

Zur Zeit wird privater Rundfunk vorwiegend durch Werbung und Sponsoring finanziert. Hierbei steht für den Rundfunkveranstalter der Verkauf von Rezipienten an die Werbekunden im Vordergrund[39]. Gegenstand der Transaktion ist der Zugang zu den Zuschauern und -hörern; Maßstab für den Preis ist die erwartete oder erreichte Einschaltquote. Mittelbar verkauft der Rundfunkveranstalter aber auch hier sein Programm: Er verspricht den Werbekunden, ein Einschaltquoten-trächtiges Rahmenprogramm an die Rezipienten auszustrahlen. Je attraktiver sein Programm für die Rezipienten ist, um-

---

37 Ausführlich v. *Hartlieb*, S. 401ff.
38 Näher dazu *Engel*, Medienordnungsrecht, S. 104ff.
39 S. *Owen/Beebe/Manning*, S. 4.

so wertvoller ist es auch für die Werbekunden. Gewissermaßen handelt es sich um einen drittfinanzierten Programmverkauf.

Der Rundfunkveranstalter kann also im wesentlichen auf zwei Märkten als Anbieter auftreten, dem für Programme und dem für Rezipienten. Inhaltlich geht es auf beiden Märkten um die Attraktivität des Programms für die Rezipienten. Die Märkte unterscheiden sich aber dadurch, daß in dem ersten Fall der Rezipient und im zweiten Fall die Werbeindustrie auf der Marktgegenseite auftritt.

Schwieriger ist die Beurteilung gebührenfinanzierten Rundfunks. Da die Gebühr pauschal festgesetzt wird, liegen die Voraussetzungen eines Markts mit Angebot und Nachfrage nicht vor. Dennoch handelt es sich bei den Gebühren im weiteren Sinne um ein Entgelt, das Rezipienten für die Tätigkeit des Rundfunkveranstalters entrichten. Aus diesem Grunde fällt der gebührenfinanzierte Rundfunk nicht von vornherein aus der Untersuchung heraus.

IV. Material und Technik

Die Rundfunkproduktion ist in ihren einzelnen Phasen auf spezifische Materialien und technische Leistungen angewiesen. Zum Rundfunkhandel gehört daher beispielsweise auch der Vertrieb von Fernsehkameras, Videoband und Schnittechnik. Der Handel mit diesem technischen Gerät und Material wirft indessen kaum Fragen auf, die sich speziell auf den Zusammenhang zum Rundfunk beziehen. Folglich wird er im Rahmen dieser Arbeit nicht im Vordergrund stehen.

Größere Bedeutung kommt der Übertragungstechnik zu[40]. Bei ihr sind die Transaktionen, die zur Bereitstellung eines terrestrischen, Satelliten- oder Kabel-gebundenen Übertragungsweges führen, unterschiedlicher Gestalt. Bei der Programmherstellung oder beim Programmhandel werden meist Übertragungswege aus fest eingerichteten Netzen zur Überspielung genutzt. Für die Überspielung wird dabei von den Nutzern ein Entgelt an den Betreiber entrichtet, das sich an den einzelnen Übertragungen bemißt. In Europa stellt beispielsweise die European Broadcasting Union ein Netz bereit, auf dem Programme oder Programmbestandteile von einem Punkt an einen anderen überspielt werden können. Die technische Übertragung an den Rezipienten erfolgt demgegenüber auf unterschiedlichen Wegen. Hier wird der Rundfunkveranstalter in der Regel sein Programm zunächst terrestrisch oder über Satellit verbreiten und die dafür notwendigen Übertragungswege bezahlen. Für die Verbreitung des Programms in Kabelnetzen zahlt hingegen der Rezipient häufig in Form seiner Kabelgebühren. Hier ist indessen auch

---

40   S. dazu *Engel*, Medienordnungsrecht, S. 81 ff.

denkbar, daß der Rundfunkveranstalter für die Einspeisung eine Gegenleistung erbringt, beispielsweise indem er auf eine Verschlüsselung im Kabelnetz verzichtet.

D. Internationaler Rundfunkhandel: der Grenzübertritt

Rundfunkhandel wird international, wenn die Herkunft eines Produkts einem anderen Staat zugerechnet wird als sein Erwerb. Bei körperlichen Gegenständen ist die Zurechnung vergleichsweise anschaulich: Die Gegenstände werden im einfachsten Fall in einem Staat hergestellt und in einen anderen eingeführt. Die Zuordnung wird nur problematisch, wenn die Herstellungsphasen in mehrere Staaten verlagert werden. Ob beispielsweise eine in der EG zusammengesetzte Kamera, deren Einzelbestandteile aus verschiedenen asiatischen Staaten stammen, ein Produkt der Gemeinschaft ist, bestimmen in solchen Fällen Ursprungsregeln[41].

Komplizierter ist die Zurechnung bei nicht-körperlichen Leistungen. Nur einige dieser Leistungen werden nämlich wie körperliche Gegenstände in der Weise gehandelt, daß bei ihrer Erbringung zwischen Erbringer und Empfänger eine Grenze verläuft. Hierzu zählt beispielsweise der Empfang von ausländischen pay-tv-Sendern. Häufig erfordert der Handel mit nicht-körperlichen Leistungen hingegen einen persönlichen Kontakt zwischen Erbringer und Empfänger in demselben Staat. So ist für den Einsatz ausländischer Schauspieler bei einem deutschen Film erforderlich, daß diese ihre Leistungen in Deutschland erbringen. Dasselbe gilt für eine Vielzahl persönlicher Leistungen, die in die Programmherstellung einfließen. Noch weniger anschaulich ist die Grenzüberschreitung bei nicht-körperlichen Leistungen, die im Land des Empfängers von einer örtlichen Niederlassung eines ausländischen Unternehmens erbracht werden. Als Beispiel für den Rundfunkhandel sei hier die deutsche Niederlassung eines englischen Senders genannt, die in Deutschland pay-tv für das deutsche Publikum ausstrahlt. In all diesen Fällen ist den jeweiligen Regelungen zu entnehmen, ob die gehandelte Leistung aus dem Staat des Erbringers oder dem der Erbringung stammt. Diese Zurechnung bestimmt dann über die Frage einer Grenzüberschreitung.

Eine spezielle Frage stellt sich regelmäßig bei der grenzüberschreitenden Ausstrahlung von werbefinanziertem Rundfunk. Während bei pay-tv der Rezipient und bei der Kabeleinspeisung der Netzbetreiber dem Veranstalter eine Gegenleistung erbringen, zahlt hier der Werbekunde für die Ausstrahlung des Programms. Liegt dabei grenzüberschreitender Handel vor, wenn zwar zwischen Rundfunksender und Rezipient eine Grenze verläuft, nicht aber zwischen Rundfunksender und Werbekunden? Eine grenz-

---

41 S. dazu *Kaufmann*, S. 107ff.

überschreitende Leistung läßt sich bei diesen Konstellationen meist auf zwei Wegen begründen: Man kann die Leistung des Rundfunkveranstalters erstens als eine Leistung an den Rezipienten betrachten, die ein Dritter, nämlich der Werbekunde bezahlt; zweitens kann man annehmen, daß dem Werbekunden gegenüber eine Leistung grenzüberschreitend erbracht wird. Dieses grenzüberschreitende Element der Leistung des Rundfunkveranstalters spricht dafür, auch von grenzüberschreitendem Handel auszugehen. Das Handelsgeschäft unterscheidet sich von anderen lediglich dadurch, daß die Gegenleistung nicht grenzüberschreitend erbracht wird. Würde man verlangen, daß sowohl Leistung als auch Gegenleistung die Grenze überschreiten, so wäre der Anwendungsbereich internationaler Handelsregelungen unzweckmäßig verkürzt. Die grenzüberschreitende Leistung der Rundfunkveranstalter könnten sie dann nämlich nicht mehr erfassen.

Grundsätzlich wird man also auch bei werbefinanziertem Rundfunk von internationalem Rundfunkhandel sprechen können, wenn die Sendungen in einem anderen Staat empfangen werden. Dabei ist allerdings vorauszusetzen, daß die Grenzüberschreitung auch beabsichtigter Bestandteil des Handelsgeschäfts ist. Hieran kann es beim spill-over fehlen, der dadurch entsteht, daß die Reichweite der Rundfunksendungen sich nicht nach Staatsgrenzen maßschneidern läßt. Beabsichtigt der Werbekunde, alle im Sendegebiet ansässigen Rezipienten mit seiner Werbebotschaft zu erreichen, läßt sich auch bei spill-over noch von internationalem Rundfunkhandel sprechen. Das ist aber nicht mehr der Fall, wenn die umworbenen Produkte im Nachbarstaat nicht vertrieben werden. Erst recht kann man den spill-over nicht als internationalen Rundfunkhandel bezeichnen, wenn die Sendungen ausschließlich durch Gebühren aus dem Sendestaat finanziert werden. Hier erbringt der Veranstalter dem Gebührenzahler gegenüber keine grenzüberschreitende und dem ausländischen Rezipienten gegenüber keine entgeltliche Leistung.

Zweites Kapitel: ökonomische Aspekte

Für den wirtschaftswissenschaftlichen Zugang zu internationalem Handel mit Rundfunk kommt es nicht so sehr auf die Durchsetzung individueller ökonomischer Freiheiten an, die Außenhandelstheorie versucht vielmehr, Ursachen und Folgen des internationalen Handels zu erklären. Ihr Maßstab ist der individuelle und gesamtwirtschaftliche Vorteil, der sich dadurch erzielen läßt, daß Produkte im Ausland erworben werden, die im Inland nicht verfügbar oder teurer sind.

A. Grundlagen

Die Freihandelstheorie geht in ihren Grundlagen von Adam Smith aus. Dieser hatte bereits im achtzehnten Jahrhundert die Vorteile von Arbeitsteilung und Freihandel für den einzelnen und die Gesamtwirtschaft erkannt[1]. Sein System wurde für den Bereich des zwischenstaatlichen Handels entscheidend durch David Ricardo weiterentwickelt. Im Kern geht es darum, Vorteile aufzuzeigen, die Staaten aus freiem Handel selbst dann ziehen können, wenn einer von ihnen alle Waren günstiger produziert als der andere. Bei einer solchen Sachlage stünde zu erwarten, daß alle Waren in dem günstigeren Staat hergestellt werden. Der Staat mit den rundum höheren Herstellungskosten müßte diese Waren demgegenüber importieren. Ricardo wies nun nach, daß bei freiem Handel eine Wohlstandssteigerung dadurch erreicht werden kann, daß die Staaten sich jeweils auf die Herstellung der Ware beschränken, bei der sie den vergleichsweise größten Kostenvorteil beziehungsweise den geringsten Kostennachteil haben[2] (Theorie der komparativen Kosten)[3]. Die schwedischen Ökonomen Eli Heckscher[4] und Bertil Ohlin[5] über-

---

1   S. *Adam Smith*, The Wealth of Nations.
2   S. *Ricardo*, Über die Grundsätze der politischen Ökonomie und der Besteuerung, S. 109ff.; ein vereinfachtes Modell rechnet sich wie folgt: Land A kann 50 Einheiten Weizen oder 100 Einheiten Tuch erzeugen. Land B kann demgegenüber 100 Einheiten Weizen oder 120 Einheiten Tuch erzeugen. Absolut besitzt Land B für beide Waren einen Vorteil; Land A besitzt jedoch einen relativen Vorteil bei Tuch (100/50 > 120/100). In Land A kostet 1 Einheit Weizen 2 Einheiten Tuch und 1 Einheit Tuch 1/2 Einheit Weizen. In Land B kostet 1 Einheit Weizen 1,2 Einheiten Tuch und 1 Einheit Tuch 1/1,2 Einheiten Weizen. In Land A ist folglich Tuch und in Land B Weizen billiger. Wenn A infolge freien Handels ausschließlich Tuch und B ausschließlich Weizen erzeugt, wird insgesamt mehr erzeugt und beide Länder können daraus Vorteile ziehen; ausführlicher *Rose/Sauernheimer*, S. 355ff.
3   S. *Adebahr/Maennig*, S. 20ff.; *Rose/Sauernheimer*, S. 354ff.; *Siebert*, S. 29ff. jeweils mit einer Beispielsrechnung.
4   S. *Heckscher*, Readings in the Theory of International Trade, S. 272.

trugen die Theorie auf Staaten, deren Faktorausstattung unterschiedlich ausfällt. Sie zeigten, daß alle Staaten am stärksten profitieren, wenn sie sich auf die Waren spezialisieren, für die ihre Faktorausstattung vergleichsweise günstig ist[6]. Wenn also ein Staat A mit geringer Kapitalausstattung und wenig Ackerland Handel treibt mit einem Staat B, der über deutlich mehr Kapital, aber nur geringfügig mehr Ackerland verfügt, dann ist es für alle Beteiligten vorteilhaft, wenn sich A auf bodenintensive und B auf kapitalintensive Waren spezialisiert.

Obwohl empirische Befunde die Heckscher-Ohlin-Theorie teilweise in Frage stellen[7], ist die Folgerichtigkeit der sogenannten „reinen" Theorie[8] heute kaum bestritten[9]. In einigen Punkten hat man sie erweitert, so zum Beispiel zur Einbeziehung von Faktorveränderungen[10], oder ausdifferenziert, um der Vielfalt der Produktionsfaktoren Rechnung zu tragen[11]. Daneben finden sich aber auch neuere Ansätze, um die tatsächlich vorgefundenen Handelsströme zu erklären. Sie berücksichtigen beispielsweise Marktunvollkommenheiten, Transportkosten, technische Fortentwicklung, Stückkostenveränderungen (economies of scale), Produktdifferenzierungen, Präferenzunterschiede und Produktzyklen[12]. Diese Ansätze stellen die klassische Handelstheorie indessen kaum noch in Frage[13], sondern ergänzen sie lediglich um weitere Gesichtspunkte, um sie im Ergebnis zu präzisieren.

---

5   S. *Ohlin*, Interregional and International Trade.
6   S. ausführlich *Adebahr/Maennig*, S. 56ff.; *Rose/Sauernheimer*, S. 387ff.
7   Bekannt ist namentlich das Leontief-Paradoxon. Leontief untersuchte den Außenhandel der Vereinigten Staaten und kam zu dem Ergebnis, daß die Vereinigten Staaten entgegen der Prognose arbeitsintensive Güter aus- und kapitalintensive Güter einzuführen scheinen; die Zuverlässigkeit dieses Ergebnisses ist indessen umstritten, ausführlicher *Siebert*, S. 85ff.
8   S. *Rose/Sauernheimer*, S. 345.
9   Wenngleich die Anwendung der Theorie zur Erklärung tatsächlicher Handelsströme Schwierigkeiten bereitet, s. *Adebahr/Maennig*, S. 59, 82ff.; *Rose/Sauernheimer*, S. 549ff.
10 S. *Adebahr/Maennig*, S. 61f.; 67ff.; *Rose/Sauernheimer*, S. 429ff.; *Siebert*, S. 77f., 91f., 107ff.
11 S. *Adebahr/Maennig*, S. 110ff.
12 S. im einzelnen *Adebahr/Maennig*, S. 88ff.
13 Auch die sogenannte strategische Handelspolitik vermag die Aussagen der Theorie der komparativen Kosten nicht wirklich in Frage zu stellen. Die strategische Handelspolitik soll nachweisen, daß ein Staat für sich größere Gewinne erwirtschaften kann, wenn er die heimische Entwicklung von Gütern mit hohem Entwicklungsaufwand (z.B. Flugzeugbau) subventioniert. Seine Unternehmen erhalten dadurch einen Kostenvorteil, der es ihnen erlaubt, den internationalen Markt zu monopolisieren. Hierdurch wird aber lediglich eine Umverteilung des Nutzens bewirkt; ob eine solche strategische Politik den Gesamtnutzen steigert, ist hingegen fraglich. Sie stößt auch dann an ihre Grenzen, wenn alle Staaten eine strategische Handelspolitik verfolgen; ausführlich dazu *Kösters*, Wirtschaftsdienst 1992/I, S. 49ff.

B. Anwendung auf den Dienstleistungshandel

Die skizzierte Theorie der komparativen Kosten wurde für den Handel mit Waren entwickelt. Ihre Anwendung auf den Handel mit Dienstleistungen bereitet indessen aus Gründen Schwierigkeiten, die schon Adam Smith erkannte:

„There is one sort of labour which adds to the value of the subject upon which it is bestowed: there is another which has no such effect. The former, as it produces a value may be called productive; the latter, unproductive labour. Thus the labour of a manufacturer adds, generally, to the value of the materials which he works upon, that of his own maintenance and his master's profit. The labour of a menial servant, on the contrary adds to the value of nothing ... In the same class must be ranked, some both of the gravest and most important, and some of the most frivolous professionals: churchmen, lawyers, physicians, men of letters of all kinds; players, buffoons, musicians, opera-singers, opera-dancers, etc. ... Like the declamation of the actor, the harangue of the orator, or the tune of the musician, the work of all of them perishes in the very instant of its production."[14]

Angesichts der erheblichen Bedeutung des Dienstleistungshandels wird heute aus der von Smith beschriebenen Flüchtigkeit zahlreicher Dienstleistungen nicht mehr auf deren Nutzlosigkeit geschlossen. Die Flüchtigkeit erschwert aber die Analyse. Dienstleistungen und die zu ihrer Herstellung eingesetzten Faktoren lassen sich nicht immer in gleicher Weise verkörpern wie Waren. Dienstleistungen werden daher in unterschiedlichen Formen erbracht: Der Dienstleistungserbringer kann seine Dienstleistung am Ort des Dienstleistungsempfängers erbringen, so beispielsweise bei Bauprojekten; dazu wird er dort möglicherweise auch eine Niederlassung eröffnen; der Empfänger kann sich zum Erbringer begeben, so etwa bei der Behandlung in einem Krankenhaus; beide können mobil sein, etwa bei einer Reisebegleitung oder auch in dem klassischen Fall des Haarschneidens; schließlich kann eine zunehmende Zahl von Dienstleistungen auch über Entfernungen hinweg erbracht werden, ohne daß sich Erbringer und Empfänger begegnen müssen (sogenannte Korrespondenzdienstleistungen[15]), so zum Beispiel Versicherungsleistungen, Telekommunikation oder auch die Ausstrahlung von Rundfunk[16]. Mit

---

14 *Adam Smith*, The Wealth of Nations, volume one, S. 294ff.
15 S. *Geiger*, JZ 1995, S. 978.
16 Vgl. *Bhagwati*, International Trade in Services and Its Relevance for Economic Development, S. 238ff.; *Feketekuty*, S. 12ff.; *Ascher/Whichard*, The Emerging Service Economy, S. 256ff.

dem Warenverkehr überschneidet sich die zuletzt erwähnte Art der Erbringung dann, wenn die Dienstleistungen in einem Medium verkörpert werden, beispielsweise in einer Videokassette oder in einer Computerdiskette[17]. Abgrenzungsschwierigkeiten ergeben sich auch bei Dienstleistungen, die Waren begleiten[18].

Bei Handel mit Dienstleistungen wird die Transaktion häufig zwingend von Faktorbewegungen (Kapital, Arbeitskräfte) begleitet[19]. Es fällt daher schwer, anschauliche Berechnungsmodelle mit wenigen Variablen zu entwickeln. Zudem muß Einigkeit darüber erzielt werden, wie Dienstleistungstransaktionen zuzuordnen sind[20]. Ist beispielsweise die Arbeit einer in Deutschland niedergelassenen amerikanischen Rechtsanwaltskanzlei für einen deutschen Mandanten eine amerikanische oder eine deutsche Dienstleistung? Hängt die Bewertung von Dauer oder Art der Niederlassung ab? Wie ist der mit der Niederlassung verbundene Transfer einzuordnen?[21]

Ungeachtet dieser offenen Definitionsfragen wird heute überwiegend angenommen, daß die Theorie komparativer Kosten auch auf den Handel mit Dienstleistungen anzuwenden ist[22]. Die einfache Begründung dafür lautet, daß die Theorie allgemein formuliert ist, nicht nur speziell für den Handel mit Waren[23]. In ihrer modernen Ausprägung erfaßt die reine Theorie auch Faktorwanderungen, so daß die mit dem Dienstleistungshandel einhergehenden Faktorverschiebungen ihre Anwendung nicht ausschließen[24]. Die eigentlichen Voraussetzungen der Theorie sind die freie Preisbildung im nationalen und im internationalen Rahmen und gewisse Preisunterschiede, die den Anreiz zum Handel geben. Diese Voraussetzungen können sich auch bei Dienstleistungen einstellen, wenngleich sie angesichts zahlreicher nationaler Monopole im Dienstleistungsbereich tatsächlich noch nicht überall vorliegen[25].

---

17 S. *Engel*, A New GATT for the Nineties and Europe '92, S. 213f.; *Feketekuty*, S. 77, 84f.
18 S. *Engel*, A New GATT for the Nineties and Europe '92, S. 213f.
19 S. *Bhagwati*, Economic Perspectives on Trade in Professional Services, S. 272f.; ders., Trade in Services and the Multilateral Trade Negotiations, S. 287ff.
20 Vgl. *Feketekuty*, S. 75ff.
21 Vgl. *Feketekuty*, S. 87f.
22 S. *Bhagwati*, International Trade in Services and Its Relevance for Economic Development, S. 245ff.; *Stadler*, S. 26, m.w.N.; s.a. *Müller*, Rules for Free International Trade in Services, S. 344ff.
23 S. *Feketekuty*, S. 100f., 123; *Trebilcock/Howse*, S. 216f.; *Richardson*, The Emerging Service Economy, S. 66ff., hält allerdings weitere Ergänzungen für möglich.
24 S. *Feketekuty*, S. 102ff.; für Telekommunikationsdienstleistungen *Ellger/Witt*, Rules for Free International Trade in Services, S. 283;
25 Vgl. *Feketekuty*, S. 105ff.

C. Besonderheiten des Rundfunkhandels

Theoretisch spricht nichts dagegen, die Theorie der komparativen Kosten in gleicher Weise auf den Rundfunkhandel anzuwenden[26]. Hier ist ebenfalls anzunehmen, daß die freie Preisbildung und der freie Handel zu einer wohlfahrtsteigernden Faktornutzung führen. Indessen ist in der Praxis die Tendenz zu beobachten, daß große Sprach- und Kulturräume beim internationalen Handel mit Rundfunkprogrammen durchweg besonders gut abschneiden; das gilt insbesondere für den Handel mit Filmen aus den Vereinigten Staaten[27]. Aus wirtschaftswissenschaftlicher Sicht[28] stellt sich die Frage, wie diese Ergebnisse theoretisch zu begründen sind und worin dann für kleinere Sprach- und Kulturkreise der Vorteil des freien Handels in diesem Bereich liegt. Schließlich ist es der gegenseitige Vorteil des freien Handels, der die Stärke der Theorie der komparativen Kosten ausmacht.

I. Ökonomische Erklärung für die Handelsströme

Als eine Besonderheit des Rundfunks wird seine Eigenschaft als öffentliches Gut (public good component[29]) genannt[30]. Öffentliche Güter zeichnen sich gegenüber privaten Gütern vor allem dadurch aus, daß ihr Verbrauch sich nicht auf bestimmte Personen beschränken läßt[31]. So kann man bei der unverschlüsselten Ausstrahlung von Rundfunksendungen beispielsweise nicht bestimmte Rezipienten ausschließen. Diese Eigenschaft öffentlicher Güter entfällt aber, wenn nur zahlende Rezipienten das Programm empfangen können oder dürfen. Bei pay-tv, aber auch bei Gebührenfinanzierung wird der Rundfunk also eher ein privates Gut darstellen. Rein werbefinanzierter Rundfunk mag für den Rezipienten ein öffentliches Gut sein, nicht aber für die Werbekunden: Auch die Nutzung der Werbekapazitäten des Programms ist beschränkt.

---

26   Zur Anwendung der Theorie auf den Telekommunikationssektor s. *Ellger/Witt*, Rules for Free International Trade in Services, S. 281ff.

27   S. vor allem die Untersuchung von *Wildman/Siwek*, S. 37ff., dieses Ungleichgewicht findet sich auch beim Handel mit Kinofilmen, s. *Wildman/Siwek*, S. 13ff., und wohl auch beim Handel mit Büchern und Pamphleten, s. *Ming Shao*, Yale JIL 20 (1995), S. 115, Fn. 62, m.w.N.; s.a. *Kruse*, RuF 1994, S. 185ff.

28   Es gibt auch Versuche, die starke Stellung der US-amerikanischen Programmindustrie mit dem Verfolgen einer Hegemonialpolitik zu erklären, s. dazu ausführlich *Ming Shao*, Yale JIL 20 (1995), S. 126f.; *Grant*, Indiana Law Journal 70 (1995), S. 1347ff. Eine solche Politik der Vereinigten Staaten müßte durch ihre Instrumente auch wirtschaftlich sichtbar werden. Die gesonderte Untersuchung dieses Erklärungsansatzes soll daher unterbleiben.

29   S. dazu *Owen/Beebe/Manning*, S. 15f.

30   S. *Wildman/Siwek*, S. 2ff.; *Ming Shao*, Yale JIL 20 (1995), S. 119ff.

31   S. *Ming Shao*, Yale JIL 20 (1995), S. 120; *Owen/Beebe/Manning*, S. 15.

Eine andere Frage ist, ob der Verbrauch eines Guts durch eine Person den Verbrauch desselben Guts durch eine andere ausschließt[32]. Sie entscheidet über die Herstellungskosten, die zusätzlicher Verbrauch auslöst (Grenzkosten). Bei der Ausstrahlung von Rundfunkprogrammen entstehen grundsätzlich keine zusätzlichen Kosten, wenn das Programm von weiteren Rezipienten empfangen wird. Der Preis für Lizenzen hängt kaum von der tatsächlich erzielten Einschaltquote ab. Auch die Vervielfältigung zur Ausstrahlung in weiteren Staaten löst keine nennenswerten Kosten aus. Geringe Grenzkosten fallen nur beim Vertrieb von Rundfunkprogrammen als Kaufkassetten an: Die Kosten für das Material steigen mit der Zahl der Käufer. Insgesamt ist im Programmhandel also von sehr niedrigen Grenzkosten die Rede[33]. Da der Anbieter sich beim Verkauf nicht zwischen einzelnen Verbrauchern entscheiden muß, wirken sich die niedrigen Grenzkosten auch auf den Preismechanismus aus[34]. Der Programmanbieter kann sich, wenn er seine Produktionskosten eingespielt hat, allein nach der Zahlungsfähigkeit und -bereitschaft weiterer Rezipienten richten[35]. Bereits nach kurzer Zeit können Programme daher auch sehr billig angeboten werden.

Die beschriebenen Eigenschaften erklären für sich allein noch nicht, warum Produzenten aus den Vereinigten Staaten im Programmhandel besonders erfolgreich sind. Eine Erklärung scheint aber möglich, wenn folgende Annahmen für den Programmhandel zusätzlich berücksichtigt werden:

    1. Zuschauer bevorzugen Programme in ihrer Landessprache;
    2. größere Produktionsausgaben erhöhen die Programmattraktivität[36].

Aus der zweiten Annahme läßt sich ableiten, daß ein vergleichsweise großer, zudem zahlungskräftiger Zuschauermarkt nicht nur eine größere Zahl von Anbietern, sondern auch aufwendigere Filme hervorbringt[37]. Der Produzent kann es sich auf einem solchen

---

32 S. *Ming Shao*, Yale JIL 20 (1995), S. 120.

33 S. *Smith*, International Tax & Business Lawyer 10 (1993), S. 102; *Kruse*, RuF 1994, S. 185; s.a. *Owen/Beebe/Manning*, S. 15f.

34 S. *Wildman/Siwek*, S. 3f.; *Ming Shao*, Yale JIL 20 (1995), S. 119ff.; s.a. *Frank*, Zur Ökonomie der Filmindustrie, S. 106ff.

35 S. *Ming Shao*, Yale JIL 20 (1995), S. 121.

36 S. *Wildman/Siwek*, S. 67f.; weitere Voraussetzungen des dort geschilderten Modells sind:
    1. ein Publikum im Importland, das das importierte Programm versteht,
    2. dieses Publikum muß über die technischen Möglichkeiten verfügen, um das Programm nutzen zu können,
    3. für den Import muß eine Gegenleistung erbracht werden,
    4. der freie Handel muß rechtlich möglich sein und
    5. Entscheidungen über Produktion und Konsum der Programme entsprechen den Verhältnissen des freien Markts.
    Entscheidende Bedeutung kommt diesen zusätzlichen Voraussetzungen in dem Modell von Wildman/Siwek indessen nicht zu.

37 S. *Wildman/Siwek*, S. 68ff.

Markt eher leisten, teure Drehbuchautoren, Regisseure, Darsteller oder Spezialeffekte einzusetzen, um die Attraktivität seines Produkts zu erhöhen. Diese Erkenntnis gilt aber nicht nur für den Programmhandel: Zahlreiche aufwendige Produkte lassen sich erst ab einer bestimmten Marktgröße wirtschaftlich herstellen.

Die Besonderheiten des Programmhandels sind eher in der ersten Annahme zu suchen. Während für die meisten Produkte nämlich ein relativ homogener Weltmarkt besteht, der auch Herstellern aus kleinen nationalen Märkten die Entwicklung aufwendiger Produkte erlaubt, gilt für die Programmärkte etwas anderes: Hier schaffen nicht nur sprachliche, sondern auch kulturelle Vorlieben Markteintrittsbarrieren für eingeführte Filme[38] (cultural discount)[39]; die unterschiedlichen Märkte sind gegeneinander stärker abgeschottet als bei anderen Produkten.

Die geringere Attraktivität fremder Filme läßt sich nach der zweiten Annahme vor allem durch größere Investitionen in die Produktion ausgleichen. An dieser Stelle verfügen Filme aus großen Märkten über einen entscheidenden Vorteil: Sie sind aus den genannten Gründen bereits aufwendiger und damit attraktiver als Filme aus kleinen Sprach- und Kulturkreisen[40]. Zudem bleibt Filmen aus kleinen Märkten ein größerer Teil des Weltmarkts auf diese Weise unzugänglich als Filmen aus großen Märkten[41]. Bei diesem Befund ist anzunehmen, daß sich im freien Wettbewerb vornehmlich die Produzenten aus großen Sprach- und Kulturräumen durchsetzen[42].

II. Bewertung

1. Aussagekraft der ökonomischen Erklärung

Die Aussagekraft der geschilderten Theorie hängt vor allem von der Richtigkeit der ihr zugrundeliegenden Annahmen ab. Die Annahme, daß mit den Programminvestitionen zugleich die Attraktivität steigt, leuchtet unmittelbar ein: Obwohl jede Prognose über die Attraktivität einer Film- oder Fernsehproduktion mit erheblichen Unsicherheiten behaftet ist[43], wird sich in der Gesamtschau vermutlich bestätigen, daß aufwendigere Programme gleichzeitig attraktiver sind. Die Annahme über die aus den Sprachbarrieren folgende Marktstruktur ist demgegenüber nicht ohne weiteres nachvollziehbar. Bei der

---

38 S. *Wildman/Siwek*, S. 74ff.
39 S. *Kruse*, RuF 1994, S. 194; *Frank*, Zur Ökonomie der Filmindustrie, S. 106, beide m.w.N.
40 S. *Wildman/Siwek*, S. 75; eine formale ökonomische Berechnung findet sich a.a.O. auf S. 177ff. und bei *Frank*, Journal of Media Economics Bd. 5 (Spring 1992), S. 31, sowie *ders.*, Zur Ökonomie der Filmindustrie, S. 110ff., der das Modell erheblich erweitert.
41 S. *Wildman/Siwek*, S. 75.
42 S. *Wildman/Siwek*, S. 75; s.a. *Frank*, Journal of Media Economics Bd. 5 (Spring 1992), S. 34ff.
43 S. dazu *Kruse*, RuF 1994, S. 193f.

Einfuhr muß nämlich nahezu jedes Produkt auch Sprachbarrieren überwinden. Diese mögen für einzelne Produkte unterschiedlich hoch sein; so können einfache Neubeschriftungen ausreichen, aber auch umfangreiche Übersetzungen etwa von Computersoftware oder Büchern notwendig sein, um den Verkauf im Einfuhrland zu ermöglichen. Die Sprachbarrieren führen bei den anderen Produkten hingegen nicht zu einer ähnlich zersplitterten Marktstruktur. Die Dominanz von Produktionen speziell aus den Vereinigten Staaten läßt sich zudem auch durch andere Faktoren erklären, beispielsweise durch die hohe regionale Konzentration der Programmindustrie im Raum Los Angeles, durch ihre in anhaltenden Wettbewerbsprozessen geschaffene vertikal integrierte Struktur[44], durch größere Erfahrung und Professionalität und durch die höhere Verfügbarkeit von nötigem Risikokapital[45].

Daß die sprachlichen und kulturellen Barrieren im Programmhandel tatsächlich besonders hoch sind, wird indessen durch die vorgefundenen Handelsströme bestätigt: Es läßt sich generell feststellen, daß große, zahlungskräftige Sprach- und Kulturkreise eine erfolgreichere Programmindustrie hervorbringen[46]. Diese Gesetzmäßigkeit läßt vermuten, daß andere Faktoreigenschaften im Programmhandel eine vergleichsweise geringe Rolle spielen[47].

Eine Erklärung für die Bedeutung des cultural discounts im Programmhandel mag in der ästhetischen Funktion des Rundfunks zu suchen sein: Im Gegensatz zu den meisten anderen Produkten erfüllt Rundfunk, insbesondere in der Unterhaltung für den Rezipienten keine bestimmte technische Funktion; seine Attraktivität hängt also weniger von der technischen Erfüllung eines bestimmten Zwecks ab, sondern von seinem Unterhaltungswert, der durch kulturelle Vorlieben subjektiv geprägt ist. Für den Rundfunkhandel insgesamt wird der cultural discount also dort bedeutsam sein, wo die Attraktivität des Programms rein subjektiv bestimmt wird. Bei Nachrichten- und anderen Informationssendungen mag hingegen die Zuverlässigkeit und die Schnelligkeit der Information eine ebenso große Rolle spielen[48]. Kein nennenswerter cultural discount wird im Rundfunkhandel dort zu verzeichnen sein, wo der Handelsgegenstand eine rein technische Funktion erfüllt, also zum Beispiel beim Handel mit Übertragungswegen.

---

44 S. dazu *Ming Shao*, Yale JIL 20 (1995), S. 131ff.
45 S. dazu *Kruse*, RuF 1994, S. 192ff.; s.a. den Vergleich zwischen der amerikanischen und europäischen Programmindustrie bei *Frank*, Zur Ökonomie der Filmindustrie, S. 69ff.; eine ausführliche Studie der amerikanischen Programmindustrie auf dem Stand von 1974 findet sich auch bei *Owen/Beebe/Manning*, S. 17ff.
46 S. *Wildman/Siwek*, S. 83ff.
47 Das Verhältnis zwischen cultural discount und anderen Produktionsfaktoren untersucht *Frank*, Journal of Media Economics Bd. 5 (Spring 1992), S. 34ff.; ausführlich *ders.*, Zur Ökonomie der Filmindustrie, S. 118ff.
48 So sind Programme aus den Vereinigten Staaten in Westeuropa in den Sparten Kinofilm und Fernsehinszenierung (TV-plays) am erfolgreichsten, s. *Varis*, International Flow of Television Programmes, S. 55.

Im Ergebnis bleibt aber festzuhalten, daß der cultural discount jedenfalls im Programmhandel eine besondere Rolle spielt und die Zugehörigkeit zu einem großen Sprach- und Kulturkreis hier folglich einen entscheidenden Faktorvorteil darstellt.

2. Folgen für die Theorie der komparativen Kosten

Damit stellt sich die Frage, was aus dieser Erkenntnis für die Theorie der komparativen Kosten folgt. Behandelt man den Sprach- und Kulturraum wie einen Produktionsfaktor[49], dann genießen Staaten aus vergleichsweise großen Sprach- und Kulturkreisen komparative Vorteile bei der Produktion von Rundfunkprogrammen. Diese Aussage stimmt sowohl mit der Theorie der komparativen Kosten als auch mit der beschriebenen Theorie für den internationalen Programmhandel überein. Die Theorie der komparativen Kosten wird also für den Rundfunkhandel nicht etwa in Frage gestellt. Der Erkenntniswert der Theorie für den Programmhandel besteht vornehmlich darin, den Sprach- und Kulturraum als entscheidenden Produktionsfaktor zu bezeichnen.

Für Produzenten aus einem relativ kleinen Sprachkreis mag sich nun die Frage aufdrängen, welchen Vorteil die Liberalisierung des Rundfunkhandels bei dem beschriebenen Befund mit sich bringt. Die Antwort hierauf ist indessen die gleiche wie bei allen anderen Industrien: Eine Liberalisierung bewirkt, daß die Staaten sich ihrer Faktorausstattung entsprechend spezialisieren. Selbstverständlich schlägt sich der nationale Vorteil des freien Handels dabei nicht in dem Bereich nieder, für den die Faktorausstattung relativ ungünstig ist, sondern in den Industrien, die die vorhandene Faktorausstattung optimal nutzen. In der Beschränkung auf ein Produkt läßt sich ein gegenseitiger Vorteil nie begründen; Voraussetzung ist stets, daß in mehreren Bereichen freier Handel herrscht. Die wirtschaftlichen Vorteile einer Liberalisierung des Rundfunkhandels für einen vergleichsweise kleinen Sprach- und Kulturraum bestehen in folgendem: Attraktive Programme können vergleichsweise günstig aus dem Ausland eingeführt werden; Produktionsfaktoren, die bisher in einer relativ kostspieligen Programmindustrie gebunden waren, werden für Bereiche frei, in denen sie höhere Erträge erzielen.

Aus ökonomischer Sicht spricht also einiges dafür, daß die Liberalisierung des Rundfunkhandels gesamtwirtschaftliche Vorteile erzeugt. Protektionismus läßt sich daher allein mit industrie- oder kulturpolitischen Erwägungen begründen. Gerade für industriepolitisch motivierte Handelsbeschränkungen ist jedoch folgendes zu bedenken: Angesichts der erheblichen Vorteile, die ein großer Sprach- und Kulturraum genießt, wird sich in einem kleinen Sprach- und Kulturraum eine international wettbewerbsfähige Programmindustrie nur schwer entwickeln. Beschränkungen des freien Handels können

---

49 Obwohl der Sprach- und Kulturraum kein Produktionsfaktor im klassischen Sinn ist, verhält er sich dennoch wie ein solcher, s. *Ming Shao*, Yale JIL 20 (1995), S. 135.

also nicht glaubwürdig damit begründet werden, daß sie dem Aufbau einer wettbewerbsfähigen Industrie dienen (infant-industry protection)[50]. Infant-industry protection setzt voraus, daß die zu entwickelnde Industrie tatsächlich über Faktorvorteile verfügt[51]. Das wird bei einer Industrie, die für einen kleinen Sprach- und Kulturraum produziert, regelmäßig nicht der Fall sein.

D. Handelsbarrieren

Als größtes Hemmnis für den internationalen Programmhandel wurde bisher regelmäßig der unzureichende internationale Schutz geistigen Eigentums genannt[52]. Die Schaffung und Durchsetzung geistiger Eigentumsrechte soll hier aber aus zweierlei Gründen nicht weiter untersucht werden: Das Agreement on Trade-Related Aspects of Intellectual Property Rights (TRIPS)[53] hat erstens den Schutz geistigen Eigentums international deutlich verstärkt[54]; zweitens ist der Schutz des geistigen Eigentums für den hier zu untersuchenden Rundfunkhandel eine Vorfrage; Handel mit Rundfunkprogrammen setzt geistige Eigentumsrechte als Handelsgegenstand nämlich bereits voraus. Die im folgenden zu untersuchenden Handelshemmnisse zeichnen sich dadurch aus, daß sie den freien Verkehr mit anerkannten Produkten durch staatliche Eingriffe behindern.

Eine abschließende Systematisierung der möglichen Handelshemmnisse für den Rundfunkhandel fällt schwer[55]. Zölle lassen sich nur auf Produkte erheben, die in körperlichem Zustand die Grenze überschreiten. Sie werden in erster Linie auf Produktionsmaterialien wie Ton- und Bildträger, Kameras sowie technisches Gerät erhoben. Die Einfuhr von Programmen in verkörperter Form belegen einige Staaten zwar mit Zöl-

---

50 Als infant-industry protection werden Handelsbeschränkungen bezeichnet, die eine theoretisch wettbewerbsfähige Industrie in der Anfangsphase vor entwicklungshemmendem Wettbewerb schützen sollen, s. *Feketekuty*, S. 116ff.

51 Vgl. *Feketekuty*, S. 116f.

52 S. etwa *Wildman/Siwek*, S. 99ff.

53 Abgedruckt in BGBl. 1994, Teil II, S. 1565; deutsche Übersetzung, a.a.O., S. 1730. S. dazu *Reinbothe*, ZUM 1996, S. 735; *Dreier*, GRUR Int. 1996, S. 205; *American Law Schools' Intellectual Property Section*, Vanderbilt Journal of Transnational Law 29 (1996), S. 363ff. mit verschiedenen Beiträgen.

54 S. insbesondere Art. 14 TRIPS für den Schutz von Rundfunksendungen.

55 Dasselbe gilt für den gesamten Dienstleistungshandel, s. dazu *Feketekuty*, S. 129ff., 209ff. *Engel*, Rules for Free International Trade in Services, S. 137ff. unterscheidet zwischen Zugangsbarrieren struktureller Art, Handelsbedingungen und der Förderung der Industrie des Importlandes. Diese Einteilung ist für einzelne Dienstleistungen allgemein sinnvoll; im Rundfunkhandel läßt sie sich aber nicht ohne weiteres anwenden, da unterschiedliche Barrieren sich auf unterschiedliche Dienstleistungen auch unterschiedlich auswirken. So braucht die Beschränkung der Niederlassung von Rundfunkveranstaltern beispielsweise nicht den Programmhandel zu behindern.

len[56], die Bedeutung dieses handelspolitischen Instruments nimmt angesichts der Umgehungsmöglichkeiten durch die nicht-verkörperte Einfuhr aber ab. Größere Bedeutung kommt den nicht-tarifären Handelshemmnissen zu[57].

Hier sind zunächst Maßnahmen zu nennen, die bei der Veranstaltung von Rundfunk im Importland ansetzen. So kann die Niederlassung eines Rundfunkveranstalters in einem anderen Staat dadurch behindert werden, daß dort ein gesetzlich geschütztes Monopol besteht. In ähnlicher Weise wird der Import behindert, wenn Personen aus anderen Staaten sich im Importland nur in Grenzen an Rundfunkunternehmen beteiligen dürfen. Zu nennen ist in diesem Zusammenhang insbesondere die US-amerikanische Regelung in Section 310 (b) des Communications Act von 1934[58]. Auch das Erfordernis der Zulassung beziehungsweise der Lizenzierung behindert die Niederlassung von ausländischen Veranstaltern im Importland[59]. Gleiches gilt für Beschränkungen der Direktinvestitionen oder der Erlösausfuhr[60].

Die Direkteinstrahlung aus dem Exportland wird zum Beispiel durch Maßnahmen behindert, die bestimmte technische Standards für die Ausstrahlung oder für Empfangsgeräte vorschreiben[61]. Maßnahmen, die die Einspeisung und Verbreitung in Kabelnetzen regeln, können die Direkteinstrahlung genauso beschränken wie die Veranstaltung im Importland. Den Programmhandel behindern diese Zugangsschranken kaum; Programme können von bestehenden Veranstaltern im Importland weiterhin eingeführt und ausgestrahlt werden[62].

Für den Programmhandel bestehen in einigen Staaten ausdrückliche Einfuhrbeschränkungen[63]. Mittelbar wird er durch Maßnahmen beschränkt, die die Art und Weise der Rundfunktätigkeit regeln. Hierbei mag es sich um allgemeine Bestimmungen zum Jugendschutz oder zur Regelung von Schleichwerbung handeln; es kommen aber auch spezifischere Maßnahmen in Betracht, so zum Beispiel Bestimmungen, die eine Synchronisierung im Importland oder den sonstigen Einsatz örtlicher Arbeitskräfte bei der Produktion vorschreiben[64]. Prominentestes Beispiel für Behinderungen des Programmhandels sind Quoten[65]. Diese können ein bestimmtes Verhältnis von einheimischen und importierten Programmen vorschreiben. So sieht Art. 4 der Fernsehrichtlinie[66] vor, daß

---

56 S. dazu die Studie der *OECD*, Les oeuvres audiovisuelles, S. 28f., 42.
57 Eine ausführlichere Untersuchung enthält die Studie der *OECD*, Les oeuvres audiovisuelles, S. 23ff.
58 Dort wird die direkte Beteiligung von Ausländern an Rundfunkveranstaltern auf 20% beschränkt; die indirekte Beteiligung über ein beherrschendes Unternehmen wird auf 25% des beherrschenden Unternehmens beschränkt; ausführlich dazu *Rose*, Columbia Law Review 95 (1995), S. 1188ff.
59 S. *Picard*, S. 98.
60 S. *Wildman/Siwek*, S. 110.
61 S. *Picard*, S. 97f.
62 Wenn nicht eine diskriminierende Programmbeschaffung hinzutritt, s. dazu *Wildman/Siwek*, S. 111.
63 S. *Wildman/Siwek*, S. 106f.
64 S. *Wildman/Siwek*, S. 108.
65 S. dazu *Wildman/Siwek*, S. 105f.
66 S. Richtlinie 89/552, ABl. L 298/23 v. 17.10.1989, Art. 4.

in der Gemeinschaft überwiegend Programme europäischen Ursprungs ausgestrahlt werden. Quoten können aber auch als mengenmäßige Beschränkungen eine absolute Zahl von Importen festlegen, die jährlich gezeigt werden dürfen[67].

Schließlich kann auch eine Subventionierung der Rundfunkindustrie des Importlandes handelshemmend wirken. Sie behindert den Marktzugang für ausländische Anbieter zwar nicht unmittelbar, die Förderung verzerrt aber den Wettbewerb mit der Industrie des Importlandes.

E. Die europäische Programmindustrie

Obwohl der Binnenmarkt der Gemeinschaft rechtlich ein Raum ohne Binnengrenzen[68] ist, bestehen die sprachlichen und kulturellen Barrieren fort. Für den Programmhandel läßt sich der Binnenmarkt folglich kaum als einheitlicher Markt erfassen. Er besteht vielmehr aus einer Reihe einzelner Märkte, die durch die genannten Barrieren voneinander abgeschottet sind[69]. Innerhalb des Binnenmarkts dürfte der cultural discount in einigen Fällen sogar höher sein als gegenüber Drittstaaten. So werden etwa brasilianische Telenovelas die Sprach- und Kulturbarrieren in Portugal leichter überwinden als deutsche Heimatfilme; gleiches gilt für die Einfuhr von Programmen aus dem übrigen Lateinamerika nach Spanien oder für Programme aus den ehemaligen französischen Kolonien nach Frankreich. Da große Teile der Bevölkerung in der Gemeinschaft auch Englisch sprechen, genießen Unterhaltungsprogramme aus den Vereinigten Staaten nicht nur in Großbritannien und Irland erleichterten Zugang, sondern im gesamten Binnenmarkt[70]. Entsprechend einseitig verlaufen die Handelsströme audiovisueller Programme. 1993 importierte die EG Programme im Wert von US $ 4,066 Milliarden aus den Vereinigten Staaten; dem stehen Exporte in Höhe von US $ 346 Millionen gegenüber; das Handelsdefizit der EG betrug also US $ 3,72 Milliarden, ein Zuwachs von etwa US $ 400 Millionen zu 1992[71]. 1995 stammten 69,8% der Fiktionsprogramme, die in Mitgliedstaaten importiert wurden, aus den USA[72].

---

67 So hat Indien die Einfuhr von ausländischen Filmen auf jährlich 100 beschränkt, s. die indische Liste spezifischer Verpflichtungen in Uruguay Round of Multilateral Trade Negotiations. Legal Instruments Embodying the Results of the Uruguay Round of Multilateral Trade Negotiatons Done at Marrakesh on 15 April 1994.
68 S. Art. 7a Abs. 2 EGV.
69 S. *Engel*, RuF 1989, S. 209; *Collins*, S. 162.
70 Erklärungen für den vergleichsweise niedrigen cultural discount US-amerikanischer Programme untersucht *Frank*, Zur Ökonomie der Filmindustrie, S. 121f.
71 S. *IDATE*, S. 145.
72 S. *Europäische Audiovisuelle Informationsstelle*, Statistisches Jahrbuch 1997, S. 160.

Gegenüber den Importen aus den Vereinigten Staaten nimmt sich der Programmhandel zwischen den Staaten der Gemeinschaft bescheiden aus[73]. 1995 stammten beispielsweise 42,6% der bei RTLplus ausgestrahlten Fiktionsprogramme aus den Vereinigten Staaten; aus europäischen Staaten stammten nur 1,5%[74]. Bei PRO 7 waren gar 70,3% der Fiktionsprogramme US-amerikanischen Ursprungs gegenüber 4% aus anderen europäischen Staaten[75]. Nach den Untersuchungen der Europäischen Kommission sind Produktion und Vertrieb der europäischen Programmindustrie nach wie vor auf die nationalen Märkte eingestellt; es fehlt an europaweiten Konzepten[76]. Immerhin zeichnet sich im Jahre 1997 ab, daß europäische Filme zumindest auf ihren nationalen Märkten wieder erfolgreicher sind[77].

Die Zersplitterung des Binnenmarkts hat zur Folge, daß die einzelnen Teilmärkte weniger aufwendige Filme hervorbringen als in einem zusammenhängenden Binnenmarkt produziert werden könnten. Dadurch fällt es den europäischen Programmindustrien schwer, den cultural discount auf anderen Märkten zu überwinden. Zugleich sehen sie sich auf ihren eigenen Märkten mit Konkurrenzprogrammen aus den Vereinigten Staaten konfrontiert, die sowohl aufwendiger gestaltet werden können als auch einen geringeren cultural discount zu überwinden haben. Bei dieser Marktstruktur sind die Voraussetzungen für eine erfolgreiche europäische Programmindustrie folglich ungünstig.

Um die beschriebenen Nachteile zu überwinden, kommen für die europäischen Produzenten verschiedene Möglichkeiten in Betracht. Zur Reduzierung der Sprachbarrieren empfiehlt sich zunächst die Synchronisierung der europäischen Programme. Damit allein wird der cultural discount sich jedoch nicht beseitigen lassen; schließlich werden bereits seit geraumer Zeit Programme synchronisiert, ohne daß sich die Handelsströme dadurch nennenswert verschoben hätten. Mindestens ebenso wichtig ist die Überwindung kultureller Barrieren. Hier kommt es darauf an, daß Programme für den internationalen Markt möglichst wenig kulturelle Besonderheiten beim Publikum voraussetzen. Auch der Einsatz international bekannter Schauspieler, Drehbuchautoren oder Regisseure kann die internationale Attraktivität von Programmen aus kleineren Märkten erhöhen. Die Programme müssen also von vornherein auf einen möglichst großen Zuschauerraum

---

73 S. etwa *Varis*, International Flow of Television Programms, S. 28f., 33, 55; s.a. die Tabelle bei *Frank*, Zur Ökonomie der Filmindustrie, S. 101; *Kruse*, RuF 1994, S.185ff.; *Flamée*, L'actualité de droit d'audiovisuel européen, S. 60.
74 S. *Europäische Audiovisuelle Informationsstelle*, Statistisches Jahrbuch 1997, S. 156f.
75 S. *Europäische Audiovisuelle Informationsstelle*, Statistisches Jahrbuch 1997, S. 156f.
76 S. Strategische Optionen für die Stärkung der Programmindustrie im Rahmen der audiovisuellen Politik der Europäischen Union, KOM(94) 96 endg., S. 7ff., 10.
77 So jedenfalls die Einschätzung von *Jack Valenti*, dem Vorsitzenden der Motion Picture Association of America, s. Newsweek vom 26.5.1997, S. 54.

zugeschnitten werden[78]. Nur dort lassen sich aufwendige Produktionen erfolgreich amortisieren.

---

78 S. 27. Begründungserwägung der Richtlinie 97/36 v. 30.6.1997, ABl. L 202/60 v. 30.7.1997. Ob dabei die Ausrichtung auf den europäischen Raum zu empfehlen ist, so *Kruse*, RuF 1994, S. 196f., ist indessen fraglich. Ein homogener europäischer Kulturraum besteht aus den genannten Gründen nicht; die Produktion für den europäischen Markt würde folglich eine Produktion für viele Teilmärkte bedeuten. Erfolgreicher ist die Ausrichtung auf den englischsprachigen Markt, der als zusammenhängender Markt größer ist. Hier hat namentlich Großbritannien naturgemäß einen Vorteil gegenüber den anderen Mitgliedstaaten der Gemeinschaft.

Drittes Kapitel: die World Trade Organization (WTO)

A. Historischer Abriß

Die WTO sollte ursprünglich International Trade Organization (ITO)[1] heißen. Ihre Gründung war in der Havanna Charter von 1948 vorgesehen, die aus unterschiedlichen Gründen dem US-amerikanischen Kongreß nicht zur Ratifizierung vorgelegt wurde. Die ablehnende Haltung der Vereinigten Staaten zu dem von ihnen angeregten Vertragswerk ließ die Gründung der ITO schließlich scheitern[2]. Übrig blieb das GATT 1947, das bereits am 30.10.1947 unterzeichnet und 1948 als Provisorium[3] in Kraft getreten war[4].

Es wurde nochmals versucht, um das Provisorium herum ein institutionelles Gerüst zu errichten. Dieser zweite Anlauf scheiterte aber wieder an den Differenzen zwischen den Verfassungsorganen in den Vereinigten Staaten: Die Regierung regte die Gründung einer internationalen Handelsorganisation an, der Kongreß ließ sie scheitern. So verblieb die Verwaltung des GATT 1947 schließlich bei der Interim Commission for the International Trade Organization beziehungsweise beim GATT-Sekretariat[5].

Nachdem die Gründung einer internationalen Handelsorganisation gescheitert war, mußte das GATT 1947 alle Bemühungen tragen, die auf eine weltweite Handelsliberalisierung gerichtet waren. Zu diesem Zweck nahm es zunächst weitere Mitglieder[6] auf und führte den Zollabbau fort. Um den Entwicklungen des Handels angemessen Rechnung zu tragen, war es nötig, den Anwendungsbereich des GATT 1947 unter anderem auf nicht-tarifäre Handelshemmnisse, Antidumping-Maßnahmen, öffentliches Beschaffungswesen und Subventionen zu erweitern. Die notwendigen Anpassungen des GATT 1947 wurden in sieben weiteren Verhandlungsrunden vorgenommen[7]:

- Annecy Runde (1949)
- Torquay Runde (1950-1951)

---

1 Eine ausführliche Darstellung der ITO findet sich bei *Hudec*, The GATT Legal System, S. 11ff.
2 Ausführlich *Senti*, GATT, S. 10ff.; *Hudec*, The GATT Legal System, S. 59ff.
3 Grundlage für die Geltung des GATT ist das Protocol of Provisional Application of the General Agreement on Tariffs and Trade v. 30.10.1947, vgl. *Benedek*, Die Rechtsordnung des GATT, S. 99ff.; *Stahl*, Yale JIL 19 (1994), S. 406; *Berrisch*, S. 6ff., m.w.N.
4 Vgl. auch Art. XXIX GATT 1947.
5 S. *Senti*, GATT, S. 17.
6 Vertreter der EG nehmen an den Verhandlungen seit 1956 teil, s. *Berrisch*, S. 157; ausführlich zur Einbeziehung der EG in das GATT, *Hudec*, The GATT Legal System, S. 211ff.
7 Vgl. Art. XXVIII bis GATT1947. Ausführlich *Senti*, GATT, S. 70ff; ders., GATT-WTO, S. 15ff.

- Genf Runde (1955-1956)
- Dillon Runde (1961-1962)
- Kennedy Runde (1964-1967)
- Tokio Runde (1973-1979)
- Uruguay Runde (1986-1994)

Ob das GATT 1947 infolge seiner Fortentwicklung den Status einer internationalen Organisation erlangte, ist nie ausdrücklich geklärt worden. Diese Frage wird in der Wissenschaft weitgehend bejaht[8], sie dürfte für die Zukunft aber an Bedeutung verlieren: Im Rahmen der 1986 eingeleiteten Uruguay Runde wurde nämlich ein erfolgreicher Anlauf unternommen, eine neue Welthandelsorganisation zu gründen[9]. Der Name ITO wurde dabei nicht mehr verwendet; man taufte die Organisation zunächst in Multilateral Trade Organization (MTO) und schließlich in World Trade Organization (WTO) um[10]. Der WTO wird die Rechtsfähigkeit durch ihren Gründungsvertrag ausdrücklich verliehen (Art. VIII WTO-Übereinkommen)[11].

Das GATT 1947 ist von der WTO auf eine eigene Weise rezipiert worden. Als Anlage 1A wurde ein GATT 1994 in das WTO-Übereinkommen aufgenommen. Dieses wiederum besteht weitgehend aus den Vorschriften des GATT 1947[12]. Das GATT 1994 bildet rechtlich aber einen eigenen Vertrag neben dem GATT 1947[13]. Parallel wurden eine Reihe neuer Handelsabkommen verabschiedet: das GATS (Anlage 1B), das Agreement on Trade-Related Aspects of Intellectual Property Rights (TRIPS, Anlage 1C), das Understanding on Rules and Procedures Governing the Settlement of Disputes (Anlage 2) sowie der Trade Policy Review Mechanism (Anlage 3). Die Anlagen 1 bis 3 sind Bestandteil des WTO-Übereinkommens und für alle Mitglieder verbindlich[14]. Anlage 4 des WTO-Übereinkommens enthält eine Reihe plurilateraler Übereinkommen, die für die Mitglieder, die sie unterzeichnet haben, ebenfalls Bestandteil des WTO-Übereinkommens sind[15].

---

8   S. *Benedek*, Die Rechtsordnung des GATT, S. 248ff.; *Senti*, GATT, S. 21; *ders.* GATT-WTO, S. 24; *Berrisch*, S. 31f., m.w.N.
9   Zur Entstehung der WTO in der Uruguay Runde s. *Patterson/Patterson*, Minnesota Journal of Global Trade 3 (1994), 1, S. 40ff.
10 S. 33 ILM (1994), S. 13, Anmerkung.
11 Das WTO-Übereinkommen ist abgedruckt in 33 ILM (1994), S. 1140; in BGBl. 1994, Teil II, S. 1443; die amtliche deutsche Übersetzung findet sich a.a.O., S. 1625; in deutscher Sprache ist das WTO-Übereinkommen auch abgedruckt in ABl. L 336/3 v. 23.12.1994.
12 Vgl. Ziffer 1 lit. a und b der Anlage 1 A zum WTO-Übereinkommen; s. dazu näher *Marceau* 29 JWT (1995) 4, S. 147.
13 Vgl. Art. I:4 WTO-Übereinkommen. Zu den Problemen, die entstehen können, solange nicht alle Mitglieder aus dem GATT 1947 aus- und in die WTO eingetreten sind, s. *Petersmann*, CMLReview 1994, S. 1222ff.; *ders.* EJIL 6 (1995), S. 192f.
14 Vgl. Art. II:2 WTO-Übereinkommen.
15 S. Art. II:3 WTO-Übereinkommen.

B. Strukturen der WTO

I. Organisationsstruktur

Oberstes Organ der WTO ist die Ministerkonferenz (Ministerial Conference), die sich aus den Vertretern aller Mitglieder zusammensetzt[16]. Sie trifft sich mindestens alle zwei Jahre und kann für alle Abkommen der WTO auf Antrag eines Mitglieds Beschlüsse fassen[17]. Zwischen den Treffen der Ministerkonferenz übernimmt der Allgemeine Rat (General Council) die der Ministerkonferenz sowie die ihm selbst zugewiesenen Aufgaben[18]. Ihm gehören ebenfalls Vertreter aller Mitglieder an. Der Allgemeine Rat gibt sich seine eigene Geschäftsordnung.

Bei Verfahren zur Streitbeilegung tritt der Allgemeine Rat als Streitbeilegungsgremium (Dispute Settlement Body, im folgenden: DSB) zusammen[19]. Das Streitbeilegungsgremium kann seinen eigenen Vorsitzenden haben und legt die notwendigen Verfahrensregeln fest. Gleiches gilt, wenn der Rat im Rahmen des Trade Policy Review Mechanisms als Organ zur Überprüfung der Handelspolitik (Trade Policy Review Body) zusammentritt[20].

Der Leitung des Allgemeinen Rats unterstehen drei weitere Räte, die die multilateralen Handelsabkommen überwachen[21]: der Rat für den Handel mit Waren (Council for Trade in Goods), der Rat für den Handel mit Dienstleistungen (Council for Trade in Services)[22] und der Rat für TRIPS (Council for TRIPS). Die Mitgliedschaft in diesen Räten steht allen Mitgliedern der WTO offen. Die Räte geben sich eine Geschäftsordnung, die der Genehmigung durch den allgemeinen Rat bedarf, und können nachgeordnete Gremien bilden[23]. Diese Gremien können sich wiederum eine eigene Geschäftsordnung geben, der der jeweils zuständige Rat zustimmen muß.

Neben den Räten sieht das WTO-Übereinkommen in Art. IV:7 verschiedene Ausschüsse vor, die die Ministerkonferenz einsetzt: einen Ausschuß für Handel und Entwicklung (Committee on Trade and Development), einen Ausschuß für Zahlungsbilanz-

---

16 Ausführlich *Senti*, GATT-WTO, S. 26ff.; Schmidt-*Wolfrum*, S. 565ff.; *Hoekman/Kostecki*, S. 37ff.
17 Vgl. Art. IV:1 WTO-Übereinkommen.
18 S. Art. IV:2 WTO-Übereinkommen.
19 S. Art. IV:3 WTO-Übereinkommen, Art. 2 Dispute Settlement Understanding.
20 Vgl. Art. IV:4 WTO-Übereinkommen, C i Trade Policy Review Mechanism.
21 Vgl. Art. IV:5 WTO-Übereinkommen.
22 Ausführlicher dazu *Weiss*, CMLReview 1995, S. 1213ff.
23 S. Art. IV:6 WTO-Übereinkommen. Dem Rat für den Handel mit Dienstleistungen ist bereits in den Übereinkünften der Uruguay Runde von den Ministern eine Empfehlung über die Einsetzung nachgeordneter Gremien unterbreitet worden, s. Beschluß zu institutionellen Vorkehrungen für das allgemeine Abkommen über den Handel mit Dienstleistungen, abgedruckt in ABl. L 336/264 v. 23.12.1994.

beschränkungen (Committee on Balance-of-Payments Restrictions) und einen Ausschuß für Haushalt, Finanzen und Verwaltung (Committee on Budget, Finance and Administration). Sie nehmen Aufgaben wahr, die ihnen die WTO-Verträge oder der Allgemeine Rat zuweisen. Die Ministerkonferenz kann bei Bedarf auch weitere Ausschüsse gründen. Die Geschäftsordnung dieser Ausschüsse bedarf der Zustimmung durch den Allgemeinen Rat[24].

Die WTO erhält schließlich auch ein Sekretariat[25]. Die Ministerkonferenz bestellt seinen Generaldirektor und legt unter anderem dessen Aufgabenbereich und Amtsdauer fest[26]; sie regelt auch die Einstellung weiterer Mitglieder des Sekretariats durch den Generaldirektor[27].

II. Entscheidungsstruktur

Die WTO strebt Konsensentscheidungen an[28]. Konsens liegt vor, wenn kein anwesendes Mitglied förmlich Einspruch erhebt[29]. Erst wenn kein Konsens erzielt werden kann, kommen Mehrheitsentscheidungen in Betracht. Dabei hat jedes Mitglied eine Stimme; die EG und ihre Mitgliedstaaten haben zusammen immer nur so viele Stimmen, wie Mitgliedstaaten auch Mitglieder der WTO sind[30]. Eine Mehrheitsentscheidung setzt die Mehrheit der abgegebenen Stimmen voraus, sofern die Verträge nichts anderes vorsehen.

1. Auslegung der Verträge

Bei Entscheidungen über die Auslegung des WTO-Übereinkommens und der multilateralen Handelsabkommen ist folgendes Verfahren vorgesehen[31]: Die ausschließliche Zuständigkeit für solche Entscheidungen liegt beim Ministerrat, beziehungsweise beim Allgemeinen Rat. Er entscheidet mit Dreiviertelmehrheit. Die Räte, die die multilateralen Handelsabkommen überwachen, legen Empfehlungen vor, wenn es um die Auslegung ihres jeweiligen Abkommens geht.

---

24 S. Art. IV:2 WTO-Übereinkommen.
25 S. Art. VI:1 WTO-Übereinkommen. Das GATT Sekretariat, dessen Rechtsgrundlage bisher nicht eindeutig geklärt ist (s. *Senti*, GATT, S. 49), ist zum Sekretariat der WTO geworden, und der Generaldirektor der VERTRAGSPARTEIEN war Generaldirektor der WTO, bis sein Nachfolger vom Ministerrat ernannt wurde (Art. XVI:2 WTO-Übereinkommen).
26 S. Art. VI:2 WTO-Übereinkommen.
27 S. Art. VI:3 WTO-Übereinkommen.
28 S. Art. IX:1 WTO-Übereinkommen.
29 S. Anmerkung 1 zu Art. IX WTO-Übereinkommen.
30 Vgl. Art. IX:1 Satz 4 WTO Abkommen und Anmerkung 2.
31 Vgl. Art. IX:2 WTO-Übereinkommen.

2. Vertragsänderungen

Änderungen der Verträge sind gesondert geregelt[32]: Sie werden allein von der Ministerkonferenz beschlossen. Vorschlagsberechtigt ist jedes Mitglied; die Räte für die multilateralen Handelsabkommen können für ihr jeweiliges Abkommen einen Vorschlag unterbreiten[33]. Ein Kernbestand der Vertragsnormen kann nur durch einstimmigen Beschluß aller Mitglieder geändert werden[34]. Dazu zählen der Grundsatz der Meistbegünstigung, die Bestimmungen über das Entscheidungsverfahren und über die Vertragsänderung[35].

Ansonsten werden Änderungen mit Zweidrittelmehrheit beschlossen, wenn innerhalb einer bestimmten Frist kein Konsens herbeigeführt werden kann[36]. Die Wirkung der Beschlüsse hängt aber davon ab, ob die Änderungen Rechte oder Verpflichtungen der Mitglieder nach sich ziehen. Lassen sie die Rechte und Pflichten der Mitglieder unberührt, tritt der Beschluß allen Mitgliedern gegenüber in Kraft[37]. Berührt die Änderung hingegen Rechte und Pflichten der Mitglieder, wird der Beschluß grundsätzlich nur den Mitgliedern gegenüber verbindlich, die ihm zugestimmt haben. Mitglieder, die der Änderung nicht zustimmen, können von der Ministerkonferenz vor die Frage des Austritts aus der WTO gestellt werden. Voraussetzung hierfür ist, daß der Ministerrat mit einer Dreiviertelmehrheit beschließt, daß die Vertragsänderung so bedeutend ist, daß sie die Mitgliedschaft in Frage stellt[38]. Bei Konsensentscheidungen legt der Ministerrat gleichzeitig fest, ob die Änderung Rechte und Pflichten der Mitglieder betrifft[39]. Fehlt es an einem Konsens, ist davon auszugehen, daß die Änderung Rechte und Pflichten der Mitglieder berührt, wenn nicht der Ministerrat mit Dreiviertelmehrheit beschließt, daß sie es nicht tut.

---

32 Vgl. Art. X WTO-Übereinkommen.
33 Änderungen der Verträge in den Anhängen 2, 3 und 4 finden ihre eigene Regelung in Art. X:8-10 WTO-Übereinkommen. Sie werden im folgenden nicht weiter erörtert.
34 Vgl. Art. X:2 WTO-Übereinkommen.
35 *Senti*, GATT-WTO, S. 31, zählt zu diesem Kernbereich auch noch den Grundsatz der Inländerbehandlung. Art. X:2 WTO-Übereinkommen erwähnt allerdings keine Vorschrift, die das Inländerprinzip festschreibt.
36 Vgl. Art. X:1 WTO-Übereinkommen.
37 S. Art. X:4 WTO-Übereinkommen für das GATT 1994 und das TRIPS, ähnlich Art. X:5 Satz 3 WTO-Übereinkommen für das GATS. Änderungen des TRIPS, die es an ein höheres Schutzniveau anderer multilateraler Verträge anpassen, unterliegen einem vereinfachten Verfahren, wenn die WTO-Mitglieder sich diesem Schutzniveau in dem anderen Vertrag bereits verpflichtet haben (vgl. Art. X:6 WTO-Übereinkommen, Art. 71:2 TRIPS).
38 Vgl. Art. X:3 WTO-Übereinkommen für das GATT 1994 und das TRIPS, ähnlich Art. X:5 Sätze 1 und 2 WTO-Übereinkommen für das GATS.
39 S. Art. X:1 WTO-Übereinkommen. Für das GATS legt Art. X:5 WTO-Übereinkommen bereits verbindlich fest, daß nur Änderungen der Teile IV, V und VI des GATS bei einer Zweidrittelmehrheit für alle gelten. Eine Bestimmung darüber, ob Rechte und Pflichten der Mitglieder berührt werden, ist für das GATS folglich nicht vorgesehen.

3. Waiver

Die WTO kann ihre Mitglieder in Ausnahmefällen auch von deren Verpflichtungen entbinden (waiver). Soll das Mitglied von seinen Verpflichtungen aus dem WTO-Übereinkommen entbunden werden, ist der Ministerrat anzurufen. Dieser entscheidet mit einer Dreiviertelmehrheit, wenn er nicht innerhalb von neunzig Tagen Konsens herbeiführen kann[40]. Geht es um Verpflichtungen aus dem GATT 1994, dem GATS oder dem TRIPS, muß zunächst der jeweils zuständige Rat angerufen werden, der dem Ministerrat dann innerhalb von neunzig Tagen einen Bericht vorlegt, um dessen Beschluß vorzubereiten. Als Ausnahmebestimmungen sind waiver grundsätzlich restriktiv zu handhaben: Die Gründe für die Entscheidung, die Bedingungen des waiver sowie sein Ablaufdatum sind darzulegen; die Entscheidungen werden jährlich überprüft und gelten nur solange, wie die Ausnahmevoraussetzungen vorliegen[41].

III. Streitbeilegung

Das Konsens-Prinzip findet seinen Niederschlag auch im Bereich der Streitbeilegung[42]. Zwar enthält das Dispute Settlement Understanding inzwischen auch Elemente einer verbindlichen Gerichtsbarkeit, es vertraut aber in erster Linie auf Konsultationen und Schiedsverfahren[43]. Die dabei gefundenen Auslegungsergebnisse sind auch nicht für die Auslegung durch die Organe der WTO verbindlich[44].

---

40 S. Art. IX:3 WTO-Übereinkommen.
41 S. Art. IX:4 WTO-Übereinkommen.
42 Vgl. Art. 3:7 Dispute Settlement Understanding. Gründe für die große Bedeutung des Konsens im frühen GATT erörtert *Hudec*, The GATT Legal System, S. 202ff.
43 Grundzüge der Streitbeilegung beschreiben *Petersmann*, CMLReview 1994, S. 1205; *Senti*, GATT-WTO, S. 33ff.; *Kohona*, 28 JWT (1994) 2, S. 23ff.; *Vermulst/Driessen*, 29 JWT (1995) 2, S. 131; *Wang*, 29 JWT (1995) 2, S. 173; *Young*, The International Lawyer 29 (1995), S. 389; *Komuro*, 29 JWT (1995) 4, S. 5; *Backes*, RIW 1995, S. 916ff.; Schmidt-*Wolfrum*, S. 623ff. Eine ausführliche Beschreibung der Streitbeilegung in GATT und WTO findet sich bei *Pescatore/Davey/Lowenfeld*, Teile 1 und 2; *Canal-Forgues*, L'Institution de la Conciliation dans le Cadre du GATT; die Entwicklung der Streitbeilegung im GATT beschreibt *Hudec*, The GATT Legal System, S. 75ff., ausführlich. Das Streitbeilegungsverfahren steht nur den Mitgliedern der WTO offen; diese haben zum Teil interne Verfahren vorgesehen, mit denen die betroffenen Personen die Einleitung eines Streitbeilegungsverfahrens durch das Mitglied erwirken können; in der Gemeinschaft gewährt die VO Nr. 3286/94, ABl. L 349/71 v. 31.12.1994 auf diese Art und Weise Zugang zum Streitbeilegungsverfahren der WTO; s. dazu *Horlick*, 29 JWT (1995) 6, S. 54ff.
44 S. Art. 3:9 Dispute Settlement Understanding. Daraus ergibt sich für die Streitparteien auch die Möglichkeit, mit anderen Mehrheitsverhältnissen eine Auslegung der Vorschriften nach Art. IX WTO-Übereinkommen zu erwirken, s. *Kohona*, 28 JWT (1994) 2, S. 30; *Vermulst/Driessen*, 29 JWT (1995) 2, S. 152f.

Den Mitgliedern stehen mehrere Möglichkeiten zur Streitbeilegung offen: die Verfahren der guten Dienste, des Vergleichs und der Vermittlung, das Konsultationsverfahren sowie das Panelverfahren. Nur letzteres läßt Grundzüge einer Gerichtsbarkeit ansatzweise erkennen. Bei klar definierten Streitfragen können sich die Mitglieder zusätzlich noch auf ein beschleunigtes Schiedsverfahren einigen, dessen Schiedssprüche nach den Vorschriften für das Panelverfahren vollzogen werden[45].

Gute Dienste, Vergleich und Vermittlung sind Mechanismen, die die Parteien jederzeit freiwillig in Anspruch nehmen können, ohne dadurch ihre Rechte und Pflichten zu präjudizieren[46]. Rechtlich kommt diesen Verfahren daher wenig Bedeutung zu. Ihre Einleitung kann aber die Einsetzung eines Panelverfahrens verzögern; andererseits berechtigt ihr erfolgloser Abschluß die beschwerdeführende Partei, die Einsetzung eines Panels zu beantragen.

Sonst ist vorgesehen, daß die Streitparteien zunächst Konsultationen aufnehmen[47]. Die beschwerdeführende Partei richtet dabei einen Konsultationsantrag an die Gegenpartei. Sofern die Streitparteien nichts abweichendes vereinbart haben, muß die angerufene Partei binnen 10 Tagen auf den Antrag erwidern; binnen 30 Tagen muß sie Konsultationen aufgenommen haben. Hält sie sich nicht an die Fristen, kann die Beschwerdeführerin die Einsetzung eines Panels beantragen. Das Panelverfahren steht ihr auch offen, wenn die Parteien die Konsultationen für erfolglos halten oder sich innerhalb von 60 Tagen nach Eingang des Konsultationsantrags nicht haben einigen können. In Eilfällen verkürzt sich das Verfahren auf 20 Tage.

Der nächste Schritt des Streitbeilegungsverfahrens ist die Einsetzung eines Panels[48]. Voraussetzung dafür ist zunächst ein entsprechender Antrag der Beschwerdeführerin. Sie muß den Antrag schriftlich an das DSB richten und den Streitgegenstand hinreichend genau umschreiben. Wenn das DSB die Einsetzung eines Panels nicht durch Konsens-Beschluß ablehnt, muß es das Panel spätestens auf der ersten Sitzung nach seiner erstmaligen Befassung mit dem Antrag einsetzen.

Das jeweilige Panel besteht aus drei Sachverständigen, die auf Vorschlag des Sekretariats von einer dort geführten Liste durch die Parteien ausgewählt werden. Die Panel-Mitglieder sollen nicht Staatsangehörige einer der Parteien sein oder aus einem Staat stammen, der mit einer Partei in einer Zollunion oder einem gemeinsamen Markt verbunden ist. Die Streitparteien können allerdings im gegenseitigen Einvernehmen von

---

45 Vgl. Art. 25 Dispute Settlement Understanding.
46 Vgl. Art. 5 Dispute Settlement Understanding.
47 Vgl. Art. 4 Dispute Settlement Understanding. Auf diese Vorschrift verweisen z.T. auch die spezielleren Konsultationsvorschriften der einzelnen Handelsabkommen, vgl. Art. XXII:1 GATS, Art. XXII:1 GATT 1994 und Art. 64:1 TRIPS.
48 Vgl. Art. 6 Dispute Settlement Understanding. Ob der Einsetzung eines Panels stets Konsultationen vorhergehen müssen, läßt das Dispute Settlement Understanding offen, s. dazu *Komuro*, 29 JWT (1995) 4, S. 46.

diesem Erfordernis absehen; sie können auch ein Panel mit fünf Mitgliedern vorsehen. Einigen sich die Streitparteien nicht über die Besetzung des Panels, wird dieses nach Absprache mit dem Vorsitzenden des DSB und des zuständigen Ausschusses oder Rats durch den Generaldirektor besetzt.

Das eingeleitete Panelverfahren soll sechs Monate nach Zusammentritt des Panels abgeschlossen sein; in Eilfällen soll das Verfahren drei Monate dauern, bei auftretenden Verzögerungen kann es sich maximal neun Monate hinziehen[49]. Die beschwerdeführende Partei kann allerdings eine Aussetzung des Verfahrens für bis zu 12 Monate beantragen[50].

Die Verfahrensregelungen ergeben sich aus Art. 12ff. und dem Anhang 3 Dispute Settlement Understanding; sie können auch durch das Panel und die Streitparteien gemeinsam festgelegt werden. Dritte Mitglieder, die ein wesentliches Interesse an einem Panelverfahren darlegen, werden nach Maßgabe des Art. 10 Dispute Settlement Understanding an dem Verfahren beteiligt[51]. Löst ein Streitgegenstand mehrere Beschwerden aus, können die Verfahren gem. Art. 9 Dispute Settlement Understanding in einem Panel verbunden werden.

Nachdem das Panel den Streitparteien einen Zwischenbericht zugeleitet und deren Antworten berücksichtigt hat[52], verteilt es seinen Abschlußbericht an die Mitglieder. Das DSB nimmt den Bericht frühestens 20 und spätestens 60 Tage danach an, wenn nicht eine der Streitparteien sich für ein Rechtsmittel gegen den Abschlußbericht entscheidet[53]. Während das Streitbeilegungsverfahren vor Abschluß der Uruguay Runde für die Annahme des Berichts Konsens forderte, ist nunmehr nur noch eine Ablehnung des Berichts durch Konsens möglich[54]. Die erleichterte Annahme des Berichts erhöht die Effektivität des Verfahrens und ermöglicht eine verbindliche Rechtsprechung[55].

Für eingelegte Rechtsmittel ist ein ständiges Berufungsgremium (Appellate Body) zuständig[56]. Ihm gehören sieben unabhängige Sachverständige an, von denen jeweils

---

49 S. Art. 12:8 und 9 Dispute Settlement Understanding. Die detaillierte Regelung der Fristen im Dispute Settlement Understanding soll dem Unmut über die Langwierigkeit der bisherigen Streitbeilegung entgegenwirken, s. *Vermulst/Driessen*, 29 JWT (1995) 2, S. 140ff.

50 S. Art. 12:12 Dispute Settlement Understanding.

51 Ob ein Mitglied einseitig beschließen kann, daß es ein wesentliches Interesse an dem Ausgang des Verfahrens hat (so *Kohona*, 28 JWT (1994) 2, S. 37), ergibt sich nicht aus Art. 10 Dispute Settlement Understanding.

52 S. Art. 15 Dispute Settlement Understanding.

53 S. Art. 16 Dispute Settlement Understanding.

54 S. Art. 16:4 Satz 1 a.E. Dispute Settlement Understanding; s.a. *Komuro*, 29 JWT (1995) 4, S. 29ff.

55 S. *Kohona*, 28 JWT (1994) 2, S. 39; *Petersmann*, CMLReview 1994, S. 1218; *Vermulst/Driessen*, 29 JWT (1995) 2, S. 135; *Young*, The International Lawyer 29 (1995), S. 402; s.a. *Shell*, Duke Law Journal 44 (1995), S. 829ff.; *Komuro*, 29 JWT (1995) 4, S. 39f.

56 Vgl. Art. 17 Dispute Settlement Understanding. Zu seiner Entstehung in den Verhandlungen der Uruguay-Runde s. *Petersmann*, CMLReview 1994, S. 1215f.; s.a. *Vermulst/Driessen*, 29 JWT (1995) 2, S. 144ff.

drei sich mit einem Streit befassen. Die Zusammensetzung der jeweiligen Kammer ergibt sich aus einem Rotationsverfahren, das im Arbeitsverfahren des Berufungsgremiums geregelt wird. Die Dauer des Rechtsmittelverfahrens ist auf 60, höchstens aber 90 Tage begrenzt. Der Bericht des Berufungsgremiums wird vom DSB angenommen, wenn dieses nicht innerhalb von 30 Tagen nach der Verteilung des Berichts an die Mitglieder den Bericht mit Konsensentscheidung ablehnt.

Ist die Beschwerde gegen ein Mitglied begründet, sprechen die Berichte der Panels und des Berufungsgremiums eine Empfehlung aus, daß die Gegenpartei ihre Maßnahme in Übereinstimmung mit dem betroffenen Abkommen bringt[57]. Die Vollziehung dieser Empfehlung ist in den Art. 21ff. Dispute Settlement Understanding ausführlich geregelt. Danach wird dem betroffenen Mitglied zunächst die Möglichkeit eingeräumt, innerhalb eines festzusetzenden angemessenen Zeitraums den Verstoß selber zu beseitigen[58]. Verstreicht diese Frist ergebnislos, können sich die Streitparteien auf eine Entschädigungsleistung einigen; erst nachdem auch hier keine Einigung herbeigeführt wurde, kann die Beschwerdeführerin ihre eigenen Zugeständnisse vorübergehend aussetzen, wenn der DSB dem zustimmt[59]. Dabei wird darauf geachtet, daß die Verstöße möglichst durch Maßnahmen in demselben Sektor desselben Abkommens vergolten werden. In andere Sektoren desselben Abkommens kann ausgewichen werden, wenn eine Vergeltungsmaßnahme in demselben Sektor unmöglich oder unwirksam wäre. Erst wenn die beschwerdeführende Partei zusätzlich darlegt, daß die Umstände ernst genug sind, darf sie zu Vergeltungsmaßnahmen auch in einem anderen Handelsabkommen greifen (cross retaliation)[60]. Einseitige Vergeltungsmaßnahmen unter Umgehung des beschriebenen Streitbeilegungsverfahrens sind den Mitgliedern gem. Art. 23 Dispute Settlement Understanding nunmehr untersagt[61].

Der Anwendungsbereich des beschriebenen Verfahrens erstreckt sich grundsätzlich auf alle multilateralen Verträge der Anlage 1 des WTO-Übereinkommens[62]. Diese ent-

---

57 S. Art. 19:1 Dispute Settlement Understanding.
58 S. Art. 21 Dispute Settlement Understanding.
59 Vgl. Art. 22 Dispute Settlement Understanding.
60 S. näher dazu *Komuro*, 29 JWT (1995) 4, S. 59ff.
61 Auch die Vereinigten Staaten haben ihre Verpflichtung bekräftigt, Verstöße gegen die WTO-Handelsabkommen zunächst im Rahmen des Dispute Settlement Understandings zu verfolgen, s. *Kohona*, 28 JWT (1994) 2, S. 44. Die einschlägigen Bestimmungen des Section 301 ihres Amended Trade Acts sind inzwischen auf das Streitbeilegungsverfahren der WTO abgestimmt, s. *Gantz*, Arizona Journal of International and Comparative Law 12 (1995), 1, S. 111ff. Die Frage künftiger Anwendung des „301" war während der Uruguay Runde umstritten, s. *Patterson/Patterson*, Minnesota Journal of Global Trade, 3 (1994), 1, S. 52f.; s.a. *Bello/Holmer*, Law & Policy in International Business 25 (1994), S. 1297, 1305; *Horlick*, 29 JWT (1995) 2, S. 169ff.; *Silverman*, University of Pennsylvania Journal of International Economic Law 17 (1996), S. 269ff. Stellungnahme des *Wirtschafts- und Sozialausschusses* zum Thema „Auswirkungen der Vereinbarungen der Uruguay-Runde", ABl. C 393/200 v. 31.12.1994 auf S. 204; ausführlich zu den handelspolitischen Instrumenten der Hauptmitglieder der WTO s. *Komuro*, 29 JWT (1995) 4, S. 73ff.
62 S. Art. 1:1 Dispute Settlement Understanding.

halten indessen eigene Regelungen zur Streitbeilegung, um den Besonderheiten der einzelnen Abkommen Rechnung zu tragen[63] oder bestehende Streitbeilegungsmechanismen in anderen Verträgen zu berücksichtigen[64]. Das Verfahren weicht von dem Grundverfahren allerdings nur in Einzelfällen erheblich ab[65], weshalb es hier nicht weiter vertieft werden soll. Im Konfliktfall sieht Art. 1:2 Dispute Settlement Understanding vor, daß die zusätzlichen und speziellen Bestimmungen der Handelsabkommen vorgehen[66].

C. Mitgliedschaft der EG

Der Beitritt zur WTO steht nach Art. XII:1 WTO-Übereinkommen nicht nur Staaten zu, sondern auch Zollgebieten, die in den entsprechenden Handelsfragen Handlungsfreiheit besitzen. Diesem Verständnis entspricht, daß Art. XI:1 WTO-Übereinkommen die EG zu den ursprünglichen Mitgliedern der WTO zählt[67]. Damit werden für die WTO alle Unsicherheiten beseitigt, die sich aus dem ungeklärten Status der EG im GATT 1947 ergaben[68].

---

63 Eine aktuelle Beschreibung der GATT-Streitbeilegung einschließlich der bisherigen Praxis findet sich bei *Petersmann*, CMLReview 1994, S. 1170ff. Zu den Besonderheiten, die sich beim Dienstleistungshandel ergeben können, s. ders., a.a.O., S. 1230f.; kritisch beurteilt *Stahl*, Yale JIL 19 (1994), S. 422, 428, die Erfolgsaussichten des GATS Streitbeilegungsverfahren. S.a. den Beschluß zu bestimmten Streitbeilegungsverfahren für das Allgemeine Übereinkommen über den Handel mit Dienstleistungen, abgedruckt in ABl. L 336/265 v. 23.12.1994.
64 S. *Petersmann*, CMLReview 1994, S. 1227ff.
65 S. im einzelnen Art. XXIIf. GATT 1994; Art. XXIIf. GATS und den Beschluß zu bestimmten Streitbeilegungsverfahren für das GATS; Art. 63f. TRIPS sowie die Liste in Anhang 2 des Dispute Settlement Understandings; s.a. *Vermulst/Driessen*, 29 JWT (1995) 2, S. 138f., 148ff.
66 S.a. *Petersmann*, CMLReview 1994, S. 1234ff.; *Kohona*, 28 JWT (1994) 2, S. 25ff.
67 S. dazu *Abbott*, Law and Policy of Regional Integration, S. 54ff. Der Rat der Europäischen Union hat das Vertragswerk am 22.12.1994 genehmigt, s. ABl. L 336/1 v. 23.12.1994. Gleichzeitig hat er eine Reihe von Verordnungen zur Durchführung des Abkommens erlassen, darunter die VO Nr. 3286/94 zur Festlegung der Verfahren der Gemeinschaft im Bereich der gemeinsamen Handelspolitik zur Ausübung der Rechte der Gemeinschaft nach internationalen Handelsregeln, insbesondere den im Rahmen der Welthandelsorganisation vereinbarten Regeln, ABl. L 349/71 v. 31.12.1994.
68 S. *Sack*, CMLReview 1995, S. 1243, 1248f.; *ders.*, GS Grabitz, S. 631; *Oppermann*, RIW 1995, S. 922; zum Status der EG im GATT 1947 s. *Berrisch*, S. 227ff.; Europäisches Außenwirtschaftsrecht v. *Bogdandy*, S. 64ff.

D. Das GATT 1994[69]

Inhaltliche Aussagen über den internationalen Handel sind in den multilateralen Verträgen der Anlage 1 WTO-Übereinkommen enthalten. Für den grenzüberschreitenden Rundfunkhandel soll dabei zunächst das GATT 1994 untersucht werden. An ihm lassen sich die speziell WTO-rechtlichen Regelungsansätze leichter darstellen als an dem neu geschaffenen GATS.

I. Ziele und Instrumente

Die Präambel eines völkerrechtlichen Vertrags bringt regelmäßig die Motive und Ziele der Parteien zum Ausdruck; sie entfaltet daher meist keine unmittelbare rechtliche Wirkung. Die in der Präambel ausgedrückten Absichten der Vertragsparteien beeinflussen jedoch die Auslegung und Anwendung des Vertrags[70]. Daher ist die Präambel ein guter Ausgangspunkt, um ein Verständnis für die vertraglichen Regelungen zu entwikkeln.

Das GATT 1994 bringt in seiner Präambel eine Reihe von Zielen zum Ausdruck: die Steigerung des Lebensstandards, des Realeinkommens, der Nachfrage, der Produktion und des Austauschs von Waren, die Vollbeschäftigung und die vollständige Erschließung weltweiter Ressourcen[71]. Dieses Zielbündel entspricht den erwünschten Wohlfahrtswirkungen internationalen Freihandels[72]. Dieser selbst wird in der Präambel indessen als Instrument zur Verwirklichung der utilitaristischen Zielsetzung begriffen[73]: Der Abbau von Zöllen und anderen Handelsschranken sowie die Beseitigung der Diskriminierung sollen zur Verwirklichung der Zwecke beitragen[74].

Da die Liberalisierung des Welthandels selber nicht als eigentliches Ziel des Abkommens genannt ist, können weitere Ziele einbezogen werden, die in keinem unmittelbaren Zusammenhang zum Nutzen des Freihandels stehen. So wurde mit der Einfügung des Teils IV über Handel und Entwicklung[75] und mit dem WTO-Übereinkommen[76] der

---

69 Inhaltlich entsprechen sich das GATT 1947 und das GATT 1994 weitgehend. Wenn im folgenden also nur vom GATT 1994 die Rede ist, so gelten die Ausführungen grundsätzlich genauso für das GATT 1947. Das Abkommen ist in deutscher Sprache abgedruckt in ABl. L 336/11 v. 23.12.1994.
70 S. *Benedek*, Die Rechtsordnung des GATT, S. 98.
71 S. Abs. 2 der Präambel.
72 S. *Jaeger*, S. 142ff.
73 Z.T. wird daher auch von instrumentalen Zielen gesprochen, s. *Benedek*, Die Rechtsordnung des GATT, S. 42. Der utilitaristische Ansatz internationaler Handelspolitik ist nicht ohne Kritik geblieben, s. z.B. *McGee*, Northwestern Journal of International Law & Business 14 (1994), S. 549ff.
74 S. Abs. 2 und 3 der Präambel.
75 Art. XXXVI ff., s. *Benedek*, Die Rechtsordnung des GATT, S. 45.

Zielkatalog auf die Entwicklungsbedürfnisse weniger entwickelter Länder erstreckt. Das WTO-Übereinkommen hat zudem den Schutz der Umwelt in seinen Zielkatalog mit aufgenommen (Abs. 2 der Präambel). Diese neuen Zielsetzungen werden sich nicht immer durch das Mittel des Freihandels zusammenfassen lassen; es wird in der Zukunft also zunehmend notwendig, Spannungen zwischen den einzelnen Zielbestimmungen aufzulösen. Bisher erwähnt das GATT 1994 in seiner Präambel zur Verfolgung auch dieser Ziele indessen nur die Handelsliberalisierung als Mittel[77]. Für den Fortgang dieser Untersuchung kann also angenommen werden, daß das GATT 1994 mit seinen Vorschriften die Liberalisierung des Handels verfolgt, um damit seine weiter gesteckten Ziele zu erreichen. Dadurch wirkt der Freihandel als Brennpunkt des GATT-Rechts, in dem sich die Ziele bündeln und auf die Rechtsnormen ausstrahlen.

Einen verbindlichen Grundsatz des Freihandels schreibt das GATT 1994 indessen nicht fest. Methodisch arbeitet das GATT-Recht statt dessen mit einem Geflecht mehrerer Grundsätze, die den Freihandel gemeinsam zum Tragen bringen sollen.

II. Die Grundsätze des GATT 1994

Die genauen Aussagen der zahlreichen GATT-Grundsätze und ihr Verhältnis zueinander darzustellen, soll nicht Aufgabe dieser Arbeit sein. Die Aussagen des GATT 1994 für den Rundfunkhandel lassen sich allerdings auch nicht folgerichtig entwickeln, wenn nicht zumindest die wichtigeren Spielregeln kurz erläutert werden.

1. Verbot mengenmäßiger Beschränkungen

Die Gesetze des freien Handels werden am stärksten durch mengenmäßige Beschränkungen verfälscht[78]; festgelegte Einfuhrmengen lassen sich nämlich auch nicht durch noch so große Faktorvorteile ausgleichen. Art. XI:1 GATT 1994 sieht daher ein grundsätzliches[79] Verbot von Einfuhr- oder Ausfuhrbeschränkungen vor, die nicht in Form von Abgaben erhoben werden.

---

76   Abs. 3 der Präambel.
77   S.a. Abs. 4 der Präambel WTO-Übereinkommen, der den Abbau von Handelsschranken und Diskriminierung als Beitrag zur Verwirklichung sämtlicher in Abs. 2 und 3 genannten Ziele versteht.
78   S. *Jackson*, World Trade and the Law of GATT, S. 305ff.; *Senti*, GATT, S. 158ff., beide m.w.N.; zu den ökonomischen Folgen unterschiedlicher Schutzmaßnahmen s. *Tumlir*, GATT und Europäische Gemeinschaft, S. 91ff.
79   Zu den Ausnahmen S. Art. XI:2, XIIff. GATT 1994.

2. Meistbegünstigung

Der Grundsatz der Meistbegünstigung wird vielfach als Kern des Vertrags bezeichnet[80]. Er verbietet dem Verpflichteten, eine Diskriminierung zwischen Dritten vorzunehmen. Im GATT 1994 findet er in Art. I seinen allgemeinen Ausdruck. Danach müssen die Mitglieder Vorteile, die sie einem anderen Mitglied einräumen, bedingungslos auf alle anderen Mitglieder erstrecken. Art. I GATT 1994 bezieht sich dabei auf Maßnahmen, die die Ein- oder Ausfuhr von gleichartigen[81] Waren betreffen. Es gibt darüber hinaus eine Reihe weiterer Vorschriften, die spezielle Anwendungen des Diskriminierungsverbots enthalten; Art. IV:b GATT 1994 schreibt die Meistbegünstigung beispielsweise für die Spielzeiten von Kinofilmen vor, Art. V:5 GATT 1994 erstreckt die Verpflichtung auf den Transitverkehr durch das Gebiet eines Mitglieds.

Worin besteht nun aber der genaue Zweck der Meistbegünstigung? Als Bestandteil eines multilateralen Systems gewährleistet sie zunächst nur die Gleichheit der Vertragsparteien[82]. Ob das Diskriminierungsverbot darüber hinaus den freien Handel festschreibt, ist hingegen fraglich. Eine Gleichbehandlung der Mitglieder kann auch in gleichermaßen strengen Regelungen bestehen[83]; einem Diskriminierungsverbot wäre gar genügt, wenn ein Staat die Einfuhr aus den Mitgliedern ganz unterbunden hätte. Meistbegünstigung allein verpflichtet demnach nicht zu einer Öffnung nationaler Märkte.

Wenn ein Mitglied seinen Markt hingegen einem anderen Mitglied gegenüber öffnet, so verpflichtet das Gebot der Meistbegünstigung dazu, diese Begünstigung auf alle anderen Mitglieder zu erstrecken. Im Zusammenwirken mit den anderen Grundsätzen des GATT 1994 wird die Meistbegünstigung daher häufig als Motor oder Schlüssel[84] zu ei-

---

80 So z.B. von *Benedek*, Die Rechtsordnung des GATT, S. 62; *Senti*, GATT, S. 107; *Tumlir*, GATT und Europäische Gemeinschaft, S. 96, spricht von einer conditio sine qua non.

81 Die Bestimmung der Gleichartigkeit hat sich bisher als besonders streitträchtig erwiesen, s. *Jackson*, The World Trading System, S. 138; *Hudec*, The GATT Legal System, S. 160, 174ff.

82 *Senti*, GATT, S. 101, spricht von einem völkerrechtlichen Prinzip der Rechtsgleichheit und Gleichbehandlung.

83 Z.T. wird die Meistbegünstigung dagegen außenhandelstheoretisch begründet: Eine Beschränkung des Freihandels unter Verstoß gegen die Meistbegünstigung führe zu Wohlfahrtseinbußen; beschränke also beispielsweise das Land A den Freihandel mit dem Land B, nicht aber mit dem Land C, so hätte diese Beschränkung unter Verstoß gegen die Meistbegünstigung Wohlfahrtseinbußen zur Folge, vgl. *Senti*, GATT, S. 361ff. Bei dieser Begründungsmethode bleibt aber offen, ob sich der Wohlfahrtsverlust erst aus dem Verstoß gegen die Meistbegünstigung ergibt, oder schon daraus, daß der Freihandel beschränkt wird. Würde in dem Beispiel Land A den Freihandel auch mit Land C beschränken, würde dies vermutlich größere Wohlfahrtsverluste auslösen, obwohl dem Diskriminierungsverbot genügt wäre.
Das Meistbegünstigungsprinzip verhindert allerdings eine Verzerrung des Wettbewerbs zwischen einzelnen Exporteuren. Wenn die Einfuhrschranken für alle Exporteure gleich streng sind, kann das Mitglied mit der günstigsten Faktorausstattung diese Schranken am ehesten überwinden; s. dazu *Tumlir*, GATT und Europäische Gemeinschaft, S. 99. Unter diesem Gesichtspunkt entspricht der Grundsatz auch Überlegungen der Freihandelstheorie.

84 S. *Barth*, EuZW 1994, S. 456.

ner Marktöffnung verstanden. Der Abbau von Handelsbeschränkungen, der zwischen zwei Staaten beispielsweise durch gegenseitige Zugeständnisse vereinbart wird, öffnet die jeweiligen Märkte zugleich auch für alle anderen Mitglieder (sogenannte free-rider).

Gerade diese Folge kann sich aber auch als Hindernis für den Freihandel erweisen: Vor jeder Liberalisierung der Einfuhr wird ein Mitglied überlegen, ob die daraus entstehenden Vorteile den Preis einer bedingungslosen Marktöffnung für alle Mitglieder wert sind. Ein Abbau von Handelsschranken lohnt sich für das einzelne Mitglied folglich nur noch dann, wenn die Zugeständnisse anderer Mitglieder die Nachteile der Meistbegünstigung aufwiegen. Das kann eine Liberalisierung verhindern, die zwischen einzelnen Mitgliedern zustande gekommen wäre. Aus diesem Grund wird der Grundsatz bedingungsloser Meistbegünstigung zum Teil in Frage gestellt[85].

Die Berechtigung der Meistbegünstigung soll hier nicht in allen Einzelheiten vertieft werden[86]. Sie kann sich schon daraus ergeben, daß die Meistbegünstigung eine Gleichberechtigung der Mitglieder des GATT festschreibt; der Abbau von Diskriminierungen im internationalen Handel ist schließlich in der Präambel neben dem Abbau von Handelsbeschränkungen ausdrücklich aufgeführt[87]. Er trägt auch dazu bei, daß sich bei einer schrittweisen Öffnung der Märkte die Staaten durchsetzen, die über die jeweils günstigste Faktorausstattung verfügen. Damit vermeidet die Meistbegünstigung Wettbewerbsverzerrungen bei der Liberalisierung des Handels[88]. Es bleibt aber festzuhalten, daß ein Grundsatz des Freihandels der Verpflichtung nicht ohne weiteres zu entnehmen ist. Nach dem Grundsatz der Meistbegünstigung kann jede Vertragspartei ihr nationales Protektionsniveau selber bestimmen[89].

3. Inländerbehandlung

Während die Meistbegünstigung nur Diskriminierungen zwischen Dritten verbietet, fordert die Inländerbehandlung auch eine Gleichstellung mit den eigenen Angehörigen des betroffenen Mitglieds. Sie enthält also ein weiterreichendes Diskriminierungsverbot. Dadurch werden zugleich Handelsbeschränkungen gegenüber anderen Staaten weitgehend ausgeschlossen. Diese marktöffnende Wirkung der Inländerbehandlung entspricht den Vorgaben internationalen Freihandels. Ihre Geltung bei der Einfuhr würde den Mitgliedern des GATT 1994 indessen ihr handelspolitisches Instrumentarium weitgehend entreißen. Das GATT 1994 räumt dem Grundsatz der Inländerbehandlung daher nur ei-

---

85 S. *Stahl*, Yale JIL 19 (1994), S. 416ff., m.w.N. S. a. *Benedek*, Die Rechtsordnung des GATT, S. 438ff.; *Curzon Price*, in: A New GATT for the Nineties and Europe '92, S. 21ff.; *Jackson*, World Trade and the Law of GATT, S. 245f.

86 S. dazu *Tumlir*, GATT und Europäische Gemeinschaft, S. 95ff.

87 Abs. 3 der Präambel des GATT 1994, Abs. 4 der Präambel des WTO-Übereinkommens.

88 S. *WTO Sekretariat*, Regionalism and the World Trading System, S. 5.

89 S. *Tumlir*, GATT und Europäische Gemeinschaft, S. 97.

nen begrenzten Anwendungsbereich ein. Art. III GATT 1994 schreibt die Inländerbehandlung erst vor, wenn die Waren bereits eingeführt sind[90].

Die Einfuhr selbst richtet sich hingegen nach den Regeln der Meistbegünstigung. Aus dem Zusammenspiel von Meistbegünstigung und Inländerbehandlung ergibt sich, daß die Mitglieder verpflichtet werden sollen, ihre handelspolitischen Interessen nur bei der Einfuhr der Waren geltend zu machen[91]. Hieraus folgt auch, daß Binnenabgaben, die gegen das Gebot der Inländerbehandlung verstoßen, sich nicht mehr durch den Grundsatz der Meistbegünstigung rechtfertigen lassen. Nur Abgaben, die wegen[92] der Einfuhr erhoben werden, unterliegen dem Gebot der Meistbegünstigung. Auch wenn sich Binnenabgaben also wie Zölle auswirken, sind sie allein an Art. III GATT 1994 zu messen[93].

Bei der Auslegung der Inländerbehandlung richtet sich die Praxis nach dem Zweck des Art. III:1 GATT 1994, der Abgaben verbietet, die die einheimische Industrie schützen[94]. Daher sind nicht nur Abgaben unzulässig, die eingeführte Produkte formal diskriminieren, sondern auch formal nichtdiskriminierende Maßnahmen, die den Schutz der einheimischen Industrie bezwecken oder bewirken[95]. Diese teleologische Auslegung stellt sicher, daß das Diskriminierungsverbot nicht durch Maßnahmen umgangen wird, die formal gleichermaßen auf einheimische wie auf eingeführte Produkte angewendet werden.

4. Zugeständnisse

Die bisher geschilderten Grundsätze des GATT 1994 bewirken, daß Beschränkungen des Handels zwischen den Mitgliedern nur an deren Außengrenzen in der Form von Abgaben zulässig sind, die nicht zwischen einzelnen Mitgliedern diskriminieren. Damit wird das Schutzniveau jedes Mitglieds für die Handelspartner transparent[96]. Einen fortschreitenden Abbau der Handelsschranken führen diese Grundsätze indessen nicht unmittelbar herbei. Die Beschränkung des handelspolitischen Instrumentariums unterstützt

---

90 Zu Einzelproblemen des Art. III GATT 1994 s. Senti, GATT, S. 150ff.; Mc Govern, International Trade Regulation, S. 191ff.
91 S. McGovern, International Trade Regulation, S. 190.
92 Es darf sich nicht um Binnenabgaben handeln, die lediglich bei der Einfuhr erhoben werden, s. die Anmerkung zu Art. III GATT 1994; s.a. McGovern, International Trade Regulation, S. 189ff.
93 Vgl. Senti, GATT, S. 150f.; McGovern, International Trade Regulation, S. 190f., beide m.w.N. zur Praxis.
94 S. den Panelbericht „United States - Taxes on Automobiles" (Bericht v. 11.10.1994; DS31/R), S. 100ff., m.w.N.
95 S. den Panelbericht „United States - Taxes on Automobiles" (Bericht v. 11.10.1994; DS31/R), S. 101f.
96 Tumlir, GATT und Europäische Gemeinschaft, S. 98.

durch die erreichte Transparenz lediglich die Verhandlung über den Abbau der Handelsschranken.

Die Öffnung der jeweiligen Märkte soll sich nach Art. XXVIIIbis GATT 1994 in Zollabbaurunden vollziehen[97]. Darin werden zwischen einzelnen Mitgliedern wechselseitige Zugeständnisse ausgehandelt. Eingang in das GATT-System finden die vereinbarten Zugeständnisse über Art. II GATT 1994. Jedes Mitglied wird verpflichtet, eine Liste seiner Zugeständnisse beizufügen[98]. Nach Art. II:1:a GATT 1994 dürfen die Einfuhrbeschränkungen die in der Liste festgelegte Behandlung nicht mehr überschreiten[99]. Nach dem Grundsatz der Meistbegünstigung gilt dies nicht nur für die Mitglieder, mit denen die Zugeständnisse ausgehandelt wurden, sondern allen Mitgliedern gegenüber. Damit wird der Zugang zu den Märkten des Mitglieds allen anderen Mitgliedern gegenüber gebunden.

Änderungen oder eine Zurücknahme von Zugeständnissen sind nur im Rahmen der Art. XXVIIf. GATT 1994 möglich[100]. Zugeständnisse, die anderen Mitgliedern gegenüber eingeräumt worden sind, können nach Art. XXVIII:1 GATT 1994 grundsätzlich nur nach einer Einigung mit diesen sowie nach Konsultationen mit anderen betroffenen Mitgliedern geändert oder zurückgenommen werden. Dabei sollen alle Mitglieder versuchen, einen Ausgleich zu finden, der insgesamt für den Handel nicht weniger günstig ist[101]. Wenn eine Einigung scheitert, kann das Zugeständnis auch so zurückgenommen oder geändert werden; alle betroffenen Mitglieder können dann aber gleichwertige eigene Zugeständnisse ändern oder zurücknehmen[102]. In einer Vereinbarung zur Auslegung des Art. XXVIII GATT 1994[103] ist nunmehr unter anderem genau festgelegt, welche Mitglieder der WTO gegebenenfalls als Hauptlieferanten von der Änderung des Zugeständnisses betroffen sind.

5. Subventionsverbot

Bei der Regelung von Subventionen befindet sich das GATT-Recht in einem Dilemma[104]: Subventionen verzerren einerseits den internationalen Wettbewerb und sind folglich für ein freies Handelssystem störend; andererseits wird die Subventionierung häufig als Maßnahme der Innenpolitik verstanden, in die sich das GATT 1994 nicht ein-

---

97 Zu den wirtschaftlichen und politischen Hintergründen dieses Konzepts s. *Hoekman/Kostecki*, S. 56ff.
98 S. Art. XI:1 WTO-Übereinkommen.
99 Zu Einzelheiten der Listen von Zugeständnissen s. *McGovern*, International Trade Regulation, S. 132ff.; s.a. *Jackson*, World Trade and the Law of GATT, S. 205ff.
100 Ausführlich *Jackson*, World Trade and the Law of GATT, S. 229ff.
101 S. Art. XXVIII:2 GATT 1994.
102 S. Art. XXVIII:3 GATT 1994.
103 Abgedruckt in ABl. L 336/18 v. 23.12.1994.

mischt[105]. Bezeichnenderweise gilt hier das Gebot der Inländerbehandlung nicht[106]. Der Ambivalenz bei der Beurteilung von Subventionen versuchen Art. VI, XVI GATT 1994 dadurch Rechnung zu tragen, daß sie Verbote weitgehend auf Exportsubventionen beschränken[107]. Bei den übrigen Subventionen schreibt das GATT 1994 lediglich vor, daß die anderen Mitglieder notifiziert werden, wenn die Subvention die Ausfuhr steigert oder die Einfuhr senkt. Eine Beschränkung der Subvention ist nur vorgesehen, wenn die Interessen anderer Mitglieder ernsthaft geschädigt werden[108].

Die Unterscheidung zwischen zulässigen heimischen Subventionen und prinzipiell unzulässigen Exportsubventionen läßt sich in der Praxis schlecht nachvollziehen[109]. So hat das GATT-Recht in seiner Geschichte eine Fülle von Regelungen hervorgebracht, die versucht haben, zulässige Subventionen von unzulässigen sinnvoller abzugrenzen[110]. Im Rahmen der Uruguay Runde ist ein umfangreiches Übereinkommen über Subventionen und Ausgleichsmaßnahmen (im folgenden: Subventionsübereinkommen) hinzugekommen, das die Zulässigkeit von Subventionen für das GATT 1994 in vielen Details regelt[111]. Diese lassen sich hier nicht alle darstellen.

Die Zulässigkeit von Subventionen aus der Sicht des GATT 1994 ist für den Rundfunkhandel allerdings nicht ohne Bedeutung; Medienpolitiker greifen schnell zu dem Mittel der Subvention, wenn Importe die heimische Industrie zu beschädigen drohen. Auch als Kulturförderung muß sich eine solche Subvention an den bestehenden Regeln des GATT 1994 messen lassen. Das Subventionsrecht des GATT 1994 soll aus diesen Gründen insoweit skizziert werden.

Das Subventionsübereinkommen kennt drei Kategorien von Subventionen[112]: verbotene, anfechtbare und nicht anfechtbare. Entsprechend der Wertung des Art. XVI GATT 1994 sind alle Subventionen verboten, die unmittelbar von der Ausfuhrleistung abhängig sind[113]. Die Mitglieder dürfen auch keine Subventionen gewähren oder beibehalten,

---

104 S. die Abs. 3 und 4 der Präambel Übereinkommen über die Auslegung und Anwendung der Artikel VI, XVI und XXIII des GATT v. 12.4.1979, deutsche Fassung abgedruckt in ABl. L 71/72 v. 17.3.1980.
105 S. *Senti*, GATT, S. 174.
106 S. Art. III:8:b GATT 1994.
107 S. Art. XVI:2 bis 4 GATT 1994.
108 Art. XVI:1 GATT 1994.
109 S. *Senti*, GATT, S. 174f., 178.
110 S. die Anmerkung zu Art. XVI GATT 1994 sowie das Übereinkommen über die Auslegung und Anwendung der Artikel VI, XVI und XXIII des GATT v. 12.4.1979, deutsche Fassung abgedruckt in ABl. L 71/72 v. 17.3.1980.
111 Deutsche Fassung abgedruckt in ABl. L 336/156 v. 23.12.1994. Das Subventionsübereinkommen hat in seinen wesentlichen Vorschriften eine Geltungsdauer von zunächst fünf Jahren, s. Art. 31. Die Europäische Kommission hat inzwischen einen Vorschlag für eine neue Verordnung über den Schutz gegen subventionierte Waren vorgelegt, s. ABl. C 99/1 v. 26.3.1997.
112 Wann eine Subvention vorliegt, regelt Art. 1 Subventionsübereinkommen; zu der Definition der Subventionen s.a. *Didier*, Cahiers de droit européen 1995, S. 684ff.
113 Art. 3.1.a Subventionsübereinkommen.

die davon abhängen, daß einheimische Waren Vorrang vor eingeführten Waren erhalten[114]. Diese Bestimmung gestattet zwar die Förderung der einheimischen Produktion, nicht aber die darüber hinausgehende Diskriminierung der eingeführten Waren. Insoweit wird dem Grundsatz der Inländerbehandlung also noch Rechnung getragen.

Anfechtbare Subventionen zeichnen sich dadurch aus, daß sie sich in qualifizierter
Weise auf die Interessen der anderen Mitglieder nachteilig auswirken. Eine solche Aus-
wirkung muß in der Schädigung eines inländischen Wirtschaftszweigs eines Mitglieds,
der Schmälerung eines dem Mitglied aus dem GATT 1994 zustehenden Vorteils oder in
einer (sonstigen) ernsthaften Schädigung seiner Interessen bestehen[115]. Wann letztere
vorliegt, ist in Art. 6 Subventionsübereinkommen ausführlich geregelt. So wäre beispielsweise die wertmäßige Subventionierung von über 5% grundsätzlich anfechtbar[116],
ebenso die Subventionierung zur Deckung von Betriebsverlusten eines Wirtschaftszweigs oder Unternehmens[117]. Das subventionierende Mitglied kann sich in diesen Fällen zwar entlasten[118]; dazu muß es aber nachweisen, daß durch die Subvention weder
Wettbewerber aus einem anderen Mitglied verdrängt werden, noch dessen Ein- oder
Ausfuhren in einen Drittlandsmarkt zurückgehen, noch ein erheblicher Preisdruck für
Wettbewerber aus anderen Mitgliedern entsteht, noch der Weltmarktanteil der subventionierten Ware steigt[119].

Die Feststellung einer anfechtbaren Subvention im Einzelfall, das notwendige Verfahren und die Verteilung der Beweislast sind überaus kompliziert und sollen daher hier
nicht in weiteren Einzelheiten dargestellt werden. Insoweit sei auf Art. 6 und 7 Subventionsübereinkommen verwiesen. Es ist aber hervorzuheben, daß das Verständnis einer
ernsthaften Schädigung der Interessen eines anderen Mitglieds vergleichsweise weit gefaßt ist. Dadurch ist auch der große Marktanteil US-amerikanischer Filmhersteller auf
dem europäischen Markt grundsätzlich vor einer Subventionierung der europäischen
Konkurrenz geschützt. Die Dominanz der US-amerikanischen Industrie kann als solche
eine Beeinträchtigung US-amerikanischer Interessen nicht ausschließen[120].

Nicht anfechtbar sind Subventionen zum einen dann, wenn sie nicht spezifisch einen
bestimmten Wirtschaftszweig oder bestimmte Unternehmen fördern[121]; zum anderen

---

114 Art. 3.1.b Subventionsübereinkommen, s.a. die Beispielliste in Anhang I Subventionsübereinkommen.
115 S. Art. 5 Subventionsübereinkommen; ausführlicher zu dem Erfordernis der Schädigung *Beviglia
   Zampetti*, 29 JWT (1995) 6, S. 21ff.
116 S. Art. 6.1.a Subventionsübereinkommen.
117 S. Art. 6.1.b und c Subventionsübereinkommen.
118 S. Art. 6.2. Subventionsübereinkommen.
119 S. Art. 6.3. Subventionsübereinkommen.
120 Vgl. *Hahn*, ZaöRV 56 (1996), S. 338; anders offenbar *Cottier*, ZUM 1994, S. 754.
121 S. Art. 8.1. Subventionsübereinkommen. Genauere Bestimmungen über die Spezifizität enthält Art. 2
   Subventionsübereinkommen.

sind die Subventionen nicht anfechtbar, wenn sie der Forschung[122], der regionalen Entwicklung oder der Förderung des Umweltschutzes dienen[123]. In diesen Fällen trifft die Mitglieder lediglich eine Notifizierungspflicht, um es den anderen Mitgliedern zu ermöglichen, die Subvention zu prüfen[124].

Mit dem weiten Verständnis verbotener oder anfechtbarer Subventionen beläßt das GATT 1994 den Mitgliedern vergleichsweise wenig Raum, ihre einheimische Industrie durch Subventionen dem Wettbewerb zu entziehen. Insbesondere Subventionen, die sich auf den Wettbewerb mit Konkurrenten aus anderen Mitgliedern nachhaltig auswirken, lassen sich angreifen. Insoweit enthält das GATT 1994 auch ein Subventionsverbot.

III. Ausnahmen

Die Verpflichtungen des GATT 1994 zeichnen noch ein deutliches Bild seiner Wirkungsweise. Komplex wird das GATT-Recht erst durch die zahlreichen Ausnahmen. Sie sind häufig politischer Preis für die Akzeptanz der GATT-Pflichten durch die Mitglieder und daher systematisch nur schwer einzuordnen[125]. Einige Ausnahmen sind allein historisch motiviert, so zum Beispiel die sogenannte „Großvaterklausel" (grandfather clause)[126] oder die historischen Präferenzen einiger Mitglieder[127]; sie sollen das bei Beitritt bestehende Recht der Mitglieder schützen[128]. Andere Ausnahmen sollen Rechtsgüter schützen, die mit dem Freihandel in Konflikt geraten können. Eine Reihe weiterer Ausnahmen dient schließlich der Durchsetzung bestimmter Ziele des Vertrags in dem System der Verpflichtungen[129]. Da diese Ausnahmen die Vertragsziele fördern und nur die juristischen Instrumente einschränken, wird man sie - im Gegensatz zu den anderen Ausnahmen[130] - nicht grundsätzlich eng auslegen müssen.

Für den internationalen Rundfunkhandel können zahlreiche der im GATT 1994 enthaltenen Ausnahmen relevant werden. Im folgenden sollen die wichtigsten kurz vorgestellt werden.

---

122 Hierunter könnte beispielsweise die Entwicklung neuer Technologien und Herstellungsverfahren in der Filmbranche fallen, vgl. *Cottier*, ZUM 1994, S. 754.
123 S. Art. 8.2. Subventionsübereinkommen.
124 S. Art. 8.3. und 25 Subventionsübereinkommen.
125 Einen Systematisierungsversuch nimmt *Benedek*, S. 160ff. vor; s.a. *Jackson*, World Trade and the Law of GATT, S. 535ff.
126 S. *Benedek*, Die Rechtsordnung des GATT, S. 99ff.
127 S. *Benedek*, Die Rechtsordnung des GATT, S. 161; s.auch *Senti*, GATT, S. 111f.
128 Das GATT 1994 hat die in den Beitrittsprotokollen zum GATT 1947 enthaltenen Großvaterrechte unterdessen aufgehoben, s. Anhang 1A 1.bii des WTO-Übereinkommens.
129 *Benedek*, Die Rechtsordnung des GATT, S. 162.
130 S. *Cottier*, ZUM 1994, S. 751.

1. Art. XXIV

Die prominenteste Ausnahmebestimmung enthält Art. XXIV GATT 1994. Er schränkt die Pflicht zur Gleichbehandlung für Mitglieder ein, die sich in einer Zollunion oder Freihandelszone zusammenschließen. Die Berechtigung dieser Ausnahme ist in mehreren Punkten umstritten[131].

Ökonomisch beruht Art. XXIV GATT 1994 auf der naheliegenden Annahme, daß die wirtschaftliche Integration mehrerer Staaten gegenüber der reinen Meistbegünstigung zusätzlichen Handel und damit Wohlfahrtsteigerungen auslöst[132]. Diese erwarteten Zuwächse rechtfertigen nach der Wertung des Art. XXIV GATT 1994 eine Ausnahme von dem Gedanken der Meistbegünstigung. Die Verpflichtung zur Meistbegünstigung soll einer zwischenstaatlichen Beseitigung von Handelsbeschränkungen und Diskriminierung nicht entgegenstehen[133]. Eine tiefere Rechtfertigung findet Art. XXIV GATT 1994 also darin, daß er den Zielen des Abs. 3 der Präambel im Konflikt mit dem Grundsatz der Meistbegünstigung Vorrang verschafft[134].

Andere Grundsätze des GATT 1994, insbesondere die Inländerbehandlung[135] und das Verbot mengenmäßiger Beschränkungen[136] lassen sich unter diesem Gesichtspunkt hingegen nicht einschränken. Hier ist nicht ersichtlich, wie eine Ausnahme die Freiheit des Handels (vgl. Art. XXIV:4 GATT 1994) fördern könnte; es fehlt bereits an einem Konflikt zwischen dem Grundsatz und den Zielen des Vertrags.

Art. XXIV GATT 1994 läßt eine Ausnahme von der Meistbegünstigung nur zu, wenn die zwischenstaatliche Liberalisierung eine gewisse Schwelle überschritten hat. Absatz 8 der Vorschrift sieht zunächst vor, daß nur solche Zollunionen und Freihandelszonen erfaßt werden, die eine Beseitigung der Handelsbeschränkungen für im wesentlichen alle Waren vorsehen[137]. Dieser Anforderung an das Integrationsniveau nach innen steht

---

131 S. *Abbott*, Michigan JIL 12:1 (1990), S. 5ff. Zur Regionalisierung des Welthandels s.a. die Stellungnahme des *Wirtschafts- und Sozialausschusses* zum Thema „Die regionale Struktur des Welthandels", ABl. C 393/188 v. 31.12.1994.

132 Vgl. Art. XXIV:4 GATT 1994. S.a. *Benedek*, Die Rechtsordnung des GATT, S. 64; Zweifel bei *McGovern*, International Trade Regulation, S. 203. Zu dem Verhältnis des Abs. 4 zu den Abs. 5 -9 des Art. XXIV GATT 1994 s. *Hilpold*, RIW 1993, S. 661, m.w.N; *Jackson*, World Trade and the Law of GATT, S. 600ff.

133 *Tumlir*, GATT und Europäische Gemeinschaft, S. 97, sieht diese Ausnahme in der Souveränität der Staaten begründet: „Indes kann keine Regel des Völkerrechts zwei oder mehrere Staaten daran hindern, ihre Märkte zu vereinigen. Zum Wesen der Souveränität zählt, daß jeder Staat seine Existenz aufgeben oder zumindest in einigen Beziehungen darauf verzichten kann."

134 Ähnlich *Hilpold*, RIW 1993, S. 660; *Jaeger*, S. 152ff.

135 S. *Abbott*, Michigan JIL 12:1 (1990), S. 14f.; *ders.*, Law and Policy of Regional Integration, S. 44, m.w.N.

136 Die Staaten der Gemeinschaft stehen auf dem Standpunkt, Art. XXIV GATT 1994 lasse auch die Beibehaltung und Neueinführung mengenmäßiger Beschränkungen zu, s. *Senti*, GATT, S. 163f.

137 Das dürfte zu bejahen sein, wenn 50 - 95% der Waren erfaßt werden, s. *Abbott*, Law and Policy of Regional Integration, S. 38, m.w.N.; s.a. *Berrisch*, S. 83f.; bei Zollunionen kommt noch hinzu, daß

nach außen die Voraussetzung gegenüber, daß der Handel gegenüber Dritten durch die Errichtung der Zollunion oder der Freihandelszone insgesamt nicht beschränkt wird[138]. Die Schwierigkeit, diese unbestimmten Anforderungen auszufüllen, hat sich bei der Prüfung des EWGV erwiesen[139]. Damals einigten sich die VERTRAGSPARTEIEN des GATT 1947 schließlich darauf, die Frage der rechtlichen Vereinbarkeit des EWGV mit dem GATT 1947 ohne Präjudiz zu vertagen und sich den praktischen Problemen zuzuwenden[140].

Im GATT 1994 ist nunmehr der Versuch unternommen worden, der Bestimmung des Art. XXIV GATT 1994 klare Konturen zu geben. In einer Vereinbarung zur Auslegung des Art. XXIV GATT 1994[141] ist zunächst die Methode für die Bewertung der vor und nach dem Zusammenschluß bestehenden Einfuhrschranken ausführlich geregelt, um einen möglichen Zuwachs an Handelsschranken erfassen zu können[142]. Auch die zulässige Geltungsdauer von vorläufigen Abkommen zur Vorbereitung einer Zollunion oder Freihandelszone ist genau geregelt[143]. Gleiches gilt für vorzunehmende Änderungen in den Listen der Zugeständnisse gem. Art. II GATT 1994[144]. Weiterhin ist ein detailliertes Verfahren vorgesehen, um die Gründung und Entwicklung von Zollunionen und Freihandelszonen zu überwachen[145].

Ob der EGV in seiner heutigen Ausgestaltung den Anforderungen des Art. XXIV GATT 1994 gerecht wird, läßt sich ohne umfassendere ökonomische Analyse nur schwer beantworten[146]. Durch die Mitgliedschaft der EG in der WTO hat diese Frage aber eine neue Qualität erhalten. Innerhalb der Gemeinschaft richtet sich Art. XXIV GATT 1994 nämlich nur an die Mitgliedstaaten; er erlaubt ihnen, in Abweichung vom Grundsatz der Meistbegünstigung untereinander eine Zollunion oder Freihandelszone einzurichten. Den Rechtmäßigkeitsmaßstäben des Art. XXIV GATT 1994 unterliegen

---

innerhalb der Zollunion im wesentlichen die gleichen Bestimmungen für alle Drittlandswaren gelten müssen (Art. XXIV:8:a:ii GATT 1994).
138 S. Art. XXIV:5:a,b GATT 1994. Ökonomisch ist davon die Rede, daß die handelsschaffenden (trade creating) Effekte nicht größer sein dürfen als die handelsumlenkenden (trade diverting), s. *Jaeger*, S. 260ff.; *Hilpold*, RIW 1993, S. 661, 666f.
139 S. *Berrisch*, S. 65ff.; *Jaeger*, S. 208ff.; *Hilpold*, RIW 1993, S. 662f.
140 S. *Petersmann*, GATT und Europäische Gemeinschaft, S. 126; *Berrisch*, S. 71f.; *Senti*, GATT, S. 121f., jeweils m.w.N.
141 Abgedruckt in ABl. L 336/16 v. 23.12.1994; näher dazu *Abbott*, Law and Policy of Regional Integration, S. 37ff.; zu den - im wesentlichen gleichen - Reformvorstellungen des Dunkel-Vorschlags s. *Hilpold*, RIW 1993, S. 667f.; *Senti*, Aussenwirtschaft 1994, S. 141ff.
142 Ziffer 2 der Vereinbarung.
143 Ziffer 3 der Vereinbarung.
144 Ziffer 4 bis 6 der Vereinbarung.
145 Ziffer 7 bis 11 der Vereinbarung.
146 Eine genaue Untersuchung nimmt *Jaeger*, S. 238ff., auf dem damaligen Stand vor; s.a. die Stellungnahme des *Wirtschafts- und Sozialausschusses* zum Thema „Die regionale Struktur des Welthandels", ABl. C 393/188 v. 31.12.1994; WTO Sekretariat, Regionalism and the World Trading System, S. 45.

folglich nur Maßnahmen der Mitgliedstaaten. Hierzu zählt vor allem das Primärrecht der Gemeinschaft[147]. Das Sekundärrecht der EG ist im Hinblick auf das GATT 1994 hingegen genauso zu behandeln wie das anderer WTO-Mitglieder. Es ist selber an den Grundsätzen der Meistbegünstigung und der Inländerbehandlung sowie dem Verbot mengenmäßiger Beschränkungen zu messen[148]. Die Gemeinschaft gerät daher nicht in einen Konflikt mit der Meistbegünstigung, wenn sie Deutsche ebenso wie Franzosen behandelt, Amerikaner dafür aber schlechter stellt; die Diskriminierung von Angehörigen aus Drittstaaten kann in diesem Fall nur auf der Grundlage der Inländerbehandlung angreifbar sein[149]. An Art. XXIV GATT 1994 muß sich das Sekundärrecht der EG messen lassen, wenn die EG mit Drittstaaten eine Zollunion oder Freihandelszone einrichten will[150].

Neben den Zollunionen und Freihandelszonen nimmt Art. XXIV:3:a GATT 1994 auch Vorteile aus dem Grenzverkehr von den Verpflichtungen des GATT 1994 aus. Historisch ist diese Ausnahme eng auszulegen; sie betrifft nur den Warenaustausch in unmittelbarer Grenznähe[151]. Die Klausel des Art. XXIV GATT 1994 hat daher bisher wenig Bedeutung erlangt, sie soll deshalb hier auch nur erwähnt werden.

---

147 Schwierigkeiten bereitet dabei allenfalls die Voraussetzung des Art. XXIV:5:a,b GATT 1994. Ob die Handelsbeschränkungen nach dem Zusammenschluß in ihrer Gesamtheit nicht höher sind als vorher, bestimmt nämlich die EG weitgehend mit ihrem Sekundärrecht nach den Art. 18ff. und 113 EGV. Drohende Regelungslücken im Umgang mit Zollunionen und Freihandelszonen lassen sich unterdessen dadurch vermeiden, daß die Zollunion oder Freihandelszone bei ihrem Beitritt zum GATT 1994 die Listen ihrer Zugeständnisse gem. Art. II GATT 1994 so ausgestaltet, daß Art. XXIV:5:a,b GATT 1994 genügt wird. Diese Überlegung klingt auch in Ziffer 5 der Vereinbarung zur Auslegung des Art. XXIV GATT 1994 an, der Zollsenkungen der Zollunion vorsieht, um notwendige Änderungen in den Zugeständnissen ihrer Mitglieder zu kompensieren.

148 Ähnlich *Berrisch*, S. 82; offen bleibt damit, ob die mitgliedstaatliche Umsetzung des Sekundärrechts, insbesondere die von Richtlinien an Art. XXIV GATT 1994 zu messen ist. Dafür spricht scheinbar, daß in der Regel erst damit unmittelbar in den Handel eingegriffen wird, vgl. Europäisches Außenwirtschaftsrecht-*v. Bogdandy*, S. 592. Andererseits würde dadurch die supranationale Rechtsetzungsgewalt der EG und deren Anerkennung durch die Mitgliedschaft in der WTO untergraben. Solange das Primärrecht Art. XXIV GATT 1994 und die nationale Umsetzung dem Primärrecht entspricht, wird letztere im Ergebnis allerdings regelmäßig auch Art. XXIV GATT 1994 gerecht werden.

149 Dem widerspricht auch der Panelbericht in Sachen Airbus (Bericht v. 4.3.1992, SCM/142) nicht. Der Panel beurteilte die Ausfuhr von Flugzeugteilen aus Deutschland zur Montage in Frankreich als Export und deutsche Garantien zum Schutz vor Kursschwankungen bei diesen Transaktionen folglich als verbotene Exportsubventionen. Dem Argument, bei innergemeinschaftlichem Handel lägen keine Exporte vor, trat das Panel mit einer isolierten Betrachtung des GATT-Mitglieds Deutschland entgegen, a.a.O., S. 26f. Dieser Ansatz ist sachgerecht, wenn es sich um eine Maßnahme des Mitgliedstaats und nicht der Gemeinschaft handelt. In dem Airbus-Fall hatte die EG-Kommission die Garantieleistungen zwar genehmigt, ihrer Natur nach war die Garantievereinbarung zwischen Deutschland und den deutschen Airbus-Herstellern aber keine Maßnahme der Gemeinschaft.

150 Eine Liste der bestehenden Freihandelsabkommen auf dem Stand von August 1995 findet sich in der Antwort von Kommissar *Van den Broek* auf die schriftliche Anfrage P-1316/95, ABl. C 213/48 v. 17.8.1995; s.a. *WTO Sekretariat*, Regionalism and the World Trading System, S. 77ff.

151 S. *Hilpold*, RIW 1993, S. 661, m.w.N.

2. Ausnahmen zugunsten von Entwicklungsländern

Im Laufe seiner Geschichte hat das GATT-Recht verschiedene Ausnahmen zugunsten von Entwicklungsländern[152] vorgesehen, die sich zu einem Grundsatz der besonderen Berücksichtigung der Entwicklungsbedürfnisse von Entwicklungsländern verdichtet haben[153]. Die Existenz eines solchen Grundsatzes bestätigt die Präambel des WTO-Übereinkommens in Abs. 3. Das GATT 1994 trägt diesem Ziel maßgeblich durch seinen Teil IV (Art. XXXVI-XXXVIII) über Handel und Entwicklung Rechnung. Weitere Ausnahmen zugunsten der Entwicklungsländer enthalten unter anderem Art. XVIII GATT 1994 und die Entscheidungen der VERTRAGSPARTEIEN vom 25. Juni 1971 (Allgemeine Präferenzsysteme)[154] sowie vom 28. November 1979 (enabling clause)[155].

Die Ausnahmen zugunsten der Entwicklungsländer sind zu zahlreich und detailliert, um sie hier im einzelnen darzustellen[156]. Der Rundfunkhandel speziell mit den Entwicklungsländern soll auch nicht in den Vordergrund der Arbeit rücken. Es genügt an dieser Stelle also der Hinweis, daß sowohl die Entwicklungsländer als auch die Industrieländer im Rahmen der entsprechenden Regelungen von den GATT-Verpflichtungen abweichen können, um den wirtschaftlichen Bedürfnissen der Entwicklungsländer Rechnung zu tragen.

3. Art. XX

Während es bei den zuvor genannten Ausnahmen vornehmlich darum ging, Freihandel und Entwicklung gegenüber den Vertragsgrundsätzen durchzusetzen, geht es bei Art. XX GATT 1994 um eine Beschränkung des Freihandels selbst. Die dort angeführten Allgemeininteressen entsprechen weitgehend den in Art. 36 EGV genannten Rechtsgütern[157]. Da das GATT-Recht indessen den freien Warenverkehr nicht so umfassend schützt wie Art. 30 EGV[158], fällt es schwieriger, die Ausnahme in das System der Grundsätze einzufügen.

Art. XX GATT 1994 ist seinem Wortlaut nach auf alle Verpflichtungen der Mitglieder anzuwenden, insbesondere also auf die Diskriminierungsverbote. Dies scheint die

---

152 Das GATT 1994 spricht nunmehr von „Entwicklungsland-Mitglied" (developing country Member), s. Ziff. 2a der Anlage 1 A zum WTO-Übereinkommen.
153 S. *Benedek*, Die Rechtsordnung des GATT, S. 69ff.
154 BISD 18 Supplement (1972), S. 24.
155 BISD 26 Supplement (1980), S. 203ff.
156 Ein Überblick findet sich bei *Benedek*, Die Rechtsordnung des GATT, S. 69ff.; *Jackson*, World Trade and the Law of GATT, S. 625ff.; *Senti*, GATT, S. 112ff., 315ff.; s.a. *Heiduk*, S. 85ff.
157 Zu den einzelnen Interessen s. *McGovern*, International Trade Regulation, S. 301ff.
158 Art. 30 EGV beschränkt sich nicht darauf, Diskriminierungen zu verbieten, sondern erfaßt jede mittelbare oder potentielle Behinderung des innergemeinschaftlichen Handels, s. die Dassonville Rechtsprechung des Gerichtshofs, *Slg.* 1974, S. 837, 852.

einleitende Aussage der Bestimmung zu bestätigen, wonach die ergriffenen Maßnahmen lediglich nicht willkürlich oder ungerechtfertigt diskriminieren oder eine verschleierte Handelsbeschränkung enthalten dürfen. Diskriminierungen unterhalb dieser Schwelle scheinen danach zulässig[159].

Die einzeln aufgeführten Ausnahmen bringen jedoch regelmäßig zum Ausdruck, daß die ergriffene Maßnahme dem Schutz eines bestimmten Rechtsguts dienen oder zu dessen Schutz gar notwendig sein muß[160]. Diskriminierende Schutzmaßnahmen werden in aller Regel bereits an dieser Voraussetzung scheitern. Es sind nämlich nur wenige Fälle denkbar, in denen der Schutz eines anderen Rechtsguts eine Diskriminierung fordern könnte[161]. Wenn also zum Beispiel der Handel mit jugendgefährdenden Filmen beschränkt werden soll, dann ist es zweckmäßig, wenn das Mitglied die Herstellung und Einfuhr solcher Filme verbietet. Es ist hingegen nicht notwendig, daß die Einfuhr speziell von Filmen aus einem anderen Mitglied beschränkt wird, auch wenn besonders viele jugendgefährdende Filme aus diesem Mitglied stammen.

Schutzmaßnahmen können also in der Regel ergriffen werden, ohne gegen die Meistbegünstigung oder die Inländerbehandlung zu verstoßen[162]. Damit scheint der Rückgriff auf die allgemeinen Ausnahmen, im Beispiel auf Art. XX:a GATT 1994, insoweit überflüssig zu sein. So gesehen kann Art. XX GATT 1994 nur Anwendung finden, wenn eine Diskriminierung vorliegt. Das mag beispielsweise der Fall sein, wenn Schutzvorschriften aus anderen Mitgliedern der WTO anerkannt werden. Das oben genannte Beispiel ließe sich zur Illustration dahin ergänzen, daß eingeführte Filme einem Genehmigungsvorbehalt unterstellt werden, wenn sie aus Mitgliedern stammen, die bei der Filmherstellung keine vergleichbaren Jugendschutzbestimmungen aufweisen. Die Ausgestaltung des Genehmigungsvorbehalts wäre eine formale Diskriminierung, die sich aber möglicherweise durch Art. XX:a GATT 1994 rechtfertigen ließe. Die Auswahl der Länder, deren Filme unter den Genehmigungsvorbehalt fallen, unterliegt dann dem Verbot willkürlicher oder ungerechtfertigter Diskriminierung oder verschleierter Handelsbeschränkungen. Hierdurch läßt sich sicherstellen, daß solche auf materielle Reziprozität gerichteten Klauseln nicht zu Protektionismus mißbraucht werden.

Ist der Anwendungsbereich des Art. XX GATT 1994 eröffnet, so werden bei der Prüfung grundsätzlich strenge Maßstäbe gelten müssen: Art. XX GATT 1994 gestattet den Mitgliedern immerhin, weitreichende Ausnahmen einseitig ohne Melde- oder Informati-

---

159 Vgl. *Benedek*, Die Rechtsordnung des GATT, S. 167.
160 Lit. c und e des Art. XX GATT 1994 enthalten demgegenüber Bereichsausnahmen, die nicht ausdrücklich an einen bestimmten Schutzzweck gekoppelt werden. Zur objektiven Auslegung der Erforderlichkeit durch Konsens s. Europäisches Außenwirtschaftsrecht-*v. Bogdandy/Meehan*, S. 448ff.
161 Ähnlich *Meng*, RIW 1989, S. 548.
162 Vgl. *Senti*, GATT, S. 277.

onspflicht zu ergreifen[163]. In der Praxis wird daher sehr genau geprüft, ob die konkrete Maßnahme notwendig ist, um eines der zulässigen Ziele zu erreichen[164].

Für den Handel mit audiovisuellen Waren kann neben der Ausnahme zum Schutz der öffentlichen Sittlichkeit noch die Ausnahme zum Schutz von Warenzeichen, Urheberrechten und zum Schutz vor irreführenden Praktiken (Art. XX:c GATT 1994) Bedeutung erlangen. Weiterhin besteht auch eine Ausnahme zum Schutz nationaler Kulturgüter von historischem, archäologischem oder künstlerischem Wert (Art. XX:f GATT 1994). Diese Bestimmung dient, wie die entsprechende Klausel des Art. 36 EGV, allein dem Schutz bestehender Kulturgüter; sie enthält keine allgemeine Ausnahme zugunsten der Kultur[165].

4. Industriepolitische Schutzklauseln

Eine Reihe von Vorschriften des GATT 1994 befaßt sich mit Handelsbeschränkungen, die die Mitglieder zum Schutz der eigenen Industrie ergreifen können. Dabei handelt es sich teilweise um Maßnahmen, die einer Wettbewerbsverfälschung entgegenwirken sollen und folglich noch im Einklang mit dem Gedanken des Freihandels stehen. Das ist insbesondere bei Maßnahmen gegen Dumping der Fall; Art. VI GATT 1994 und das dazugehörige Durchführungsübereinkommen[166] wahren also auch als Ausnahmebestimmungen noch das Prinzip des Freihandels. Gleiches gilt für Maßnahmen gegen subventionierte Waren.

Von diesen zielkonformen Schutzbestimmungen sind solche zu unterscheiden, die die Industrie eines Mitglieds vor den Auswirkungen des Freihandels schützen sollen. Aus der Sicht des Mitglieds mag es zwar nur eine untergeordnete Rolle spielen, welche Ursache die Bedrohung seiner Industrie hat; die GATT-rechtliche Beurteilung der ergriffenen Schutzmaßnahmen hängt aber davon ab, ob eine Wettbewerbsverfälschung oder freier Wettbewerb das Schutzbedürfnis auslösen. Vor diesem Hintergrund sind

---

163 Bei der Anlegung strenger Maßstäbe bei Art. XX GATT 1994 wird man allerdings zu berücksichtigen haben, daß den Mitgliedern nicht das Recht beschnitten werden darf, ihr nationales Schutzniveau selber zu bestimmen. Ob daraus pauschal geschlossen werden kann, die Mitglieder könnten - von Diskriminierungen abgesehen - selbst über die Notwendigkeit des Schutzes entscheiden (so *Meng*, RIW 1989, S. 548f.), ist indessen fraglich.

164 S. den Panelbericht „United States - Taxes on Automobiles" (Bericht v. 11.10.1994; DS31/R), S. 114ff.; s.a. den Panelbericht „United States - Imports of Certain Automotive Spring Assemblies" (Bericht v. 26.5.1983; L/5333), BISD 30, S. 107, 125f., sowie den Bericht des Appellate Bodies (AB-1996-1 v. 22.4.1996) „United States - Standards for Reformulated and Conventional Gasoline"; eine ausführliche Analyse der bisherigen Panelberichte findet sich bei *Klabbers*, 26 JWT (1992) 2, S. 66ff.

165 Vgl. *Cottier*, ZUM 1994, S. 751f.; weiter demgegenüber *Footer*, The International Lawyer 29 (1995), S. 471.

166 Abgedruckt in ABl. L 336/103 v. 23.12.1994; s.a. das Antidumping Abkommen der Tokio Runde, abgedruckt in ABl. L 71/90 v. 17.3.1980.

auch die Möglichkeiten zu beurteilen, die inländische Unterhaltungsindustrie GATT-gerecht vor der Dominanz ausländischer, insbesondere US-amerikanischer Konkurrenz zu schützen.

a) Antidumpingregeln

Antidumpingmaßnahmen sollen den Markt davor schützen, einem Monopol ausgeliefert zu werden, das als Folge eines unzulässigen Verdrängungswettbewerbs entsteht[167]. Unzulässiger Verdrängungswettbewerb setzt gem. Art. VI GATT 1994 zweierlei voraus: das Vorliegen des Dumpingtatbestands und eine Schädigung der einheimischen Industrie.

Der Dumpingtatbestand ist in Art. VI:1 GATT 1994 festgelegt und in Art. 2 des dazugehörigen Durchführungsübereinkommens näher definiert[168]. Dumping liegt danach vor, wenn die Ware im Einfuhrland unter ihrem normalen Wert verkauft wird. Der Verkauf unter Wert richtet sich nach dem Preis derselben oder einer vergleichbaren Ware auf dem Markt des Ausfuhrlandes[169]. Die Preisdiskriminierung auf den unterschiedlichen Märkten zeichnet demnach das Dumping aus[170]; es kommt nicht unmittelbar darauf an, daß die Ware für einen Preis verkauft wird, der unter den Herstellungskosten liegt[171]. Die Tatsache, daß beispielsweise im Programmhandel sehr niedrige Grenzkosten (s. oben zweites Kapitel C I) zu geringen Herstellungskosten führen können, wirkt sich auf die Anwendbarkeit des Antidumpingrechts also kaum aus[172].

---

167 S. *Schoch*, S. 112, m.w.N.; *Van Bael*, in: A New GATT for the Nineties and Europe '92, S. 171; kritisch: *Vaubel*, in: A New GATT for the Nineties and Europe '92, S. 187ff.; *Cann*, University of Pennsylvania Journal of International Economic Law 17 (1996), S. 69ff. Das GATT 1994 verbietet Dumping nicht, da es sich selbst als Vertrag zwischen Regierungen versteht, s. *Jackson*, World Trade and the Law of GATT, S. 402; *Senti*, GATT, S. 174, 178f. In der Antidumpingnorm kommt jedoch die wettbewerbspolitische Ausrichtung des GATT-Rechts deutlich zum Ausdruck, s. *Benedek*, Die Rechtsordnung des GATT, S. 184.

168 S.a. die Anmerkung zu Art. VI GATT 1994. Die EG hat im Rahmen des GATT-Rechts eine neue Antidumpingverordnung erlassen, die seit dem 1.1.1995 für Einfuhren in das Gebiet der Gemeinschaft gilt, s. VO Nr. 3283, ABl. L 349/1 v. 31.12.1994; dazu: *Vermulst/Waer*, 29 JWT (1995) 2, S. 53; *Brinker*, WiB 1995, S. 325ff.; *Müller*, EWS 1995, S. 146; *Bierwagen*, EuZW 1995, S. 231; *Bronckers*, 29 JWT (1995) 5, S. 73ff. Zur Entstehungsgeschichte der GATT-Regelung in der Uruguay-Runde s. *Horlick/Shea*, 29 JWT (1995) 1, S. 5; eine erste Kommentierung ist bei *Palmeter*, 30 JWT (1996) 4, S. 43 zu finden.

169 S. Art. VI:1:a GATT 1994, Art. 2.1 des Durchführungsübereinkommens.

170 S. *Jackson*, Antidumping Law and Practice, S. 2; *Müller*, EWS 1995, S. 147; *Schoch*, S. 111f. m.w.N.

171 S. *McGovern*, International Trade Regulation, S. 247; *Schoch*, S. 121, m.w.N. Nach Art. 2.2.1. Durchführungsübereinkommen müssen beispielsweise bei der Berechnung des Preises auf dem Ausfuhrmarkt in gewissem Umfang auch Verkaufspreise berücksichtigt werden, die unter den Stückkosten liegen. Eine ökonomische Analyse des Dumping als Preisdiskriminierung und als Verkauf unter den Herstellungskosten findet sich bei *Deardorff*, Antidumping Law and Practice, S. 23ff.

172 A.A. offenbar *Ming Shao*, Yale JIL 20 (1995), S. 121ff.

aa) Der Vergleichspreis im Ausfuhrland

Wie der Vergleichspreis im Ausfuhrland zu bestimmen ist, regelt Art. 2 Durchführungsübereinkommen zu Art. VI GATT 1994 in zahlreichen Einzelheiten. Die Besonderheiten audiovisueller Waren werfen bei der Ermittlung des Vergleichspreises allerdings einige spezielle Fragen auf[173]. Zunächst ist zu klären, welches genau die gleichartige Ware auf dem Markt des Ausfuhrlands ist, auf die es für den Vergleich ankommt. Wenn beispielsweise der Vertrieb eines US-amerikanischen Films in Deutschland in den Verdacht des Dumpings gerät, ist dann das Nutzungsrecht für Deutschland, das deutschsprachige Nutzungsrecht oder das Nutzungsrecht für die Vereinigten Staaten für die Gleichartigkeit bestimmend?

Art. 2.6 Durchführungsübereinkommen zu Art. VI GATT 1994 beschreibt die gleichartige Ware als eine, die mit der fraglichen Ware identisch ist, d.h. ihr in jeder Hinsicht gleicht oder in Ermangelung einer solchen Ware eine andere Ware, die zwar der fraglichen Ware nicht in jeder Hinsicht gleicht, aber Merkmale aufweist, die denen der fraglichen Ware sehr ähnlich sind. Mit dieser Definition ist für die Beantwortung der aufgeworfenen Frage noch wenig gewonnen. Man wird mit ihrer Hilfe sagen können, daß eine synchronisierte deutsche Fassung eines Films nicht identisch ist mit der englischen Originalfassung. Die Besonderheit des Handels mit audiovisuellen Waren liegt aber darin, daß in vielen Fällen national beschränkte Nutzungsrechte den wesentlichen Gegenstand des Vertrags ausmachen. Wie die Gleichartigkeit unterschiedlicher oder gar räumlich beschränkter Nutzungsrechte zu beurteilen ist, läßt die Definition aber offen. Ein systematischer Vergleich zu der Auslegung der Gleichartigkeit in Art. I:1 GATT 1994 liegt zwar nahe[174], ist aber ebenfalls unergiebig[175].

Besser wird sich die Gleichartigkeit der Ware beurteilen lassen, wenn man den Sinn der Antidumpingregelung berücksichtigt. Das Verbot der Preisdiskriminierung auf unterschiedlichen Märkten soll für den Vertrieb auf den jeweiligen Märkten möglichst ähnliche Verhältnisse gewährleisten. Das Nutzungsrecht für den Markt des Einfuhrlands muß danach an dem Nutzungsrecht für den Markt des Ausfuhrlands gemessen werden. Es mag sich dabei zwar urheberrechtlich um zwei unterschiedliche Rechte handeln, handelsrechtlich liegen aber vergleichbare Gegenstände vor. Dabei kann offen bleiben, ob die Waren im Sinne der Definition identisch sind oder nur sehr ähnliche Merkmale besitzen.

---

173 Auf die Probleme bei der Bestimmung des Dumping weisen auch *Acheson/Maule*, 23 JWT (1989) 2, S. 37, 46, hin.
174 Wobei der Vergleich zwischen Art. I und Art. VI GATT 1994 nicht unbedenklich ist. Die Vergleichbarkeit der Waren in Art. I GATT 1994 bezieht sich auf denselben Markt; in Art. VI GATT 1994 kommt es indessen auf die Vergleichbarkeit auf unterschiedlichen Märkten an.
175 S. *Schoch*, S. 119.

Die räumliche Beschränkung des Nutzungsrechts spielt also nur für die Bestimmung des Markts nicht aber für die Gleichartigkeit der Ware eine Rolle. Schwieriger zu beurteilen ist die Frage, wie sich sprachliche Unterschiede auswirken, ob also beispielsweise deutsche Nutzungsrechte mit englischsprachigen vergleichbar sind. Hier ist es nämlich durchaus möglich, daß fremdsprachige Nutzungsrechte auch für den US-amerikanischen Markt gehandelt werden, um sprachliche Minderheiten zu versorgen. Insbesondere für Nutzungsrechte in der spanischen Sprache dürfte in den Vereinigten Staaten ein erheblicher Markt bestehen. Wenn nun die Preise für die jeweiligen Sprachfassungen voneinander abweichen, welches ist dann die vergleichbare Ware?

Im Wettbewerbsrecht würde man die Vergleichbarkeit in derartigen Fällen möglicherweise danach beurteilen, ob die Marktgegenseite die Waren für funktional austauschbar hält. Das wäre hier zu verneinen: Weder für den Verbraucher noch für den Filmhändler dürfte die englische Fassung eines Films mit der deutschen, französischen, italienischen oder spanischen austauschbar sein. Die funktionale Austauschbarkeit aus der Sicht der Marktgegenseite ist allerdings ein Kriterium, das angewendet wird, um ein Wettbewerbsverhältnis auf demselben Markt zu bestimmen[176]. Beim Antidumping ist jedoch von vornherein Voraussetzung, daß es sich um verschiedene Märkte handelt. Gerade die Trennung der Märkte erlaubt es dem Hersteller ja, eine Preisdiskriminierung vorzunehmen. Die Trennung der Märkte ist in erster Linie eine räumliche, die sich auf die Merkmale der Ware nicht weiter auswirkt. Die sprachliche Trennung ist ihr indessen häufig immanent. Sprachliche Unterschiede bei den Merkmalen der Waren können daher grundsätzlich nicht die Vergleichbarkeit beeinflussen. Es würde beispielsweise auch nicht einleuchten, für denselben Film unterschiedliche Vergleichspreise im Ausfuhrland anzunehmen, je nachdem ob er nach Großbritannien oder nach Deutschland ausgeführt wird.

Eine weitere Besonderheit des Handels mit audiovisuellen Waren ist die unterschiedliche Größe der Märkte. Für den Stückpreis einer Ware mag die Größe des jeweiligen Markts in aller Regel nur von untergeordneter Bedeutung sein; bei audiovisuellen Waren steht dagegen meist das Nutzungsrecht für den gesamten nationalen Markt im Vordergrund. Der Preis wird damit abhängig von der Größe des Markts. So werden die deutschsprachigen Nutzungsrechte eines Kinofilms für Luxemburg deutlich billiger sein als die Rechte desselben Films für Deutschland. Ausschlaggebend ist jeweils die Reichweite des Nutzungsrechts. Dem ist auch bei der Ermittlung des Vergleichspreises im Ausfuhrland Rechnung zu tragen. Ein US-amerikanischer Film wird also in Irland nicht deshalb gedumpt, weil die Nutzungsrechte für den US-amerikanischen Markt deutlich teurer sind als für den irischen. Dumping liegt erst dann vor, wenn der Preis für jeden erreichbaren Zuschauer höher ist als im Einfuhrland. Das leuchtet ein, wenn man

---

176 Vgl. Immenga/Mestmäcker-*Mestmäcker*, § 23, Rn. 111.

den Verkauf von Filmen an Kinobesucher betrachtet: Dort ist auf den Preis des Kinobe-
suchs abzustellen.

Der Vergleichspreis im Ausfuhrland richtet sich also danach, was bei vergleichbarer
Reichweite für die Nutzungsrechte in der Landessprache zu zahlen wäre. Werden im
Ausfuhrland unterschiedliche Sprachfassungen eines Films angeboten und weichen die
Preise für jeden in der Sprache erreichbaren Zuschauer voneinander ab, so kann ein ge-
wogener Durchschnittswert zugrunde gelegt werden[177]. In solchen Fällen ist nicht nur
die Sprachfassung vergleichbare Ware, die der Sprache des Einfuhrlandes entspricht.

bb) Umlegung der Herstellungskosten

Wenn ein Film seine Herstellungskosten im Ausfuhrland bereits eingespielt hat, kann
er wegen der niedrigen Grenzkosten bei der Vervielfältigung im Einfuhrland häufig besonders günstig angeboten werden. Unter diesem Gesichtspunkt stellt sich die Frage,
wie die Umlegung der Kosten auf den einzelnen Märkten im Antidumpingrecht zu berücksichtigen ist.

Im GATT-Recht findet eine ausdrückliche Berücksichtigung der Anlaufkosten nur in
Art. 2.2.1.1. Durchführungsübereinkommen zu Art. VI GATT 1994 statt[178]. Darin wird
den untersuchenden Behörden aufgegeben, die ordnungsgemäße Verteilung der Kosten
zu berücksichtigen, insbesondere im Hinblick auf die Festsetzung angemessener Til-
gungs- und Abschreibungszeiträume sowie angemessener Berichtigungen für Investi-
tionsausgaben und sonstige Entwicklungskosten[179]. Diese Klausel findet unterdessen
nur Anwendung, wenn die Ware auf dem Markt des Ausfuhrlandes nicht in hinreichendem Umfang im normalen Handelsverkehr verkauft wird und der theoretische Preis auf
diesem Markt daher geschätzt werden muß[180].

Sofern die audiovisuelle Ware auf dem Markt des Ausfuhrlandes in hinreichendem
Umfang gehandelt wird, kommt es hingegen allein auf den tatsächlichen Vergleichspreis
im Ausfuhrland an. Daraus folgt, daß die Herstellungskosten nicht selektiv auf einem
Markt eingespielt werden dürfen. Der Hersteller kann einen Film also nicht im Ausfuhrland für einen höheren Preis vertreiben, weil er seine Herstellungskosten nur dort
einspielen will[181].

---

177 Vgl. Art. 2.4.2. Durchführungsübereinkommen zu Art. VI GATT 1994.
178 Vgl. *Horlick/Shea*, 29 JWT (1995) 1, S. 26; *Holmer/Horlick/Stewart*, The International Lawyer 29
(1995), S. 484ff.
179 Eine ähnliche Klausel enthält Art. 2 Abs. 5 lit. b VO Nr. 3283, ABl. L 349/1 v. 31.12.1994, der generell auf die Kosten am Ende einer Anlaufphase abstellt, s.a. *Vermulst/Waer*, 29 JWT (1995) 2, S.
57f.; *Müller*, EWS 1995, S. 149.
180 S. Art. 2.2. Durchführungsübereinkommen zu Art. VI GATT 1994.
181 Dieser Vorwurf wurde in der Vergangenheit gerade US-amerikanischen Produzenten gegenüber erhoben, s. *Ming Shao*, Yale JIL 20 (1995), S. 121f.; *Grant*, Indiana Law Journal 70 (1995), S. 1351;
Van Harpen, Minnesota Journal of Global Trade 4 (1995), S. 175f.; s.a. *Smith*, International Tax &

Diese Beurteilung kann sich ändern, wenn die Kosten bei der Ausfuhr bereits eingespielt sind. Art. 2.4. Durchführungsübereinkommen zu Art. VI GATT 1994 sieht vor, daß der Vergleich zwischen den jeweiligen Preisen Verkäufe zugrunde legt, die zu möglichst nahe beieinander liegenden Zeitpunkten getätigt wurden. Man könnte daher auf die Preise im Ausfuhrland abstellen, die zum Zeitpunkt der Ausfuhr gelten, zu dem die Kosten bereits eingespielt sind. Allerdings kann der Preisrückgang im Ausfuhrland auch darauf zurückzuführen sein, daß hier nur noch die Zweitverwertung Gegenstand des Handelsgeschäfts ist. Ob für die Preisentwicklung ausschlaggebend war, daß die Kosten eingespielt sind oder daß es sich um wirtschaftlich weniger attraktive Zweitnutzungsrechte handelt, wird im Einzelfall nur schwer zu klären sein. Zudem wäre zu überlegen, ob die Zweitnutzungsrechte noch mit den Erstnutzungsrechten für das Einfuhrland vergleichbar sind.

Die genannte Vorschrift sieht für den Vergleich allerdings auch vor, daß alle Faktoren berücksichtigt werden, die den Preis nachweisbar beeinflussen können. Zu diesen Faktoren wird auch zu zählen sein, daß die Herstellungskosten in der Anlaufphase eines Films eingespielt werden müssen. Gestützt wird eine solche Auslegung durch den Verweis auf Art. 2.2.1.1. Durchführungsübereinkommen zu Art. VI GATT 1994 (s. oben). Diese - ökonomisch nachvollziehbare - Auslegung würde es dem Hersteller gestatten, die Nutzungsrechte für das Einfuhrland dann günstiger anzubieten, wenn die Herstellungskosten des audiovisuellen Werks bereits eingespielt sind. Eine zeitliche Preisdiskriminierung ist eher zulässig als eine räumliche.

Als Faktor, der auch räumliche Preisunterschiede rechtfertigen kann, wird weiterhin der Preismechanismus genannt, der sich aus der public-good-Eigenschaft der Programme ergeben soll[182]. Wegen der niedrigen Grenzkosten sei es nicht nur möglich, sondern auch ökonomisch sinnvoll, den Preis für Programme in jedem Land ausschließlich an der dort vorhandenen Gesamtnachfrage auszurichten und nicht an den Herstellungskosten weiterer Kopien[183]. Diese Preisbildung soll erklären, warum Filme und Fernsehprogramme in armen Ländern zu deutlich günstigeren Preisen angeboten werden als in reichen; aus ihr ergebe sich keine Tendenz, die Preise auf den jeweiligen Märkten einander anzugleichen[184]. Wenn man nun beispielsweise US-amerikanische Produzenten zwänge, ihre Programme in ärmeren Ländern zu den höheren heimischen Preisen anzubieten, entstünden dadurch Wohlfahrtsverluste[185]: Angehörige ärmerer Staaten könnten sich die verteuerten US-amerikanischen Produktionen nicht mehr leisten.

Business Lawyer 10 (1993), S. 102f. Inzwischen scheinen diese durch steigende Produktionskosten gezwungen, Gewinne in Exportländern von vornherein miteinzukalkulieren, s. *Kessler*, Law & Policy in International Business 26 (1995), 566; *Grant*, Indiana Law Journal 70 (1995), S. 1353.
182 S. *Ming Shao*, Yale JIL 20 (1995), S. 121ff.; s.a. *Acheson/Maule*, 23 JWT (1989) 2, S. 37.
183 S. *Ming Shao*, Yale JIL 20 (1995), S. 123f.
184 Vgl. *Ming Shao*, Yale JIL 20 (1995), S. 121, m.w.N.
185 *Ming Shao*, Yale JIL 20 (1995), S. 124.

Ob den unterschiedlichen Preisen tatsächlich eine ökonomische Gesetzmäßigkeit zugrunde liegt, kann diese Arbeit nicht untersuchen. Bei der beschriebenen Preisbildung bleibt aber offen, wie die Produktionskosten umgelegt werden. Möglicherweise beruhen die Preisunterschiede gerade darauf, daß die Produktionskosten ausschließlich im eigenen Land eingespielt und nicht auf den Weltmarkt umgelegt werden. In diesem Fall wäre der Preisunterschied Folge einer bewußten Diskriminierung. Die angeführten Wohlfahrtsverluste wären dann durch Preissenkungen auf dem US-amerikanischen Markt zu vermeiden. Wenn hingegen auch bei Umlegung der Produktionskosten auf den Weltmarkt die beschriebenen Preisunterschiede als Folge einer ökonomischen Gesetzmäßigkeit auftreten, wäre das im Antidumpingrecht als Faktor zu berücksichtigen. Zwar soll mit dem Antidumpingrecht die Preisdiskriminierung bekämpft werden, Dumping wird aber nicht mehr anzunehmen sein, wenn unterschiedliche Preise das Ergebnis freier Preisbildung sind.

cc) Schädigung der Industrie des Einfuhrlandes

Der Wortlaut des Art. VI:1 GATT 1994[186] hält drei Formen der Schädigung für möglich: die bedeutende Schädigung eines errichteten Wirtschaftszweigs, die drohende bedeutende Schädigung des Wirtschaftszweigs sowie die erhebliche Verzögerung bei der Errichtung eines Wirtschaftszweigs. Was unter einem solchen inländischen Wirtschaftszweig zu verstehen ist, regelt Art. 4 Durchführungsübereinkommen zu Art. VI GATT 1994. Für die EG werden grundsätzlich die Hersteller im gesamten Gemeinschaftsgebiet heranzuziehen sein[187]. Die Berücksichtigung regionaler Märkte kommt nur in Betracht, wenn ein Austausch mit anderen regionalen Märkten des Mitglieds nur in geringem Umfang stattfindet[188]. Diese Voraussetzung kann beim Handel mit audiovisuellen Waren, insbesondere Filmen im Hinblick auf die einzelnen Mitgliedstaaten allerdings zu bejahen sein (s. oben zweites Kapitel E). Gegebenenfalls beschränkt sich das Antidumpingverfahren dann grundsätzlich auf den Markt des betroffenen Gemeinschaftsmitglieds[189].

Die Feststellung einer Schädigung setzt gem. Art. 3.1. Durchführungsübereinkommen zu Art. VI GATT 1994 den Beleg folgender Umstände voraus: des Umfangs der gedumpten Einfuhren, ihrer Auswirkungen auf die Preise gleichartiger Waren auf dem Inlandsmarkt sowie die Folgen dieser Einfuhren für die inländischen Hersteller[190]. Für

---

186 S.a. Art. 3 Fn. 1 Durchführungsübereinkommen zu Art. VI GATT 1994, ABl. L 336/103 v. 23.12.1994 auf S. 105.
187 Vgl. Art. 4.4. Durchführungsübereinkommen zu Art. VI GATT 1994.
188 Vgl. Art. 4.1.ii) Durchführungsübereinkommen zu Art. VI GATT 1994.
189 Vgl. Art. 4.3. Durchführungsübereinkommen zu Art. VI GATT 1994.
190 Zu den bisherigen Regelungen in diesen Punkten s. *McGovern*, International Trade Regulation, S. 265ff.

jeden Schritt der Feststellungen gibt Art. 3 Durchführungsübereinkommen zu Art. VI GATT 1994 beispielhaft Prüfungskriterien vor. Einen genauen Nachweis fordert er für die Ursächlichkeit des Dumping für den Schaden. Hier sind auch alle anderen bekannten Faktoren in Betracht zu ziehen, die den Schaden verursacht haben können[191]. Besondere Sorgfalt wird verlangt, wenn ein drohender Schaden geltend gemacht wird[192]; für die Fälle, in denen Dumping die Errichtung eines Wirtschaftszweigs erheblich verzögert, sind indessen keine erläuternden Bestimmungen vorgesehen.

b) Abwehr subventionierter Waren

Die Reichweite des Subventionsverbots ist oben (unter II 5) dargelegt worden. Spezielle Ausnahmen von dem Verbot sind nicht vorgesehen; das Subventionsübereinkommen enthält lediglich eine Übergangsregelung, die es den Mitgliedern gestattet, ihre Subventionspolitik binnen drei Jahren anzupassen[193]. Subventionierung wird als legitimes Mittel des industriepolitischen Schutzes also zunehmend in Frage gestellt.

Das Subventionsrecht des GATT 1994 enthält aber auch eine industriepolitische Ausnahme von den GATT-Grundsätzen: die Abwehr subventionierter Waren. Jede nach einem Streitbeilegungsverfahren beibehaltene unzulässige Subventionierung löst eine Ermächtigung der betroffenen Mitglieder aus, Gegenmaßnahmen zu ergreifen[194]. Daneben besteht nach Art. VI:3 bis 7 GATT 1994 die Möglichkeit, Ausgleichsmaßnahmen (countervailing duties) einzuführen, ohne ein Streitbeilegungsverfahren zu durchlaufen. Diese sind in Art. 10ff. Subventionsübereinkommen ausführlich geregelt, die sich stark an die entsprechenden Regelungen des Antidumpingrechts anlehnen (s. oben a)[195].

c) Art. XIX

Industriepolitische Schutzmaßnahmen, die nicht durch drohende Wettbewerbsverfälschungen begründet sind, müssen ihre Abweichung von den Grundsätzen des GATT 1994 durch weitergreifende Überlegungen rechtfertigen. Einen Ansatz für solche Überlegungen enthalten Art. XIX GATT 1994 und das Übereinkommen über Schutzmaßnahmen[196]. Darin wird einem Bedürfnis der Mitglieder Rechnung getragen, ihre Industrie vor ernsthaften Beschädigungen durch den erhöhten Wettbewerbsdruck zu schützen. Ziel ist es, den Mitgliedern eine geordnete Strukturanpassung zu erlauben[197]. Da die Anpassung ermöglicht, nicht aber der Wettbewerbsnachteil geschützt werden soll,

---

191 S. Art. 3.5. Durchführungsübereinkommen zu Art. VI GATT 1994.
192 S. Art. 3.8. Durchführungsübereinkommen zu Art. VI GATT 1994.
193 S. Art. 28 Subventionsübereinkommen.
194 S. Art. 4.10., 7.9., 9.4. Subventionsübereinkommen.
195 Ausführlicher dazu *Beviglia Zampetti*, 29 JWT (1995) 6, S. 15f.

können nur vorübergehende Schutzmaßnahmen zulässig sein. So legt Art. 7 Übereinkommen über Schutzmaßnahmen die zulässige Dauer in allen Einzelheiten fest. Grundsätzlich dürfen Schutzmaßnahmen nur solange angewendet werden, wie sie erforderlich sind[198]; die zulässige Höchstdauer beträgt insgesamt acht Jahre[199].

Der Anwendungsbereich der Schutzmaßnahmen bestimmt sich danach, welche der GATT-Grundsätze Verpflichtungen enthalten, die heimische Industrie dem internationalen Wettbewerb auszusetzen. Solche Verpflichtungen ergeben sich zum einen aus dem Verbot mengenmäßiger Beschränkungen, vor allem aber aus den Listen der ausgehandelten Zugeständnisse. Dem Verbot einer Diskriminierung nach Herkunftsland ist bei der Anwendung von Schutzmaßnahmen hingegen grundsätzlich Rechnung zu tragen[200].

aa) Voraussetzungen

Voraussetzung für die Einführung einer Schutzmaßnahme ist, daß infolge unvorhergesehener Entwicklungen eine Ware in einem solch erhöhten Umfang und unter solchen Bedingungen in das Gebiet eines Mitglieds eingeführt wird, daß der inländischen Industrie, die gleichartige oder unmittelbar konkurrierende Waren herstellt, ein ernsthafter Schaden zugefügt wird oder zugefügt zu werden droht[201]. Genauere Kriterien für das Vorliegen dieser Voraussetzungen enthält Art. 4 Übereinkommen über Schutzmaßnahmen; Art. 3, 4:2 des Übereinkommens sehen vor, daß das betroffene Mitglied zur Feststellung der Voraussetzungen zunächst eine umfangreiche Untersuchung durchführen muß, die den Transparenzgeboten des Art. X GATT 1994 genügt und allen interessierten Parteien Gelegenheit zur Stellungnahme gibt.

Unausgefüllt bleibt das Merkmal der unvorhergesehenen Entwicklungen. Seine Auslegung ist denkbar weit. Die Schutzmaßnahmen kompensieren als unzumutbar empfundene Auswirkungen der Marktöffnungsverpflichtungen. Diese in den Verhandlungs-

---

196 Abgedruckt in ABl. L 336/184 v. 23.12.1994. S. dazu *Hizon*, Northwestern Journal of International Law & Business 15 (1994), S. 125ff. Die EG hat die Übereinkommen der WTO in der Verordnung Nr. 3285/94 über die gemeinsame Einfuhrregelung, ABl. L 349/53 v. 31.12.1994, berücksichtigt.

197 S. Abs. 4 der Präambel Übereinkommen über Schutzmaßnahmen. Dieses Ziel hat die EG auch in Art. 3 lit. l, 130 EGV aufgenommen. S.a. *Holliday*, 29 JWT (1995) 3, S. 156.

198 Art. 7:1 Übereinkommen über Schutzmaßnahmen.

199 Art. 7:3 Übereinkommen über Schutzmaßnahmen. Das gilt gem. Art. 10 Übereinkommen über Schutzmaßnahmen grundsätzlich auch für Maßnahmen, die unter dem GATT 1947 getroffen wurden. Nur Entwicklungsländer können die zulässige Höchstdauer um zwei weitere Jahre überschreiten, Art. 9:2 Übereinkommen über Schutzmaßnahmen. S.a. Europäisches Außenwirtschaftsrecht-*Schmidt*, S. 286.

200 S. Art. 1:2 Übereinkommen über Schutzmaßnahmen. S.a. *Benedek*, Die Rechtsordnung des GATT, S. 176ff. Zu den Möglichkeiten selektiver Schutzmaßnahmen s. Europäisches Außenwirtschaftsrecht-*Schmidt*, S. 288.

201 S. Art. XIX:1:a GATT 1994, Art. 2:1 Übereinkommen über Schutzmaßnahmen.

runden ausgehandelten Zugeständnisse beruhen in ihren einzelnen Ausprägungen weitgehend auf der Selbsteinschätzung des jeweiligen Mitglieds. Alleine dieses wird im Einzelfall darlegen können, ob es sich in seiner Einschätzung der künftigen Entwicklung geirrt hat. Nach der Definition einer Arbeitsgruppe im GATT 1947 ist jede nach den Verhandlungen eintretende Entwicklung bereits dann unvorhersehbar, wenn sie nicht erwartet werden mußte[202]. Die juristische Überprüfung kann sich also weitgehend darauf beschränken, das Vorliegen einer Notlage zu prüfen.

bb) Rechtsfolgen

Ist eine Schädigung in den vorgesehenen Verfahren festgestellt, löst dies unterschiedliche Wirkungen aus. Zunächst kann das betroffene Mitglied Schutzmaßnahmen ergreifen. Zollunionen können die Schutzmaßnahmen als Einheit oder für die betroffenen Mitgliedstaaten anwenden, je nachdem ob die Voraussetzungen für die ganze Zollunion oder nur für einzelne Mitgliedstaaten vorliegen[203]. Das Ergreifen der Schutzmaßnahmen muß dem Gebot der Erforderlichkeit genügen. Bei der Einführung mengenmäßiger Beschränkungen ist dabei grundsätzlich bestimmt, daß nicht eine Menge festgesetzt werden kann, die niedriger ist als die durchschnittlichen Einfuhren der vorherigen drei Jahre[204]; die Aufteilung von Kontingenten auf Lieferländer muß möglichst in gegenseitigem Einvernehmen erfolgen[205].

Das Ergreifen der Schutzmaßnahmen hat für die anderen Mitglieder ähnliche Auswirkungen wie die in den Art. XXVIIf. GATT 1994 geregelte Änderung der Listen der Zugeständnisse (s. dazu oben II 4). In Parallele zu dem dort geregelten Verfahren sieht auch das Übereinkommen über Schutzmaßnahmen vor, daß die erneute Beschränkung des Freihandels mit den anderen Mitgliedern in einem Konsultationsverfahren abgestimmt wird[206]. Auch hier soll das Mitglied darauf achten, daß das Ergreifen der Schutzmaßnahmen den Gesamtumfang seiner Zugeständnisse möglichst wenig beeinträchtigt. Hierzu können Kompensationen vereinbart werden; falls die Verhandlungen insoweit scheitern, steht den anderen Mitgliedern im Rahmen des Art. 8 Übereinkommen über Schutzmaßnahmen ebenfalls das Recht zu, eigene Zugeständnisse auszusetzen.

---

202 S. Europäisches Außenwirtschaftsrecht-*Schmidt*, S. 283, m.w.N.
203 S. Art. 2:1 Fn. 1 Übereinkommen über Schutzmaßnahmen, ABl. L 336/184 v. 23.12.1994.
204 S. Art. 5:1 Übereinkommen über Schutzmaßnahmen.
205 S. Art. 5:2 Übereinkommen über Schutzmaßnahmen.
206 S. Art. 12 Übereinkommen über Schutzmaßnahmen.

cc) Schutzmaßnahmen zum Ausbau eines Wirtschaftszweigs?

Im Gegensatz zu den Antidumpingregelungen sieht der Wortlaut des Art. XIX:1:a GATT 1994 und des Art. 2:1 Übereinkommen über Schutzmaßnahmen keine Maßnahmen zum Schutz der Errichtung eines einheimischen Wirtschaftszweigs vor. Diese Einschränkung wird auch bei einem Vergleich mit Art. XVIII GATT 1994 augenfällig. Dort ist für die Entwicklungsländer eine weitergehende Ausnahme geregelt, die es ihnen gestattet, in geschützten Nischen eigene Industrien bis zur internationalen Wettbewerbsfähigkeit zu entwickeln. Die ökonomische Berechtigung solcher infant-industry Ausnahmen vom Freihandel ist nicht abschließend geklärt[207]. Das GATT 1994 hat sie vor dem Hintergrund zugelassen, daß dadurch möglicherweise ein niedriger Lebensstandard in einem Mitglied erhöht und dessen wirtschaftliche Entwicklung vorangetrieben werden kann[208]. Mit dieser Begründung läßt sich die Ausnahme nur auf Entwicklungsländer[209] anwenden. Das gilt auch dann, wenn unter ökonomischen Gesichtspunkten eine vergleichbare Ausnahme zugunsten der Industriestaaten gerechtfertigt wäre[210].

Für die Auslegung des Art. XIX GATT 1994 folgt daraus, daß Schutzmaßnahmen nicht ergriffen werden können, um einen Wirtschaftszweig zu entwickeln und wettbewerbsfähig zu machen. Der Wirtschaftszweig, dessen Lage sich zu verschlechtern droht, muß vielmehr bereits vorhanden sein. Problematisch wird die Beurteilung einer Schutzmaßnahme, die den bedrohten Wirtschaftszweig ausbauen soll, um seine Wettbewerbsfähigkeit dadurch zu erhöhen. Wäre also beispielsweise eine Beschränkung der Einfuhr nach Art. XIX GATT 1994 zulässig, um die europäische Programmindustrie international wettbewerbsfähig machen zu können? Die Voraussetzungen des Art. XIX GATT 1994 lägen in einem solchen Fall vor, wenn eine hinreichende Bedrohung bestünde. Die ergriffene Maßnahme gleicht aber der nach Art. XVIII GATT 1994 den Entwicklungsländern vorbehaltenen infant-industry Ausnahme. Die Entscheidung über die Zulässigkeit kann im Einzelfall also schwer fallen. Sie läßt sich hier auch nicht in allgemeinverbindlicher Weise treffen.

Aus der Sicht des Freihandels spielt die Unterscheidung eine geringere Rolle. Entscheidend ist danach, daß nach Ablauf der Schutzmaßnahme der Handel wieder erleichtert wird. Ob die Strukturanpassung zu einem Abbau, einer Spezialisierung oder einem Ausbau des Wirtschaftszweigs geführt hat, ist nicht erheblich. Unter diesem Gesichtspunkt spricht viel dafür, es den Mitgliedern zu überlassen, wie sie die Schutzmaßnahmen zur Strukturanpassung nutzen. Art. XIX GATT 1994 zwingt die Mitglieder

---

207 S. *Senti*, GATT, S. 270ff.
208 S. Art. XVIII:4:a, 7:a, 13 GATT 1994, s.a. die Anmerkung zu Art. XVIII GATT 1994.
209 Die Definition eines Entwicklungslandes für diesen Zusammenhang enthält Art. XVIII:4:a GATT 1994, der durch die Anmerkung zu Art. XVIII GATT 1994 weiter konkretisiert wird.
210 S. *Senti*, GATT, S. 274.

nicht dazu, den betroffenen Wirtschaftszweig sozial verträglich abzubauen. Das Mitglied trägt allerdings auch das Risiko für ein Scheitern der Strukturanpassung. Nach Ablauf der zulässigen Fristen für die Schutzmaßnahmen muß sich der Wirtschaftszweig wieder dem Wettbewerb stellen. Im Hinblick auf die Wettbewerbsvorteile, die beispielsweise US-amerikanische audiovisuelle Waren genießen können (s. oben zweites Kapitel C), ist ein Ausbau der Produktionsindustrie mit protektionistischen Mitteln also möglicherweise gar nicht empfehlenswert.

5. Art. IV

Eine spezielle Ausnahme für den Handel mit audiovisuellen Waren enthalten Art. III:10, IV GATT 1994[211]. Darin wird den Mitgliedern gestattet, Spielzeitkontingente (screen quotas) für die Aufführung von Filmen in Kinotheatern vorzuschreiben. Hierbei können Filme inländischen Ursprungs bevorzugt werden (Art. IV:a GATT 1994). Für Filme ausländischen Ursprungs dürfen die Kontingente nicht nach Lieferländern aufgeteilt werden (Art. IV:b GATT 1994); eine Großvaterklausel ist nur für Regelungen vorgesehen, die einzelne Lieferländer im Rahmen des Stands vom 10. April 1947 bevorzugen (Art. IV:c GATT 1994).

Die unmittelbare Bedeutung dieser Ausnahme ist vergleichsweise gering; heutzutage bestehen in Kinotheatern kaum noch Spielzeitkontingente[212]. Die Bestimmungen zeigen aber auf, inwieweit das GATT-Recht Ausnahmen für die audiovisuelle Industrie anerkennt[213].

a) Von der Ausnahme betroffene Grundsätze

Spielzeitkontingente regeln ausschließlich Sachverhalte, die sich auf die Behandlung der Ware im Inland beschränken. Dementsprechend ist die Spielzeitkontingentierung auch nur bei dem Grundsatz der Inländerbehandlung ausdrücklich als Ausnahme erwähnt[214]. Zwar handelt es sich bei den Kontingenten um Quoten, diese setzen aber nicht bei der Ein- oder Ausfuhr der Ware an. Daher ist das Verbot mengenmäßiger Beschränkungen in Art. XI GATT 1994 von den Spielzeitkontingenten nicht unmittelbar betroffen[215]. Art. IV GATT 1994 enthält aus den gleichen Gründen auch keine Ausnahme vom Grundsatz der Meistbegünstigung, wie er in Art. I GATT 1994 formuliert ist. Der

---

211 Zu dessen Entstehungsgeschichte s. *Smith*, International Tax & Business Lawyer 10 (1993), S. 117ff.
212 Die EG hat sie 1965 abgeschafft, s. Richtlinie 65/264 v. 13.5.1965, ABl. 1965, S. 1437.
213 S. *Cottier*, ZUM 1994, S. 751.
214 S. Art. III:10 GATT 1994.
215 S. Europäisches Außenwirtschaftsrecht-v. *Bogdandy*, S. 590; *Cottier*, ZUM 1994, S. 751; *Filipek*, Stanford JIL 28 (1992), S. 339.

Meistbegünstigung wird für das Inland durch die Einschränkung des Art. IV:b GATT 1994 Geltung verschafft.

b) Reichweite des Art. IV als kulturelle Ausnahme

Art. IV GATT 1994 ist nicht Ausdruck einer allgemeineren kulturellen Ausnahme. Audiovisuelle Produkte werden den Disziplinen des GATT 1994 nicht entzogen. Die Ausnahme für Kinofilme belegt aber, daß es den Mitgliedern in einem gewissen Rahmen freisteht, der publizistischen Bedeutung audiovisueller Produkte durch ausdrückliche Ausnahmen Rechnung zu tragen. Eine deutliche Konzession an die Kulturhoheit der Mitglieder besteht darin, daß ihnen neben der Beibehaltung alter auch die Einführung neuer Quoten gestattet wird. Hier wird der Grad der Marktöffnung also nicht gebunden; die Mitglieder können einseitig den Marktzugang bis zum völligen Abschluß erschweren, ohne Ausgleich leisten oder Retorsionen befürchten zu müssen.

Zugleich entfaltet die Regelung in Art. IV GATT 1994 aber auch eine gewisse Sperrwirkung[216]; sie steckt als Präzedenzvorschrift den Rahmen für zulässige kulturelle Ausnahmen im GATT-Recht ab. So ist die Kontingentierung beispielsweise bei der Einfuhr unzulässig; zulässiges Instrument ist nur die Kontingentierung bei der öffentlichen Verbreitung audiovisueller Werke[217]. Art. IV:d GATT 1994 sieht auch vor, daß die Spielzeitkontingente Gegenstand künftiger Verhandlungen zu ihrer Beschränkung oder ihrem Abbau sind. Dadurch wird zwar keine rechtliche Bindung des Marktzugangs bewirkt, das GATT 1994 hält aber an einer Liberalisierung auch der audiovisuellen Produkte fest. Von grundsätzlicher Bedeutung ist demgegenüber, daß den Mitgliedern keine Ausnahme von der Meistbegünstigung zugestanden wird[218]. Zwar dürften sie aus publizistischen Gründen vorsehen, daß gar keine ausländischen Werke gezeigt werden; kulturelle Affinitäten zu bestimmten anderen Ländern können aber in solchen Regelungen nicht berücksichtigt werden. Kulturelle Kooperationsverträge, die Drittmitglieder der WTO diskriminieren, sind danach unzulässig, solange nicht eine andere Ausnahme, insbesondere Art. XXIV GATT 1994 eingreift[219].

Die Geltung der Meistbegünstigung im kulturellen Bereich stellt eine einschneidende Beschränkung der Kulturhoheit einzelner Mitglieder dar, über die sich sicherlich streiten läßt. Sie zeigt aber auch, daß der Grundgedanke des GATT 1994 für audiovisuelle Werke nahezu uneingeschränkt gilt: Die Mitglieder können über das Niveau ihrer Marktzugangsbeschränkungen frei entscheiden, sie dürfen beim Zugang zum Markt aber nicht zwischen einzelnen Mitgliedern diskriminieren. Die Art. III:10, IV GATT 1994 geben

---

216 Vgl. *Cottier*, ZUM 1994, S. 751; *Hahn*, ZaöRV 56 (1996), S. 334.
217 S. *Cottier*, ZUM 1994, S. 751.
218 S. *Hahn*, ZaöRV 56 (1996), S. 335.
219 Vgl. *Cottier*, ZUM 1994, S. 757.

den Mitgliedern neben den Zöllen lediglich die Spielzeitkontingentierung als zulässiges Instrument an die Hand, um das nationale Schutzniveau zu bestimmen. Die Schaffung dieses zusätzlichen Instruments für den audiovisuellen Bereich erklärt sich daraus, daß Zölle bei der Abfassung des GATT 1947 als unzureichend empfunden wurden, um den heimischen Markt und die Zuschauer vor US-amerikanischen Einflüssen zu schützen[220]. Ebenso wie die Zölle sollen aber auch die Spielzeitkontingente in Verhandlungen begrenzt oder abgebaut werden (Art. IV:d GATT 1994).

Bei diesem Befund verliert Art. IV GATT 1994 deutlich an Gewicht in der Auseinandersetzung um kulturelle Ausnahmen im GATT-Recht. Er schafft keinen kulturellen Freiraum, in dem die Grundsätze des GATT 1994 außer Kraft gesetzt sind. Die kulturelle Ausnahme besteht lediglich darin, daß die Mitglieder der WTO den Zugang zu den Zuschauermärkten nicht nur durch Zölle, sondern auch durch Spielzeitkontingente steuern können.

IV. Technische Handelshemmnisse

Die wachsende technische Kompliziertheit von Waren und der zunehmende Schutz von Verbrauchern und Umwelt haben das GATT-Recht mit neuen Beschränkungen des freien Handels konfrontiert: Unterschiedliche Anforderungen in den einzelnen Mitgliedern erzeugen Inkompatibilitäten, die die internationale Verkehrsfähigkeit der Waren beeinträchtigen. Gerade im Handel mit audiovisuellen Waren können unterschiedliche technische Vorgaben den freien Austausch erheblich stören. Diese technischen Hemmnisse sind mit einer Regelungstechnik von Grundsatz und Ausnahme nur schwer zu überwinden. Das GATT 1994 verfügt andererseits nicht über ein Mandat zur Integration durch Rechtsangleichung. Es mußte sich daher seinen eigenen Weg suchen, um technischen Handelshemmnissen zu begegnen.

Ansatzpunkt sind die Ausnahmen des Art. XX GATT 1994 (s. dazu oben III 3). So erkennt auch das Übereinkommen über technische Handelshemmnisse insbesondere den Schutz der nationalen Sicherheit, die Verhinderung irreführender Praktiken, den Schutz der Gesundheit und Sicherheit von Menschen, des Lebens oder der Gesundheit von Tieren und Pflanzen oder der Umwelt[221] als berechtigte Ziele technischer Vorschriften[222]

---

220 S. *Filipek*, Stanford JIL 28 (1992), S. 339; *Smith*, International Tax & Business Lawyer 10 (1993), S. 118f.; *Ming Shao*, Yale JIL 20 (1995), S. 111, alle m.w.N.; s.a. GATT CONTRACTING PARTIES Dokument L/1741 v. 13.3.1962, S. 3.

221 Art. 2.2. Übereinkommen über technische Handelshemmnisse, deutsche Fassung abgedruckt in ABl. L 336/86 v. 23.12.1994. Zu den Bestimmungen aus der Tokio Runde hervorgegangenen Standards Code s. *McGovern*, International Trade Regulation, S. 176ff.

222 Zur Terminologie s. Anhang 1 Übereinkommen über technische Handelshemmnisse; s.a. Europäisches Außenwirtschaftsrecht-v. *Bogdandy/Meehan*, S. 386f.; *Senti*, GATT, S. 181.

an. Den aufgezählten Zielen wird man die Herstellung technischer Kompatibilität hinzuzählen können, selbst wenn damit keines der erwähnten Güter geschützt werden soll[223]. Die Rechtmäßigkeit hängt dann maßgeblich davon ab, daß die Vorschriften erforderlich oder notwendig sind, um ein Allgemeininteresse zu schützen; unnötige Handelshemmnisse sind zu vermeiden[224]. Im Gegensatz zu Art. XX GATT 1994 hält das Übereinkommen über technische Handelshemmnisse dabei ausdrücklich fest, daß Diskriminierungen jeder Art unzulässig sind[225].

Mit dieser Aussage wird zwar gewährleistet, daß technische Vorschriften nicht zu protektionistischen Zwecken mißbraucht werden; von ihr bleibt aber jede Beschränkung des Handels unberührt, die sich aus der Rechtszersplitterung bei technischen Vorschriften ergibt. Um hier eine Harmonisierung zu fördern, sieht das Übereinkommen über technische Handelshemmnisse unter anderem vor, daß technische Vorschriften gegenseitig anerkannt[226] und internationale Normen erarbeitet[227] werden. Die entsprechenden Bestimmungen sind allerdings so weich formuliert, daß ihnen wirkungsvolle Verpflichtungen nicht zu entnehmen sind. Bestehen bereits internationale Normen[228], so sieht das Übereinkommen über technische Handelshemmnisse in kaum verbindlicherer Weise vor, daß diese berücksichtigt werden[229]. Die zurückhaltende Sprache des Übereinkommens über technische Handelshemmnisse in diesem Punkt erklärt sich daraus, daß das GATT 1994 es den Mitgliedern überläßt, ihr nationales Schutzniveau zu bestimmen, solange sie die Diskriminierungsverbote beachten.

Deutlichere Verpflichtungen enthält das Übereinkommen über technische Handelshemmnisse in seinen Bestimmungen zur Herstellung von Transparenz. Die beabsichtigte Einführung einer Vorschrift ist frühzeitig bekanntzumachen, die anderen Mitglieder müssen unterrichtet werden, und die Vorschriften müssen auf Wunsch mit ihnen erörtert werden[230]. Auch den Herstellern aus anderen Mitgliedern ist eine ausreichende Frist vor dem Inkrafttreten der Vorschriften einzuräumen, um ihre Produktion anzupassen[231].

---

223 Abs. 4 der Präambel Übereinkommen über technische Handelshemmnisse weist ausdrücklich auf den Beitrag hin, den Normen zur Erleichterung des internationalen Handels leisten können.
224 Art. 2.2. Übereinkommen über technische Handelshemmnisse. Zur Auslegung des bislang geltenden GATT-Rechts in diesem Punkt s. Europäisches Außenwirtschaftsrecht-*v.Bogdandy/Meehan*, S. 453ff.; s.a. *Bruha*, in: EG und Drittstaatsbeziehungen nach 1992, S. 96.
225 S. Art. 2.1. Übereinkommen über technische Handelshemmnisse; s.a. Art. 5.1.1. sowie Abs. D des Anhangs 3 Übereinkommen über technische Handelshemmnisse.
226 S. Art. 2.7. Übereinkommen über technische Handelshemmnisse.
227 S. Art. 2.6. Übereinkommen über technische Handelshemmnisse.
228 Einige der relevanten Normungsorganisationen zählt *Senti*, GATT, S. 182 auf. S.a. die Beschlüsse zu einem WTO-ISO-Normen-Informationssystem, abgedruckt in ABl. L 336/260 v. 23.12.1994.
229 S. z.B. Art. 2.4. Eine prägnante Zusammenfassung aller Regeln für die Ausarbeitung, Annahme und Anwendung von Normen enthält Anhang 3 Übereinkommen über technische Handelshemmnisse.
230 Vgl. Art. 2.9. - 11. Übereinkommen über technische Handelshemmnisse.
231 S. Art. 2.12. Übereinkommen über technische Handelshemmnisse.

Über die Einführung technischer Vorschriften hinaus regelt das Übereinkommen über technische Handelshemmnisse auch die Verfahren zur Bewertung der Übereinstimmung der Waren mit diesen Vorschriften (procedures for assessment of conformity)[232]. Hier soll mit ähnlichen Regelungsinhalten gewährleistet werden, daß die Mitglieder protektionistische Absichten nicht verdeckt in den Konformitätsbewertungsverfahren verfolgen. Auch dabei ist vorgesehen, daß den von internationalen Normenorganisationen ausgearbeiteten Verfahren soweit möglich Rechnung getragen wird[233].

Da bei vielen Mitgliedern der WTO die technischen Vorschriften auch von lokalen oder nichtstaatlichen Stellen erarbeitet werden, bezieht das Übereinkommen über technische Handelshemmnisse diese mit ein. Die Mitglieder haben dafür zu sorgen, daß auch diese Stellen die vorgesehenen Verpflichtungen erfüllen[234].

E. Das GATS

Die Präambel des GATS ist zurückhaltender formuliert als die des GATT 1994. Zwar erwähnt sie in den Absätzen 3 und 4 auch die fortschreitende Liberalisierung und die Förderung des Wirtschaftswachstums als Ziele; aber sie nimmt auch deutlich Rücksicht auf die nationalen politischen Zielsetzungen und erkennt daher in Absatz 5 ausdrücklich das Recht der Mitglieder an, die Erbringung von Dienstleistungen in ihrem Hoheitsgebiet zu regeln. Damit ist der Konflikt bezeichnet, den das Anliegen der Liberalisierung auslöst. Der Handel mit Dienstleistungen unterliegt umfangreicher nationaler Regelung, die ganz unterschiedliche Ziele verfolgt. Handelspolitische oder gar protektionistische Maßnahmen sind aus den Regelungssystemen nicht ohne weiteres zu isolieren. Der Liberalisierungsprozeß, den das GATS einzuleiten sucht, ist daher stärker von der Bereitschaft der Mitglieder abhängig, ihre nationalen Zielsetzungen anzupassen. Die Präambel mißt folglich in Absatz 4 künftigen Verhandlungsrunden besondere Bedeutung bei. Nur in ihnen kann der Konflikt zwischen nationaler Regelungsautonomie und multilateraler Liberalisierung interessengerecht zum Ausgleich gebracht werden.

Auch die GATT-Grundsätze lassen sich nicht unbesehen auf den Dienstleistungshandel übertragen. Beispielsweise können Dienstleistungen regelmäßig nicht an der Grenze mit Zöllen belegt werden, da ihre Einfuhr dort nicht manifest wird. Die Mitglieder können daher nicht nur auf den Zoll als handelspolitisches Instrument verwiesen werden. Weil die Einfuhr und die Erbringung der Dienstleistung meist zusammenfallen,

---

232 S. Art. 5 bis 9 Übereinkommen über technische Handelshemmnisse.
233 Vgl. Art. 5.4. - 5. sowie Art. 9 Übereinkommen über technische Handelshemmnisse.
234 S. im einzelnen Art. 3, 4, 6 - 8 sowie Anhang 3 Übereinkommen über technische Handelshemmnisse.

lassen sich Einfuhr- und Binnenregelungen auch nicht voneinander trennen. Deshalb kann nicht für erstere die Meistbegünstigung und für letztere die Inländerbehandlung gelten.

Das GATS versucht dennoch, den Grundsätzen des GATT 1994 treu zu bleiben. So unterstellt es den Dienstleistungshandel ebenfalls generell dem Grundsatz der Meistbegünstigung, spezifische Verpflichtungen der Mitglieder zur Öffnung ihrer Dienstleistungsmärkte können diese in Listen (schedules) übernehmen. Zur fortschreitenden Liberalisierung sind weitere Handelsrunden vorgesehen. Damit bleibt der Grundgedanke des GATT-Rechts erhalten, der die Mitglieder ihr Schutzniveau selber bestimmen läßt, solange sie beim Marktzugang nicht diskriminieren.

Der Aufbau des GATS besteht aus einem allgemeinen und einem besonderen Teil. Ersterer enthält Bestimmungen, die alle unter das Abkommen fallenden Dienstleistungen betreffen; letzterer besteht aus Anlagen, die vornehmlich besondere Regelungen für spezielle Dienstleistungssektoren treffen. Hier könnte auch ein sektorspezifisches Abkommen für den Handel mit audiovisuellen Dienstleistungen anzusiedeln sein. Bevor die mögliche Gestalt eines solchen Abkommens entworfen wird, soll aber zunächst der Rahmen gezogen werden, den das GATS einer Sektorregelung steckt.

I. Allgemeine Regelungen

1. Grundsätze des GATS

a) Meistbegünstigung

Den Grundsatz der Meistbegünstigung spricht Art. II:1 GATS[235] für alle Maßnahmen der Mitglieder aus, die Dienstleistungen eines anderen Mitglieds betreffen. Mit dieser allgemeinen Geltung der Meistbegünstigung trägt das GATS der Tatsache Rechnung, daß jede Maßnahme im Binnenbereich zugleich unmittelbar die Einfuhr der Dienstleistung berühren kann. Aus diesem Grunde sind auch Maßnahmen in den Geltungsbereich des GATS einbezogen, die nichtstaatliche Stellen in Ausübung der ihnen von staatlichen Stellen übertragenen Befugnisse ergreifen[236].

---

235 Deutschsprachige Fassung abgedruckt in ABl. L 336/190 v. 23.12.1994. Ausführlicher zur Meistbegünstigung im GATS *Senti*, Die neue Welthandelsordnung für Dienstleistungen, S. 10ff.; *Weiss*, CMLReview 1995, S. 1194ff.; *Wang*, 30 JWT (1996) 1, S. 92ff.
236 S. Art. I:3:a:ii GATS.

b) Transparenz

Die Transparenz der Bestimmungen für den Marktzutritt ist nicht nur für die an der Einfuhr Beteiligten von Bedeutung, sie ist auch Vorbedingung für eine fortschreitende Liberalisierung. Nur wenn die WTO-Mitglieder die Schranken für den Marktzugang kennen, können sie über deren Abbau verhandeln. Bei der Einfuhr von Waren schafft die Anwendung von Zöllen Transparenz. Dienstleistungen lassen sich demgegenüber nicht durch Zölle steuern, daher mußte das GATS umfangreichere Bestimmungen über die Transparenz aufnehmen. In Art. III:1, 2 GATS schreibt es weitreichende Informationspflichten der Mitglieder für alle allgemeingültigen Maßnahmen vor, die sich auf die Anwendung des Übereinkommens beziehen. Die Mitglieder müssen den Rat für den Dienstleistungshandel regelmäßig von Änderungen dieser Maßnahmen unterrichten[237] und sind verpflichtet, anderen Mitgliedern auf Verlangen umfassend Auskunft zu erteilen[238]. Zu diesem Zweck ist auch die Errichtung von Auskunftsstellen durch jedes Mitglied vorgesehen[239].

c) Spezifische Verpflichtungen

Mit den Verpflichtungen zu Meistbegünstigung und Transparenz hat das GATS einen ersten Grundstein gelegt, auf dem weitere Verpflichtungen aufbauen[240]. Die eigentliche Marktöffnung bleibt der Selbstbestimmung der Mitglieder vorbehalten, das GATS gibt ihr aber Formen und Verfahren vor. Diese sind vor allem in Teilen III und IV des Abkommens enthalten.

aa) Listen spezifischer Verpflichtungen

Instrument für die Bestimmung des Liberalisierungsgrads und dessen Bindung sind sogenannte Listen spezifischer Verpflichtungen (schedules of specific commitments)[241]. In diese Positivlisten[242] nehmen die WTO-Mitglieder für einzelne Dienstleistungssektoren Marktzugangsverpflichtungen (market-access commitments) auf. Sie betreffen folgende Maßnahmen: Beschränkungen der Gesamtzahl der Dienstleistungserbringer, Beschränkungen des Gesamtwerts, der Gesamtzahl oder des Gesamtvolumens der erbrachten Dienstleistungen, Beschränkungen der Gesamtzahl der an der Dienstleistungserbringung beteiligten natürlichen Personen, Beschränkungen der Gesellschaftsform eines

---

237 S. Art. III:3 GATS.
238 S. Art. III:4 Satz 1 GATS.
239 S. Art. III:4 GATS.
240 Die Entwicklung dieses Ansatzes während der Uruguay Runde beschreiben *Hoekman/Kostecki*, S. 138ff.

Dienstleistungserbringers und Beschränkungen der Beteiligung ausländischen Kapitals[241]. Nach dem Inkrafttreten ihrer Marktzugangsverpflichtungen dürfen die Mitglieder keine Maßnahmen mehr ergreifen oder beibehalten, die einen Dienstleistungserbringer aus einem anderen Mitglied ungünstiger behandeln, als die Listen vorsehen[244].

Da im Dienstleistungsverkehr die Inländerbehandlung zugleich über den Marktzugang unmittelbar entscheidet, bleibt ihre Geltung ebenfalls den spezifischen Verpflichtungen der Mitglieder vorbehalten[245]. In ihren Listen haben die Mitglieder daher auch Bedingungen und Qualifikationen für die Inländerbehandlung festzulegen[246]. Sie gilt dann gemäß Art. XVII:1 GATS in dem festgelegten Umfang. Das GATS fordert bei der Anwendung der Inländerbehandlung keine formal identische Behandlung mit den eigenen Angehörigen[247]; maßgebend ist, daß keine ungünstigeren Wettbewerbsbedingungen bestehen[248].

Neben den Marktzugangsverpflichtungen und den Bedingungen für die Geltung der Inländerbehandlung können die Mitglieder noch weitere Verpflichtungen in ihre Listen aufnehmen[249].

bb) Spezifische Verpflichtungen der EG und ihrer Mitgliedstaaten

Die EG führt für sich und ihre Mitgliedstaaten eine gemeinsame Liste[250]. Sie hat darin horizontale und sektorspezifische Verpflichtungen übernommen. Die horizontalen Verpflichtungen beziehen sich auf alle Dienstleistungssektoren der Liste. Hier sind beispielsweise allgemeine Einschränkungen der Niederlassung juristischer und der Einreise natürlicher Personen aus anderen Mitgliedern der WTO aufgeführt. Die sektorspezifi-

---

241 S. Art. XX GATS. Ausführlicher dazu *Weiss*, CMLReview 1995, S. 1203ff.; *Hoekman/Kostecki*, S. 134ff.

242 Das Instrument der Positivliste zeichnet sich dadurch aus, daß erst über die Bindung der Liste eine Verpflichtung entsteht, während Negativlisten Ausnahmen einer bestehenden Verpflichtung enthalten; die Verwendung von Positiv- oder Negativlisten im GATS war lange Zeit umstritten, s. *Senti*, Die neue Welthandelsordnung für Dienstleistungen, S. 28f.; *Knapp*, The General Agreement on Trade in Services (GATS), S. 15.

243 S. Art. XVI:2 GATS. Beispiele für die einzelnen Maßnahmen finden sich bei *Knapp*, The General Agreement on Trade in Services (GATS), S. 16f.

244 Vgl. Art. XVI GATS.

245 Zum Verhältnis von Marktzugangsverpflichtungen und Inländerbehandlung s. *Weiss*, CMLReview 1995, S. 1206ff.; *Mattoo*, 31 JWT (1997) 1, S. 113ff.

246 S. Art. XX:1:b GATS.

247 Vgl. Art. XVII:2 GATS; s.a. *Knapp*, The General Agreement on Trade in Services (GATS), S. 17; *Weiss*, CMLReview 1995, S. 1211.

248 S. Art. XVII:3 GATS.

249 S. Art. XVIII GATS.

250 Abgedruckt in BGBl. 1994 II, S. 1521, deutsche Fassung, a.a.O., S. 1678. Inzwischen hat die Gemeinschaft eine neue Liste vorgelegt, in die sie auch die Verpflichtungen von Finnland, Österreich und Schweden aufgenommen hat, s. GATS/SC/31 v. 3.5.1996.

schen Verpflichtungen erfassen zahlreiche Sektoren, einschließlich einiger Telekommunikationsdienstleistungen[251]. Audiovisuelle Dienstleistungen finden sich demgegenüber nicht in der Liste, sie sind von dem Katalog der erfaßten Dienstleistungen in den Bereichen Erholung, Kultur und Sport ausdrücklich ausgenommen[252].

cc) Wirkung und Änderungen der spezifischen Verpflichtungen

Mit den Angaben in ihren Listen schreiben die Mitglieder einen bestimmten Status an Marktöffnung verbindlich fest, der sich in seiner Funktion mit den Zollsätzen im Warenverkehr vergleichen läßt. In Parallele zu dem Verfahren bei Änderungen der Listen der Zollzugeständnisse (Art. XXVIIIf. GATT 1994) läßt Art. XXI GATS Änderungen der Listen nur nach Verhandlungen zu. Wie im GATT 1994[253] sind die Mitglieder auch im GATS zunächst drei Jahre an ihre Verpflichtungen gebunden[254]. Nach deren Ablauf ist die Änderung oder Zurücknahme zulässig, wenn sie mit den betroffenen Mitgliedern abgestimmt wird[255]. Dabei können auch hier Ausgleichsmaßnahmen vereinbart werden, die das zuvor bestehende Maß an Verpflichtungen erhalten sollen[256].

Anders als bei den entsprechenden Regeln des GATT 1994 sieht das GATS im Konfliktfall ein Schiedsverfahren vor[257]. Erst wenn das ändernde Mitglied das Ergebnis des Schiedsverfahrens mißachtet, können die betroffenen Mitglieder eigene Verpflichtungen zurücknehmen; in Ausnahme vom Grundsatz der Meistbegünstigung erfolgt die Rücknahme dabei nur gegenüber dem ändernden Mitglied[258].

Die Übernahme spezifischer Verpflichtungen löst für das Mitglied auch Pflichten zum unmittelbaren Schutz von Dienstleistungserbringern aus anderen Mitgliedern aus. Die Verpflichtungen sind beispielsweise möglichst objektiv anzuwenden[259], Vertrauensschutz- und Verhältnismäßigkeitsgedanken sind zu beachten[260], und den Dienstleistungserbringern ist die rechtliche Überprüfung von Verwaltungsentscheidungen durch Gerichte oder administrative Instanzen zu ermöglichen[261]. Die EG hat für sich und ihre Mitgliedstaaten allerdings klargestellt, daß das GATS und die spezifischen Verpflich-

---

251 S. II. 2. C der Liste.
252 S. II. 10. der Liste. Allerdings ist für Nachrichten und Presseagenturen eine Einschränkung aufgeführt, die dem zu widersprechen scheint: Dort sind einige italienische Regelungen genannt, die die Konzentration und die Kontrolle durch ausländische Gesellschaften von Rundfunkunternehmen betreffen, s. II. 10. B. der Liste.
253 S. Art. XXVIII:1 GATT 1994.
254 S. Art. XXI:1:a GATS.
255 S. Art. XXI:1:b, 2-5 GATS.
256 S. Art. XXI:2 GATS.
257 S. Art. XXI:3-4 GATS.
258 S. Art. XXI:4:b GATS.
259 S. Art. VI:1 GATS.
260 S. Art. VI:3, 5 GATS.
261 S. Art. VI:2:a GATS.

tungen gegenüber natürlichen oder juristischen Personen keine unmittelbare Wirkung entfalten[262].

d) Fortschreitende Liberalisierung

Mit der Übernahme spezifischer Verpflichtungen schaffen die Mitglieder einen Status quo, der rechtliche Verbindlichkeit erzeugt. Die weitere Marktöffnung bleibt hingegen wie im GATT 1994 (s. oben D II 4) regelmäßig stattfindenden Verhandlungsrunden vorbehalten, in denen weitere spezifische Verpflichtungen ausgehandelt werden. Neben diesen in Art. XIX GATS allgemein vorgesehenen Handelsrunden haben die Mitglieder für einige Dienstleistungssektoren bereits konkrete Verhandlungsverpflichtungen übernommen[263]. Diese sind weitgehend außerhalb des GATS durch Beschlüsse der Minister geregelt. Der Beschluß zu Verhandlungen über Basistelekommunikation[264] hat beispielsweise zu einem vierten GATS-Protokoll geführt, in dem die Mitglieder umfangreiche spezifische Verpflichtungen übernommen haben[265]. Die Gemeinschaft hat in ihrer Liste wiederum klargestellt, daß sich ihre Verpflichtungen nicht auf den Rundfunk erstrecken[266].

e) Subventionen

Die Regelung von Subventionen ist im GATS noch nicht abgeschlossen. Als handelspolitische Maßnahmen der Mitglieder unterliegen sie zwar den allgemeinen Regeln des GATS, insbesondere also dem Grundsatz der Meistbegünstigung[267]; spezifische Verbote, wie sie im GATT 1994 bestehen, hat das GATS bisher aber noch nicht entwickelt[268]. Art. XV:1 GATS enthält lediglich die Anerkennung, daß Subventionen handelsverzerrend wirken können. Er schreibt den Mitgliedern daher vor, bei möglichen Beeinträchtigungen Konsultationen aufzunehmen[269]. Weiterhin ist vorgesehen, daß Verhandlungen zur Erarbeitung multilateraler Regelungen aufgenommen werden. Zu diesem Zweck müssen die Mitglieder einander alle Subventionen im Dienstleistungsbereich anzeigen.

---

262 S. Ziffer 3 der Einleitung zu der Liste ihrer spezifischen Verpflichtungen.
263 S. dazu *Weiss*, CMLReview 1995, S. 1219ff.
264 Deutsche Fassung abgedruckt in ABl. L 336/268 v. 23.12.1994. Das GATS unterscheidet in der Telekommunikation zwischen Basistelekommunikation (vor allem Sprachdienste, Netze, Datenübermittlung) und Mehrwertdiensten, s. *Weiss*, CMLReview 1995, S. 1222; kritisch *Bronckers/Larouche*, 31 JWT (1997) 3, S. 17ff.
265 S. ABl. C 267/80 v. 3.9.1997; dazu *Bronckers/Larouche*, 31 JWT (1997) 3, S. 5ff.
266 S. ABl. C 267/80 v. 3.9.1997, S. 83f.
267 S. *Knapp*, The General Agreement on Trade in Services (GATS), S. 8.
268 Zu ersten Überlegungen s. *WTO Sekretariat*, Subsidies and Trade in Services.
269 S. Art. XV:2 GATS.

f) Wettbewerbsregelungen

Die WTO verfügt bisher nicht über ein Abkommen, das den internationalen Wettbewerb regelt[270]. Einigen Vorschriften der multilateralen Handelsverträge sind allerdings wettbewerbsrechtliche Ansätze zu entnehmen. Im Warenverkehr gilt dies besonders für das Antidumpingrecht; im Dienstleistungsverkehr läßt das GATS in Art. VIII, IX eine wettbewerbsrechtliche Orientierung erkennen. Art. VIII GATS trägt den Mitgliedern auf, Unternehmen, die eine Monopolstellung oder ausschließliche Rechte genießen, an das GATS zu binden. Wettbewerbsbehinderungen durch sonstige Unternehmen erfaßt Art. IX GATS. Darin erkennen die Mitglieder zunächst einmal an, daß eine Wettbewerbsbehinderung durch Unternehmen den Dienstleistungshandel beschränken kann[271]. Da Regelungen über das Vorliegen einer unzulässigen Wettbewerbsbehinderung einstweilen fehlen, werden die Mitglieder indessen nur verpflichtet, auf Antrag eines Mitglieds Konsultationen aufzunehmen und Information über den betreffenden Fall zur Verfügung zu stellen[272].

Das Fehlen eines Kriteriums, um zulässigen Wettbewerb von unzulässigem abzugrenzen, hat zur Folge, daß die Mitglieder hierüber selber bestimmen werden. Für die Rechtssicherheit und die Durchsetzung des GATS ist das ein Nachteil. Mitglieder, die gegen fremde Dienstleistungserbringer ihr Wettbewerbsrecht einsetzen, werden sich hierzu prinzipiell auf Art. IX GATS berufen. Die Rechtmäßigkeit der Maßnahmen des Mitglieds läßt sich nach dieser Vorschrift aber kaum prüfen. Ob diese als Rechtfertigung für einen Verstoß gegen die Meistbegünstigung dienen kann, ist zudem fraglich. Diese Unsicherheiten können Mitglieder ausnutzen, um ihr Wettbewerbsrecht in protektionistischer Absicht einzusetzen.

2. Ausnahmen

a) Wirtschaftliche Integration

Das GATS zeigt sich in mehreren Vorschriften aufgeschlossen gegenüber weitergehender Liberalisierung durch einzelne Mitglieder. Die wichtigste Regelung enthält Art. V GATS. Er gestattet den Mitgliedern, ihre Dienstleistungsmärkte wirtschaftlich zu integrieren. Wie bei der entsprechenden Regelung in Art. XXIV GATT 1994 ist allgemeine Voraussetzung, daß die Liberalisierung nach innen nicht zu einer Abschottung nach

---

270 Zu dem aktuellen Entwurf eines internationalen Wettbewerbsrechts, der während der Uruguay Runde vorgelegt wurde, s. *Fikentscher/Immenga*, Draft International Antitrust Code.
271 S. Art. IX:1 GATS.
272 S. Art. IX:2 GATS.

außen führt[273]. Die innere Liberalisierungsschwelle, die eine Ausnahme von der Meist-begünstigung rechtfertigt, ist für Dienstleistungen indessen anders bestimmt als beim Warenverkehr. Nach Art. V:1:a GATS[274] kommt es zunächst darauf an, daß ein be-trächtlicher sektoraler Geltungsbereich erfaßt wird. In diesen Sektoren muß dann die In-länderbehandlung gelten oder in einem angemessenen Zeitraum durchgesetzt werden[275]. Das Notifizierungsverfahren zur Überprüfung dieser allgemeinen Voraussetzungen re-gelt Art. V:7 GATS[276].

Daneben enthält Art. V:6 GATS auch eine spezifische Auflage für regionale Integra-tionsräume. Er schützt Dienstleistungserbringer dritter WTO-Mitglieder besonders, die in einer integrierten Region eine juristische Person gegründet haben und dort in erhebli-chem Umfang Geschäfte tätigen; ihnen ist auch Inländerbehandlung zu gewähren. Durch diese Verpflichtung wird für einen Teilbereich des Dienstleistungshandels in justitiabler Weise sichergestellt, daß Dienstleistungen aus Drittstaaten durch eine Integration nicht benachteiligt werden[277]. Der EGV trägt diesem Erfordernis bereits durch Art. 58 EGV Rechnung.

Weitere Ausnahmen zugunsten einer weitergehenden Liberalisierung enthalten Art. Vbis und Art. II:3 GATS. Art. Vbis GATS gestattet den Mitgliedern die Integration ih-rer Arbeitsmärkte. Art. II:3 GATS läßt hingegen die Erleichterung des Dienstleistungs-handels im unmittelbaren Grenzgebiet zu.

b) Ausnahmen zugunsten von Entwicklungsländern

Das GATS durchzieht in zahlreichen Regelungen der Grundsatz der Berücksichti-gung der Entwicklungsbedürfnisse von Entwicklungsländern, den auch die anderen Übereinkommen der WTO enthalten. Besonderen Ausdruck findet er in Art. IV GATS, der die Beteiligung der Entwicklungsländer am Dienstleistungshandel gezielt zu fördern sucht, beispielsweise durch erleichterten Zugang zu Informationen. Aus den angegebe-nen Gründen (s. oben D III 2) soll auch hier darauf verzichtet werden, die Ausnahmen und Unterausnahmen im einzelnen darzustellen. Es muß bei dem Hinweis bleiben, daß das GATS Abweichungen zugunsten der Entwicklungsländer in einer Vielzahl von Re-gelungen zuläßt.

---

273 Vgl. Art. V:4 GATS; s. dazu auch *Abbott*, Law and Policy of Regional Integration, S. 49ff.
274 S.a. die Fußnote zu Art. V:1:a GATS.
275 S. Art.V:1:b GATS.
276 S. dazu *Abbott*, Law and Policy of Regional Integration, S. 53f.
277 S. dazu *Abbott*, Law and Policy of Regional Integration, S. 52f.

c) Art. XIV

Art. XIV GATS enthält ähnliche allgemeine Ausnahmen, wie sie Art. XX GATT 1994 für den Warenverkehr vorsieht (s. dazu oben D III 3). Zu nennen sind für den Handel mit audiovisuellen Dienstleistungen die zusätzliche Ausnahme zum Schutze der öffentlichen Moral sowie die zugunsten von Gesetzen, die die Persönlichkeit und die Vertraulichkeit schützen[278].

d) Art. II:2 und die Anlage zu Art. II GATS

aa) Inhalt

Art. II:2 GATS enthält eine eingeschränkte Großvaterklausel. Sie gestattet den Mitgliedern, Maßnahmen, die gegen die Meistbegünstigung verstoßen, unter der Voraussetzung beizubehalten, daß sie in einer Anlage zu Art. II GATS aufgeführt werden. Diese Ausnahme gilt nur für Maßnahmen, die bei Inkrafttreten des GATS angemeldet sind; spätere Anträge werden als waiver behandelt[279]. Die Einschränkung der Großvaterklausel besteht darin, daß die angemeldeten Maßnahmen nicht auf Dauer von der Meistbegünstigung ausgenommen werden. Spätestens nach fünf Jahren unterliegen sie einer Kontrolle durch den Rat für Dienstleistungen; dieser prüft insbesondere, ob die Ausnahme noch notwendig ist[280]. Weiterhin muß das Mitglied einen Zeitpunkt vorsehen, zu dem die Ausnahme endet[281]. Die Maßnahme soll grundsätzlich nicht länger als 10 Jahre gelten[282]. Die angemeldeten Maßnahmen bleiben auch nicht von den späteren Verhandlungsrunden ausgenommen[283].

bb) Ausnahmen der EG und ihrer Mitgliedstaaten

Die EG hat für sich und die Mitgliedstaaten in einer gemeinsamen Liste mehrere Ausnahmen vom Grundsatz der Meistbegünstigung angemeldet, an erster Stelle Ausnahmen im Bereich audiovisueller Dienstleistungen[284]. Zunächst hat sich die EG vorbehalten, zum Schutz vor unlauteren Preispraktiken Ausgleichszölle auf audiovisuelle

---

278 S. Art. XIV:c:ii GATS.
279 S. Ziffer (2) der Anlage zu Art. II.
280 S. Ziffer (4:a) der Anlage zu Art. II.
281 S. Ziffer (5) der Anlage zu Art. II.
282 S. Ziffer (6) Satz 1 der Anlage zu Art. II.
283 S. Ziffer (6) Satz 2 der Anlage zu Art. II.
284 S. die endgültige Liste der Ausnahmen zu Art. II, abgedruckt in BGBl. 1994 II, S. 1560; deutsche Fassung, a.a.O., S. 1723.

Werke zu erheben. Sie hat auch die Vergeltung unlauterer Handlungen anderer Mitglieder gegen die audiovisuelle Industrie der EG von der Meistbegünstigung ausgenommen.

Eine Reihe einzelner Ausnahmen widmet sich dem Schutz europäischer Werke. Die EG kann danach kinematographische Werke und Fernsehsendungen aus europäischen Ländern, mit denen entsprechende Übereinkommen bestehen (insbesondere den Vertragsparteien des Europarats), Inländerbehandlung gewähren und an Fördermaßnahmen beteiligen. Auch Koproduktionsübereinkommen mit einzelnen Ländern, denen daraufhin Inländerbehandlung gewährt wird, bleiben von der Meistbegünstigung ausgenommen.

Schließlich sind noch Ausnahmen einzelner Mitgliedstaaten aufgeführt, so eine spanische Regelung, die besonders für Kinder empfohlene synchronisierte Filme aus den Mitgliedstaaten des Europarats von einem Lizenzerfordernis befreit. Auch eine italienische Bestimmung, die ausländische Beteiligungen von mehr als 49% des Kapitals und der Stimmrechte von einem Gegenseitigkeitserfordernis abhängig macht, wird nicht der Meistbegünstigung unterstellt. Schließlich enthält die Liste eine Ausnahme für Dänemark, die die gemeinsame Förderung nordischer Filme mit Finnland, Norwegen, Schweden und Island betrifft.

Grundsätzlich hat die EG alle Ausnahmen für unbegrenzte Zeit angemeldet. Die Ausnahmen zum Schutz europäischer Werke sollen gelten, solange mit den betreffenden Ländern kein Abkommen über eine Wirtschaftsintegration geschlossen oder vervollständigt ist. Dann unterfallen diese Maßnahmen nämlich Art. V GATS (s. dazu oben 2 a), und die Ausnahme nach Art. II:2 GATS erübrigt sich. Lediglich bei der Ausnahme zum Schutz vor unlauteren Handlungen zeigt sich die EG in ihrer Liste bereit, den Vorbehalt aufzugeben, wenn entsprechende Ausnahmen anderer Mitglieder entfallen.

cc) Bewertung

Mit ihrer ersten Ausnahme zum Schutz vor unlauteren Preispraktiken hält sich die EG die Möglichkeit offen, Antidumpingmaßnahmen im gesamten Bereich audiovisueller Produkte zu ergreifen. Wenngleich das GATS bisher keine Antidumpingregelung kennt, so ist der Schutz vor wettbewerbsverzerrendem Dumping im GATT-Recht dennoch anerkannt. Art. IX GATS bestätigt, daß die Abwehr unlauterer Preispraktiken auch ein Anliegen des GATS ist. Aus diesem Grunde bestehen keine grundsätzlichen Bedenken dagegen, einer GATS-Regelung auf diesem Wege vorzugreifen.

Die zweite Ausnahme zur Vergeltung unlauterer Handlungen anderer Mitglieder erklärt sich aus der angespannten Atmosphäre bei Verhandlungsschluß. Nach der gescheiterten Einigung über die Liberalisierung des audiovisuellen Bereichs nahm man an, andere Staaten würden der Politik der Gemeinschaft mit Ausnahmevorbehalten entgegentreten. Die zweite Ausnahme sollte eine Reaktion auf solche Maßnahmen ermöglichen.

Diese Ausnahme wird mit einer Liberalisierung schnell an Bedeutung verlieren; sie birgt allerdings bis dahin das Risiko, daß Vergeltung und Gegenvergeltung sich rasch zu einem ungewollten Marktabschluß aufschaukeln. Indem die Gemeinschaft sich in ihren ersten beiden Ausnahmen Vergeltungsmaßnahmen einseitig vorbehält, entzieht sie den audiovisuellen Sektor zudem der Streitbeilegung in den vorgesehenen Verfahren der WTO.

In den Ausnahmen zum Schutz europäischer Werke und zur Ermöglichung von Koproduktionsabkommen hat die EG für sich eine umfangreiche kulturelle Ausnahme festgelegt. Ihre Entschlossenheit, dem Vorbehalt allgemeine Geltung zu verleihen, geht vor allem daraus hervor, daß die EG eine unbegrenzte Dauer vorsieht. Ob die dauerhaft angelegten Ausnahmen der EG noch dem Gedanken der eingeschränkten Großvaterklausel gerecht werden, ist fraglich. Die Anlage zu den Ausnahmen von Art. II fordert in Ziffer 5 unmißverständlich einen Zeitpunkt, zu dem die Ausnahme endet. Überdies sieht Art. II GATS eindeutig vor, daß sich die Ausnahme auf Maßnahmen bezieht und nicht allgemeine Vorbehalte enthält. Dies wird in Ziffer 5 der Anlage zu den Ausnahmen von Art. 2 dadurch unterstrichen, daß dort von „a particular measure" die Rede ist. Darunter sind Maßnahmen zu verstehen, die zum Zeitpunkt des Beitritts in Kraft sind[285]. Allgemeine Vorbehalte zum Schutze zukünftiger Regelungen entsprechen demgegenüber nicht mehr dem Sinn der Großvaterklausel. Es steht also zu erwarten, daß sich die Diskussionen um die Politik der EG spätestens im Jahre 2000 fortsetzen, wenn der Rat für den Handel mit Dienstleistungen die Ausnahmen zum ersten Mal überprüft.

Ähnliche Bedenken lassen sich gegen die Vorbehalte der Mitgliedstaaten anführen. Die für Italien vorgesehene Ausnahme ist in ihrer unbegrenzten Geltungsdauer zudem nicht einmal durch kulturpolitische Vorbehalte zu stützen. Die Ausnahme wird damit begründet, daß sie notwendig sei, um italienischen Dienstleistungserbringern Marktzugang zu verschaffen. Sie verfolgt damit eine Marktöffnungsstrategie, die dem Wesen des GATS fremd ist; durch die Geltung der unbedingten Meistbegünstigung soll die reziproke Liberalisierung durch einzelne Staaten gerade vermieden werden[286]. Eine dauerhafte Ausnahme dieser Art läßt sich mit dem GATS also schwer vereinbaren.

3. Technische Handelshemmnisse

Dienstleistungsmärkte zeichnen sich regelmäßig durch einen hohen Grad an Regulierung aus[287]. Für den freien Dienstleistungsverkehr ist daher neben dem Abbau von Dis-

---

285 S. *Sauvé*, 29 JWT (1995) 4, S. 134; *Knapp*, The General Agreement on Trade in Services (GATS), S. 10, läßt die Ausnahmen demgegenüber auch für künftige Maßnahmen gelten, diese müßten aber hinreichend bestimmt sein.

286 S. *Knapp*, The General Agreement on Trade in Services (GATS), S. 10f.; *Weiss*, CMLReview 1995, S. 1197; s.a. *Senti*, GATT, S. 106.

kriminierungen vor allem der Abbau von Hemmnissen bedeutsam, die durch unterschiedliche rechtliche Anforderungen entstehen. Das GATS hat die Frage der Anerkennung und Harmonisierung von Zulassungsanforderungen in Art. VI und VII aufgegriffen.

In Art. VI:4 GATS sieht es zum einen vor, daß der Rat für Dienstleistungen Disziplinen erarbeitet, die sicherstellen, daß solche Anforderungen auf objektiven und transparenten Kriterien beruhen, nicht belastender sind als nötig und im Fall von Zulassungsverfahren nicht die Erbringung der Dienstleistung an sich beschränken[288]. Solange solche Disziplinen fehlen, sind die Mitglieder verpflichtet, in den Sektoren, in denen sie spezifische Verpflichtungen übernehmen, die Voraussetzungen selber zu beachten[289]. Zur Beurteilung, ob die Mitglieder ihrer Pflicht nachkommen, sind die von dem Mitglied angewendeten Normen internationaler Organisationen heranzuziehen[290].

Zum anderen enthält das GATS in Art. VII Bestimmungen über die Anerkennung von Anforderungen, Ausbildung und Berufserfahrung. Die Diktion der Vorschrift legt den Schluß nahe, daß es sich bei den Bestimmungen um Ausnahmen vom Grundsatz der Meistbegünstigung handelt; in der Anerkennung der Anforderungen bestimmter WTO-Mitglieder liegt ja auch eine formale Diskriminierung der übrigen Mitglieder. Die Vorschrift soll dennoch hier behandelt werden, da sie dem Problemkreis technischer Handelshemmnisse zuzurechnen ist.

Art. VII:1 GATS gestattet den Mitgliedern, die erwähnten Anforderungen, die in einem anderen Land erworben wurden, anzuerkennen. Die Anerkennung oder Harmonisierung kann einseitig erfolgen oder auf einer Absprache oder Vereinbarung beruhen. Dritten Mitgliedern ist nach Art. VII:2 GATS hinreichend Gelegenheit zu geben, sich an der Harmonisierung zu beteiligen. Die Anerkennung soll allgemein möglichst auf multilateralen Kriterien beruhen, die in geeigneten Fällen mit anderen internationalen Organisationen erarbeitet werden sollen[291]. Neben dem in Art. VII:3 GATS enthaltenen Verbot verdeckter Diskriminierung bei der jeweiligen Anerkennung sieht Art. VII:4 GATS umfangreiche Notifizierungspflichten der Mitglieder über die Anerkennungen vor.

Insgesamt tut sich das GATS ähnlich schwer wie das Übereinkommen über technische Handelshemmnisse, eindeutige Regelungen zu entwickeln. Vor dem Hintergrund, daß es ebenfalls kein Mandat für eine Harmonisierung besitzt, ist diese Zurückhaltung verständlich. Angesichts der großen Bedeutung, die technischen Handelshemmnissen im Dienstleistungsverkehr zukommt, ist andererseits anzunehmen, daß die Liberalisierung

---

287 S. *Barth*, EuZW 1994, S. 456f.
288 S.a. den Beschluß der Minister über freiberufliche Dienstleistungen, abgedruckt in ABl. L 336/269 v. 23.12.1994.
289 Art. VI:5:a GATS.
290 Art. VI:5:b GATS.
291 S. Art. VII:5 GATS.

frühzeitig an Grenzen stoßen wird, wenn die Verpflichtungen in der Praxis nicht effektiv durchzusetzen sind.

II. Struktur der Sektorregelungen

Einige besonders schwierig zu regelnde Dienstleistungssektoren sind speziell in Anlagen geregelt, die integraler Bestandteil des GATS sind[292]. Hierzu zählen bisher Luftverkehrsdienstleistungen, Finanzdienstleistungen und die Telekommunikation. Für das Thema dieser Arbeit kommt es nicht so sehr auf den Inhalt der bestehenden Sektorregelungen an[293]; zu zitieren ist lediglich Ziffer 2:a, b der Anlage zur Telekommunikation, die den Geltungsbereich wie folgt umschreibt:

„(a) This Annex shall apply to all measures of a Member that affect access to and use of public telecommunications transport networks and services.

(b) This Annex shall not apply to measures affecting the cable or broadcast distribution of radio or television programming."[294]

Für die Zukunft wird ein rechtliches Problem sicherlich darin liegen, die Reichweite der Ausnahme in Ziffer 2:b der Anlage zur Telekommunikation zu bestimmen. Erfaßt sie beispielsweise auch Abrufdienste, Multimediadienste oder Teleshopping? Damit wird der Rundfunkbegriff auch für das GATS zu klären sein[295]. Aus den bereits genannten Gründen (s. oben erstes Kapitel A II) kann es aber nicht Aufgabe dieser Arbeit sein, den Rundfunkbegriff zu untersuchen. Sie muß sich damit begnügen, auf das Problem hinzuweisen. Dessen Lösung bleibt einer zukünftigen Regelung für audiovisuelle Dienstleistungen vorbehalten.

---

292 S. Art. XXIX GATS.
293 S. dazu *Knapp*, The General Agreement on Trade in Services (GATS), S. 22ff.
294 Deutsche Übersetzung im ABl. L 336/209 v. 23.12.1994:„a) Diese Anlage gilt für alle Maßnahmen eines Mitglieds, die den Zugang zu öffentlichen Telekommunikationsnetzen und -diensten und deren Nutzung betreffen.
    b) Diese Anlage gilt nicht für Maßnahmen, welche die kabelgebundene oder drahtlose Übertragung von Hörfunk- und Fernsehprogrammen betreffen."
295 Die Gemeinschaft definiert Rundfunk in ihrer Liste für Basistelekommunikation als „uninterrupted chain of transmission required for the distribution of tv and radio programme signals to the general public", s. ABl. C 267/80 v. 3.9.1997, S. 86, Fn. 1.

Für den Fortgang der Untersuchung spielt indessen die Struktur der Sektorregelungen eine Rolle. Aus ihr lassen sich mögliche Schlüsse für die Gestalt einer Anlage über audiovisuelle Dienstleistungen ziehen.

Die Sektorabkommen treffen zunächst Regelungen über ihren Anwendungsbereich[296]. Weiterhin enthalten sie Definitionen der in der Anlage verwendeten Begriffe[297]. Die Regelungsinhalte der Abkommen sind naturgemäß sehr unterschiedlich. Luftverkehrsdienstleistungen werden beispielsweise von den Bestimmungen des GATS weitgehend ausgenommen[298]. Zum Teil werden auch Begriffe des GATS präzisiert, so zum Beispiel in der Anlage zu Finanzdienstleistungen der Begriff der in Ausübung hoheitlicher Gewalt erbrachten Dienstleistungen[299]. Spezifische Verpflichtungen enthält demgegenüber die Anlage zur Telekommunikation. Dort ist vor allem der gleichberechtigte Zugang zu den öffentlichen Telekommunikationsnetzen und -diensten sowie deren Nutzung ausführlich geregelt[300]. Zusätzliche Verpflichtungen für den offenen Netzzugang haben zahlreiche Mitglieder im vierten Protokoll für die Basistelekommunikation übernommen[301]. Sondervorschriften finden sich schließlich auch zur Streitbeilegung[302]. Zusammengenommen ergibt sich aus dieser Übersicht, daß dem Inhalt des jeweiligen Sektorabkommens keine nennenswerten Grenzen gezogen werden; es sind sowohl weitergehende Verpflichtungen als auch umfangreiche Ausnahmen vom GATS und den anderen Abkommen der WTO zulässig.

III. Regelung des audiovisuellen Sektors

1. Stand der Dinge

Die Verhandlungen zum audiovisuellen Bereich sind bekanntlich an den unüberbrückbaren Differenzen zwischen den Vereinigten Staaten und der EG über mögliche

---

296 Ziffer 1 und 3 der Anlage zu Luftverkehrsdienstleistungen; Ziffer 1:a der Anlage zu Finanzdienstleistungen; Ziffer 2 der Anlage zur Telekommunikation. Die Anlage zur Telekommunikation enthält in Ziffer 1 zudem noch eine Bestimmung über die Zielsetzung der Sektorregelung.
297 Ziffer 6 der Anlage zu Luftverkehrsdienstleistungen; Ziffer 5 der Anlage zu Finanzdienstleistungen; Ziffer 3 der Anlage zur Telekommunikation.
298 S. Ziffer 2 der Anlage zu Luftverkehrsdienstleistungen; s.a. die jeweiligen Ziffern 1 der Anlagen zu Verhandlungen über Seeverkehrsdienstleistungen, über Basistelekommunikation sowie der Zweiten Anlage zu Finanzdienstleistungen.
299 S. Ziffer 1:b - d der Anlage zu Finanzdienstleistungen.
300 S. Ziffer 5 der Anlage zur Telekommunikation.
301 S. ABl. C 267/80 v. 3.9.1997, S. 87f.
302 S. Ziffer 4 der Anlage zu Luftverkehrsdienstleistungen; Ziffer 4 der Anlage zu Finanzdienstleistungen.

kulturelle Ausnahmen gescheitert[303]. Die Verhandlungsposition der EG wurde durch sechs Mindestforderungen gekennzeichnet:

1. eine Ausnahme von der Meistbegünstigungsklausel für Programme zur Untertützung der audiovisuellen Industrie,
2. Beibehaltung und Ausbau staatlicher Subventionierung,
3. Regelungsvorbehalte für bestehende und zukünftige Technologien,
4. einen Vorbehalt, weiterhin sämtliche Maßnahmen zur Förderung der audiovisuellen Industrie zu ergreifen,
5. keine Verpflichtungen zu weitergehender Liberalisierung und
6. die Forderung, bestehende Regelungen der Gemeinschaft zu schützen[304].

Diesen Vorgaben sollte ein Art. XIVter im GATS Rechnung tragen, der Ausnahmen im audiovisuellen Bereich zuließ, die der Erhaltung und Förderung nationaler und regionaler Kultur dienen[305]. Um ein Scheitern der Uruguay Runde angesichts der Differenzen zu vermeiden, einigte man sich unmittelbar vor Abschluß der Runde darauf, den audiovisuellen Bereich nicht näher zu regeln[306]. Auch ein Beschluß zu weiteren Verhandlungen findet sich nicht in dem Vertragswerk.

Die fehlende Ausnahme für audiovisuelle Dienstleistungen unterscheidet das GATS deutlich von Regelungen, die für den Freihandel auf dem nordamerikanischen Kontinent gelten. Art. 2005 US-Canada Free Trade Agreement[307] schließt kulturelle Industrien von dem Abkommen weitgehend aus. Er gestattet den Parteien allerdings auch, ohne weiteres Ausgleichsmaßnahmen zu ergreifen, wenn Instrumente im kulturellen Bereich ohne

---

303 S. beispielsweise *Ming Shao*, Yale JIL 20 (1995), S. 113f.; *Endelman*, Boston College International & Comparative Law Review 18 (1995), S. 450ff.; *Kessler*, Law & Policy in International Business 26 (1995), S. 570ff.; *Garrett*, North Carolina JIL and Commercial Regulation 19 (1994), S. 560ff.; *Kilian*, Der Rundfunkbegriff im Wandel der Medien, S. 99ff.; ausführlich *Waregne*, CRISP/CH Nr. 1449-1450, S. 34ff.; *Dehousse/Havelange*, L'Europe et les enjeux du GATT dans le domaine de l'audiovisuel, S. 122ff.

304 S. ausführlich *Waregne*, CRISP/CH Nr. 1449-1450, S. 39ff.; s.a. *Da Silva*, L'Europe et les enjeux du GATT dans le domaine de l'audiovisuel, S. 131ff.; *Dehousse/Havelange*, L'Europe et les enjeux du GATT dans le domaine de l'audiovisuel, S. 123f.; *Garrett*, North Carolina JIL and Commercial Regulation 19 (1994), S. 562, Fn. 69; *Di Rupo*, L'Europe et les enjeux du GATT dans le domaine de l'audiovisuel, S. 22f.; *Kessler*, Law & Policy in International Business 26 (1995), S. 576ff. zu den einzelnen Verhandlungspositionen.

305 S. *Dehousse/Havelange*, L'Europe et les enjeux du GATT dans le domaine de l'audiovisuel, S. 118f.

306 S. *Garrett*, North Carolina JIL and Commercial Regulation 19 (1994), S. 553f.

307 Abgedruckt in ILM 27 (1988), S. 281.

die Ausnahme gegen das Abkommen verstoßen würden[308]. Die Bestimmung wurde später in das NAFTA übernommen[309]. Während der Uruguay Runde spielte sie eine Rolle als Vorbild für eine Regelung, die den kulturellen Besonderheiten des audiovisuellen Bereichs Rechnung trägt[310].

Da eine vergleichbare Ausnahme im GATS fehlt, erfaßt dieses nach zutreffender Ansicht auch den audiovisuellen Bereich[311]; die oben wiedergegebene Ausnahme in der Anlage zur Telekommunikation bestätigt dies, da sie namentlich den Rundfunk nur von der Anlage zur Telekommunikation, nicht aber vom GATS ausschließt. Auch in Art. I:3:b GATS ist ausdrücklich festgehalten, daß das GATS jeden Dienstleistungssektor erfaßt. Die Mitglieder der WTO haben die Einbeziehung des audiovisuellen Bereichs zudem dadurch unterstrichen, daß sie für ihn zum Teil spezifische Verpflichtungen übernommen[312] oder Ausnahmen nach Art. II:2 GATS angemeldet haben. Der audiovisuelle Bereich hat folglich denselben Regelungsstand wie alle anderen Dienstleistungsbereiche, die nicht von einer Sektorregelung erfaßt werden. Damit erstrecken sich nicht nur die allgemeinen materiellen Regelungen des GATS auf den audiovisuellen Bereich, sondern auch die Verfahren zur Streitbeilegung sind auf ihn grundsätzlich anzuwenden. Einseitige Vergeltungsmaßnahmen unter Umgehung des Dispute Settlement Under-

---

308 S. dazu *Kessler*, Law & Policy in International Business 26 (1995), S. 592ff.; *Hahn*, ZaöRV 56 (1996), S. 325f.; *Van Harpen*, Minnesota Journal of Global Trade 4 (1995), S. 170ff.; *Strong*, Duke Journal of Comparative & International Law 4 (1993), S. 106ff.

309 Art. 2106 und Annex 2106 NAFTA, abgedruckt in ILM 32 (1993), S. 605, 701f.

310 S. *Kessler*, Law & Policy in International Business 26 (1995), S. 593; *Van Harpen*, Minnesota Journal of Global Trade 4 (1995), S. 174.

311 S. etwa *Wagner*, diffusion EBU - winter 1993/94, S. 64; *Dehousse/Havelange*, L'Europe et les enjeux du GATT dans le domaine de l'audiovisuel, S. 116f.; *Eeckhout*, Mediaforum 6 (1994), S. 28; *Footer*, The International Lawyer 29 (1995), S. 480; *Kakabadse*, S. 5; *Mestmäcker*, Kommunikation ohne Monopole II, S. 73; *Senti*, GATT-WTO, S. 109; *Kessler*, Law & Policy in International Business 26 (1995), S. 579; *Hahn*, ZaöRV 56 (1996), S. 342; *Sander*, Der Rundfunkbegriff im Wandel der Medien, S. 183; auch die Kommission der Gemeinschaft vertritt diese Auffassung, s. die Antwort von *Sir Leon Brittan* auf die schriftliche Anfrage E-257,94, ABl. C 362/19 v. 19.12.1994; s.a. die Stellungnahme des *Wirtschafts- und Sozialausschusses* zum Thema „Auswirkungen der Vereinbarungen der Uruguay-Runde", ABl. C 393/200 v. 31.12.1994 auf S. 206; gleiches gilt für den Rat, s. *Slg.* 1994, I-5267, 5291 (Gutachten 1/94); *Kruse*, RuF 1994, S. 192, meint demgegenüber, der audiovisuelle Bereich werde nur formal vom GATS erfaßt, es würden folgende Ausnahmen gelten:
1. Der Grundsatz der Meistbegünstigung gelte nicht,
2. es gebe keine Verpflichtungen bezüglich Marktzugang und Inländerbehandlung, aber auch keine Ausnahmeklausel für kulturelle Besonderheiten,
3. es bestünden keine Verpflichtungen, die die Förderungstätigkeiten betreffen.
Das ist in dieser Allgemeinheit nicht richtig. Auch *Endelman*, Boston College International & Comparative Law Review 18 (1995), S. 444f., spricht ohne nähere Begründung davon, daß der audiovisuelle Bereich vom GATT ausgeklammert bleibe; ähnlich *Garrett*, North Carolina JIL and Commercial Regulation 19 (1994), S. 576; *Grant*, Indiana Law Journal 70 (1995), S. 1333, 1335, 1355, 1363; *Van Harpen*, Minnesota Journal of Global Trade 4 (1995), S. 178; *Ingberg*, L'actualité du droit de l'audiovisuel européen, S. 25.

312 S. *Kakabadse*, S. 5.

standing (s. dazu oben B III) sind daher beispielsweise auch im Bereich audiovisueller Dienstleistungen grundsätzlich ausgeschlossen[313].

Die Einbeziehung audiovisueller Dienstleistungen in den allgemeinen Teil des GATS hat zu einer Liberalisierung allerdings nur wenig beigetragen. Spezifische Verpflichtungen haben in diesem Bereich bisher nur folgende Mitglieder der WTO übernommen: Hong Kong, Indien, Israel, Japan, Kenia, die Republik Korea, Malaysia, Mexiko, Nicaragua, Singapur, Thailand und die Vereinigten Staaten[314]. Demgegenüber haben abgesehen von der EG und ihren Mitgliedstaaten folgende Mitglieder Ausnahmen von dem Grundsatz der Meistbegünstigung angemeldet: Australien, Brunei, Bolivien, Brasilien, Kanada, Chile, Kuba, Zypern, Tschechien, Ägypten, Ungarn, Island, Indien, Israel, Neuseeland, Norwegen, Polen, Singapur, die Slowakei, die Schweiz, Liechtenstein, Tunesien und Venezuela[315].

Das Verhältnis von spezifischen Verpflichtungen zu angemeldeten Ausnahmen von der Meistbegünstigung sagt über den erreichten Grad an Liberalisierung nur begrenzt etwas aus: So hat sich Indien beispielsweise nur dazu verpflichtet, jährlich 100 Filmen Marktzugang zu gewähren; zahlreiche Ausnahmen von der Meistbegünstigung gelten demgegenüber Koproduktionsvereinbarungen, die den Marktzugang und damit den Handel (in diskriminierender Weise) erleichtern.

Die International Trade Commission der Vereinigten Staaten schätzt, daß die audiovisuelle Industrie des Landes mit Zuwächsen von maximal einem Prozent rechnen kann; dem stehen für den Bereich von Telekommunikations-Mehrwertdiensten erwartete Zuwächse von 5 bis 15% gegenüber; insgesamt werden für die Dienstleistungsindustrie der Vereinigten Staaten Zuwächse von 1 bis 5% erwartet[316].

---

313 S. *Wagner*, diffusion EBU - winter 1993/94, S. 67; *Dehousse/Havelange*, L'Europe et les enjeux du GATT dans le domaine de l'audiovisuel, S. 114; a.A. *Kessler*, Law & Policy in International Business 26 (1995), S. 582ff., 602f.; *Grant*, Indiana Law Journal 70 (1995), S. 1363f.; *Van Harpen*, Minnesota Journal of Global Trade 4 (1995), S. 167, alle m.w.N. zu entsprechenden Äußerungen der US-amerikanischen Regierung. Dort wird zur Begründung angeführt: „covered agreements" in Art. 23 Dispute Settlement Understanding erfasse nicht den audiovisuellen Bereich, da hier keine Einigung erzielt und folglich keine weiteren Verpflichtungen übernommen wurden (Kessler, a.a.O., S. 582, 603). Da der audiovisuelle Bereich aber vom GATS erfaßt ist und das GATS zweifellos zu den „covered agreements" zählt, ist diese Begründung nicht nachvollziehbar. Section 301 läßt sich folglich nur im Rahmen eines Streitbeilegungsverfahren in der WTO anwenden. Voraussetzungen und Beispiele für den bisherigen Einsatz von Section 301 schildert *Lupinacci*, Vanderbilt Journal of Transnational Law 24 (1991), S. 142ff.

314 Die jeweiligen Listen sind zu finden in: Uruguay Round of Multilateral Trade Negotiations. Legal Instruments Embodying the Results of the Uruguay Round of Multilateral Trade Negotiations Done at Marrakesh on 15 April 1994.

315 Die jeweiligen Listen sind zu finden in: Uruguay Round of Multilateral Trade Negotiations. Legal Instruments Embodying the Results of the Uruguay Round of Multilateral Trade Negotiations Done at Marrakesh on 15 April 1994.

316 Nachweise bei *Sauvé*, 29 JWT (1995) 4, S. 142, Fn. 27.

Die vergleichsweise geringe unmittelbare Wirkung des GATS erklärt sich vornehmlich dadurch, daß in der Uruguay Runde zunächst eine Basis für zukünftige Liberalisierungs-Verhandlungen geschaffen werden sollte; auf diese Weise wurde der Status quo für weitere Verhandlungen rechtlich verfestigt[317]. Das besonders schlechte Abschneiden des audiovisuellen Bereichs läßt aber vermuten, daß die allgemeinen Regelungen des GATS nicht ausreichen, um die Bereitschaft der WTO-Mitglieder zur Marktöffnung hier zu erhöhen. Diesen Verdacht bestätigt die Entwicklung bei den Telekommunikations-Mehrwertdiensten, wo die weitergehenden Verpflichtungen im Anhang zur Telekommunikation einen deutlicheren Handelszuwachs ausgelöst zu haben scheinen. Bei diesem Befund liegt das Bedürfnis nach weitergehenden Regelungen für den Bereich audiovisueller Dienstleistungen auf der Hand.

In welche Form[318] eine solche Regelung gekleidet wird, ist Verhandlungssache. So könnte eine vorübergehende Einigung durch einen waiver erreicht werden; eine gewisse Regelung läßt sich auch dadurch bewirken, daß man die Listen der spezifischen Verpflichtungen entsprechend gestaltet. Diese Lösungen wirken indessen nur zeitlich begrenzt. Um die besondere Interessenlage im audiovisuellen Bereich auf Dauer zu regeln, bietet sich als Instrument ein weiterer Anhang im GATS an.

2. Inhalte einer Sektorregelung für den audiovisuellen Bereich

Abschluß und Inhalt einer künftigen Sektorregelung hängen vor allem von der Bereitschaft der WTO-Mitglieder ab, sich im audiovisuellen Bereich weiteren durchsetzbaren Normen zu unterwerfen. Die ausgeprägten Widerstände hiergegen sind nicht nur durch industriepolitische Interessen zu erklären, sondern hängen auch mit der publizistischen Wirkung des Rundfunks zusammen. Die Verpflichtung auf freieren Wettbewerb und Nichtdiskriminierung wird von den Mitgliedern häufig als unzumutbare Einschränkung ihrer Kulturhoheit empfunden; sie befürchten den Verlust ihrer nationalen Identität[319].

Während die Mitglieder sich mit Errichtung der WTO auf Grundelemente einer einheitlichen Wirtschaftsordnung geeinigt haben, fehlt es einstweilen an entsprechenden gemeinsamen Vorstellungen für die publizistische Seite des audiovisuellen Bereichs. Künftige Verhandlungen werden also dadurch erschwert, daß die Argumentation sich stets auf zwei Ebenen bewegen kann: der wirtschaftlichen, wo immerhin ein Grundkonsens besteht, und der publizistischen Ebene, auf der jedes Mitglied eigene Grundsätze einbringt. So werden sich die Vereinigten Staaten beispielsweise auf die Meinungsfrei-

---

317 S. *Sauvé*, 29 JWT (1995) 4, S. 142.
318 Vgl. *Hahn*, ZaöRV 56 (1996), S. 344f.
319 S. die Nachweise bei *Ming Shao*, Yale JIL 20 (1995), S. 137f.; vgl. auch *Hahn*, ZaöRV 56 (1996), S. 345f.

heit und den freien Informationsfluß berufen; andere Mitglieder der WTO mögen hier aus politischen, kulturellen oder religiösen Gründen deutlich weniger freizügige Vorstellungen vertreten. Das gilt auch für Mitgliedstaaten der EG, die den Schutz ihrer kulturellen Identität mit repressiven Maßnahmen durchsetzen.

Die WTO ist grundsätzlich nicht geeignet, eigene publizistische Ordnungsprinzipien zu entwickeln oder zwischen ihren Mitgliedern insoweit Konsens herzustellen. Sie muß zur weiteren Liberalisierung aber Lösungen finden, um die unterschiedlichen publizistischen Interessen mit der bestehenden Wirtschaftsordnung zum Ausgleich zu bringen. Widerstände der Mitglieder gegen solche Bemühungen sind im Hinblick auf die damit verbundenen Verluste nationaler Regelungsautonomie verständlich; dabei bleibt aber unberücksichtigt, daß der audiovisuelle Bereich ohne eine Sektorregelung uneingeschränkt den allgemeinen Bestimmungen des GATS unterliegt. Gerade für die EG muß daher ein Interesse bestehen, den Besonderheiten dieses Sektors multilateral Rechnung zu tragen, bevor ihre angemeldeten Ausnahmen ablaufen (s. dazu oben I 2 d).

a) Offene Definitionen

Die Gestalt eines denkbaren Sektorabkommens (im folgenden: Abkommen) wird sich an die bestehenden Anlagen zum GATS anlehnen. Auch für den audiovisuellen Sektor ist es also zweckmäßig, zunächst den Anwendungsbereich zu definieren[320]. Hier wäre festzulegen, welche konkreten Dienstleistungen unter das Abkommen fallen sollen. Zur Orientierung kann dabei auf die Provisional Central Product Classification (CPC) der Vereinten Nationen[321] zurückgegriffen werden, die bereits in der Uruguay Runde verwendet wurde und den Listen zahlreicher Mitglieder zugrunde liegt[322]. In ihr sind Dienstleistungen der Film-, Fernseh- und Radioindustrie[323] ausführlich beschrieben und klassifiziert; gleiches gilt für die Dienstleistungen der Nachrichtenagenturen[324] und für rein technische Dienstleistungen zur Ausstrahlung von Programmen[325] und zu deren Verbreitung in Kabelnetzen[326].

Bei den Definitionen könnte darüber hinaus klargestellt werden, welche öffentlich-rechtlichen Rundfunkveranstalter dem Abkommen unterliegen. Art. I:3:c GATS gibt die

---

320 Zu den Definitionsansätzen in der Uruguay Runde s. *Dehousse/Havelange*, L'Europe et les enjeux du GATT dans le domaine de l'audiovisuel, S. 115f.; s.a. die in der Uruguay Runde verwendete Services Sectoral Classification List, MTN.GNS/W/120 v. 10.7.1991.
321 Department of International Economic and Social Affairs, Statistical Office of the United Nations, Statistical Papers, Series M, Nr. 77, New York, 1991.
322 S. *Senti*, Die neue Welthandelsordnung für Dienstleistungen, S. 4, 20.
323 Nr. 961.
324 Nr. 962.
325 Nr. 7524.
326 Nr. 753.

Wertung hierfür vor, indem er nur solche Dienstleistungen ausschließt, die weder zu kommerziellen Zwecken noch im Wettbewerb mit anderen Anbietern erbracht werden. Weiterhin wäre klarzustellen, daß werbefinanzierter Rundfunk auch dann Dienstleistungshandel im Sinne des GATS sein kann, wenn der Rundfunksender und die Werbenden aus demselben WTO-Mitglied stammen (s. dazu oben erstes Kapitel D). In diesem Zusammenhang könnte dann schließlich geregelt werden, wie spill-over zu behandeln ist (s. dazu oben erstes Kapitel D).

Bei neuen Diensten wird die im GATS angelegte Unterscheidung zwischen Telekommunikation und Rundfunk immer schwieriger zu treffen sein (s. dazu oben erstes Kapitel A). Das kann in Zukunft zu langwierigen Diskussionen um den gegenständlichen Geltungsbereich der jeweiligen Anlagen führen. So könnte sich beispielsweise die Frage stellen, ob für Unterhaltungsprogramme, die über das Internet angeboten werden, die Netzzugangsverpflichtungen der Anlage über Telekommunikation oder mögliche kulturpolitische Ausnahmen für den audiovisuellen Bereich gelten. Derartige Auseinandersetzungen lassen sich vermeiden, wenn der Anwendungsbereich der materiellen Regelungen stärker nach deren Zielsetzung bestimmt wird (s. dazu oben erstes Kapitel A II) oder langfristig Regeln entwickelt werden, die nicht mehr zwischen Telekommunikation und Rundfunk unterscheiden.

b) Kulturklausel

Die in den Verhandlungen bislang vertretenen Positionen haben sich als ungeeignet erwiesen, das Streben nach Marktöffnung mit bestehenden publizistischen Vorbehalten zu vereinbaren. Ein Ausklammern des audiovisuellen Bereichs widerspricht dem Ansatz des GATS, alle Dienstleistungen zu erfassen; nach dessen Abschluß wird sich in der Zukunft eine generelle Ausnahme für kulturelle Dienstleistungen nicht mehr durchsetzen lassen. Der Verzicht auf Regelungen, die publizistischen Belangen Rechnung tragen, hat sich allerdings gleichermaßen als erfolglos erwiesen: Die Bereitschaft der Mitglieder, spezifische Verpflichtungen zu übernehmen, ist gering. Die angemessene Regelung publizistischer Vorbehalte in einer Kulturklausel ist daher von zentraler Bedeutung.

aa) Zulässigkeit

Über die Zulässigkeit einer Kulturklausel entscheiden allein die Mitglieder der WTO. Hier können also nur Gesichtspunkte genannt werden, die bei einer solchen Entscheidung zu berücksichtigen sind. Allgemein läßt sich gegen eine besondere Kulturklausel vorbringen, daß zahlreiche Waren mit publizistischem Gehalt, beispielsweise Bücher und Zeitschriften vom GATT 1994 genauso behandelt werden wie Autos und Kühlschränke[327]. Dem kann ebenso allgemein Art. IV GATT 1994 entgegengehalten werden, der belegt, daß spezifische Ausnahmen aus publizistischen Erwägungen möglich sind[328]. Eine Auseinandersetzung in dieser allgemeinen Form trägt indessen wenig dazu bei, differenzierte und pragmatische Lösungen zu finden, die konsensfähig sind.

Für die Beurteilung möglicher Ausnahmen sind vielmehr jeweils drei Aspekte zu berücksichtigen. Zunächst gilt es zu klären, ob überhaupt eine Ausnahme notwendig ist. Das ist überall dort zu verneinen, wo die Grundsätze des GATS den Mitgliedern bereits hinreichend Spielraum belassen, um die gewünschten Maßnahmen zu ergreifen. Hieran scheitern beispielsweise alle zwar repressiven, aber nicht diskriminierenden Maßnahmen bis hin zur Zensur. Als nächstes ist zu prüfen, inwieweit sich die Ausnahme negativ auf den Handel auswirkt. Handelsneutrale oder -liberalisierende Ausnahmen lassen sich nämlich durch die Ziele des GATS leichter rechtfertigen als Handelsbeschränkungen oder -verzerrungen. Schließlich spielt für die Beurteilung noch eine Rolle, welche publizistisch positive Wirkung die Ausnahme entfaltet. Die WTO-Mitglieder werden sich zwar nicht vorschreiben lassen, welche publizistischen Ziele sie verfolgen dürfen; durch Prüfen der publizistischen Wirkung einer Ausnahme kann aber sichergestellt werden, daß sie nicht in Wirklichkeit anderen, insbesondere industriepolitischen Zielen dient. Für diesen Aspekt kommt es also zum Beispiel nicht darauf an, den schwer zu definierenden Begriff „Kultur"[329] einzugrenzen. Wie die Mitglieder ihre kulturelle Identität verstehen, kann ihnen die WTO nicht vorschreiben. Sie kann aber sicherstellen, daß angegebene publizistische Belange nicht zu Industriepolitik mißbraucht werden. Industriepolitische Ziele können die WTO-Mitglieder nur im Rahmen der dafür vorgesehenen Regeln verfolgen.

Anhand der ausgeführten Kriterien sollen im folgenden die drei wichtigsten Ausnahmen untersucht werden, die zum Schutz publizistischer Interessen in Betracht kommen.

bb) Quoten

(1) Regelungsbedarf

Quotenbestimmungen sind in zahlreichen Spielarten denkbar. Allen hier in Betracht kommenden Quoten ist gemeinsam, daß sie gegen die Inländerbehandlung verstoßen, indem sie eingeführte Produkte gegenüber heimischen diskriminieren. Da der Grundsatz

---

327 Vgl. *Smith*, International Tax & Business Lawyer 10 (1993), S. 117, Fn. 156; 129f.
328 S. *Filipek*, Stanford JIL 28 (1992), S. 357.
329 S. dazu *Ming Shao*, Yale JIL 20 (1995), S. 139f.; *Filipek*, Stanford JIL 28 (1992), S. 359; *Kilian*, Der Rundfunkbegriff im Wandel der Medien, S. 80ff.

der Inländerbehandlung im GATS nicht unmittelbar gilt, liegt insoweit kein Konflikt vor, der ein Regelungsbedürfnis auslösen würde. Die Mitglieder können in ihren Listen spezifischer Verpflichtungen jeweils festlegen, inwieweit sie sich dem Grundsatz der Inländerbehandlung unterwerfen wollen. Auch der Rückgriff auf Art. IV GATT 1994 ist zur Rechtfertigung also nicht notwendig. Soweit die Mitglieder gar keine spezifischen Verpflichtungen übernommen haben, wie zum Beispiel die EG, sind sie erst recht nicht an den Grundsatz der Inländerbehandlung gebunden. In diesem Fall steht es ihnen zudem frei, neue Quoten einzuführen oder bestehende zu verschärfen.

Konflikte mit dem GATS lösen demgegenüber Quoten aus, die gegen den Grundsatz der Meistbegünstigung verstoßen. Das GATS gestattet den Mitgliedern nur, andere Mitglieder im Rahmen einer wirtschaftlichen Integration zu bevorzugen (s. dazu oben I 2 a). Diese Ausnahme erfaßt beispielsweise eine Reihe europäischer Staaten, die zwar nicht Mitglieder der EG sind, mit denen aber entsprechende Abkommen bestehen. Darüber hinaus sind angemeldete Quoten einstweilen nach Art. II:2 GATS von der Meistbegünstigung ausgenommen. Mit dem Ablauf dieser Ausnahme wird den Mitgliedern aber die Möglichkeit genommen, Affinitäten zu bestimmten anderen Mitgliedern allein unter publizistischen Gesichtspunkten zu definieren. Die EG könnte in ihren Quoten also beispielsweise nicht Kanada gegenüber den USA bevorzugen. Insoweit löst der Widerspruch zum GATS einen Regelungsbedarf aus.

(2) Wirkung auf den Handel

Alle denkbaren Quotenregelungen behindern den freien Handel und widersprechen folglich den Zielen des GATS. Andererseits ist die Wirkung der Quoten unterschiedlich in ihrer Intensität, und das GATS zeigt sich selbst gegenüber strengen Quoten tolerant, solange die Meistbegünstigung gewahrt wird. Daher ist auch hier zwischen verschiedenen Spielarten der Quote zu unterscheiden.

Die Intensität der handelshemmenden Wirkung einer Quote beurteilt sich vor allem nach deren Höhe und Umfang: Ihre Verschärfung beschränkt den Handel stets stärker als ihr Abbau; die Ausweitung der Vorzugsbehandlung auf weitere Mitglieder wird den Handel tendenziell anregen. Daneben spielt auch die Art der Quote für deren Wirkung eine Rolle. Quoten, die eine absolute Zahl von Einfuhren festsetzen, wirken wie mengenmäßige Beschränkungen: Sie setzen Faktorvorteile schnell außer Kraft. Die von Indien als spezifische Verpflichtung aufgelistete Quote von 100 eingeführten Filmen jährlich zieht also eine erhebliche Beschränkung nach sich, obwohl ein Widerspruch zum GATS nicht vorliegt. Quoten, die ein Verhältnis eingeführter und heimischer Produktionen festlegen, lassen Faktorvorteile demgegenüber eher zur Geltung kommen. Aber auch hier hängt die Einfuhr nicht nur von der Attraktivität des Angebots, sondern von dem Umfang der heimischen Produktion ab. In ähnlicher Weise handelsverzerrend wirkt der Verstoß der Quote gegen die Meistbegünstigung. Durch ihn wird die Nachfrage nicht auf das attraktivste ausländische Angebot gelenkt, sondern auf das staatlich bevorzugte.

(3) Publizistische Wirkung

Quoten lenken die Nachfrage auf heimische oder Produktionen ausgewählter Mitglieder. Dadurch wirken sie publizistisch und industriepolitisch zugleich. Sie regen die Produktion von Programmen aus den bevorzugten Gebieten an und können dadurch die örtliche Kultur entfalten. Gleichzeitig werden aber publizistisch unbedeutende Dienstleistungen durch die Handelsbeschränkung gefördert, die genausogut eingeführt werden könnten. Um solch unzulässige industriepolitische Nebenwirkungen zu vermeiden, reichen Quoten, die nur kreative Produktionsbeiträge erfassen. So ist für die kulturelle Wirkung einer Produktion beispielsweise unerheblich, wer die Finanzierung übernimmt oder die Technik bereitstellt. Die Quote kann sich darauf beschränken, Drehbuchautor, Regisseur, Schauspieler und auch Kameraleute zu erfassen.

(4) Abwägungen

Eine Stellungnahme zur Zulässigkeit der Quoten wird naturgemäß davon abhängen, welchem der genannten Aspekte Priorität eingeräumt wird: der Meistbegünstigung, dem Abbau der Quoten oder der selektiven Förderung kultureller Tätigkeit. Die derzeitige Beschränkung des GATS auf eine Verpflichtung zur Meistbegünstigung stellt im Hinblick auf seine Zielsetzung eine Schwäche dar. Für die Liberalisierung des Handels sind die Bindung oder der Abbau der Quoten wichtiger als die Vermeidung von Verzerrungen, die ein Verstoß gegen die Meistbegünstigung auslösen kann. Eine Ausnahme von der Meistbegünstigung kann also durch ein Verbot, Quoten zu verschärfen, oder gar durch eine Verpflichtung zu deren Abbau aufgewogen werden.

Andererseits ist der Grundsatz der Meistbegünstigung für das Recht der WTO und insbesondere für das GATS zentral. Eine weitere Ausnahme von diesem Grundsatz wird schwer durchzusetzen sein. Aus dieser Sicht wären die Mitglieder auf die Möglichkeit zu verweisen, Verstöße gegen die Meistbegünstigung über Art. V GATS zu rechtfertigen (s. dazu oben I 2 a). Daß die EG hiervon in Zukunft Gebrauch machen wird, bringt sie in ihren Ausnahmen zum Schutz europäischer Werke dadurch zum Ausdruck, daß sie die Ausnahmen bis zum Abschluß eines Abkommens über wirtschaftliche Integration befristet (s. dazu oben I 2 d).

Diese Lösung führt dazu, daß die Mitglieder kulturelle Vorzugsbehandlung mit der Inländerbehandlung für alle Dienstleistungen aus dem betroffenen Mitglied verbinden müßten. Darin mag allgemein eine relativ geringe Beeinträchtigung publizistischer Regelungsspielräume zu sehen sein, in bestimmten Konstellationen ist der Verweis auf Art. V GATS aber nicht sachgerecht. Gerade die Beziehungen zwischen weiterentwickelten Mitgliedern und Entwicklungsländern werden sich auf diesem Wege kaum regeln lassen. So wird Frankreich sich beispielsweise nicht ohne weiteres bereit finden, Finanz- oder medizinischen Dienstleistungen aus seinen ehemaligen Kolonialgebieten Inländerbehandlung zu gewähren, nur um dadurch den bestehenden Kulturaustausch aufrechterhalten zu können.

Ein Spannungsverhältnis grundlegender Natur besteht zwischen den wirtschaftlichen und publizistischen Aspekten. Aus wirtschaftlicher Sicht ist der Abbau der in der Quote enthaltenen Handelsbeschränkung maßgebend; dem steht ein publizistisches Interesse gegenüber, durch hohe Quoten einen möglichst großen Teil der Gesamtnachfrage auf bevorzugte Produktionen lenken zu können. Diese gegenläufigen Ziele erschweren einen Konsens erheblich. Um ihn herzustellen, ist ein Kompromiß der Mitglieder notwendig, der beide Zielsetzungen einschränkt. Dabei kann die Beschränkung der Quote auf kreative Produktionsbeiträge ein Ansatzpunkt sein, möglicherweise bietet auch eine festzusetzende Obergrenze eine Lösung. Der Zielsetzung des GATS läuft eine langfristige Rechtfertigung der Quoten allerdings zuwider; auch Art. IV:d GATT 1994 sieht vor, daß der Abbau von Quoten zumindest in weiteren Verhandlungsrunden möglich sein muß.

cc) Subventionen

(1) Regelungsbedarf

Subventionen unterliegen im GATS bisher keinen spezifischen Verboten (s. oben I 1 e). Regelungsbedarf für kulturfördernde Subventionen besteht derzeit also nur, soweit diese gegen den Grundsatz der Meistbegünstigung verstoßen. Da wirtschaftlich motivierte Subventionen meist nur die eigene Industrie fördern sollen, liegt ein solcher Verstoß regelmäßig nicht vor. Anderes kann aber für publizistisch motivierte Subventionen gelten, die beispielsweise die Auseinandersetzung mit der Kultur eines anderen Mitglieds anregen sollen, indem sie diese vor Ort finanziell fördern.

Da im Rahmen des GATS in absehbarer Zeit spezifische Regelungen für Subventionen entwickelt werden, kann künftig weiterer Regelungsbedarf für audiovisuelle Dienstleistungen entstehen. Welche Ausnahmen dann erforderlich werden, läßt sich zur Zeit nur unter Rückgriff auf die Subventionsregeln für den Warenverkehr abschätzen. Danach ist die Schwelle der Anfechtbarkeit einer Subvention bereits erreicht, wenn sich die Förderung auf Wettbewerber aus anderen Mitgliedern nachteilig auswirkt (zu Einzelheiten s. oben D II 5). Da bereits die Subventionierung von 5% des Produktionswerts oder die Subventionierung zur Deckung von Betriebsverlusten das Vorliegen dieser Voraussetzung indiziert, werden auch Maßnahmen anfechtbar, die in kleinen Märkten mit hohem cultural discount eine speziell auf diesen Sprach- und Kulturraum ausgerichtete Produktion stützen. Zukünftige Subventionsdisziplinen im GATS können, wenn sie sich an die Regeln für den Warenverkehr anlehnen, also erheblichen Regelungsbedarf für Kulturförderung im audiovisuellen Bereich auslösen. Dabei kann hier offen bleiben, ob spezifische Regelungen in einem Abkommen zu Subventionen oder in einem Sektorabkommen für audiovisuelle Dienstleistungen zu treffen wären.

(2) Wirkung auf den Handel

Subventionen verringern die Herstellungskosten der subventionierten Produkte und verschaffen ihnen dadurch einen Vorteil im Wettbewerb. Da dieser Vorteil nicht auf eine günstigere Faktorausstattung zurückzuführen ist, verzerrt er den freien Wettbewerb. Die Intensität der Wettbewerbsverzerrung hängt im Rundfunkhandel nicht nur von dem Umfang der Förderung ab, sondern auch von ihrer Zielrichtung. So werden Subventionen, die Programme für den internationalen Markt fördern, unmittelbar wettbewerbsverzerrende Folgen auf dem gesamten internationalen Markt haben. Produktionen, die ohne Förderung angeboten werden, sehen sich einem erhöhten Wettbewerbsdruck ausgesetzt.

Eine weniger intensive Wirkung kann demgegenüber von Subventionen ausgehen, die Programme vor allem für kleine nationale Märkte fördern sollen. Kleine Sprach- und Kulturkreise können eine sich selbst tragende Programmindustrie nur schwer hervorbringen, insbesondere wenn sie über einen hohen cultural discount verfügen (s. oben zweites Kapitel C). Auch für die Programmindustrie aus anderen WTO-Mitgliedern besteht in diesem Fall kaum ein Anreiz, speziell auf diesen Markt zugeschnittene Programme zu produzieren. Die Förderung von Programmen für diesen Sprach- und Kulturkreis greift daher nicht unmittelbar in bestehenden Wettbewerb ein. So würde beispielsweise die Förderung von Filmen in irischer Sprache für ein irisches Publikum keine unmittelbare wettbewerbsverzerrende Wirkung haben, da dieser Markt für kommerzielle Anbieter nicht hinreichend groß ist. Allerdings entzieht eine speziell auf den eigenen Sprach- und Kulturraum ausgerichtete Förderung auch dem internationalen Markt Rezipienten; irische Zuschauer werden sich in dem genannten Beispiel möglicherweise weniger eingeführte Filme ansehen. Insoweit wirkt auch eine solche Förderung mittelbar wettbewerbsverzerrend, wobei sich die Wirkung auf den betroffenen nationalen Markt beschränkt.

(3) Publizistische Wirkung

Allgemein hat die Förderung der Programmindustrie zur Folge, daß das Angebot an Produktionen aus dem betroffenen Sprach- und Kulturraum steigt; die Subventionen machen eine größere Zahl von Programmen möglich und lassen aufwendigere Produktionen zu. Im einzelnen kann die publizistische Wirkung wiederum von der Zielrichtung der Subventionen abhängen. Maßnahmen, die auf den internationalen Markt zugeschnittene Programme fördern, tragen beispielsweise wenig dazu bei, die eigene Kultur zu prägen. So wird die kulturelle Identität von dem Herkunftsland einer international erfolgreichen Seifenoper nur geringfügig beeinflußt. Gerade das Bestreben, den cultural discount zu senken, wirkt der Entwicklung einer eigenen kulturellen Identität entgegen.

Hebt die Förderung hingegen gerade die kulturellen Eigenheiten hervor, ohne einen niedrigen cultural discount anzustreben, so trägt sie deutlich mehr zur kulturellen Identität bei. In kleinen Sprach- und Kulturräumen kann auf diese Weise sogar eine Form der kulturellen Auseinandersetzung entstehen, die ohne Förderung nicht möglich wäre, weil der Markt für kommerzielle Anbieter zu klein ist. So wären Programme, die auf das dänische Publikum zugeschnitten sind, ohne Fördermaßnahmen nur in geringem Umfang möglich.

Wie bei den Quoten kann hier zudem zwischen kreativen und nicht-kreativen Produktionsbeiträgen unterschieden werden. Die diskriminierende Förderung rein technischer Leistungen ist aus Gründen der kulturellen Identität nicht erforderlich. Es genügt, kreative Beiträge aus dem betroffenen Sprach- und Kulturraum spezifisch zu erfassen. Um die Produktion anzuregen, kann die zusätzliche Förderung technischer Leistungen notwendig sein, diese können dann aber auch von Angehörigen anderer WTO-Mitglieder erbracht werden.

(4) Abwägungen

Für die Beurteilung von Subventionen ist der Zusammenhang zum cultural discount maßgebend. Die Förderung von Programmen mit einem niedrigen cultural discount trägt wenig zur kulturellen Identität bei und wirkt unmittelbar wettbewerbsverzerrend auf den gesamten internationalen Markt. Subventionen dieser Art wird man ohne weiteres als industriepolitische Förderung qualifizieren können. Unterstützen die Subventionen demgegenüber vornehmlich Programme mit einem hohen cultural discount, so steht der positiven publizistischen Wirkung ein nur mittelbarer Eingriff in den Wettbewerb gegenüber, der sich zudem auf den betroffenen Sprach- und Kulturraum beschränkt. Diese kulturpolitische Förderung kann im GATS von einem Subventionsverbot ebenso auszunehmen sein wie die staatliche Unterstützung von Theatern, Opernhäusern und Sinfonieorchestern[330]. Eine derartige Ausnahme enthält zum Beispiel auch Art. 92 Abs. 3 lit. d EGV[331]. Auf kulturpolitisch veranlaßte Förderung paßt auch die zeitliche Beschränkung nicht, die die industriepolitischen Schutzklauseln fordern (s. oben D III 4 c). Diese Form der Subventionierung soll ein Produkt bewahren, das wirtschaftlich zu angemessenen Preisen kaum herzustellen ist.

Der cultural discount ist allerdings ein denkbar ungenauer Maßstab, um die Zulässigkeit einer Subvention zu beurteilen. Für eine vertragliche Ausnahmeregelung wären aus ihm also genauere Kriterien zu entwickeln. So dürfte die Förderung beispielsweise nicht vom finanziellen Erfolg der Programme auf dem internationalen Markt abhängen; Exportsubventionen sind auch nach dem Subventionsübereinkommen im GATT 1994 von vornherein unzulässig (s. oben D II 5). Produktionen mit hohem cultural discount sind vorwiegend in ihrem spezifischen Sprach- und Kulturraum erfolgreich. Die Förderung kann also durchaus an den Erfolg auf dem nationalen oder regionalen Markt anknüpfen. Um bei dieser Förderung industriepolitischen Absichten Grenzen zu ziehen, wäre die diskriminierende Subventionierung auf kreative Produktionsbeiträge zu beschränken.

Im Vergleich zu den Quoten zeichnen sich kulturpolitisch motivierte Subventionen durch zwei Gesichtspunkte aus, die ihre Akzeptanz im GATS erleichtern würden. Erstens fallen die unmittelbaren Kosten der Maßnahmen dem WTO-Mitglied zur Last, das die Förderung betreibt; die Kosten der Quote trägt demgegenüber der Handel[332]. Kulturpolitische Subventionen erscheinen zweitens auch publizistisch glaubwürdiger: Sie erreichen nicht nur zahlreiche publizistische Ziele der Quote, sondern ermöglichen kulturelle Aktivität auch dort, wo die Märkte für eine Programmindustrie eigentlich zu klein sind.

Daneben mag die Zulassung von Subventionen auch weniger bedenklich erscheinen, weil die Freiheit der Beteiligten durch sie weniger eingeschränkt wird als durch Quoten. So werden Programmanbieter, Rundfunkveranstalter und auch Rezipienten in ihren wirtschaftlichen und publizistischen Freiheiten weniger repressiv beeinträchtigt[333]. Da das GATS indessen die wirtschaftlichen Freiheiten nicht unmittelbar und die publizistischen Freiheiten gar nicht schützt, sind Begründungen dieser Art in der WTO nur schwer anzubringen. Sie mögen aber für Mitglieder von Bedeutung sein, die den Schutz dieser Freiheiten in Menschenrechtsübereinkommen verbrieft haben, so zum Beispiel in der EMRK.

---

330 S. *Kruse*, RuF 1994, S. 191f.
331 S. dazu *Ress*, GS Grabitz, S. 595ff.
332 Vgl. *Van Harpen*, Minnesota Journal of Global Trade 4 (1995), S. 192; *Smith*, International Tax & Business Lawyer 10 (1993), S. 135ff.
333 Vgl. *Van Harpen*, Minnesota Journal of Global Trade 4 (1995), S. 192.

dd) Koproduktionen

Übereinkommen zur Regelung von Koproduktionen gewährleisten die Inländerbehandlung für audiovisuelle Werke, die in Zusammenarbeit mit Produzenten aus anderen Mitgliedern des Übereinkommens entstanden sind. Die Koproduktionen werden also beispielsweise bei Quoten und bei der Förderung ausschließlich im Inland produzierten Werken gleichgestellt[334]. Zahlreiche Fragen, die eine Ausnahme zugunsten von Koproduktionen aufwerfen könnte, hängen daher unmittelbar von der Zulässigkeit von Quoten oder Subventionen ab. Im folgenden werden nur noch die Aspekte erörtert, die hierüber hinausgreifen.

(1) Regelungsbedarf

Da Koproduktionsübereinkommen Produktionsleistungen aus bestimmten Staaten Vorzugsbehandlung gewähren, verstoßen sie regelmäßig gegen den Grundsatz der Meistbegünstigung. Der dadurch langfristig ausgelöste Regelungsbedarf entfällt nur, wenn die Übereinkommen die Bevorzugung von den Voraussetzungen des Art. V GATS abhängig machen.

(2) Wirkung auf den Handel

Von Koproduktionsübereinkommen selbst geht keine negative wirtschaftliche Wirkung aus. Im Gegenteil: Mit der Inländerbehandlung werden Handelsschranken abgebaut. Der Verstoß gegen die Meistbegünstigung hat zwar geringfügige Wettbewerbsverzerrungen zur Folge; diese können durch die handelsschaffende Wirkung der Liberalisierung aber aufgewogen werden. Aus wirtschaftlicher Sicht spricht also grundsätzlich wenig gegen eine Ausnahme für Koproduktionsübereinkommen.

(3) Publizistische Wirkung

In ihrer publizistischen Wirkung folgen Koproduktionsverträge den Instrumenten, die zur Förderung der eigenen Programme eingesetzt werden. Die Inländerbehandlung innerhalb einer Quote lenkt die Nachfrage auch auf koproduzierte Programme; deren Einbeziehung in Fördermaßnahmen kann das Angebot in dem betroffenen Sprach- und Kulturkreis bereichern. Auch bei Koproduktionen ist aus publizistischen Gründen aber nur die Vorzugsbehandlung von kreativen Beiträgen geboten.

---

334 S. *Acheson/Maule*, 23 JWT (1989) 2, S. 38; *Deckert/Lilienthal*, ZUM 1996, S. 27, jeweils m.w.N.

(4) Abwägungen

Koproduktionsübereinkommen geraten nur mit dem Grundsatz der Meistbegünstigung in Konflikt. Die zentrale Bedeutung dieses Grundsatzes für das GATS erschwert die Akzeptanz einer entsprechenden Ausnahme (s. oben I 1 a). Allerdings können hier nicht nur die handelsliberalisierende Wirkung und die Schwierigkeiten einer Rechtfertigung über Art. V GATS die Beeinträchtigung aufwiegen, sondern bereits jetzt kann sich eine mögliche Ausnahme auf die Akzeptanz einer großen Zahl von Mitgliedern stützen: Weit über 20 WTO-Mitglieder haben Koproduktionsübereinkommen ausdrücklich nach Art. II:2 GATS von der Meistbegünstigung ausgenommen[335]. Ihnen wird besonders daran gelegen sein, eine allgemeine Ausnahme festzuschreiben, bevor ihre angemeldeten Vorbehalte auslaufen. Eine Konzession an die übrigen WTO-Mitglieder könnte auch im Fall der Koproduktionsübereinkommen darin bestehen, die Diskriminierung auf kreative Produktionsbeiträge zu beschränken.

---

335 Z.B. Australien, Österreich, Bolivien, Brasilien, Kanada, Chile, Kuba, Zypern, Tschechien, Ägypten, die EG, Ungarn, Island, Indien, Israel, Neuseeland, Norwegen, Polen, Singapur, die Slowakei, die Schweiz, Liechtenstein, Tunesien und Venezuela.

Viertes Kapitel: Rundfunk als Ware, Dienstleistung oder Niederlassung

Die Frage nach der Einordnung des Rundfunks als Ware, Dienstleistung oder Niederlassung ist von unterschiedlichem Gewicht, je nachdem auf welcher Ebene sie gestellt wird. Auf der Regelungsebene spielt sie eine geringe Rolle: Hier geht es darum, für Produkte Handelsregeln zu konzipieren; auf eine Qualifizierung der Produkte als Waren oder Dienstleistungen[1] kommt es dafür kaum an[2]. Erst wenn die getroffenen Regelungen zwischen Waren, Dienstleistungen oder auch Niederlassungen unterscheiden, ist auf der Ebene der Rechtsanwendung zu klären, welche dieser Formen die Produkte im Rundfunkhandel annehmen.

Eine pauschale Antwort läßt sich hierauf nicht geben. Aber auch mit der Antwort „es kommt darauf an" gewinnt man wenig. Worauf es ankommt, ist nämlich gerade fraglich. Zweifellos spielt bei der Einordnung eine Rolle, welcher Gegenstand oder welche Leistung getauscht wird. So wird der Kauf einer Kamera anders zu bewerten sein als die Ausstrahlung eines Fernsehprogramms. Es bleibt aber offen, was genau dazu führt, im ersten Fall intuitiv von Waren- und im zweiten Fall von Dienstleistungshandel auszugehen.

A. Waren und Dienstleistungen aus wirtschaftlicher Sicht

Es gibt verschiedene Ansätze, sich der Unterscheidung zwischen Ware und Dienstleistung ökonomisch zu nähern. Üblicherweise stellt man auf typische Eigenschaften der Dienstleistungen ab. Hervorgehoben werden vor allem die Unstofflichkeit[3], die mangelnde Speicherfähigkeit[4], die fehlende Transportfähigkeit[5] und die daraus resultierende

---

1   „Produkt" wird in dieser Arbeit als Oberbegriff für Waren und Dienstleistungen verwendet. Das mag im Hinblick auf die Terminologie im GATT 1994 verwirren, ist umgangssprachlich aber eher verständlich. In der Umgangssprache sind Dienstleistungs-„produkte", z.B. Versicherungs-„produkte", durchaus üblich.
2   S. *Ming Shao*, Yale JIL 20 (1995), S. 125; vgl. a. *Nicolaides*, 23 JWT (1989) 4, S. 65f.
3   S. *Sindelar*, S. 8f.; *Smith*, International Tax & Business Lawyer 10 (1993), S. 124; ausführlich *Stadler*, S. 29ff.
4   S. *Sindelar*, S. 8f.; *Bhagwati*, Economic Perspectives on Trade in Professional Services, S. 271; *Filipek*, Stanford JIL 28 (1992), S. 356; *Smith*, International Tax & Business Lawyer 10 (1993), S. 124.
5   S. *Sindelar*, S. 8f.

Notwendigkeit einer Interaktion zwischen Anbieter und Abnehmer[6]. Diese typischen Eigenschaften fehlen indessen einer zunehmenden Zahl von eigentlich unstofflichen Leistungen, die sich in verkörperten Produkten manifestieren. Das gilt insbesondere für Rundfunkprogramme, die auf Videokassetten oder anderen Datenträgern gespeichert werden können. Wollte man diese verkörperten Dienstleistungen als Waren behandeln, so würde die Willkür der Handelspartner über die Zuordnung entscheiden; der Programmhandel könnte beispielsweise beliebig als Warenverkehr (Übermittlung einer Kassette) oder als Dienstleistungsverkehr (Direktüberspielung) gestaltet werden. Behandelt man solch verkörperte Leistungen indessen als Dienstleistungen, verschwimmt die Grenze zu Waren erneut. Wenn beispielsweise bespielte Videokassetten Dienstleistungen sind, dann kann gleiches auch für Bücher oder Gemälde gelten. Auch Dienstleistungen, die mit der zeitweisen Überlassung von Gegenständen verbunden sind, lassen sich schwer zuordnen. Als was wäre beispielsweise eine gemietete Kamera zu qualifizieren? Das Beispiel zeigt, daß unterschiedliche Transaktionen den Grenzübertritt eines körperlichen Gegenstandes auslösen können. Wenn die Transaktion als Dienstleistung qualifiziert wird, ist die Einfuhr des Gegenstandes dann noch Warenverkehr? Der Gesichtspunkt der Körperlichkeit kann diese Wertungsfragen nicht allein beantworten.

Ein weiterer Ansatz versucht eine Abgrenzung nach den verwendeten Produktionsfaktoren vorzunehmen. Danach ist anzunehmen, daß Waren vorwiegend Werkstoffe, Dienstleistungen vorwiegend menschliche Arbeit einsetzen[7]. Ähnliche Überlegungen klingen in einer Abgrenzung nach dem verkörperten Wert an. Eine Dienstleistung liegt hiernach vor, wenn der Wert des Gegenstandes vornehmlich durch immaterielle Leistungen entsteht[8]. Indessen sind auch eine Reihe aufwendiger Waren arbeitsintensiv und Dienstleistungen wie etwa Baudienstleistungen Werkstoff-intensiv. Spezifische Produktionsfaktoren, die Dienstleistungen kennzeichnen, sind also nicht auszumachen[9].

Die Unterscheidung zwischen Waren und Dienstleistungen wird generell dadurch erschwert, daß nahezu alle Produkte immaterielle Leistungen verkörpern[10]. Autos lassen sich beispielsweise nicht herstellen ohne die Arbeit von Ingenieuren, Designern und anderen Arbeitskräften. Diese aus der Sicht des Endprodukts als Produktionsfaktor verstandene Arbeit kann ohne weiteres sogar eine selbständige Dienstleistung sein. Wenn der Fahrzeughersteller beispielsweise ein unabhängiges Unternehmen mit dem Design beauftragt, erbringt dieses ihm gegenüber eine Dienstleistung. Eine genaue Abgrenzung

---

6   S. *Nicolaides*, 23 JWT (1989) 1, S. 126; *Bhagwati*, Economic Perspectives on Trade in Professional Services, S. 271; *Filipek*, Stanford JIL 28 (1992), S. 356; *Stadler*, S. 31ff.; *Lupinacci*, Vanderbilt Journal of Transnational Law 24 (1991), S. 135.

7   S. *Sindelar*, S. 10f., m.w.N.

8   S. *Smith*, International Tax & Business Lawyer 10 (1993), S. 124.

9   S. *Sindelar*, S. 11, m.w.N.

10   S. *Nicolaides*, 23 JWT (1989) 4, S. 65f.

anhand der eingesetzten Produktionsfaktoren oder der wertschöpfenden Leistung ist also kaum möglich.

Denkbar wäre es schließlich, zur Abgrenzung auf den Zweck der Leistung abzustellen. Waren werden regelmäßig übereignet, Dienstleistungen werden hingegen genutzt[11]. Die Lieferung einer Kamera im Rahmen eines Kaufs wäre danach dem Warenverkehr, die Lieferung derselben Kamera als Mietgegenstand wäre demgegenüber dem Dienstleistungsverkehr zuzuordnen. Verkörperte Dienstleistungen wären je nach Verwendungszweck Ware oder Dienstleistung; ein bespieltes Videoband würde eine Dienstleistung verkörpern, wenn es zur Ausstrahlung übergeben[12], es würde eher eine Ware darstellen, wenn es als Kaufkassette an den Endverbraucher verkauft wird. Auch bei dieser Einordnung bleiben aber Abgrenzungsschwierigkeiten, wenn andere Übertragungswege gewählt werden. Wären Abrufdienste für Fernsehzuschauer beispielsweise nach dieser Einteilung noch Dienstleistungen, wenn der Zuschauer das Programm auf einem Datenträger speichert?

Eine konsequente Lösung solcher verbleibenden Abgrenzungsprobleme könnte in der Zukunft darin bestehen, als Waren ausschließlich solche Produkte zu qualifizieren, die sich nur in verkörperter Form übertragen lassen[13]. Bisher ist diese Einteilung aber noch nicht anerkannt; aus ökonomischer Sicht bleibt die genaue Abgrenzung zwischen Waren und Dienstleistungen also offen[14]. Im Einzelfall wird eine Einordnung nur durch wertende Betrachtung unter Berücksichtigung der genannten Abgrenzungsansätze zu treffen sein. Dabei spielt für die Wertung vor allem die Struktur des jeweiligen rechtlichen Instrumentariums ein Rolle. Der juristische Regelungsrahmen muß entscheiden, ob ein Produkt den Vorschriften über Dienstleistungen oder Waren unterliegt[15]. Im Recht der WTO und in dem der EG kann die Abgrenzung daher durchaus auch unterschiedlich ausfallen.

B. Waren und Dienstleistungen im Recht der WTO

In dem WTO-Abkommen und seinen Anhängen findet sich an keiner Stelle eine genaue Definition für Waren oder Dienstleistungen. Im GATT 1994 ist lediglich von

---

11 Ähnlich *Nicolaides*, 23 JWT (1989) 1, S. 126.
12 Vgl. *Filipek*, Stanford JIL 28 (1992), S. 350f.; *Kessler*, Law & Policy in International Business 26 (1995), S. 573.
13 S. *Smith*, International Tax & Business Lawyer 10 (1993), S. 125ff.; *Kessler*, Law & Policy in International Business 26 (1995), S. 573.
14 S. *Bhagwati* Economic Perspectives on Trade in Professional Services, S. 270; *Stadler*, S. 28.
15 Vgl. *Stadler*, S. 78f.

„products", zum Teil auch von „goods"[16] und im GATS von „services" die Rede. Mit der eigenständigen Regelung der Dienstleistungen im GATS steht fest, daß „services" keine „products" im Sinne des GATT 1994 sind[17].

I. Dienstleistungen im GATS

Die Reichweite des Dienstleistungsbegriffs im GATS läßt sich aus Art. I GATS und den ergänzenden Definitionen in Art. XXVIII GATS schließen. Dort wird der Dienstleistungshandel in vielerlei Hinsicht möglichst weit gefaßt. Beispielsweise werden sämtliche denkbaren Erbringungsformen einschließlich der Niederlassung von Art. I:2 GATS einbezogen. Auch der Gegenstand der Dienstleistung wird nicht beschränkt. Nach Art. I:3 GATS sind alle Dienstleistungsbereiche erfaßt; nur die Leistung von Diensten in Ausübung öffentlicher Gewalt bleibt ausgenommen, wenn diese nicht kommerziell erbracht werden und nicht im Wettbewerb mit anderen Dienstleistungen stehen.

Nach dem weiten Verständnis ist Rundfunkhandel in weiten Teilen Handel mit Dienstleistungen. Die Gründung einer Rundfunkanstalt fällt unter Art. I:2:c GATS; dabei spielt die Art der Niederlassung keine Rolle[18]. Gleiches gilt für andere Niederlassungen, etwa für Agenturen zum Programmhandel oder für Produktionsbüros. Die Ausstrahlung des Programms fällt als Korrespondenzdienstleistung unter Art. I:2:a GATS. Das gilt auch für die Direktüberspielung von Programmen. Hierbei kommt es nicht darauf an, ob die Ausstrahlung oder Überspielung terrestrisch, über Satellit oder kabelgebunden erfolgt; in allen Fällen liegt eine Korrespondenzdienstleistung vor. Bei der Programmherstellung kommt es eher auf Art. I:2:d GATS an, der Dienstleistungen einbezieht, die eingereiste natürliche Personen erbringen. Er ist auf Darsteller, Kameraleute und sonstige natürliche Personen anzuwenden, die bei der Herstellung des Programms mitwirken. Der Handel mit Materialien und Technik wird hingegen überwiegend dem GATT 1994 unterliegen. Wenn dieses gemietet wird, ist die Bereitstellung wiederum eine Dienstleistung. Gleiches gilt für die Bereitstellung eines Übertragungsweges.

II. Bespielte Programmträger

Schwierig ist die Einordnung bespielter Videokassetten oder anderer Programmträger. Unbespielt sind die Datenträger zweifellos Waren und unterfallen daher im Prin-

---

16 S. vor allem Art. XVII:2 GATT 1994 und die dazugehörige Anmerkung.
17 Vor Abschluß des GATS war die Anmerkung zu Art. XVII:2 GATT 1947 als Beleg dafür herangezogen worden, daß dieses grundsätzlich nur Waren erfaßt, s. *Stadler*, S. 249, m.w.N.
18 S. Art XXVIII:d GATS.

zip dem GATT 1994. Als bespielte Kaufkassetten weisen sie auch eine gewisse Ähnlichkeit mit Büchern, Tonträgern, Zeitungen oder Zeitschriften auf, die herkömmlicherweise als Waren behandelt werden[19]. Andererseits läßt sich das Programm genausogut in unverkörpertem Zustand beziehen, etwa durch Überspielung oder für den Endverbraucher durch einen Abrufdienst. Im Programmhandel wird der auf den Datenträgern verkörperte Inhalt zudem häufig im Zusammenhang mit einer Dienstleistung zur Verfügung gestellt. Diese besteht in der Einräumung eines Nutzungsrechts zum Verleih oder zur Ausstrahlung. Jedenfalls bei diesem Programmhandel steht also eine Dienstleistung im Vordergrund, die unter das GATS fällt.

Die gleichzeitige Anwendung des GATT 1994 auf den bespielten Programmträger kann hier zu Widersprüchen führen, wenn im GATS andere Regeln gelten als im GATT 1994. So wäre beispielsweise fraglich, ob die Ausnahmen, die die Gemeinschaft nach Art. II:2 GATS für ihre audiovisuelle Industrie angemeldet hat (s. oben drittes Kapitel E I 2 d bb), auf den Handel mit bespielten Programmträgern zu erstrecken wären. Umgekehrt wäre zu klären, ob Art. IV GATT 1994, die Regeln über Antidumping oder über Subventionen anwendbar wären. Die Anwendung des GATT 1994 auf bespielte Programmträger muß auch willkürlich erscheinen, weil der Inhalt des Trägers genausogut in nicht verkörperter Form übermittelt werden kann[20]. Aus diesen Gründen erscheint es sinnvoller, bespielte Programmträger dem Regime des GATS zu unterstellen.

1. Die Bedeutung der Art. III:10, IV GATT 1994

Gegen die Einordnung bespielter Programmträger als Dienstleistungen im Sinne des GATS spricht womöglich, daß bespielte Kinofilme ausweislich der Art. III:10, IV GATT 1994 den Regeln für den Warenverkehr folgen[21]. Die Vorschriften erwähnen in ihrem Wortlaut zwar nur den belichteten Kinofilm als Gegenstand der Ausnahme. Diese Einschränkung ist aber weitgehend historisch begründet: Bei der Ausarbeitung des ursprünglichen GATT 1947 gab es keinen nennenswerten Fernsehhandel[22].

Auf eine Anregung der Vereinigten Staaten befaßte das GATT zu Beginn der sechziger Jahre eine Arbeitsgruppe mit der Frage, wie der Fernsehhandel in das GATT 1947 einzuordnen sei[23]. Dabei ging es um die Qualifizierung von Fernsehprogrammen als

---

19 S. *Filipek*, Stanford JIL 28 (1992), S. 356f.; *Smith*, International Tax & Business Lawyer 10 (1993), S. 125; *Hahn*, ZaöRV 56 (1996), S. 318; *Sander*, Der Rundfunkbegriff im Wandel der Medien, S. 181, alle m.w.N. Waren sind ebenfalls Halbleiterchips, s. den Panelbericht Japan - Trade in Semi-Conductors, *Pescatore/Davey/Lowenfeld*, DD 68.

20 S. *Cottier*, ZUM 1994, S. 750.

21 So beispielsweise *Hahn*, ZaöRV 56 (1996), S. 328ff.

22 S. Europäisches Außenwirtschaftsrecht-*v. Bogdandy*, S. 590f.; *Filipek*, Stanford JIL 28 (1992), S. 340; *Salvatore*, CMLReview 1992, S. 988f.

23 S. GATT CONTRACTING PARTIES Dokumente L/1615 v. 16.11.1961, L/1646 v. 24.11.1961, L/1686 v. 18.12.1961, L/1741 v. 13.3.1962, L/1908 v. 10.11.1962, L/2120 v. 18.3.1964.

Waren und die Anwendung des Art. IV GATT 1947[24]. In der Diskussion wurde bereits damals darauf hingewiesen, daß der Handel mit Fernsehprogrammen trotz der Ähnlichkeit zum Filmhandel möglicherweise als Dienstleistungshandel zu qualifizieren sei[25]. Vor allem Frankreich war der Auffassung, das GATT könne die Frage erst klären, wenn die weitere Entwicklung der Satellitentechnik abzusehen sei[26]. Die Arbeitsgruppe gelangte zu keinem Konsens und ließ die ihr gestellten Fragen schließlich offen[27].

Dennoch wurde im bisherigen Schrifttum überwiegend die Ansicht vertreten, das GATT 1947 sei ausweislich seines Art. IV generell auf den Handel mit bespielten Programmträgern anzuwenden[28]. Streitig war nur, ob die Ausnahme in Art. IV GATT 1947 für andere Medien als den Film gilt[29]. Für eine Anwendung der Ausnahme auf das Fernsehen sprach bisher vor allem, daß bei der Entstehung des GATT 1947 das Fernsehen nicht berücksichtigt wurde, weil seine Entwicklung noch nicht abzusehen war[30].

Ob dieser Grund im GATT 1994 noch trägt, ist fraglich. Hier kann von einer unvorhergesehenen technischen Entwicklung nämlich nicht mehr die Rede sein. Durch die unveränderte Übernahme der Art. III:10, IV in das rechtlich selbständige GATT 1994 ist einer auf die historischen Gegebenheiten von 1947 gestützten Argumentation der Boden entzogen. Auch die Einbeziehung des Rundfunks in das GATS spricht dagegen, Art. III:10, IV GATT 1994 im Wege einer dynamischen Auslegung auf die Rundfunkausstrahlung zu übertragen. Damit spielt der Ausnahmecharakter der Vorschriften für den Rundfunkhandel keine unmittelbare Rolle mehr. Offen bleibt aber, ob den Vorschriften die Aussage zu entnehmen ist, daß bespielte Programmträger „products" im Sinne des GATT 1994 sind.

Insoweit liefern die Regeln über Kinofilme tatsächlich gewichtige Argumente. Hier hindert die Tatsache, daß der Verleih des Films und dessen Aufführung Dienstleistungen im Sinne des GATS sind, nämlich auch nicht die Einbeziehung des Programmträgers in das GATT 1994. Der Zweck der Transaktion spielt für die Einordnung also offenbar keine entscheidende Rolle.

---

24 S. vor allem GATT CONTRACTING PARTIES Dokument L/1741 v. 13.3.1962; dazu *Filipek*, Stanford JIL 28 (1992), S. 340ff.; *Smith*, International Tax & Business Lawyer 10 (1993), S. 116f.

25 S. GATT CONTRACTING PARTIES Dokument L/1741 v. 13.3.1962, S. 2f.

26 S. GATT CONTRACTING PARTIES Dokument L/1741 v. 13.3.1962, S. 8.

27 S. *Filipek*, Stanford JIL 28 (1992), S. 342.

28 S. Europäisches Außenwirtschaftsrecht-*v. Bogdandy*, S. 589f.; in diese Richtung geht auch die Argumentation von *Filipek*, Stanford JIL 28 (1992), S. 356f.; *Cottier*, ZUM 1994, S. 750; ausführlich *Smith*, International Tax & Business Lawyer 10 (1993), S. 123ff.; a.A. offenbar *Salvatore*, CMLReview 1992, S. 988.

29 Dafür: Europäisches Außenwirtschaftsrecht-*v. Bogdandy*, S. 589f.; wohl auch *Filipek*, Stanford JIL 28 (1992), S. 357; *Cottier*, ZUM 1994, S. 750, ordnet bespielte Programmträger als Waren ein, lehnt die Anwendung des Art. IV GATT 1947 auf das Fernsehen aber mit der Begründung ab, die Ausstrahlung eines Films sei als Dienstleistung zu qualifizieren. Für eine enge Auslegung des Art. IV GATT 1947 auch *Smith*, International Tax & Business Lawyer 10 (1993), S. 129f.

30 S. Europäisches Außenwirtschaftsrecht-*v. Bogdandy*, S. 590f.

Erklären ließe sich die Aufnahme der Kinofilme in das GATT 1994 aber unter dem Gesichtspunkt der notwendigen Verkörperung: Bisher werden Kinofilme nur in verkörperter Form gehandelt. Wenn dieser Gesichtspunkt ausschlaggebend ist, dann unterliegen generell nur solche bespielten Programmträger dem GATT 1994, die ausschließlich in verkörperter Form gehandelt werden. Im Handel mit Rundfunkprogrammen werden zwar vielfach bespielte Programmträger verwendet, die Verkörperung ist indessen nicht notwendig. Das Programm kann ebensogut direkt überspielt oder ausgestrahlt werden. Kopien, die der Empfänger hierbei fertigt, sind nicht notwendige Voraussetzung für die Transaktion[31], sie erleichtern dem Empfänger nur die Speicherung des Programms.

Die Aufnahme von Kinofilmen in das GATT 1994 zwingt also nicht zu dem Schluß, daß alle bespielten Programmträger dem GATT 1994 unterliegen. Sie bietet hierfür aber gewisse Anhaltspunkte.

2. Systematische Erwägungen

Für die Rechtsanwendung ist die Einordnung bespielter Programmträger vor allem dann wichtig, wenn bei gleichzeitiger Anwendung des GATT 1994 und des GATS Wertungskonflikte entstehen. Solche Konflikte lassen sich aber auch ausräumen, indem man einem der Abkommen den Anwendungsvorrang gibt. Es spricht einiges dafür, das GATT 1994 im Konfliktfall hinter das GATS zurücktreten zu lassen. Das GATT 1994 gibt schon im Warenverkehr spezielleren Regelungen nach[32]. Solche speziellen Regelungen finden sich auch im GATS. Durch die ausführlichen Listen der Zugeständnisse und Ausnahmen von der Meistbegünstigung erlaubt es den Mitgliedern, den Zugang zu ihren Märkten sehr viel genauer zu bestimmen. Sie können branchenspezifischen Zugangsproblemen Rechnung tragen, wie dies beispielweise bei der Basistelekommunikation geschehen ist (s. oben drittes Kapitel E I 1 d). Diese zwischen den Mitgliedern im einzelnen ausgehandelten Regelungen liefen leer, wenn das GATT 1994 mit seinen undifferenzierten Grundsätzen vorrangig wäre.

Für die rechtliche Behandlung bespielter Programmträger ergibt sich also folgende Hierarchie: Ausschlaggebend ist zunächst, ob die Einfuhr Bestandteil einer Dienstleistung ist, für die das GATS gilt; im Programmhandel besteht diese Dienstleistung in der

---

31 A.A. *Smith*, International Tax & Business Lawyer 10 (1993), S. 127.
32 Hier wird möglichen Konflikten durch eine Auslegungsregel Rechnung getragen. Deren deutsche Fassung in ABl. L 336/11 v. 23.12.1994 lautet: „Bei Vorliegen eines Widerspruchs zwischen Bestimmungen des Allgemeinen Zoll- und Handelsabkommens 1994 und Bestimmungen einer anderen Übereinkunft in Anhang 1A des Abkommens zur Errichtung der Welthandelsorganisation ... sind die Bestimmungen der anderen Übereinkunft maßgebend".

Einräumung eines meist zeitlich befristeten Nutzungsrechts[33], anderes kann für die Einfuhr von Kaufkassetten gelten, die an den Endverbraucher veräußert werden. Steht bei dem Geschäft eine Dienstleistung im Vordergrund, so ist als nächstes zu ermitteln, ob für den betroffenen Dienstleistungsbereich spezifische Verpflichtungen übernommen worden sind; hier können auch die CPC-Nummern der Provisional Central Product Classification (s. oben drittes Kapitel E III 2 a) bei der Auslegung heranzuziehen sein, wenn ein Mitglied auf sie verwiesen hat[34]. Weiterhin gelten die allgemeinen Bestimmungen des GATS, gegebenenfalls auch die für die Mitglieder festgelegten Ausnahmen. Das GATT 1994 gilt demgegenüber nur, soweit seine Regelungen nicht zu einem Widerspruch führen.

Der Vorrang des GATS hat für den Rundfunkhandel zur Folge, daß zahlreiche Regelungen des GATT 1994 keine Anwendung finden. Das gilt weniger für Art. IV des GATT 1994, da die dort zugelassenen Spielzeitkontingente mit den allgemeinen Grundsätzen des GATS übereinstimmen (s. oben drittes Kapitel E III 2 b bb (1)). Ein Widerspruch kann hier nur entstehen, wenn ein Mitglied weitergehende spezifische Verpflichtungen übernommen hat. Nicht anwendbar sind demgegenüber die Disziplinen, die das GATT 1994 für Subventionen[35] und Antidumping entwickelt hat. Dem GATS ist einstweilen kein Subventionsverbot zu entnehmen (s. oben drittes Kapitel E I 1 e). Die Subventionierung der Programmindustrie verstößt daher nicht gegen das GATS. Die Subventionsregeln des GATT 1994 können also nicht zu einem Verbot führen, wenn die subventionierten Programme auf bespielten Datenträgern zur Ausstrahlung gehandelt werden. Die Wertungen der Subventionsregeln des GATT 1994 lassen sich höchstens bei den im GATS vorgesehenen Konsultationen berücksichtigen. Ähnliches gilt für die Antidumpingregelungen. Das GATS erkennt in seinen Art. VIII und IX zwar an, daß wettbewerbswidriges Verhalten von Unternehmen handelsverzerrend wirkt (s. oben drittes Kapitel E I 1 f); ob die Mitglieder Dumping mit diskriminierenden Schutzmaßnahmen vergelten können, läßt es aber offen. Die Europäische Gemeinschaft kann daher beispielsweise zur Ausstrahlung eingeführte Programmträger aus den Vereinigten Staaten nicht ohne weiteres mit Antidumpingzöllen belegen, selbst wenn die Importe den Dumpingtatbestand erfüllen.

Vorerst hat sich die Gemeinschaft die Einführung von Antidumpingzöllen allerdings dadurch vorbehalten, daß sie eine entsprechende Ausnahme zu Art. II GATS angemel-

---

33 Diese Dienstleistung löst den Regelungskonflikt aus. Auf einen Regelungskonflikt zwischen Einfuhr des Programmträgers und Ausstrahlung des Programms kommt es gar nicht an, vgl. aber *Hahn*, ZaöRV 56 (1996), S. 329.

34 Folgende Mitglieder, die spezifische Verpflichtungen übernommen haben, benutzen die CPC-Nummern in ihren Listen, um den Dienstleistungssektor zu umschreiben: Indien, Israel, Japan, die Republik Korea, Malaysia, Mexico, Nicaragua und Thailand. Venezuela verweist bei seinen Ausnahmen von Art. II GATS ebenfalls auf die CPC-Nummer.

35 A.A. *Hahn*, ZaöRV 56 (1996), S. 337.

det hat (s. oben drittes Kapitel E I 2 d bb). Bis zu seiner Aufhebung gestattet es dieser Vorbehalt der Gemeinschaft, ihr Antidumpingrecht auch auf bespielte Programmträger anzuwenden. Macht sie von dem Vorbehalt Gebrauch, so können die Regelungen des GATT 1994 bei der Beurteilung der Antidumpingmaßnahmen einen Maßstab bieten.

C. Waren, Dienstleistungen und Niederlassungen im EGV

Der EGV unterscheidet nicht nur zwischen Waren und Dienstleistungen, sondern kennt daneben auch die Niederlassung als eigenständige Form des grenzüberschreitenden Wirtschaftsvorgangs. Da das GATS solche Niederlassungen den Regeln über Dienstleistungen unterstellt[36], ist das Verständnis von Dienstleistungen im GATS weiter als im EGV. Regeln, die das Gemeinschaftsrecht zur Abgrenzung von Dienstleistung und Niederlassung entwickelt hat, sind für das Recht der WTO daher unergiebig. Die Kriterien zur Unterscheidung von Waren und Dienstleistungen, die im Gemeinschaftsrecht vor allem der Gerichtshof benutzt, können hingegen auch für die WTO Anhaltspunkte liefern.

I. Dienstleistungen und Waren

Auch der EGV enthält keine Definition der Waren. Dafür definiert er Dienstleistungen als „Leistungen, die in der Regel gegen Entgelt erbracht werden, soweit sie nicht den Vorschriften über den freien Waren- und Kapitalverkehr und über die Freizügigkeit der Personen unterliegen."[37]

1. Erbringung einer Leistung

Die Charakterisierung der Dienstleistung als Auffangtatbestand in Art. 60 Abs. 1 EGV legt es nahe, den Leistungsbegriff denkbar weit zu fassen, d.h. ihn mit dem Begriff der Tätigkeit gleichzusetzen. Da der freie Dienstleistungsverkehr sich allerdings auf Austauschvorgänge bezieht, muß die Tätigkeit gegenüber anderen erbracht werden; es muß einen Leistungserbringer und einen Leistungsempfänger geben, ohne daß dadurch schon vorausgesetzt wird, daß die Leistung in einem synallagmatischen Verhältnis er-

---

36 S. Art. I:2:c, XXVIII:d GATS.
37 Art. 60 Abs. 1 EGV.

bracht wird[38]. Damit kann jede Rundfunktätigkeit, insbesondere aber der Rundfunkhandel als Erbringung einer Leistung qualifiziert werden. Der Gerichtshof hat beispielsweise ohne weiteres angenommen, daß Tätigkeiten aus dem Produktionsbereich Dienstleistungen sein können[39].

2. Entgeltlichkeit

Art. 60 Abs. 1 EGV fordert, daß die Leistung - allerdings nur in der Regel - gegen Entgelt erbracht wird. Es muß also für die Leistung eine Gegenleistung in irgendeiner Form erbracht werden. Fraglich ist nur von wem.

In Teilen der Literatur wird aus der Entgeltlichkeit auf ein synallagmatisches Vertragsverhältnis geschlossen[40]: Die Gegenleistung müsse vom Empfänger der Leistung um der Leistung willen an den Leistenden erbracht werden[41]. Ein synallagmatisches Verhältnis wird beim Rundfunkhandel in aller Regel vorliegen. Schwer einzuordnen ist aber zum Beispiel die Ausstrahlung von Rundfunksendungen. Dienstleistungen gegenüber dem Rezipienten lägen nach der genannten Auffassung bei der Ausstrahlung von Rundfunk nur dann vor, wenn es sich um eine Form des pay-tv handelt[42]. Eine gewisse Stütze findet diese Ansicht in der Aussage des Gerichtshofs, die Gegenleistung werde in der Regel zwischen dem Erbringer und dem Empfänger der Leistung vereinbart[43]. In einigen Urteilen des Gerichtshofs zu werbefinanziertem Fernsehen blieb eine Dienstleistung gegenüber den Rezipienten dementsprechend unerwähnt; in den Vordergrund gestellt wurde statt dessen eine synallagmatische Leistungsbeziehung, nämlich die Dienstleistung der Veranstalter gegenüber ihren Werbekunden[44].

Gleichzeitig hat der Gerichtshof aber auch die Einspeisung ausländischer Sender in inländische Kabelnetze als Dienstleistung der Netzbetreiber gegenüber den Sendern bezeichnet, obwohl die Gegenleistung für diese Einspeisung allein in den Gebühren der Kabelteilnehmer bestand. Zur Entgeltlichkeit dieser Dienstleistung stellte der Gerichtshof dann fest:

---

38 S. *Kugelmann*, S. 68, m.w.N.
39 S. *Slg.* 1991, I-4069, 4095 (Mediawet).
40 S. *Börner*, ZUM 1985, S. 578; *Koszuszeck*, ZUM 1989, S. 546.
41 S. *Börner*, ZUM 1985, S. 578.
42 S. *Börner*, ZUM 1985, S. 586.
43 *Slg.* 1988, S. 5365, 5388 (Humbel); s.a. *Niedobitek*, S. 156.
44 S. *Slg.* 1988, S. 2085, 2131 (Kabelregeling); 1991, I-4007, 4042 (Gouda); 1991, I-4069, 4099 (Mediawet); die Ansicht *GA Warners, Slg.* 1980, S. 833, 875f. (Debauve), es liege auch eine Dienstleistung gegenüber den Rezipienten vor, hat der Gerichtshof indessen nicht ausdrücklich bestätigt; s.a. *Börner*, ZUM 1985, S. 581.

„Artikel 60 verlangt nicht, daß die Dienstleistung von demjenigen bezahlt wird, dem sie zugute kommt."[45]

Aus dem Wortlaut des Art. 60 Abs. 1 EGV kann also zwar hergeleitet werden, daß es Leistungserbringer und -empfänger sowie Gegenleistungserbringer und -empfänger geben muß, daraus folgt aber nicht, daß die jeweiligen Erbringer der Leistung identisch sein müssen mit den Empfängern der jeweiligen Gegenleistung[46]. Folglich kommt es auf ein synallagmatisches Vertragsverhältnis nicht an. Das Merkmal der Entgeltlichkeit hat vielmehr die Funktion, wirtschaftlich nicht erhebliche Vorgänge, wie zum Beispiel karitative Tätigkeiten vom Anwendungsbereich des EGV auszuschließen.

Wie sich aus der Einbeziehung handwerklicher und freiberuflicher Tätigkeiten in Art. 60 Abs. 2 EGV ergibt, kommt es für die Entgeltlichkeit weiterhin nicht auf reine Gewinnerzielungsabsicht an[47]. Auch eine bestimmte Form, in der das Entgelt erhoben wird, ist in Art. 60 EGV nicht vorgesehen[48]. Demnach können auch öffentlichrechtliche Rundfunkgebühren ein Entgelt für die Ausstrahlung darstellen[49]. Für die Einbeziehung öffentlichrechtlicher Abgaben spricht zudem, daß Art. 90 Abs. 2 EGV öffentliche Unternehmen weitgehend den Dienstleistungsregeln unterstellt[50]. Eine Ausnahme gilt gem. Art. 66 i.V.m. Art. 55 Abs. 1 EGV erst dann, wenn die öffentlichrechtlichen Anstalten öffentliche Gewalt ausüben[51].

3. Grenzüberschreitung

Zwar fordert Art. 60 Abs. 1 EGV nicht ausdrücklich, daß die Dienstleistung grenzüberschreitend erbracht werden muß, doch ergibt sich dieses Erfordernis aus dem Zu-

---

45 *Slg.* 1988, S. 2085, 2131 (Kabelregeling); s.a. *Ipsen*, Rundfunk im Europäischen Gemeinschaftsrecht, S. 86; *EMR-Gutachten*, S. 13.
46 So bleibt die Aussage *Börners*, ZUM 1985, S. 578, es bedürfe eines gegenseitigen Vertrags, letztlich unbegründet; s. ausführlich *Mestmäcker/Engel/Gabriel-Bräutigam/Hoffmann*, S. 39ff.; *Meinel*, S. 61ff.; *Gulich*, S. 42f. mit dem zusätzlichen Hinweis, daß auch bei Versicherungsleistungen Leistungsempfänger und Gegenleistungserbringer häufig auseinanderfallen.
47 S. Grünbuch, Fernsehen ohne Grenzen, KOM(84) 300 endg., S. 106; *Bux*, S. 109; *Reinert*, S. 179; *Gulich*, S. 41, Fn. 111; *Bauer*, S. 190; *Jarass*, EuR 1986, S. 78; kritisch dazu *Kugelmann*, S. 100, Fn. 81.
48 S. Grünbuch, Fernsehen ohne Grenzen, KOM(84) 300 endg., S. 107; *Bauer*, S. 189; *EMR-Gutachten*, S. 13.
49 S. Grünbuch, Fernsehen ohne Grenzen, KOM(84) 300 endg., S. 107f.; *Großkopf*, AfP 1995, S. 467; *Jarass*, EuR 1986, S. 78; *Martín-Pérez de Nanclares*, S. 57; *Deringer*, ZUM 1986, S. 635f.; a.A. *Gulich*, S. 44ff.
50 S. *Kugelmann*, S. 100; *Bauer*, S. 189.
51 S. dazu *Martín-Pérez de Nanclares*, S. 61ff.; *Kugelmann*, S. 185 ff.; *Bux*, S. 135ff.; *Deringer*, ZUM 1986, S. 634; *Jarass*, EuR 1986, S. 81ff., jeweils m.w.N.

sammenhang mit Art. 59 Abs. 1 EGV sowie aus Art. 60 Abs. 3 EGV, der eine Grenz-überschreitung implizit voraussetzt[52].

Das Merkmal der Grenzüberschreitung läßt sich zunächst immer dann bejahen, wenn Dienstleistungserbringer und -empfänger unterschiedlichen Mitgliedstaaten zuzurechnen sind. Hierzu kann die Leistung selbst über die Grenze hinweg an den Empfänger er-bracht werden, der Leistungserbringer (vorübergehend) in den Staat des Empfängers rei-sen (Art. 60 Abs. 3 EGV), der Empfänger sich zum Dienstleistungserbringer begeben, oder beide können sich in einem dritten Mitgliedstaat treffen[53]. Eine grenzüberschrei-tende Rundfunkdienstleistung ist also immer anzunehmen, wenn die Handelspartner un-terschiedlichen Mitgliedstaaten angehören. Der grenzüberschreitende Charakter wird der Dienstleistung auch nicht genommen, wenn der Erbringer sich nur zu dem Zweck in ei-nem anderen Mitgliedstaat niedergelassen hat, um von hier aus sein Heimatland unter Umgehung der dort geltenden Vorschriften zu versorgen[54].

Komplizierter ist die Lage, wenn die Gegenleistung aus dem Staat des Erbringers kommt, so zum Beispiel Werbeeinnahmen oder auch Rundfunkgebühren aus dem Staat des Rundfunkveranstalters (vgl. oben erstes Kapitel D). Wenn das Programm in diesem Fall in einem anderen Mitgliedstaat ohne weitere Gegenleistung empfangen wird, kann ein Fall der drittfinanzierten Dienstleistung (s. dazu oben 2) vorliegen. Der Rundfunk-veranstalter erbringt eine grenzüberschreitende Dienstleistung, die dem Rezipienten im Ausland zugute kommt, aber im Inland bezahlt wird. Darüber hinaus hat der Gerichtshof eine grenzüberschreitende Dienstleistung angenommen, wenn Dienstleistungserbringer und -empfänger in demselben Staat niedergelassen sind und nur die Dienstleistung in einem anderen Mitgliedstaat erbracht wird[55]. Werbefinanzierter Rundfunk kann folglich auch eine Dienstleistung an den Werbenden sein, die im Ausland erbracht wird. Beide Konstellationen setzen allerdings voraus, daß die Grenzüberschreitung Bestandteil der Leistungsvereinbarung ist[56]. So wird der spill-over bei gebührenfinanziertem Rundfunk nicht unter die Dienstleistungsfreiheit fallen, weil der Veranstalter gegenüber dem Ge-

---

52 S. *Martín-Pérez de Nanclares*, S. 59; *Kugelmann*, S. 106, der sich insoweit zu Recht gegen die Auf-fassung der Kommission (Grünbuch, Fernsehen ohne Grenzen, KOM(84) 300 endg., S. 109ff.) wen-det, Art. 60 EGV enthalte das Element der Grenzüberschreitung gar nicht. S.a. *Bux*, S. 114ff.; aus-führlich *Meinel*, S. 67ff.

53 S. Grabitz/Hilf-*Randelzhofer*, Art. 60, Rn. 4.

54 S. *Slg.* 1994, I-4795, 4830f. (TV10); s. dazu *Doutrelepont*, L'actualité du droit de l'audiovisuel eu-ropéen, S. 131ff.

55 S. *Slg.* 1993, I-3777, 3794 (Hubbard), wo es um die Prozeßführung eines britischen Anwalts für sei-nen britischen Mandanten vor einem Gericht in Hamburg ging; s. andererseits *Slg.* 1995, I-4165, 4194, Rn. 22 (Gebhard): „Art. 59 setzt seinem Wortlaut nach voraus, daß Erbringer und Empfänger der Dienstleistung in zwei verschiedenen Mitgliedstaaten ansässig sind"; ähnlich Urteil v. 5.6.1997, Rs. C-56/96 (VT4), Rn. 17.

56 Eine grenzüberschreitende entgeltliche Dienstleistung liegt nicht mehr vor, wenn das Entgelt für eine Leistung entrichtet wird, die nicht die Grenze überschreiten muß, ausführlich *Kugelmann*, S. 103ff.

bührenzahler keine grenzüberschreitende und gegenüber dem ausländischen Rezipienten keine entgeltliche Dienstleistung erbringt (s. oben erstes Kapitel D)[57].

Die geschilderten Konstellationen führen dazu, daß auch die Tätigkeit der Kabelnetzbetreiber grenzüberschreitend wird, wenn sie Programme aus anderen Mitgliedstaaten einspeisen (s. bereits oben 2). Für eine Leistung des Netzbetreibers an den Veranstalter aus einem anderen Mitgliedstaat ist indessen ebenso Voraussetzung, daß die Einspeisung dem Veranstalter einen Vorteil bringt; die Einspeisung von spill-over kommt beispielsweise dem Veranstalter gebührenfinanzierten Rundfunks nicht notwendigerweise zugute. Schließlich können nach der zweiten Konstellation auch Produktions- oder Vertriebsleistungen grenzüberschreitende Dienstleistungen sein, beispielsweise die in einem anderen Mitgliedstaat für einen inländischen Auftraggeber durchgeführte Produktion.

4. Abgrenzung zwischen Ware und Dienstleistung

Die bisher erörterten Dienstleistungsmerkmale treffen auf alle Transaktionen im internationalen Rundfunkhandel zu, also auch auf den Warenhandel. Mit der offenen Definition in Art. 60 Abs. 1 überläßt es der EGV dem Gerichtshof, Kriterien zur Abgrenzung zwischen Waren und Dienstleistungen zu entwickeln.

Allgemeine Abgrenzungskriterien hat der Gerichtshof bisher nicht benannt. Seine Entscheidungen zu Grenzfällen geben aber Hinweise auf Gesichtspunkte, die für die gemeinschaftsrechtliche Einordnung ausschlaggebend sein können. Bei der Qualifizierung von Strom hat sich der Gerichtshof beispielsweise auf das Zolltarifschema gestützt, das Strom als Ware aufführt[58]. In seiner Rechtsprechung zum Fernsehen stellte er zunächst stärker auf die Körperlichkeit des Produkts ab:

„Demnach fällt die Ausstrahlung von Fernsehsendungen als solche, einschließlich jener zu Werbezwecken, unter die Vertragsvorschriften über die Dienstleistungen.

Dagegen unterliegt der Handel mit sämtlichen Materialien, Tonträgern, Filmen und sonstigen Erzeugnissen, die für die Ausstrahlung von

---

57 S. *Kugelmann*, S. 117f. Anders dürfte der spill-over bei werbefinanziertem Rundfunk zu beurteilen sein, wenn die Werbung zumindest auch für Empfänger im Nachbarstaat bestimmt ist. Zu weit ist jedenfalls die Auffassung der Kommission, Grünbuch, Fernsehen ohne Grenzen, KOM(84) 300 endg., S. 110ff., die unter Berufung auf den passus „in der Regel" auch den spill-over einbezieht, der nur durch Rezipienten im Ursprungsland finanziert wird, a.a.O., S. 111f.; ähnlich *Ipsen*, Rundfunk im Europäischen Gemeinschaftsrecht, S. 88; wie hier *Bux*, S. 116f.; *Bauer*, S. 191; *Roth*, ZHR 149 (1985), S. 685f.; *Meinel*, S. 68ff., differenziert hier nach Primär- und Sekundärrecht.

58 S. *Slg.* 1994, I-1477, 1516 (Almelo). Weitere aufschlußreiche Fälle finden sich bei *Oliver*, Free Movement of Goods in the European Community, S. 27 ff.

Fernsehsendungen benutzt werden, den Bestimmungen über den freien Warenverkehr."[59]

Diesem Ansatz entsprechend ist die eigentliche Ausstrahlung von Rundfunksendungen in bisher ständiger Rechtsprechung als Dienstleistung behandelt worden[60]. Darüber hinaus wird in der Literatur aus dieser Passage zum Teil gefolgert, bespielte Programmträger seien stets als Waren zu behandeln, nur die Vorführung oder Ausstrahlung sei eine Dienstleistung[61]. Gerade beim Handel mit Filmen zur Ausstrahlung steht aber die zeitweise Überlassung des nicht-körperlichen Immaterialgüterrechts im Vordergrund und nicht das Eigentum an belichtetem Zelluloid[62]. Es ist also fraglich, ob die Zuordnung so eindeutig ist.

Auch der Gerichtshof zog in der Folge bei bespielten Materialien diesen und andere Gesichtspunkte zur Differenzierung heran. Dabei hat er sich nicht immer von der Tatsache leiten lassen, daß belichtete kinematographische Filme auch im Zolltarifschema als Waren behandelt werden[63]; statt dessen berücksichtigte der Gerichtshof den Zweck der Transaktion. Er griff den Vertrieb von Büchern und Schallplatten auf und zog folgenden Vergleich:

„Anders als diese gehört der Film, unabhängig davon, ob er im Kino oder im Fernsehen öffentlich ausgestrahlt wird, zu der Gruppe der literarischen und künstlerischen Werke, die der Allgemeinheit durch beliebig oft wiederholbare Vorführung zugänglich gemacht werden und deren Vertrieb in den Bereich des Dienstleistungsverkehrs fällt."[64]

Folgerichtig qualifizierte er die Einräumung eines ausschließlichen Nutzungsrechts an einem Film entgegen der Vorlagefrage nicht als eine Beschränkung des Waren-, sondern allein als eine des Dienstleistungsverkehrs[65]. Den genauen Inhalt der Dienstleistungen im Programmhandel umschrieb der Gerichtshof dann in einer späteren Entscheidung wie folgt:

---

59 *Slg.* 1974, S. 409, 428 (Sacchi).
60 S. *Slg.* 1974, S. 409, 428 (Sacchi); 1980, S. 833, 855 (Debauve); 1980, S. 881, 902 (Coditel I); 1982, S. 3381, 3400f. (Coditel II); 1988, S. 2085, 2130f. (Bond van Adverteerders); 1991, I-2925, 2958 (ERT); 1991, I-4007, 4042 (Gouda); 1991, I-4069, 4095 (Mediawet); 1994, I-4795, 4830f. (TV10); vgl. auch *Slg.* 1993, I-487 (Veronica); 1995, I-179 (Leclerc-Siplec).
61 S. *Hahn*, ZaöRV 1996, S. 329; ähnlich *Cottier*, ZUM Sonderheft 1994, S. 750.
62 S. *Keßler*, S. 68ff.; *Ipsen*, Rundfunk im Europäischen Gemeinschaftsrecht, S. 86f.; Schlußanträge des *GA Reischl*, *Slg.* 1974, S. 409, 441; *Roth*, ZUM 1989, S. 107; *Schwarze*, Fernsehen ohne Grenzen, S. 33f.; ausführlich *Alt*, S. 9ff.
63 KN-Code 3706 im Gemeinsamen Zolltarif.
64 *Slg.* 1982, S. 3381, 3400f. (Coditel II).
65 *Slg.* 1982, S. 3381, 3400f. (Coditel II).

„Zu diesen Diensten gehört insbesondere, daß die Produzenten von Filmen den Verleihern gestatten, Kopien ihrer Filme zu ziehen und diese öffentlich zur Aufführung zu bringen."[66]

Diese Entscheidungen lassen wenig Raum, um den Vertrieb belichteter Filmspulen neben der Aufführung als Warenverkehr zu behandeln. Wie Generalanwalt Van Gerven in den Schlußanträgen der zuletzt zitierten Entscheidung feststellt, ist der grenzüberschreitende Versand eines körperlichen Filmträgers nur logische Konsequenz der Nutzungsvereinbarung[67].

Von der eingeschlagenen Linie wich der Gerichtshof auch in einer Entscheidung nicht ab, in der es um den Vertrieb bespielter Kaufkassetten ging. Deren Einordnung als Ware begründete er wie folgt:

„Das Filmwerk gehört zur Gruppe der künstlerischen Werke, die der Öffentlichkeit entweder unmittelbar wie bei der Ausstrahlung des Films im Fernsehen oder seiner Vorführung im Filmtheater oder mittelbar in Form von materiellen Trägern wie Videokassetten zugänglich gemacht werden können. Im zweiten Fall fällt die Verbreitung in der Öffentlichkeit mit dem Inverkehrbringen des materiellen Trägers des Werks zusammen."[68]

Hier stützte sich der Gerichtshof daneben auch auf den Gemeinsamen Zolltarif, der die Videokassetten als Waren bezeichnete[69]. Er ordnete zudem nicht-körperliche Leistungen, die mit der Herstellung der Videokassetten in engem Zusammenhang stehen, dem Warenverkehr zu[70].

Nach der wiedergegebenen Rechtsprechung können bespielte Programmträger also Ware oder Dienstleistung sein. Die Einordnung hängt nicht von dem verkörperten Inhalt ab, sondern von der für die Inhalte gewählten Vertriebsform: Wenn die Programmträger zur Ausstrahlung gehandelt werden, sind sie Dienstleistungen, hingegen Waren, wenn sie als Endprodukt an den Verbraucher verkauft werden[71]. Für andere verkörperte Dienstleistungen wird entsprechendes gelten, wenn sie zum Zwecke der Rundfunkveranstaltung vertrieben werden. Auch ein Drehbuch kann so beispielsweise als Dienstleistung zu behandeln sein.

---

66 *Slg.* 1993, I-2239, 2271 (Fedicine).
67 *Slg.* 1993, I-2239, 2254f. (Fedicine).
68 *Slg.* 1985, S. 2605, 2623 (Cinéthèque); s.a. *Slg.* 1988, S. 2605, 2628 (Warner Brothers).
69 *Slg.* 1985, S. 2605, 2623 (Cinéthèque).
70 *Slg.* 1985, S. 2605, 2623 (Cinéthèque).
71 Ähnlich *Eeckhout*, L'Europe et les enjeux du GATT dans le domaine de l'audiovisuel, S. 33.

Bei den übrigen Rundfunkprodukten entspricht die Einordnung im EGV derjenigen im Recht der WTO. Nur die Gründung von Niederlassungen erfährt im EGV eine eigenständige Regelung.

II. Niederlassung und Dienstleistungen

Im Gegensatz zum GATS nimmt der EGV Niederlassungsvorgänge vom Dienstleistungshandel aus. Dahinter steckt eine ökonomische Unterscheidung: Aus der Sicht des Gemeinschaftsrechts werden bei der Niederlassung vor allem Produktionsfaktoren einseitig bewegt, beim Dienstleistungshandel hingegen Produkte ausgetauscht[72]. Das GATS betrachtet den mit der Niederlassung einhergehenden Transfer als Bestandteil einer grenzüberschreitenden Transaktion, der EGV regelt diesen einseitigen Vorgang separat. Dienstleistungen, die von der Niederlassung vor Ort erbracht werden, sind dann folglich nicht mehr als grenzüberschreitende Dienstleistungen zu behandeln[73].

Die in der Regelung der Niederlassung angelegte Unterscheidung wirkt sich nicht nur auf den Inhalt der Niederlassungsfreiheit aus, sie ist auch bei den Merkmalen der Niederlassung zu berücksichtigen, insbesondere bei der Abgrenzung der Niederlassung zum Dienstleistungshandel.

1. Selbständige Tätigkeit

Nach der Definition in Art. 52 Abs. 2 EGV setzt die Niederlassung zunächst eine selbständige Tätigkeit voraus. Das Tatbestandsmerkmal der Selbständigkeit dient in erster Linie der Abgrenzung zu den Vorschriften über die Freizügigkeit der Arbeitnehmer (Art. 48 ff. EGV)[74]. Positiv kommt es darauf an, daß die Tätigkeit auf eigene Rechnung und auf eigenes Risiko ausgeübt wird[75]. Die Rundfunkunternehmertätigkeit ist damit ohne weiteres erfaßt[76], auch die der öffentlichrechtlich handelnden Veranstalter[77]. Gleiches gilt beispielsweise für den Vertrieb von Rundfunkprogrammen durch einen selbständigen Händler oder für die Produktion durch einen selbständigen Produzenten.

---

72 Vgl. Groeben-*Troberg*, Vor. Art. 52 bis 58, Rn. 1, 23; *Kapteyn/Verloren van Themaat*, S. 427f.
73 S. *Schnichels*, S. 34.
74 S. *Bux*, S. 84, m.w.N.; Grabitz/Hilf-*Randelzhofer*, vor Art. 52, Rn. 8ff. Die Abgrenzungsfunktion tritt beispielsweise in dem französischen Wortlaut der Vorschrift („activités non salariés") noch deutlicher hervor.
75 S. Grabitz/Hilf-*Randelzhofer*, Art. 52, Rn. 12, m.w.N., *Jungbluth*, S. 35, m.w.N.
76 S. *Bux*, S. 84f., m.w.N.
77 S. *Bux*, S. 123f., m.w.N.

2. Erwerbszweck

Wann eine Erwerbstätigkeit vorliegt, läßt der Vertrag offen. Art. 52 Abs. 2 EGV verweist aber auf den Begriff der Gesellschaften in Art. 58 Abs. 2 EGV, der wiederum an deren Erwerbszweck anknüpft. Da Art. 58 Abs. 2 EGV davon auszugehen scheint, daß auch Genossenschaften und juristische Personen des öffentlichen Rechts regelmäßig Erwerbszwecke verfolgen, kann es für die Definition des Erwerbszwecks nicht darauf ankommen, daß die Gesellschaften allein mit Gewinnerzielungsabsicht handeln[78]. Die Verweisung des Art. 52 Abs. 2 EGV auf diesen Gesellschaftsbegriff legt es nahe, die Erwerbstätigkeit entsprechend weit auszulegen[79]. Danach muß zentraler Zweck der Tätigkeit nicht der Gewinn sein, sondern allein ihre weit zu verstehende Entgeltlichkeit reicht aus, um die Tätigkeit als Erwerbstätigkeit zu qualifizieren[80]. Das Merkmal soll also lediglich Aktivitäten ausschließen, die nicht am wirtschaftlichen Leben beteiligt sind, wie zum Beispiel Gefälligkeiten, politische, karitative, religiöse oder auch rein künstlerische Arbeit[81].

Für eine solch weite Auslegung der Erwerbstätigkeit spricht wohl auch, daß mit Ausnahme der dänischen alle anderen mitgliedstaatlichen Fassungen des Art 52 Abs. 2 EGV den Gesichtspunkt des Erwerbes nicht in ihrem Wortlaut enthalten[82].

Bei dieser Auslegung läßt sich der Erwerbszweck sowohl für private[83] als auch für öffentlichrechtliche[84] Veranstalter bejahen. In dem hier zu untersuchenden Zusammenhang ergibt er sich stets aus der Tatsache, daß eine Handelsbeziehung besteht.

3. Gemeinschaftsbezug

Es versteht sich von selbst, daß die Niederlassungsfreiheit des EGV sich nicht auf rein nationale Sachverhalte erstreckt; Art. 52 Abs. 1 EGV gilt nur, wenn es sich um einen Staatsangehörigen eines anderen Mitgliedstaats handelt. Für die Qualifizierung als grenzüberschreitenden Niederlassungsvorgang kann es nicht darauf ankommen, ob die von der Niederlassung ausgehende Tätigkeit grenzüberschreitend erbracht wird. Bei Rundfunkanstalten liegt eine Niederlassung im Sinne des Art. 52 EGV also nicht des-

---

78 S. Grünbuch, Fernsehen ohne Grenzen, KOM(84) 300 endg., S. 205f.; Grabitz/Hilf-*Randelzhofer*, Art. 58, Rn. 7; *Jungbluth*, S. 38f.; *Bux*, S. 127; *Ipsen*, Rundfunk im Europäischen Gemeinschaftsrecht, S. 89; *Schwartz*, Fernsehen ohne Grenzen, S. 51, jeweils m.w.N.

79 S. *Jungbluth*, S. 39f.; *Bux*, S. 127.

80 S. *Schwartz*, ZUM 1989, S. 386.

81 S. *Bux*, S. 87; Grabitz/Hilf-*Randelzhofer*, Art. 52, Rn. 13; wortgleich *Jungbluth*, S. 36, jeweils m.w.N.

82 S. Grünbuch, Fernsehen ohne Grenzen, KOM(84) 300 endg., S. 206; *Jungbluth*, S. 40, m.w.N.; differenzierter *Bux*, S. 86f.

83 S. *Bux*, S. 88; *Jungbluth*, S. 43f.

84 S. *Bux*, S. 124ff.; *Jungbluth*, S. 44f.; *Reinert*, S. 191.

halb vor, weil die Rundfunksignale nicht an Grenzen halt machen[85]. Ausschlaggebend ist vielmehr, daß ein Angehöriger oder eine Gesellschaft (Art 58 EGV) eines anderen Staats sich niederlassen wollen.

4. Abgrenzung zwischen Niederlassung und Dienstleistung

Die konzeptionelle Unterscheidung zwischen einseitigen Niederlassungsvorgängen und zweiseitigem Dienstleistungshandel löst bei der Rechtsanwendung Abgrenzungsschwierigkeiten aus. Um den Dienstleistungshandel vollständig zu erfassen, schließt Art. 60 Abs. 3 EGV die Einreise und den vorübergehenden Aufenthalt eines Dienstleistungserbringers nämlich mit in die Dienstleistungsfreiheit ein. Daraus folgt dann, daß ein nur vorübergehender Aufenthalt in einem Drittstaat noch nicht dem Niederlassungsrecht unterliegt[86].

Die Dauer des Aufenthalts ist ein Indiz für die Absicht einer langfristigen Integration in dem Aufnahmestaat, die eine Niederlassung auszeichnet[87]. Daneben werden in der Praxis auch weitere Kriterien zur Abgrenzung herangezogen: Vor allem ein gewisser Umfang und Schwerpunkt der Geschäftstätigkeit sowie die Entstehung fester Einrichtungen im Aufnahmestaat können zu dem Schluß führen, daß eine Niederlassung vorliegt[88]. So wird die Gründung eines Veranstalters eine Niederlassung sein, ebenso die Eröffnung einer Produktions- oder Vertriebsstelle, wenn diese nicht nur für ein bestimmtes Projekt eingerichtet wird.

Im Einzelfall ist eine Entscheidung allerdings nicht ohne umfassendere Wertungen des betroffenen Sachverhalts zu fällen[89]. Wo die Grenze zwischen Niederlassung und Dienstleistung bei den zahlreichen denkbaren Konstellationen des Rundfunkhandels dann verläuft, kann hier nicht in Einzelheiten geklärt werden[90].

---

85 So aber offenbar *Bux*, S. 88.
86 S. Grabitz/Hilf-*Randelzhofer*, Art. 52, Rn. 10; Groeben-*Troberg*, Art. 52, Rn. 5; umgekehrt liegt bei ständiger Präsenz eine Niederlassung vor und keine Dienstleistung, s. *Slg.* 1986, S. 3755, 3801.
87 S. Grabitz/Hilf-*Randelzhofer*, Art. 52, Rn. 10.
88 Ausführlich dazu *Schnichels*, S. 35ff.; s.a. *Slg.* 1995, I-4165, 4195ff. (Gebhard).
89 S. *Schnichels*, S. 36.
90 S. dazu die ausführliche Untersuchung bei *Bux*, S. 89 ff., der im Gegensatz zum Gerichtshof eine Niederlassung auch dann annimmt, wenn ein selbständiger Kabelunternehmer die Fernsehsignale aus einem anderen Mitgliedstaat in sein Netz einspeist (S. 93ff.).

Fünftes Kapitel: die EG als Regelungsinstanz

Die Völkerrechtspersönlichkeit der EG ist unbestritten[1]. An einer zukünftigen völkerrechtlichen Regelung des internationalen Rundfunkhandels kann sie sich indessen nur im Rahmen der ihr zustehenden Kompetenzen beteiligen[2]. Auch autonome Regelungen kann die Gemeinschaft nur in dem Umfang treffen, in dem ihr für den grenzüberschreitenden Rundfunkhandel Kompetenzen zustehen. Damit rückt die Kompetenzfrage für weitergehende Regelungen des internationalen Rundfunkhandels in den Vordergrund.

A. Grundsätze der Kompetenzverteilung zwischen der EG und den Mitgliedstaaten

Der Gemeinschaft stehen für die Regelung des internationalen Rundfunkhandels verschiedene Kompetenzen zu. Die Frage der Zuständigkeit der Gemeinschaft läßt sich im konkreten Fall aber kaum beantworten, ohne zuvor einen Blick auf und hinter die Grundsätze der Kompetenzverteilung zwischen EG und Mitgliedstaaten zu werfen.

I. Prinzip der begrenzten Ermächtigung

Schon die Zielbestimmungen des EGV (z.B. Art. 2 - 3a EGV) lassen einen beschränkten Rahmen erkennen, innerhalb dessen Kompetenzen der EG überhaupt erst entstehen können. Sie selbst verleihen der EG noch nicht die nötigen Ermächtigungen; regelmäßig weisen sie auf die Tätigkeit „nach Maßgabe dieses Vertrags" hin (z.B. Art. 3, 3a, 4, 4a, 4b, 145, 155, 189 EGV). Darin kommt das Prinzip der begrenzten Einzelzuständigkeiten zum Ausdruck, das in Art. 3b Abs. 1 EGV festgeschrieben worden ist. Nur dort, wo eine ausdrückliche Rechtsgrundlage in den Verträgen vorgesehen ist, kann die EG verbindliche Rechtsakte innerhalb der Ziele des Vertrags erlassen[3].

---

1   S. dazu *Nöll*; *Krück*; *Berrisch*, S. 37ff., jeweils m.w.N.
2   Völkerrechtlich kommt es darauf an, daß die Gemeinschaft nur im Rahmen ihrer Funktionen handelt, vgl. *Berrisch*, S. 37ff., m.w.N.
3   S. *Nicolaysen*, Europarecht I, S. 128; Grabitz/Hilf-*v. Bogdandy/Nettesheim*, Art. 3b EGV, Rn. 3ff.; ausführlich *Krauβer*, S. 20ff.; *Dörr*, EuZW 1996, S. 40.

II. Implied-powers und externe Zuständigkeiten

Bei der Auslegung der Gemeinschaftskompetenzen hat der Gerichtshof die notwendige Effektivität der Zuständigkeiten in den Vordergrund gestellt und die geschriebenen Kompetenzen ergänzt durch sogenannte „implied-powers"[4]. Die implizierten Ermächtigungen knüpfen an vorhandene an und ergänzen sie um Befugnisse, die von der Kompetenz notwendigerweise mit umfaßt sein müssen[5]. Ein typischer Anwendungsfall dieser Lehre sind externe Zuständigkeiten der EG, die sich kraft Sachzusammenhang aus den internen Zuständigkeiten ableiten lassen[6].

Insoweit ist anerkannt, daß die der Gemeinschaft intern zugewiesenen Funktionen entsprechende externe Abschlußbefugnisse voraussetzen können[7]. Auf diese stillschweigenden Kompetenzen kann die Gemeinschaft dann zurückgreifen, wenn keine ausdrücklichen externen Zuständigkeiten bestehen[8]. Die vom Gerichtshof dazu entwickelten Grundsätze sind mit den Erklärungen zum Vertrag über die Europäische Union[9] auch vom Primärrecht angenommen worden[10].

Es wird aber zu berücksichtigen sein, daß die so gefundenen Kompetenzen der EG in erster Linie eine formelle Befugnis einräumen, nämlich die, mit Drittstaaten Abkommen zu schließen. Sie bestätigen die funktionale Verteilung der Kompetenzen zwischen EG und ihren Mitgliedern; für die Funktionen ist es unerheblich, ob die Gemeinschaft einseitige oder wechselseitige Regelungen trifft. Die Abschlußkompetenzen erweitern daher aber nicht die Regelungsmaterie[11]. Die EG wird also beispielsweise dadurch, daß sie intern gem. Art. 30ff. EGV für den Warenverkehr zuständig ist, nicht implizit auch für den Warenverkehr mit Drittstaaten vollen Umfangs zuständig. Würde man ihr auf diese

---

4   S. *Nicolaysen*, Europarecht I, S. 131; *Nöll*, S. 49ff., m.w.N.; *Dörr*, EuZW 1996, S. 40f.; *Jarass*, Die Kompetenzen der Europäischen Gemeinschaft, S. 9ff.
5   S. *Nicolaysen*, Europarecht I, S. 131.
6   S. *Nicolaysen*, Europarecht I, S. 140, m.w.N.; differenzierter Grabitz/Hilf-*Vedder*, Art. 228, Rn. 6; *Nöll*, S. 50f. weist auch ausdrücklich auf den wenig beachteten Zusammenhang der implied-powers-Lehre mit dem Umfang der Völkerrechtssubjektivität der EG hin; s. a. *Arnold*, AVR 1980/81, S.430, 432f. m.w.N.
7   S. *Slg.* 1971, S. 263, 275f. (AETR); 1976, S. 1279, 1311(Kramer); 1977, S. 741, 755f. (Gutachten 1/76); 1992, I-2821, 2845 (Gutachten 1/92); 1993, I-1061, 1076ff. (Gutachten 2/91); 1994, I-5267, 5409ff. (Gutachten 1/94); 1995, I-521, 558f. (Gutachten 2/92); *Schwarze*, NJW 1979, S. 458; *Nicolaysen*, Europarecht I, S. 139; *Rosenbach*, S. 23ff.; *Groeben-Tomuschat*, Art. 210, Rn. 5; *Macleod/Hendry/Hyett*, S. 47ff., alle m.w.N.; kritisch beispielsweise *Lecheler* AVR 1994, S. 12f.
8   Zum Verhältnis der implizierten zu den ausdrücklichen Kompetenzen im Außenhandel s. *Eeckhout*, A Legal Analysis S. 41ff., m.w.N.; ähnlich v. *Bogdandy/Nettesheim*, EuZW 1993, S. 466; Europäisches Außenwirtschaftsrecht-v. *Bogdandy*, S. 19f.
9   S. die Erklärung zu den Artikeln 109, 130r und 130y des Vertrags zur Gründung der Europäischen Gemeinschaft.
10   S.a. *Geiger*, JZ 1995, S. 976.
11   S. *Eeckhout*, A Legal Analysis, S. 38f.; *Tridimas/Eeckhout*, Yearbook of European Law 14 (1994), S. 153f.; *Bleckmann*, EuR 1977, S. 114; Grabitz/Hilf-*Vedder*, Art. 228, Rn. 5f., 9, m.w.N., sowie *ders.*, Die auswärtige Gewalt des Europa der Neun, S. 138ff.; *Arnold*, AVR 1980/81, S. 430f.

Weise auch die externe Regelungsmaterie übertragen, bedürfte es ausdrücklicher Außenkompetenzen wie der des Art. 113 EGV gar nicht mehr.

Daraus ergibt sich die Notwendigkeit, den Zusammenhang mit der Binnenmaterie im Einzelfall herzustellen, bevor die Kompetenz zum Abschluß von Abkommen mit Drittstaaten bejaht wird. Der Gerichtshof hat dies zunächst in zwei Konstellationen getan: In der ersten Fallgruppe (AETR) hatte die EG im Rahmen einer gemeinsamen Politik im Binnenbereich bereits Regelungen getroffen[12]. Der Gerichtshof wies hier darauf hin, daß neue Verpflichtungen der Mitgliedstaaten gegenüber Drittstaaten diese Regelungen nicht beeinträchtigen dürften und nahm daher eine ausschließliche Zuständigkeit der Gemeinschaft an[13]. Diese Rechtsprechung hat er auch auf binnenrechtliche Regelungen erstreckt, die nicht zu einer gemeinsamen Politik gehören[14].

In der zweiten Fallgruppe lagen Binnenregelungen der Gemeinschaft für den fraglichen Bereich noch nicht vor. Hier leitete der Gerichtshof die Zuständigkeit zum Abschluß völkerrechtlicher Verträge unmittelbar aus den Binnenkompetenzen ab; sie läge immer dann vor, wenn der Abschluß eines Vertrags notwendig sei, um eines der Ziele der Gemeinschaft zu erreichen (Gutachten 1/76)[15].

Das Gutachten 2/91[16] verband beide Ansätze zu einem schlüssigen System[17]. Der Gerichtshof unterscheidet dort zunächst zwischen dem Vorliegen einer Kompetenz und ihrer Ausschließlichkeit[18]. Das Vorliegen der Kompetenz richtet sich allein nach den

---

12 S. *Slg.* 1971, S. 263, 275 (AETR); 1976, S. 1279, 1310f. (Kramer); 1992, I-2821, 2845 (Gutachten 1/92).
13 S. *Slg.* 1971, S. 263, 275 (AETR); in der Sache Kramer, *Slg.* 1976, S. 1279, 1310f., stellt der Gerichtshof allerdings nur noch am Rande auf die Beeinträchtigung mitgliedstaatlicher Vorschriften ab, s. dazu *Barav*, Division of powers, S. 34ff.
14 S. *Slg.* 1993, I-1061, 1077 (Gutachten 2/91).
15 S. *Slg.* 1977, S. 741, 756 (Gutachten 1/76).
16 *Slg.* 1993, I-1061 (Gutachten 2/91).
17 Ausführlich *Geiger*, JZ 1995, S. 975ff.
18 S. *Slg.* 1993, I-1061, 1076ff. (Gutachten 2/91); *Geiger* JZ 1995, S. 975f.; s.a. Grabitz/Hilf-*Vedder*, Art. 228, Rn. 10f., m.w.N.; *Bleckmann*, EuR 1977, S. 115.; *Beutler/Bieber/Pipkorn/Streil*, S. 536f.
Was unter Ausschließlichkeit im Sinne des EGV zu verstehen ist, ist streitig, vgl. dazu Dauses-*Arnold*, K.I, Rn. 17ff.; Europäisches Außenwirtschaftsrecht-*v. Bogdandy*, S. 20ff.; Grabitz/Hilf-*v. Bogdandy/Nettesheim*, Art. 3b EGV, Rn. 11ff.; *Calliess*, EuZW 1995, S. 693ff.; *Dauses*, EuR 1979, S. 144f.; *Geiger*, JZ 1995, S. 976f.; *Gilsdorf*, Vorträge, Reden und Berichte aus dem Europa-Institut/Nr. 125, S. 9ff.; *Eeckhout*, The Legal Dimension, S. 97ff.; *Tridimas/Eeckhout*, Yearbook of European Law 14 (1994), S. 154ff.; *Jarass*, EuGRZ 1994, S. 210; *Mengozzi*, The Legal Dimension, S. 239ff.; *Schwarze*, NJW 1979, S. 458ff.; *Schwartz*, AfP 1993, S. 413ff.; *ders.*, Everling-FS, S. 1331ff.; *ders.*, Everling-Schwartz-Tomuschat, Rechtsetzungsbefugnisse, S. 27ff.; *Timmermans*, Pescatore-FS, S. 675ff.; *Gilsdorf*, EuR 1996, S. 148ff.; *Macleod/Hendry/Hyett*, S. 56ff.; *Jarass*, Die Kompetenzen der Europäischen Gemeinschaft, S. 24ff.; s. auch *v. Bogdandy-Nettesheim*, EuZW 1993, S. 465ff.
Der Gerichtshof geht in einigen Bereichen, wo der Gemeinschaft Sachgebiete übertragen worden sind, von einer anfänglichen Ausschließlichkeit aus; das gilt insbesondere für die gemeinsame Handelspolitik, s. *Slg.* 1975, S. 1355, 1363f. (Gutachten 1/75); 1976, S. 1921, 1937 (Donckerwolcke); 1979, S. 2871, 2910 (Gutachten 1/78); 1986, S. 559, 586 (Bulk Oil). Im übrigen hängt die Ausschließlichkeit davon ab, in welchem Umfang die Gemeinschaft den betroffenen Bereich geregelt hat,

Maßgaben des Primärrechts, also nach den Binnenkompetenzen des EGV[19]; eine weitergehende, in der Binnenkompetenz angelegte Notwendigkeit, auch Außenregelungen zu treffen, wird dabei nicht gefordert[20]. Ob aufgrund der Binnenkompetenzen bereits Regelungen erlassen worden sind, ist hingegen eine Frage der Ausschließlichkeit[21]; die Binnenregelung durch die Gemeinschaft bewirkt, daß die Mitgliedstaaten ihre Regelungsbefugnisse gleichermaßen nach innen und außen verlieren[22].

Dieses integrationsfreundliche, aber geschlossene System scheint der Gerichtshof in der neueren Rechtsprechung wieder zurückzunehmen[23]. Insbesondere in seinem WTO-Gutachten[24] bemüht er sich um eine Begrenzung der Außenkompetenzen. Ohne klar zwischen dem Vorliegen der Kompetenz und deren Ausschließlichkeit zu unterscheiden, beurteilt er die Kompetenzfrage wieder nach den eingangs geschilderten Fallgruppen: Eine ausschließliche Kompetenz der Gemeinschaft liegt danach überall dort vor, wo konkrete[25] Binnenregelungen durch Außenverpflichtungen der Mitgliedstaaten tatsächlich beeinträchtigt werden können (AETR-Fallgruppe)[26]; fehlt eine solche Harmonisierung, dann können die Binnenkompetenzen der Gemeinschaft eine ausschließliche Außenkompetenz nur dort verleihen, wo sich das Regelungsziel durch autonome Maßnahmen nicht erreichen läßt (Fallgruppe des Gutachten 1/76)[27]. Auch bei dieser zweiten Fallgruppe bleibt es der Gemeinschaft indessen unbenommen, durch interne Rechtsetzungsakte nach der AETR-Fallgruppe eine ausschließliche Außenkompetenz zu erwerben[28].

Die unterschiedlichen Interpretationsansätze des Gerichtshofs erzeugen Rechtsunsicherheit[29]. Es scheint, als sei bereits das Vorliegen einer Außenkompetenz nunmehr

s. *Slg.* 1993, I-1061, 1077(Gutachten 2/91); 1994, I-5267, 5411, 5414 (Gutachten 1/94). Hier verhält sich die Ausschließlichkeit ähnlich wie bei konkurrierenden Kompetenzen im Grundgesetz, s. *Caliess*, EuZW 1995, S. 694; *Jarass*, Die Kompetenzen der Europäischen Gemeinschaft, S. 26ff.

19 Vgl. *Slg.* 1993, I-1061, 1076ff. (Gutachten 2/91).

20 S. *Slg.* 1993, I-1061, 1078f. (Gutachten 2/91); dort beschränkt sich der Gerichtshof darauf, das Vorliegen einer Gemeinschaftskompetenz für den Schutz der Arbeitnehmer und die Verbesserung der Arbeitsumwelt zu prüfen. Eine Notwendigkeit, diesen Schutz durch Abkommen mit Drittstaaten zu erreichen, wird demgegenüber nicht geprüft. S.a. *Dörr*, EuZW 1996, S. 42.

21 S. *Slg.* 1993, I-1061, 1076f., 1078f. (Gutachten 2/91); ähnlich bereits in der Sache Kramer, *Slg.* 1976, S. 1279, 1311ff.; s.a. *Dörr*, EuZW 1996, S. 41f.

22 S. *Slg.* 1993, I-1061, 1076f., 1078f. (Gutachten 2/91).

23 S. dazu *Geiger*, JZ 1995, S. 979ff.

24 *Slg.* 1994, I-5267 (Gutachten 1/94).

25 Der Gerichtshof scheint in dem Gutachten an den Grad der Binnenregelung höhere Anforderungen zu stellen als zuvor, s. *Gilsdorf*, EuR 1996, S. 154ff.

26 S. *Slg.* 1994, I-5267, 5411f., 5418 (Gutachten 1/94); 1995, I- 521, 559 (Gutachten 2/92).

27 S. *Slg.* 1994, I-5267, 5413f., 5417 (Gutachten 1/94); 1995, I-559 (Gutachten 2/92); s. dazu *Bourgeois*, CMLReview 1995, S. 780f.; *Geiger*, JZ 1995, S. 980; *Dörr*, EuZW 1996, S. 42f.; *Flory/Martin*, Cahiers de droit Européen 1996, S. 379.

28 S. *Slg.* 1994, I-5267, 5416, 5418 (Gutachten 1/94).

29 S. *Bourgeois*, CMLReview 1995, S. 780ff.; *Dutheil de la Rochère*, RevMC 1995, S. 466ff., 469; *Geiger*, JZ 1995, S. 981f.; *Hilf*, EJIL 6 (1995), S. 254. In Praxis und Literatur werden die beiden

grundsätzlich von der vorherigen Binnenregelung abhängig[30]. Nur in engen Ausnahmefällen, in denen sich das Kompetenzziel nicht durch autonome Regelungen erreichen läßt, scheint die Gemeinschaft allein durch das Primärrecht ermächtigt, völkerrechtliche Verträge zu schließen[31]. Ein solches Verständnis der implied-powers begegnet Bedenken, weil der Erwerb einer Außenkompetenz durch die Binnenregulierung auf eine Selbstermächtigung der Gemeinschaft durch Sekundärrecht hinausläuft[32]. In anderem Zusammenhang hat der Gerichtshof in dem WTO-Gutachten ausdrücklich bekräftigt, daß die Regelungspraxis der Gemeinschaftsorgane die Vorschriften des Vertrags nicht abändern könne[33]. Eine Selbstermächtigung der Gemeinschaft wäre nach diesem Grundsatz ausgeschlossen. Eine Kompetenz-Kompetenz steht ihr nicht zu[34].

Zusammenfügen ließe sich die Rechtsprechung, wenn man berücksichtigt, daß der Gerichtshof zuletzt nur über die Frage einer ausschließlichen Kompetenz entschieden hat[35]. Eine ausschließliche Außenkompetenz liegt nämlich auch nach dem Gutachten 2/91 grundsätzlich nur vor, wenn die Gemeinschaft Binnenregelungen geschaffen hat. Ein solches Verständnis deutet der Gerichtshof in den neueren Gutachten zum Teil an[36]; es ist mit deren Ergebnissen indessen nicht ohne weiteres zu vereinbaren[37]. Die genaue Struktur und Reichweite der Außenkompetenzen aus implied-powers bleibt also verschwommen.

Fallgruppen auch häufig als getrennte Begründungsmuster dargestellt; s. die wiedergegebenen Ausführungen der Kommission, *Slg.* 1994, I-5267, 5318 (Gutachten 1/94); auch *Eeckhout*, A Legal Analysis, S. 39, spricht davon, daß man beide Fallgruppen unterscheiden müsse.

30 S. *Geiger*, JZ 1995, S. 979f.

31 S. *Geiger*, JZ 1995, S. 980; a.A. *Dörr*, EuZW 1996, S. 42f.

32 S. *Geiger* JZ 1995, S. 980f. S.a. *Barav*, Division of powers, S. 34, m.w.N.; Grabitz/Hilf-*Vedder*, Art. 228, Rn. 10.

33 S. *Slg.* 1994, I-5267, 5403f. (Gutachten 1/94); 1988, S. 855, 898; 1987, S. 1493, 1520f., wo es um die Wahl der richtigen Rechtsgrundlage ging.

34 S. *Dörr*, EuZW 1996, S. 41.

35 S. *Slg.* 1994, I-5267, 5389 (Gutachten 1/94); 1995, I-521, 551 (Gutachten 2/92).

36 So findet sich zum Beispiel der Satz: „Nur in dem Maße, wie gemeinsame Vorschriften auf interner Ebene erlassen werden, wird die externe Zuständigkeit der Gemeinschaft zu einer ausschließlichen", s. *Slg.* 1994, I-5267, 5411 (Gutachten 1/94); ähnlich *Slg.* 1995, I-521, 559 (Gutachten 2/92); s.a. *Geiger*, JZ 1995, S. 979; *Dörr*, EuZW 1996, S. 42f., der die „Gutachten-1/76-Doktrin" im Gutachten 1/94 als Voraussetzung für das Bestehen einer Kompetenz deutet. Da der Gerichtshof bei Vorliegen der Anforderungen der „Gutachten-1/76-Doktrin" aber ohne weiteres von einer ausschließlichen Kompetenz ausgeht (s. oben), liegt es näher in ihr zugleich eine Voraussetzung für die Ausschließlichkeit der Kompetenz zu sehen.

37 S. *Geiger*, JZ 1995, S. 980, der darauf hinweist, daß bei Vorliegen einer konkurrierenden Kompetenz der Gemeinschaft der Gerichtshof kaum von einer nach Sachbereichen geteilten Zuständigkeit ausgehen dürfte.

III. Kompetenzergänzung gem. Art. 235 EGV

Während die implied-powers-Lehre an die bereits vorhandenen Kompetenzen anknüpft, sind Ausgangspunkt für das Verfahren in Art. 235 EGV die Ziele des EGV[38]. Hierbei sollen die begrenzten Einzelermächtigungen abgerundet werden, um die Deckungsgleichheit von Aufgabe und Kompetenz zu gewährleisten. Da Art. 235 EGV von den weitgesteckten Zielen des EGV ausgeht, gestattet er weitgehende Ergänzungen der vorhandenen Kompetenzen. Dafür stellt er hohe Anforderungen an das Verfahren: Auf Vorschlag der Kommission und nach Anhörung des Parlaments müssen die Kompetenzergänzungen vom Rat einstimmig beschlossen werden; mithin kann jeder Mitgliedstaat die Ergänzung der Kompetenzen im Rat verhindern.

Art. 235 EGV ist keine umfassende Kompetenz-Kompetenz, er ermächtigt die Gemeinschaft zur Aktualisierung der in ihm angelegten Kompetenzen nur unter bestimmten materiellen Voraussetzungen. Nach Ansicht des Gerichtshofs kann sich die Gemeinschaft keine Zuständigkeiten verleihen, die den Rahmen der Vertragsbestimmungen, insbesondere den der Gemeinschaftsziele überschreiten[39]. Darüber hinaus beschränkt Art. 235 EGV die Gemeinschaftskompetenzen auf den „Rahmen des Gemeinsamen Marktes"[40]. Diesem Tatbestandsmerkmal ist eine eigene Bedeutung beizumessen; es erschöpft sich nicht darin, die Beschränkung auf die Ziele der Gemeinschaft zu wiederholen. Bei seiner Auslegung liegt es daher nahe, auf die im EGV vorgesehene Tätigkeit zur Herstellung des Gemeinsamen Markts abzustellen. Um die Ermöglichung dieser Tätigkeit geht es schließlich. Art. 235 EGV wird also nur zur Geltung kommen, wenn es um Tätigkeiten geht, die eine Affinität zu der bereits ausdrücklich zu integrierenden Materie aufweisen[41]. Durch die Bindung an die Ziele der Gemeinschaft und ihre im EGV vorgesehenen Tätigkeiten begegnet Art. 235 EGV der Gefahr, die Grenze zur Vertragsänderung zu verwischen.

In dieser Lesart wird Art. 235 EGV auch juristisch handhabbar. Ohne konkreten Prüfungsgegenstand lassen sich aus ihm unterdessen nur generelle Aussagen herleiten. Von einer weiteren Vertiefung in dem hier zu untersuchenden Zusammenhang wird daher im folgenden abgesehen.

---

38   Wodurch es sich von der implied-powers-Lehre unterscheidet, s. *Nicolaysen*, EuR 1966, S.132ff.
39   S. *Slg.* 1996, I-1759, 1788 (Gutachten 2/94); näher *Dorn*, S. 21ff., 112ff.
40   S. dazu *Dorn*, S. 26ff., 120ff.
41   S. *Nicolaysen*, Europarecht I, S. 133f.

IV. Kompetenzausübungsschranken

Das Bestehen einer einschlägigen Kompetenz ist zu unterscheiden von ihrer Ausübung[42]. Die Ausübung bestehender Kompetenzen wird in Art. 3b EGV in zwei Hinsichten beschränkt: Ob die Gemeinschaft regelnd tätig werden kann, bestimmt der Grundsatz der Subsidiarität in Art. 3b Abs. 2 EGV[43]; wie sie dies tut, richtet sich in erster Linie nach dem Verhältnismäßigkeitsprinzip in Art. 3b Abs. 3 EGV[44]. Beide Schranken gemeinschaftlicher Regelungstätigkeit lassen sich ohne konkreten Prüfungsgegenstand schlecht anwenden, daher sollen sie hier nur in Grundzügen erläutert werden.

1. Subsidiarität

Art. 3b EGV (s.a. Art. B Abs. 2 EUV) verpflichtet die EG in Bereichen konkurrierender Zuständigkeit der Subsidiarität. Diese Kompetenzausübungsschranke erlegt der EG eine formelle und eine materielle Verpflichtung auf[45]. Formell ist die EG gehalten, den Grundsatz der Subsidiarität bei ihrer Tätigkeit zu berücksichtigen, auch in den Erwägungsgründen einer Verordnung oder Richtlinie (vgl. Art. 190 EGV). Materiell sind Maßnahmen dann rechtswidrig, wenn die EG im Bereich konkurrierender Kompetenzen tätig wird, obwohl die in Betracht kommenden Ziele bereits auf der Ebene der Mitgliedstaaten erreicht werden können[46]. Die Anwendung dieses materiellen Grundsatzes dürfte dem Gerichtshof ähnlich schwer fallen wie dem Bundesverfassungsgericht die Anwendung des Art. 72 Abs. 2 GG[47].

Für eine Regelung des Rundfunkhandels kommt die Subsidiarität darüber hinaus aus zweierlei Gründen kaum zum Tragen. Einerseits ist die Zuständigkeit der EG für die Regelung des Außenhandels in weiten Bereichen eine ausschließliche[48]; auf ausschließliche Zuständigkeiten findet das Subsidiaritätsprinzip aber keine Anwendung. Andererseits wird es der EG bei Rundfunkangelegenheiten kaum schwerfallen, ein Bedürfnis für

---

42 S. Grabitz/Hilf-v. *Bogdandy/Nettesheim*, Art. 3b EGV, Rn. 19; *Ossenbühl*, Rundfunk, S. 26; *Meinel*, S. 119; *Schwartz*, AfP 1993, S. 411; *Jarass*, Die Kompetenzen der Europäischen Gemeinschaft, S. 3f.; s. auch *Jarass*, Kartellrecht und Landesrundfunkrecht, S. 39ff. zu der entsprechenden Unterscheidung auf nationaler Ebene.
43 S. *Schwartz*, AfP 1993, 416; *Jarass*, EuGRZ 1994, S. 214, m.w.N.
44 S. *Schwartz*, AfP 1993, 416; *Jarass*, EuGRZ 1994, S. 214, m.w.N.
45 S. *Jarass*, EuGRZ 1994, 210ff.
46 S. dazu im einzelnen Grabitz/Hilf-v. *Bogdandy/Nettesheim*, Art. 3b EGV, Rn. 19ff.
47 S. *BVerfGE* 2, S. 213, 224; 4, S. 115, 127f.; 13, S. 230, 233f.; 26, S. 338, 382f., s.a. *Bruha*, Subsidiarität, S. 399f.; *Nicolaysen*, GS Grabitz, S. 481f.; Grabitz/Hilf-v. *Bogdandy/Nettesheim*, Art. 3b EGV, Rn. 21. Allerdings enthält der Vertrag von Amsterdam ein Protokoll, das die Kriterien präzisieren und die Beachtung der Grundsätze der Subsidiarität und Verhältnismäßigkeit sicherstellen soll, ABl. C 340/105 v. 10.11.1997.
48 S. oben II und die dazugehörigen Nachweise.

gemeinschaftliche Regelungen unter dem Gesichtspunkt der Transnationalität[49] der Materie darzulegen[50]. Das gilt erst recht für den grenzüberschreitenden Handel mit Rundfunk. Die Subsidiarität wird den EG-Kompetenzen in diesem Bereich also kaum entgegenstehen.

2. Verhältnismäßigkeit

Das Verhältnismäßigkeitsprinzip in Art. 3b Abs. 3 EGV gilt auch zum Schutz der mitgliedstaatlichen Kompetenzen[51]. Es erlegt der Gemeinschaft vor allem unter dem Gesichtspunkt der Erforderlichkeit die Pflicht auf, die Maßnahme zu wählen, die die mitgliedstaatliche Regelungsautonomie am wenigsten beeinträchtigt[52]. Gleiches gilt für die Regelungsdichte der gewählten Maßnahme[53]. Darüber hinaus sollen Eingriffe in die staatliche Autonomie nicht außer Verhältnis zu dem verfolgten Zweck stehen[54].

Im Völkerrecht stehen der Gemeinschaft nur Verträge mit Drittstaaten zur Verfügung, um eine wechselseitig verbindliche Handelsregelung zu treffen. Ein milderes Mittel wird sich bei der Wahl der Maßnahme also regelmäßig nicht finden lassen. Deshalb ist fraglich, inwieweit das Verhältnismäßigkeitsprinzip hier zum Tragen kommen kann. Man könnte es allenfalls bei der Regelungsdichte berücksichtigen. Diese wird aber nicht nur von der Gemeinschaft, sondern auch von ihren Vertragspartnern bestimmt; es ist also bereits fraglich, ob eine Maßnahme der Gemeinschaft im Sinne des Art. 3b Abs. 3 EGV vorliegt. Jedenfalls wird man der Gemeinschaft einen weiten außenpolitischen Beurteilungsspielraum zugestehen müssen, um ihr die Beteiligung an völkerrechtlichen Verträgen zu ermöglichen.

Größere Bedeutung ist der Verhältnismäßigkeit bei der Regelung des Binnenhandels beizumessen. Hier muß die Gemeinschaft bei konkreten Regelungsvorhaben darauf achten, daß sie die mitgliedstaatliche Regelungsautonomie nicht stärker einschränkt als erforderlich. Auch hier wird die Transnationalität des Rundfunks supranationale Regelungsansätze aber in der Regel erforderlich erscheinen lassen.

---

49 S. dazu *Jarass*, EuGRZ 1994, S. 215.
50 Ähnlich *Bux*, S. 45; die Kultur-Kompetenzen nehmen von vornherein so starke Rücksicht auf die Regelungshoheit der Mitgliedstaaten, daß das Subsidiaritätsprinzip daneben kaum zur Anwendung kommt, s. *Niedobitek*, EuR 1995, S. 358ff.
51 S. Grabitz/Hilf-*v. Bogdandy/Nettesheim*, Art. 3b EGV, Rn. 48; *Jarass*, EuGRZ 1994, S. 214, beide m.w.N.
52 Näheres bei Grabitz/Hilf-*v. Bogdandy/Nettesheim*, Art. 3b EGV, Rn.48ff.; *Jarass*, EuGRZ 1994, S. 214f.; Lenz-*Langguth*, Art. 3b, Rn. 24ff., alle m.w.N.
53 S. *Jarass*, EuGRZ 1994, S. 214, m.w.N.
54 S. *Jarass*, EuGRZ 1994, S. 214.

B. Binnenhandel

Die Auseinandersetzung um Kompetenzen der EG für den Rundfunkhandel im Binnenmarkt bietet Stoff für mehrere Monographien[55]. Sie kann daher im folgenden nicht in all ihren Facetten dargestellt werden. Der Umfang der Binnenkompetenzen spielt indessen nicht nur für den internationalen Rundfunkhandel innerhalb der Gemeinschaft eine Rolle; über die implied-powers beeinflussen die Binnenkompetenzen auch den Umfang der Zuständigkeit für den Außenhandel. Daher sollen die Binnenkompetenzen der Gemeinschaft kurz umrissen werden.

I. Kompetenzen aus Art. 52ff. EGV

Art. 52 EGV selbst ermächtigt die EG nicht, auf dem Gebiet der Niederlassungsfreiheit regelnd tätig zu werden. Die nötigen Kompetenzen stehen der Gemeinschaft aber gem. Art. 54, 56 und vor allem gem. Art. 57 EGV zu. Voraussetzung für ein Tätigwerden der EG auf dieser Grundlage ist, daß ein Sachverhalt geregelt wird, der eine Niederlassung im Sinne des Art. 52 Abs. 2 EGV darstellt (s. dazu oben viertes Kapitel C II). Die maßgebliche Kompetenz in Art. 57 Abs. 2 EGV[56] gestattet der Gemeinschaft die „Koordinierung der Rechts- und Verwaltungsvorschriften der Mitgliedstaaten über die Aufnahme und Ausübung selbständiger Tätigkeiten". Die Kompetenz dient der in Art. 3 lit. c, 7a EGV umschriebenen Zielsetzung; sie soll der Gemeinschaft die Öffnung der mitgliedstaatlichen Märkte durch Harmonisierungsmaßnahmen ermöglichen. Damit ist die Kompetenz funktional[57] zugewiesen: Der EG wird nicht ein Sachgebiet „Niederlassungen" zugewiesen, sondern ihr wird aufgetragen, in diesem Bereich ihre marktöffnende Funktion auszuüben.

---

55 S. beispielsweise *Kugelmann*; *Bux*; *Jungbluth*; *Gulich*; *Meinel*.

56 Die Reichweite und Abgrenzung der einzelnen Kompetenzbestimmungen unterbleibt hier; sie würde mehr Platz kosten als Nutzen bringen. Es sei jedoch darauf hingewiesen, daß mit Ablauf der Übergangszeit am 31.12.1969 (vgl. Art. 7 EGV) die Bedeutung des Art. 54 EGV als Kompetenznorm infolge der unmittelbaren Anwendbarkeit des Art. 52 EGV gering geworden ist, vgl. *Geiger*, EG-Vertrag, Art. 54, Rn. 1, 4; Groeben-*Troberg*, Art. 54, Rn. 9ff. Trotz des passus „vor dem Ende der Übergangszeit" in Art. 57 Abs. 2 EGV bleibt diese Kompetenznorm hingegen auch nach dem 31.12.1969 einschlägig, da sich ihr Zweck auch mit der unmittelbaren Anwendbarkeit des Art. 52 EGV nicht erledigt hat s. Grabitz/Hilf-*Randelzhofer*, Art. 54, Rn. 10; Groeben-*Troberg*, Art. 57, Rn. 7.

57 Zur Bedeutung dieser Umschreibung der Kompetenzen s. *Niedobitek*, S. 193; s.a. Dauses-*Roth*, E.I, Rn. 139ff.

II. Kompetenzen aus Art. 59ff. EGV

Für Leistungen, die gemeinschaftsrechtlich als Dienstleistungen zu qualifizieren sind (s. dazu oben viertes Kapitel C I), bestehen für die EG gem. Art. 66 EGV ebenfalls die Kompetenzen in Art. 56, 57 EGV, insbesondere Art. 57 Abs. 2 EGV. Hierauf hat sich die Gemeinschaft beispielsweise beim Erlaß der Fernsehrichtlinie gestützt[58].

III. Kompetenzen aus Art. 100, 100a EGV

Bei den Art. 100, 100a EGV handelt es sich um subsidiäre Ermächtigungen[59]. Angesichts der weitreichenden Gemeinschaftskompetenzen in den Art. 52ff., 59ff. EGV spielen diese Ermächtigungen für den Rundfunkbinnenhandel nur eine geringe Rolle. Erwähnt werden sollen die Art. 100, 100a EGV aber, weil sie die maßgeblichen Kompetenzen für die Binnenregelung des Warenverkehrs enthalten; da eine ausdrückliche Ermächtigung in den Art. 30ff. EGV fehlt, muß die Gemeinschaft auf die Art. 100, 100a EGV zurückgreifen, um Rechtsangleichung auf dem Gebiet des Warenverkehrs zu betreiben[60]. Bei der Regelung des Rundfunkbinnenhandels kommen die Art. 100, 100a EGV also überall dort als Kompetenzgrundlage in Betracht, wo es um den Handel mit Materialien und technischem Gerät geht.

IV. Kompetenzen aus Art. 130 EGV

Mit den Art. 3 lit. l, 130 EGV ist die Gemeinschaft ermächtigt worden, Industriepolitik zu betreiben[61]. Berechtigung, Umfang und Struktur dieser neuen Kompetenz sind noch weitgehend ungeklärt und können hier nicht weiter vertieft werden[62]. Art. 130 EGV soll aber Erwähnung finden, weil er die Gemeinschaft berechtigt, industriepolitische Maßnahmen zu ergreifen, die sich auf den internationalen Rundfunkhandel auswirken können. Diese Auswirkungen betreffen den Binnenhandel und den Außenhandel gleichermaßen.

Art. 130 EGV gestattet der Gemeinschaft einerseits, bei ihrer Tätigkeit die Wettbewerbsfähigkeit der Industrie als Ziel zu verfolgen (Art. 130 Abs. 3 Satz 1 EGV). Andererseits verleiht er ihr Kompetenzen, dieses Ziel gemeinsam mit den Mitgliedstaaten zu

---

58 S. Richtlinie 89/552, ABl. L 298/23 v. 17.10.1989.
59 S. Grabitz/Hilf-*Langeheine*, Art. 100 EGV, Rn. 72, Art. 100a EGV, Rn. 15, m.w.N.
60 S. Grabitz/Hilf-*Langeheine*, Art. 100 EGV, Rn. 74ff.
61 Zur Entstehungsgeschichte s. Grabitz/Hilf-*Lecheler*, Art. 130 EGV, Rn. 5ff.
62 S. dazu Grabitz/Hilf-*Lecheler*, Art. 130 EGV; *Engel*, in: Europäisierung des Rechts, S. 35ff.

verwirklichen (Art. 130 Abs. 2 und 3 EGV). Industriepolitisch motivierte Fördermaßnahmen für den audiovisuellen Bereich ließen sich danach beispielsweise auf Art. 130 EGV stützen. Ob gleiches für industriepolitische Schutzmaßnahmen gilt, ist angesichts der Betonung des Systems offener und wettbewerbsorientierter Märkte hingegen fraglich.

V. Publizistische Aspekte im Kompetenzgefüge

Die publizistischen Aspekte des Rundfunkhandels beinhalten namentlich die kulturelle und meinungsbildende Funktion des Rundfunks (s. oben erstes Kapitel B). Eine Regelung des Rundfunkhandels wird sich mit diesen Aspekten nicht in erster Linie befassen. Da Rundfunk jedoch regelmäßig auch publizistisch wirkt, greifen ökonomische und publizistische Regelungen zwangsläufig ineinander[63]. Diese mehrdimensionale Wirkung rundfunkrechtlicher Regelungen wirft kompetentiell die Frage nach der publizistischen Reichweite gemeinschaftlicher Kompetenzen auf.

Inzwischen ist anerkannt, daß die kulturelle Dimension des Rundfunks die Zuständigkeiten der Gemeinschaft für seine wirtschaftliche Regelung nicht ausschließt. Diesen Befund bestätigt der Gerichtshof mit der Aussage, daß auch kulturelle Güter den Normen des Gemeinsamen Markts unterworfen sind, sofern der Vertrag nicht ausdrückliche Ausnahmen vorsieht[64]. Offen bleibt damit, in welchem Verhältnis die Kompetenzen der Gemeinschaft zu publizistischen Aspekten stehen. Da die EG ihre Integrationsziele erst in neuerer Zeit auf nicht-wirtschaftliche Sachverhalte erstreckt, sucht man vergebens nach einem geschlossenen Kompetenz-System. Die wirtschaftlichen Kompetenzen der EG müssen also abgeschichtet werden gegenüber den mitgliedstaatlichen Kompetenzen für die publizistische Materie (dazu unter 1). Darüber hinaus ist anschließend darzulegen, welche rein publizistischen Kompetenzen der Gemeinschaft zur Verfügung stehen (dazu unter 2).

1. Kompetenzen zur Rechtsangleichung

Die funktional ausgerichteten Binnenkompetenzen der EG lassen eine trennscharfe Abschichtung gegenüber publizistischer Regelungsmaterie nicht zu[65]. Daher ist nicht

---

63 Vgl. *Fiedler*, Das Europa der Bürger in einer Gemeinschaft ohne Binnengrenzen, S. 154ff., m.w.N.

64 S. *Slg.* 1968, S. 633, 642f.; zu der Rechtsprechung des Gerichtshofs s.a. *Fiedler*, Das Europa der Bürger in einer Gemeinschaft ohne Binnengrenzen, S. 159ff.; speziell EG-rechtliche Gründe für die Einbeziehung von Sachverhalten mit kultureller Dimension legen auch *Bux*, S. 69ff.; *EMR-Gutachten*, S. 12; *Niedobitek*, S. 194ff.; *Oppermann*, GS Grabitz, S. 485; *Roth*, ZUM 1989, S. 101ff.; *Schwartz*, ZUM 1989, S. 382ff. dar.

65 S. statt vieler *Niedobitek*, S. 194ff.

auszuschließen, daß die gemeinschaftliche Regelung wirtschaftlicher Sachverhalte sich hier auch auf rein publizistische Fragen erstreckt. Wie weit der EGV ein Eindringen der Gemeinschaft in die publizistischen Regelungsbereiche im Einzelfall zuläßt, hängt allein von den Vorgaben ab, die er der Gemeinschaft in kompetentieller Hinsicht macht. Grundsätzlich erteilt er der Gemeinschaft insoweit in Art. 7a EGV ausdrücklich den Auftrag, den Binnenmarkt herzustellen und zu wahren. Für die Verwirklichung des Binnenmarkts reicht es nicht, die EG zu einer Festschreibung der Grundfreiheiten zu ermächtigen. Sie muß vielmehr auch in die Lage versetzt werden, mitgliedstaatliche Beschränkungen, die dem Schutz berechtigter Interessen dienen, durch einheitliche Regelungen[66] zu beseitigen. So ist für den Warenverkehr anerkannt, daß die Gemeinschaft insbesondere die Bereiche einheitlich regeln darf, die eine Beschränkung gem. Art. 36 EGV rechtfertigen können[67]. Dabei bezieht sich Art. 36 Satz 1 EGV ausdrücklich auch auf kulturell motivierte Beschränkungen.

Ähnliche Funktionen kommen der Rechtsangleichung im Rahmen der Dienstleistungsfreiheit zu[68]. Die Berechtigung der Gemeinschaft, publizistisch motivierte Beschränkungen der Mitgliedstaaten durch Rechtsangleichung aufzuheben, läßt der Gerichtshof in seiner Rechtsprechung zu Werbeverboten mit folgender Formulierung erkennen:

> „In Ermangelung einer Harmonisierung der geltenden Vorschriften bewegt sich ein derartiges Verbot im Rahmen der jedem Mitgliedstaat belassenen Zuständigkeit, Fernsehwerbung in seinem Hoheitsgebiet aus Gründen des Allgemeininteresses Rechtsvorschriften zu unterwerfen, zu beschränken oder sogar völlig zu verbieten."[69]

Der Auftrag zur Herstellung des Binnenmarkts verleiht der Gemeinschaft also zwangsläufig auch Kompetenzen für publizistische Bereiche. Dennoch steht der EG die Kompetenz zur Regelung der publizistischen Fragen des Rundfunks als solche nicht zu[70]; die Frage nach der Reichweite ihrer Kompetenzen ist damit also noch nicht beantwortet.

---

66 Zur unterschiedlichen Terminologie des EGV für die Schaffung einheitlicher Regelungen s. Grabitz/Hilf-*Langeheine*, Art. 100 EGV, Rn. 8, m.w.N.
67 Grabitz/Hilf-*Matthies/v. Borries*, Art. 36 EGV, Rn. 9ff.; Groeben-*Müller-Graf*, Art. 36, Rn. 13ff., jeweils m.w.N. zur Rechtsprechung; s.a. allgemein Europäisches Außenwirtschaftsrecht-*v. Bogdandy/Meehan*, S. 390 ff.
68 *Roth*, EuR 1986, S. 354ff.; *Gulich*, S. 80, m.w.N.; *Schwartz*, ZUM 1989, S. 382; *Meinel*, S. 141.
69 *Slg.* 1980, S. 833, 857 (Debauve); ähnlich 1988, S. 2085, 2136 (Bond van Adverteerders); 1991, I-4007, 4040 (Gouda); 1991, I-4069, 4093 (Mediawet); vgl. *Martín-Pérez de Nanclares*, S. 36ff.; *Schwartz*, ZUM 1989, S. 382, 389; *Mestmäcker/Engel/Gabriel-Bräutigam/Hoffmann*, S. 41.
70 *Niedobitek*, S. 213.

a) Wirtschaftlicher Schwerpunkt der Regelung

Teile der Literatur sind der Ansicht, die Gemeinschaft sei nicht befugt, Regelungen zu treffen, deren Schwerpunkt im Bereich mitgliedstaatlicher Zuständigkeit liege[71]. Ähnliche Überlegungen klingen bei einer Einordnung publizistischer Materien als Grenzzonen[72], Überschneidungsbereiche[73] oder Randkompetenzen[74] an. Sie finden indessen keine Stütze in der Zuständigkeitsverteilung des EGV. Den gemeinschaftlichen Binnenkompetenzen sind im Vertrag auch dort keine Grenzen gesetzt, wo sich die gemeinschaftliche Regelung auf eine Materie auswirkt, die als solche nicht in die Zuständigkeit der Gemeinschaft fällt[75].

Seinen Grund hat der weite Kompetenzumfang in der funktionalen Zuordnung dieser Zuständigkeiten[76]: Funktional angelegte Ermächtigungen erstrecken sich notwendigerweise auf verschiedene Regelungsmaterien und machen auch vor deren Schwerpunkten nicht halt[77]. Rechtsangleichung wäre schlechterdings unmöglich, wenn sie nicht gerade die Bereiche erfassen würde, die aus nicht-ökonomischen Gründen die Grundfreiheiten beschränken. Die Gemeinschaftskompetenzen lassen sich also nicht nach einer konturenlosen Schwerpunktbetrachtung eingrenzen.

Übergriffen der Gemeinschaft in die autonome Regelungsmaterie der Mitgliedstaaten mag im Einzelfall durch mögliche Kompetenzausübungsschranken[78] zu begegnen sein, beispielsweise durch den Grundsatz der Gemeinschaftstreue[79], das Subsidiaritätsprinzip[80] oder auch den Grundsatz der Verhältnismäßigkeit[81]. Die Anwendung dieser Kompetenzausübungsschranken setzt aber das Bestehen einer gemeinschaftlichen Zuständigkeit bereits voraus[82]. Aus ihnen lassen sich demnach ebenfalls keine Argumente für eine Begrenzung der Kompetenzqualifikation herleiten. Kompetenzausübungsschranken

71 *Klein/Beckmann*, DÖV 1990, S. 187; *Klein*, VVDStRL 50 (1990), S. 65; *Tomuschat*, EuR 1990, S. 360; *Vitzthum*, AöR 115 (1990), S. 290, Fn. 28; *Delbrück*, Rundfunkhoheit, S. 43f.
72 *Kaiser*, EuR 1980, S. 102ff.
73 *Ossenbühl*, Rundfunk, S. 48 allerdings unter Erörterung der Kompetenzausübungsschranken.
74 *Klein/Beckmann*, DÖV 1990, S. 186.
75 S. *Slg.* 1974, S. 773, 779 (Casagrande) für den Bereich der Bildungspolitik; s.a. *Schwartz*, ZUM 1989, S. 382, m.w.N. zur Rechtsprechung.
76 S. *Niedobitek*, S. 197, m.w.N.; *Jarass*, Die Kompetenzen der Europäischen Gemeinschaft, S. 12ff.
77 S. *Jarass*, EuR 1986, S. 92, m.w.N.; *Everling*, EuR 1987, S. 221; *Meinel*, S. 106f, 124; *Schwartz*, AfP 1993, S. 410.
78 S. *Jarass*, EuR 1986, S. 92ff.; ausführlicher auch zu den einzelnen erörterten Schranken *Meinel*, S. 141ff.; *Niedobitek*, S. 226ff.; *Hümmerich/Eisenbeis*, S. 17ff.
79 S. *Delbrück*, Rundfunkhoheit, S. 53, der die Gemeinschaftstreue aber offenbar schon auf der Ebene der Kompetenzqualifikation anwenden will; *Ipsen*, Geck-GS, S. 352f.; *Eberle*, AfP 1993, S. 425.
80 *Hailbronner*, JZ 1990, S. 153f.
81 S. *Ossenbühl*, Rundfunk, S. 47f.; *Delbrück*, Rundfunkhoheit, S. 57ff.; *Ipsen*, Geck-GS, S. 353f.
82 *Schwartz*, AfP 1993, S. 411, 416; zur Unterscheidung zwischen Kompetenzqualifikation und Kompetenzausübung s. *Ossenbühl*, Rundfunk, S. 26; *Meinel*, S. 119; zu dem ähnlich gelagerten Streit um das Verhältnis der Kompetenzen im nationalen Wettbewerbsrecht zu den Landesrundfunkkompetenzen s. *Jarass*, Kartellrecht und Landesrundfunkrecht, S. 39ff.

können aus dem gleichen Grund auch nicht soweit reichen, der Gemeinschaft jede Tätigkeit in kulturellen Bereichen zu untersagen[83].

b) Funktionsgrenzen

Die Grenzen der Zuständigkeiten auf dem Gebiet der Rechtsangleichung sind nach dem zuvor Gesagten in den Bestimmungen des Vertrags selbst zu suchen. Sie können sich nur aus der Funktion der Rechtsangleichung ergeben, den Binnenmarkt zu verwirklichen. Der Wortlaut der Art. 3 lit. h, 7a Abs. 1 EGV legt es insoweit nahe, das Merkmal der Erforderlichkeit aufzugreifen[84]. Dieses Merkmal ist allerdings durch die Kompetenzausübungsschranken der Verhältnismäßigkeit und Subsidiarität bereits besetzt. Daher ist seiner Anwendung auf der Ebene der Kompetenzqualifikation aus systematischen Gründen ein Riegel vorzuschieben[85]. Es ließe sich hier auch schlecht justitiabel machen[86]: Mildere Mittel lassen sich leichter bei der Frage des „Wie" einer Kompetenzausübung finden als bei der Frage des „Ob" einer Kompetenz.

Ähnliche Ergebnisse lassen sich bei größerer systematischer Stringenz unmittelbar aus der Funktion der Rechtsangleichung gewinnen. Die Kompetenz der Gemeinschaft besteht eben nur, soweit sie zur Verwirklichung des Binnenmarkts handelt[87]. In dem hier zu untersuchenden Kontext dient die Rechtsangleichung der Beseitigung mitgliedstaatlicher Beschränkungen der Grundfreiheiten, die durch dahinter stehende berechtigte Allgemeininteressen gerechtfertigt sind. Indem diesen Interessen einheitlich Rechnung getragen wird, erhöht die Rechtsangleichung die Verkehrsfähigkeit im Binnenmarkt: Sie öffnet die Märkte. Art. 57 EGV bringt diesen Gedanken dadurch zum Ausdruck, daß er in Abs. 1 den Zweck der Kompetenz darauf beschränkt, die Aufnahme und Ausübung selbständiger Tätigkeiten zu erleichtern.

Ihre Grenzen muß die Rechtsangleichung demnach dort haben, wo die Verkehrsfähigkeit bereits gegeben ist. Art. 57 Abs. 2 EGV kann nicht mehr als Kompetenz dienen, wenn die Aufnahme selbständiger Tätigkeiten oder der Verkehr mit Dienstlei-

---

83 So aber offenbar *Ipsen*, Geck-GS, S. 354.
84 S. *Frohne*, ZUM 1989, S. 394; *Zweigert*, Dölle-FS, S. 406.
85 So begrenzt *Meinel*, S. 141f., m.w.N., die Erforderlichkeit ausdrücklich auf die Ausübung von Gemeinschaftskompetenzen; Grabitz/Hilf-*Langeheine*, Art. 100 EGV, Rn. 11f., prüft demgegenüber die Erforderlichkeit einmal bei den Voraussetzungen der Rechtsangleichung und erneut beim Ausmaß der Kompetenzen im Rahmen der Verhältnismäßigkeit; auch *Schwartz*, AfP 1993, S. 416, trennt zwischen Erforderlichkeit einer Kompetenz zur Zielerreichung und Verhältnismäßigkeit ihrer Ausübung.
86 S. *Zweigert*, Dölle-FS, S. 406f.
87 *Meinel*, S. 141, m.w.N.; Groeben-*Taschner*, Art. 100, Rn. 13 stellt auf die Notwendigkeit für das Funktionieren oder die Errichtung des Gemeinsamen Markts ab. Seine Ausführungen lassen indessen nicht erkennen, ob es sich um Grenzen der Kompetenzqualifikation oder der -ausübung handelt.

stungen (Art. 66 EGV) bereits durch Primärrecht erleichtert sind[88]. Die Gemeinschaft darf andererseits auch nicht Regelungen treffen, die die Verkehrsfähigkeit innerhalb der Gemeinschaft gar nicht berühren oder gar erschweren. Auf der Grundlage des Art. 57 Abs. 2 EGV kann die Gemeinschaft also keine eigene Rundfunkpolitik betreiben[89]. Sie ist allerdings nicht verpflichtet, Minimalstandards festzusetzen[90], sondern kann beispielsweise einheitlich ein hohes publizistisches Schutzniveau innerhalb der Gemeinschaft festschreiben. Ihr Aktionsradius ist insoweit aber durch die bestehenden mitgliedstaatlichen Beschränkungen vorgegeben. Grundsätzlich[91] verläuft die Grenze zwischen zulässiger Rechtsangleichung und unzulässiger Rundfunkpolitik dort, wo die Reichweite der zwingenden Allgemeininteressen oder des Art. 56 EGV endet.

Der Umfang gemeinschaftlicher Binnenkompetenzen in Rundfunksachen läßt sich folgendermaßen zusammenfassen: Der Gemeinschaft stehen zur Verwirklichung des Binnenmarkts selbst dort Kompetenzen zu, wo der Schwerpunkt der Regelung publizistischer Natur ist. Grenzen dieser Kompetenzen ergeben sich aus ihrer Funktion; die Gemeinschaft darf danach nur regelnd tätig werden, wenn dies dazu dient, die Verkehrsfähigkeit des Produkts Rundfunk in der Gemeinschaft zu erhöhen.

2. Art. 128 EGV

Weiterreichende Ermächtigungen können sich schließlich aus dem neuen Kulturtitel des EGV ergeben. Mit Art. 3 lit. p, 128 EGV hat die Gemeinschaft ihre Zielsetzung in

---

88 So lehnt Dauses-*Engel*, E.V, Rn. 63 aufgrund der Aussagen der neueren Rechtsprechung zum Dienstleistungsverkehr bereits jede Regelungsbefugnis für diesen Bereich ab. Das Kriterium der Erforderlichkeit wendet er zur Begründung dieses Ergebnisses ebenfalls nicht an (a.a.O., Rn. 62); s.a. *Everling*, EuR 1990, S. 218.

89 Weshalb die Quotenregelung des Art. 4 Abs.1 der Fernsehrichtlinie schon auf kompetentielle Bedenken stoßen könnte, s. *Niedobitek*, S. 168, m.w.N.; Europäisches Außenwirtschaftsrecht-*v.Bogdandy*, S. 584ff.; a.A. insoweit *Schwartz*, ZUM 1989, S. 388, mit dem Hinweis, daß in einigen Mitgliedstaaten strenge Quoten zugunsten europäischer Werke bestanden; s.a. *Salvatore*, CMLReview 1992, S. 975ff.

90 S. Grabitz/Hilf-*Langeheine*, Art. 100 EGV, Rn. 13; *Jarass*, EuR 1986, S. 92.

91 Grabitz/Hilf-*Langeheine*, Art. 100 EGV, Rn. 76, will aus Gründen der Rechtssicherheit und wegen der Schwerfälligkeit des Vertragsverletzungsverfahrens die Rechtsangleichung jedenfalls im Warenverkehr auch dort zum Zuge kommen lassen, wo Art. 30 EGV bereits zur Aufhebung mitgliedstaatlicher Beschränkungen führen würde; dem schließt sich auch *Niedobitek*, S. 168, an. Es mag in der Tat problematisch sein, den Umfang der Rechtsangleichungskompetenz von der Rechtsprechung des Gerichtshofs zu mitgliedstaatlichen Beschränkungen abhängig zu machen; andererseits ist dort, wo nationale Beschränkungen nicht mehr zulässig sind, der Binnenmarkt schon verwirklicht und damit die Harmonisierungskompetenz der Gemeinschaft entfallen. Eine Ausweitung der Gemeinschaftsermächtigung aus Gründen der Rechtssicherheit beziehungsweise wegen der Schwerfälligkeit eines Vertragsverletzungsverfahrens kann daher nur in engen Ausnahmen zulässig sein. Abzulehnen ist sie jedenfalls dort, wo es sich um Sachgebiete handelt, die nicht vom Vertrag oder von der Rechtsprechung ausdrücklich als Gründe des Allgemeininteresses anerkannt sind. Ein Tätigwerden der Gemeinschaft ist offensichtlich auch dort unzulässig, wo mitgliedstaatliche Beschränkungen nach der Rechtsprechung des Gerichtshofs nicht von einem Allgemeininteresse gerechtfertigt werden.

Bereiche ausgedehnt, die die Kultur als solche betreffen[92]. Diese Erweiterung des Zielkatalogs kann nicht eine Beschränkung der bisherigen Ziele und Kompetenzen zur Folge haben[93]. Art. 128 EGV kann deshalb keine Kompetenz-begrenzende Wirkung entnommen werden[94]. So bestätigt die Querschnittsklausel in Art. 128 Abs. 4 EGV[95], daß die bisherige wirtschaftliche Regelungstätigkeit der Gemeinschaft in kulturellen Bereichen auch in Zukunft kompetenzgemäß bleibt[96]. Die Vorschrift erlegt der Gemeinschaft ein inhaltliches Gebot auf, ihre bestehenden Kompetenzen nicht allein unter ökonomischen Gesichtspunkten auszuüben. Damit wirkt sie sich nicht auf den Umfang der bestehenden Kompetenzen aus[97]. Sie verpflichtet die Gemeinschaft, neben den wirtschaftlichen auch kulturelle Ziele zu berücksichtigen[98].

Auch Art. 128 Abs. 5 EGV, der jegliche Harmonisierung ausschließt, vermag die bestehenden Kompetenzen nicht zu beschränken. Er bezieht sich nur auf die Ziele des Art. 128 EGV und die zu diesem Zweck verliehenen Kompetenzen; davon bleiben Harmonisierungsmaßnahmen unberührt, die aufgrund anderer Zielbestimmungen erfolgen[99].

Damit kann sich die Untersuchung darauf konzentrieren, die hinzugetretenen Kompetenzen als ergänzende Ermächtigungsgrundlagen zu prüfen. Eine Ermächtigung enthält Art. 128 EGV in Abs. 5. Der Rat kann nach dieser Vorschrift zum einen Fördermaßnahmen erlassen. Zum anderen kann er Empfehlungen aussprechen. Die Ermächtigung, Empfehlungen auszusprechen, kommt als Kompetenz für verbindliche Regelungen schon deshalb nicht in Frage, weil Empfehlungen nur unverbindliche Rechtsakte sind[100]. Sie braucht daher nicht weiter vertieft zu werden.

Praktische Bedeutung kann nur die Ermächtigung zum Erlaß von Fördermaßnahmen entwickeln. Sie gestattet es der Gemeinschaft, eigene Programme zur Förderung der

---

92   S. dazu *Niedobitek*, EuR 1995, S. 349ff.
93   Vgl. Art. M, B Spiegelstrich 5 EUV; *Niedobitek*, EuR 1995, S. 353ff, 361f.
94   A.A. *Hailbronner/Weber*, DÖV 1997, S. 569.
95   S. *Lane*, CMLReview 1993, S. 952f.; *Ress*, GS Grabitz, S. 625; *Wägenbaur*, GS Grabitz, S. 860; ähnliche Querschnittsklauseln finden sich z.B. in Art. 130 Abs. 3 Satz 1, 130r Abs. 2 Satz 3 EGV. Nach dem Vertrag von Amsterdam soll die Vorschrift in Zukunft lauten:„Die Gemeinschaft trägt bei ihrer Tätigkeit aufgrund anderer Bestimmungen dieses Vertrags den kulturellen Aspekten Rechnung, insbesondere zur Wahrung und Förderung der Vielfalt ihrer Kulturen", ABl. C 340/246 v. 10.11.1997.
96   *Schwartz*, AfP 1993, S. 417f.; *Kommission*, Die Aktion der Europäischen Gemeinschaft zugunsten der Kultur, KOM(94) 356 endg., S. 3, 10; *Wägenbaur*, GS Grabitz, S. 859f.; *Eeckhout*, L'Europe et les enjeux du GATT dans le domaine de l'audiovisuel, S. 30; schwierig kann in der Zukunft allerdings werden, die Kompetenzen aus Art. 128 EGV von den sonstigen Kompetenzen abzugrenzen, um im Einzelfall die richtige Ermächtigungsnorm zu finden, s. dazu *Ress*, GS Grabitz, S. 625ff.
97   *Schwartz*, AfP 1993, S. 417f.; *Niedobitek*, EuR 1995, S. 373; auch *Eberle*, AfP 1993, S. 426, bestätigt diesen Befund mit der Aussage, Art. 128 Abs. 4 EGV enthalte keine Kompetenzerweiterung.
98   S. *Niedobitek*, EuR 1995, S. 374.
99   Vgl. *Schwartz*, AfP 1993, S. 417, m.w.N.; diese Klausel soll den Rückgriff auf Art. 235 EGV ausschließen, s. *Ress*, GS Grabitz, S. 625, m.w.N.; *BVerfGE* 89, S. 155, 194.
100 Art. 189 Abs. 5 EGV.

Kultur einzuführen. Neben den hohen formalen Anforderungen, die Art. 128 Abs. 5 EGV stellt (Einstimmigkeit, Verfahren der Mitentscheidung, Anhörung des Ausschusses der Regionen), werden der Förderungstätigkeit auch materielle Grenzen gezogen.

Die Gemeinschaftstätigkeit wird in Art. 128 Abs. 5 EGV zum einen dadurch begrenzt, daß Harmonisierungsmaßnahmen ausgeschlossen sind. Damit wird der Gemeinschaft der Zugriff auf die mitgliedstaatliche Kulturförderung versperrt[101]. Auf der Grundlage des Art. 128 Abs. 5 EGV lassen sich also allein Gemeinschaftsprogramme zur Förderung der Kultur entwickeln.

Ein Tätigwerden der Gemeinschaft auf der Grundlage des Art. 128 Abs. 5 EGV setzt zum anderen allgemein voraus, daß die Maßnahme einen Beitrag zur Verwirklichung der Ziele der Vorschrift darstellt. Die Ziele des Abs. 1 umschreiben Abs. 2 und 3 ausführlicher. Der audiovisuelle Bereich wird in Abs. 2 auch ausdrücklich erwähnt, was es an und für sich nahelegen würde, die publizistische Regelungsmaterie zu den Zielen des Art. 128 EGV zu zählen. Indessen spricht Art. 128 Abs. 2 EGV von künstlerischem und literarischem Schaffen „im audiovisuellen Bereich". Ob der Gemeinschaft dadurch umfassende Kompetenzen zur Förderung aller publizistischen Fragen eingeräumt werden, ist fraglich[102]. Nach dem Wortlaut der Vorschrift muß es sich immer um künstlerisches oder literarisches Schaffen handeln. Art. 128 EGV kommt als Kompetenz also nicht in Betracht, wenn es sich beispielsweise um die Förderung reiner Informationssendungen handelt, da er die meinungsbildende Wirkung des Mediums als solche nicht erfaßt. Maßnahmen, die über die Förderung künstlerischen und literarischen Schaffens hinausgehen, können allenfalls auf Art. 130 Abs. 3 EGV gestützt werden (s. dazu oben IV)[103].

VI. Technische Aspekte im Kompetenzgefüge

Weniger streitbefangen als die Regelung publizistischer Sachverhalte ist die Frage der Zuständigkeit für die technischen Aspekte des Rundfunkhandels. Hier scheinen die Mitgliedstaaten sich nicht in gleicher Weise in ihrer Regelungsautonomie beeinträchtigt zu fühlen. Dies mag damit zusammenhängen, daß die technische Komponente des Rundfunks seiner wirtschaftlichen näher steht als der kulturellen. Möglicherweise setzt sich auch die Einsicht durch, daß sich Handelsregeln für komplexere Produkte nicht ohne Regelungen der Industrienormen treffen lassen; hier wiegen Handelsschranken, die

---

101 Die mitgliedstaatliche Kulturförderung unterliegt indessen der Behilfen-Kontrolle im Rahmen des Art. 92 Abs. 3 lit. d EGV; s. dazu *Ress*, GS Grabitz, S. 595ff.
102 S. *Eberle*, AfP 1993, S. 425; *Collins*, S. 159f.
103 Die Kompetenzabgrenzung wird im Einzelfall schwierig sein. Zwar verlangt Art. 130 Abs. 3 EGV ebenfalls Einstimmigkeit, er sieht indessen nur die Anhörung des Parlaments und des Wirtschafts- und Sozialausschusses vor.

durch technische Unvereinbarkeit entstehen, genauso schwer wie mengenmäßige Beschränkungen oder Zölle.

Ausdrückliche Ermächtigungen zur Harmonisierung technischer Vorschriften finden sich im EGV genausowenig wie für die Harmonisierung publizistischer Aspekte. Die Gemeinschaft kann hier indessen in gleicher Weise die Kompetenzen zur Rechtsangleichung heranziehen. Die bisherige Normungspolitik hat sie vornehmlich auf Art. 100 und Art. 100a EGV gestützt[104]. So ist beispielsweise die Richtlinie über die Annahme von Normen für die Satellitenausstrahlung von Fernsehsignalen auf der Grundlage des Art. 100a EGV ergangen[105]. Die ihr nachfolgende Richtlinie über die Anwendung von Normen für die Übertragung von Fernsehsignalen stützt sich daneben auf Art. 57 Abs. 2, 66 EGV[106]. Zum Teil greift die Gemeinschaft auch auf Art. 235 EGV zurück, so etwa bei dem Beschluß des Rats über einen Aktionsplan zur Einführung fortgeschrittener Fernsehdienste in Europa[107].

VII. Ergebnis

Der Gemeinschaft stehen für den grenzüberschreitenden Rundfunkhandel im Binnenmarkt umfangreiche Kompetenzen zu. Sie ergeben sich vornehmlich aus den Bestimmungen über die Niederlassung und den Dienstleistungsverkehr. Einschlägig ist hier vor allem Art. 57 Abs. 2 EGV. Für die Regelung des Warenverkehrs stehen der Gemeinschaft die Ermächtigungen der Art. 100, 100a EGV offen. Da diese Kompetenzen funktional angelegt sind, kann die Gemeinschaft auf ihrer Grundlage sowohl publizistische als auch technische Aspekte aufgreifen und vereinheitlichen. Grenzen dieser Gemeinschaftskompetenzen ergeben sich nur aus deren Funktion, den Binnenmarkt durch einheitliche Regelungen herzustellen.

Über diese Zuständigkeiten hinaus ist die Gemeinschaft nach Art. 128 Abs. 5 EGV ermächtigt, eigene Fördermaßnahmen für die Kultur zu erlassen. Genauso kann sie Maßnahmen zur Förderung der Wettbewerbsfähigkeit der europäischen Industrie auf der Grundlage des Art. 130 Abs. 3 EGV ergreifen.

---

104 Zur Reichweite dieser Kompetenzen für die technische Normung s. *Breulmann*, S. 76ff.
105 Richtlinie 92/38, ABl. L 137/17 v. 20.5.1992.
106 Richtlinie 95/47, ABl. L 281/51 v. 23.11.1995.
107 S. ABl. L 196/48 v. 5.8.1993.

C. Außenhandel

Die Gemeinschaft kann den Rundfunkaußenhandel dadurch spezifisch regeln, daß sie einseitig Maßnahmen über den Marktzugang von Angehörigen aus Drittstaaten trifft; sie kann sich zu diesem Zweck auch an einem völkerrechtlichen Vertrag beteiligen. Für die Regelung des Rundfunkaußenhandels der Gemeinschaft kommt es in beiden Fällen auf ihre Zuständigkeiten für den Außenhandel an. Eine vertragliche Regelung, die hier im Vordergrund steht, setzt zudem eine Ermächtigung zum Vertragsabschluß voraus. Im Gegensatz zu Art. 6 Abs. 2 EGKSV verleiht der EGV der Gemeinschaft keine allgemeine Vertragsabschlußkompetenz. Die Kompetenzen zur Wahrnehmung von Außenbeziehungen werden der EG nur für Einzelfälle explizit verliehen, so in Art. 113 EGV für die gemeinsame Handelspolitik. Daneben lassen sich Außenkompetenzen auch aus implied-powers ableiten.

I. Kompetenzen aus Art. 113 EGV

Für den Außenhandel stellt Art. 113 EGV die wichtigste Kompetenznorm dar. Darin wird der EG die Zuständigkeit für die Handelspolitik einschließlich des Abschlusses internationaler Abkommen ausdrücklich eingeräumt.

Daß die gemeinsame Handelspolitik den Außenhandel der Gemeinschaft mit Waren erfaßt ist unbestritten[108]. Worauf sich das Sachgebiet Handelspolitik darüber hinaus erstreckt, ist indessen streitig. Die Kommission[109] und die überwiegende Literatur[110] zählen dazu auch den Abschluß völkerrechtlicher Verträge über Dienstleistungen einschließlich des dazugehörigen Zahlungsverkehrs[111]. Demgegenüber klammern der Rat[112], das Parlament[113], zahlreiche Mitgliedstaaten[114] und ein Teil des Schrifttums[115]

108 S. etwa Lenz-*Müller-Ibold*, Art. 113, Rn. 5; *Dutheil de la Rochère*, RevMC 1995, S. 463f.
109 S. die wiedergegebenen Argumente der Kommission in *Slg.* 1994, I-5267, 5303ff. (Gutachten 1/94); 1995, I-521, 542ff. (Gutachten 2/92).
110 S. Dauses-*Arnold*, K.I, Rn. 2; Grabitz/Hilf-*Vedder*, Art. 113, Rn. 44; *Berrisch*, S. 120f.; *Wurzbacher*, S. 47ff.; *Weissenberg*, S. 97; *Bomchil*, S. 107f.; Groeben-*Bourgeois*, Art. 113, Rn. 26; *Eeckhout*, A Legal Analysis S. 20ff.; *Ehlermann*, Teitgen-FS, S. 160ff.; *Lauwaars*, Discretionary Powers, S. 80f; *Petersmann*, Mixed Agreements, S. 183; *Demaret*, Structure and Dimensions, S. 77f.; Lenz-*Müller-Ibold*, Vor. Art. 110-115, Rn. 7ff.; *Hilf*, Doehring-FS, S. 352f.; Europäisches Außenwirtschaftsrecht-v. *Bogdandy*, S. 29ff.
111 S. statt vieler Groeben-*Bourgeois*, Art. 113, Rn. 21; Dauses-*Arnold*, K. I, Rn. 2.
112 S. die wiedergegebenen Argumente des Rats in *Slg.* 1994, I-5267, 5306f. (Gutachten 1/94).
113 S. die wiedergegebenen Argumente des Parlaments in *Slg.* 1994, I-5267, 5311ff. (Gutachten 1/94).
114 S. die wiedergegebenen Argumente der Mitgliedstaaten in *Slg.* 1994, I-5267, 5307ff. (Gutachten 1/94).

gerade den Dienstleistungshandel von der gemeinsamen Handelspolitik in Art. 113 EGV aus. Eine differenzierte Ansicht vertritt wiederum der Gerichtshof[116].

1. Rechtsprechung des Gerichtshofs

Der Gerichtshof hat sich der gemeinsamen Handelspolitik anfänglich mit einem offenen Verständnis genähert:

> „Bei der Umschreibung der Merkmale und Instrumente der gemeinsamen Handelspolitik in den Artikel 110 ff. trägt der Vertrag den möglichen Fortentwicklungen Rechnung. So ist nach Art. 110 eines der Ziele der gemeinsamen Handelspolitik, ‚zur harmonischen Entwicklung des Welthandels ... beizutragen', was voraussetzt, daß sich diese Politik einem möglichen Auffassungswandel in der Völkergemeinschaft anpaßt."[117]

Bei der Entscheidung über die Zuständigkeit für das GATS (Gutachten 1/94) hat der Gerichtshof seinem offenen Ansatz dann aber durch systematische Überlegungen Grenzen gezogen. Dabei ließ er sich im Ausgang noch von der Bewertung der Kommission leiten, daß Dienstleistungen im internationalen Handel und folglich in internationalen Handelsverträgen eine zunehmende Rolle spielen[118]:

> „Angesichts dieser Entwicklung des internationalen Handels läßt es der offene Charakter der gemeinsamen Handelspolitik im Sinne des Vertrages nicht zu, den Dienstleistungsverkehr von vornherein und grundsätzlich vom Anwendungsbereich des Artikels 113 auszuschließen, wie dies einige der Mitgliedstaaten, die Stellungnahmen abgegeben haben, wünschen.

---

115 *Orville*, S. 7ff., m.w.N.; ähnlich *Krück*, S. 51f.; zuletzt *Perreau de Pinninck*, Cahiers de droit européen 1991, S. 390, 401ff.

116 S. *Slg.* 1994, I-5267, 5399ff. (Gutachten 1/94); s.a. *Slg.* 1995, I-521, 557f. (Gutachten 2/92).

117 *Slg.* 1987, S. 1493, 1521; ähnlich *Slg.* 1979, S. 2871, 2913 (Gutachten 1/78); 1994, I-5267, 5400 (Gutachten 1/94); s. dazu auch *Eeckhout*, A Legal Analysis, S. 20f., 27f.; *Emiliou*, ELReview 1996, S. 300ff.; *Mengozzi*, The Legal Dimension, S. 230ff.; *Hilf*, Doehring-FS, S. 353; *Petersmann*, Mixed Agreements, S. 181; Lenz-*Müller-Ibold*, Art. 113, Rn. 7; *v. Bogdandy*, EuZW 1993, S. 465f.; *ders.* Jura 1992, S. 410; Europäisches Außenwirtschaftsrecht-*v. Bogdandy*, S. 13f.; *Kapteyn/Verloren van Themaat*, S. 781, schreiben gar: „any other approach would have flown in the face of reality and threatened the ability of the Community as an international partner to cope with changes in international trading relationships".

118 S. *Slg.* 1994, I-5267, 5400 (Gutachten 1/94).

Zur Präzisierung dieser Schlußfolgerungen ist jedoch die im GATS enthaltene Definition des Dienstleistungsverkehrs zu berücksichtigen, um zu prüfen, ob das System des Vertrages in seiner Gesamtheit nicht der Einbeziehung des Dienstleistungsverkehrs in Artikel 113 Grenzen zieht ...

Bei der grenzüberschreitenden Erbringung wird die Dienstleistung von einem in einem bestimmten Land niedergelassenen Dienstleistungserbringer an einen Empfänger erbracht, der in einem anderen Land wohnt. Weder begibt sich der Erbringer in das Land des Empfängers noch umgekehrt der Empfänger in das Land des Erbringers. Diese Situation ist demnach dem Warenverkehr nicht unähnlich, der zweifellos unter die gemeinsame Handelspolitik im Sinne des Vertrages fällt. Es gibt demnach keinen besonderen Grund, eine solche Dienstleistung vom Begriff der gemeinsamen Handelspolitik auszuschließen.

Anders verhält es sich bei den drei anderen im GATS vorgesehenen Erbringungsweisen für Dienstleistungen, der Auslandserbringung, der gewerblichen Niederlassung und der Niederlassung natürlicher Personen.

In bezug auf natürliche Personen ergibt sich aus Artikel 3 EG-Vertrag, der ‚eine gemeinsame Handelspolitik' (Buchstabe b) und ‚Maßnahmen hinsichtlich der Einreise ... und des Personenverkehrs' (Buchstabe d) unterscheidet, daß die Behandlung von Angehörigen dritter Länder bei Überschreiten der Außengrenzen der Mitgliedstaaten nicht als unter die gemeinsame Handelspolitik fallend angesehen werden kann. Allgemein zeigt der Umstand, daß der Vertrag spezifische Kapitel über die Freizügigkeit sowohl natürlicher wie juristischer Personen enthält, daß diese Materien nicht zur gemeinsamen Handelspolitik gehören.

Folglich fallen die Erbringungsweisen für Dienstleistungen, die im Rahmen des GATS als ‚Auslandserbringung', ‚gewerbliche Niederlassung' und ‚Niederlassung natürlicher Personen' bezeichnet werden, nicht unter die gemeinsame Handelspolitik."[119]

Bei der Regelung des Rundfunkaußenhandels stehen der Gemeinschaft nach der Rechtsprechung des Gerichtshofs jedenfalls für den Programmhandel weitreichende

---

119 *Slg.* 1994, I-5267, 5401f. (Gutachten 1/94).

Kompetenzen zu. Die Herstellung der Programme erfordert hingegen die Anwesenheit von Schauspielern, Technikern oder Regisseuren. Deren Einreise kann die Gemeinschaft nicht auf der Grundlage des Art. 113 EGV regeln, selbst wenn diese Personen sich nur kurzfristig in der Gemeinschaft aufhalten sollten. Ebensowenig ist sie für die Niederlassung von Rundfunkveranstaltern oder den Betrieb von Kabelnetzen in der Gemeinschaft nach Art. 113 EGV zuständig. Die Ausstrahlung von Rundfunkprogrammen aus Drittstaaten in die Gemeinschaft herein kann wiederum eine Korrespondenzdienstleistung sein, die unter Art. 113 EGV fällt.

2. Bewertung

Die Auslegung der gemeinsamen Handelspolitik durch den Gerichtshof in dem Gutachten 1/94 ist im Schrifttum auf verhaltene Skepsis gestoßen[120]. Dabei wird insbesondere hervorgehoben, daß der Gerichtshof sich von seiner bisherigen Auslegung in der neueren Rechtsprechung abwendet[121].

a) Begrenzung einer offenen Auslegung

In der Tat wäre nach dem ursprünglich entwickelten offenen Verständnis der gemeinsamen Handelspolitik eher anzunehmen gewesen, daß der gesamte Bereich des GATS in die Gemeinschaftszuständigkeit nach Art. 113 EGV fällt[122]. Die völkerrechtliche Auffassung über die Gegenstände der Handelspolitik wird nämlich maßgeblich durch das GATT und die WTO bestimmt. Mit dem Abschluß des WTO-Übereinkommens hat sich völkerrechtlich die Auffassung durchgesetzt, daß die in Art. I GATS aufgeführten Formen des Dienstleistungshandels genauso zur Handelspolitik zählen wie der Warenhandel.

Zusätzliches Gewicht erhält dieses Argument dann, wenn die Abkommen über Waren- und Dienstleistungshandel ineinander verwoben werden, wie dies durch die Möglichkeit der cross retaliation gem. Art. 22:3:c der neuen Streitbeilegungsregelung geschieht (s. dazu oben drittes Kapitel B III). Man mag zwar einwenden, daß diese völkerrechtliche Regelung die gemeinschaftsrechtliche Kompetenzverteilung nicht bestimmen kann[123]; sie belegt aber deutlich die Verknüpfung von Dienstleistungs- und Warenver-

---

120 S. *Dutheil de la Rochère*, RevMC 1995, S. 468ff.; *Tridimas/Eeckhout*, Yearbook of European Law 14 (1994), S. 159ff.; *Gilsdorf*, EuR 1996, S. 151ff.; Groeben-*Troberg*, Vor. Art. 52 bis 58, Rn. 23; deutlichere Kritik übt *Bourgeois*, CMLReview 1995, S. 763.

121 S. *Dutheil de la Rochère*, RevMC 1995, S. 469; *Hilf*, EJIL 6 (1995), S. 258; *Geiger*, JZ 1995, S. 973f., 978.

122 Vgl. *Hilf*, EJIL 6 (1995), S. 246.

123 S. *Slg.* 1994, I- 5267, 5420 (Gutachten 1/94).

kehr in der völkerrechtlichen Auffassung. Für den Binnenhandel hat der Gerichtshof die Ähnlichkeit von Waren- und Dienstleistungshandel zudem selber dadurch unterstrichen, daß er die Auslegung des Art 59 EGV der des Art. 30 EGV angenähert hat[124].

Der Gerichtshof verschließt sich der völkerrechtlichen Auffassung nicht gänzlich; immerhin betont er, daß der offene Charakter der Handelspolitik einen grundsätzlichen Ausschluß des Dienstleistungshandels nicht zulasse. Er zieht dem offenen Verständnis aber deutlich Grenzen.

b) Durch das System des Vertrags

Der Gerichtshof sucht die Schranken einer offenen Auslegung in systematischen Überlegungen. Es ist auch einzusehen, daß die Systematik des EGV einer beliebig weiten völkerrechtlichen Auffassung Grenzen ziehen muß. In den knappen Ausführungen des Gutachtens wird eine tragfähige Begründung für diese Grenzen aber nicht deutlich.

aa) Dienstleistungen

Zunächst ist darauf hinzuweisen, daß der Warenverkehr in Art. 3 lit. c EGV genauso gesondert erwähnt wird wie der Dienstleistungsverkehr und die Freizügigkeit. Aus der Erwähnung der Handelspolitik in Art. 3 lit. b EGV läßt sich also grundsätzlich noch nicht schließen, ob diese sich nur auf den Warenverkehr oder auch auf den Dienstleistungsverkehr oder gar auf die Freizügigkeit erstreckt. Auch die Eigenständigkeit der in Art. 3 lit. d EGV enthaltenen Einreisemaßnahmen bietet wenig Substanz für schlüssige Argumente. Das GATS läßt Regelungen seiner Mitglieder, die Fragen der Einreise natürlicher Personen betreffen, nämlich weitgehend unberührt[125].

Im übrigen erfaßt die gemeinschaftsrechtliche Definition des Dienstleistungsverkehrs in Art. 60 EGV ebenfalls die Erbringung von Dienstleistungen durch die Einreise natürlicher Personen in einen anderen Mitgliedstaat[126]. Diese Erbringungsform wird auch nicht dadurch von der Dienstleistungsfreiheit ausgeschlossen, daß Art. 3 lit. d EGV den

---

124 So schützt Art. 59 EGV nicht lediglich vor diskriminierenden Regelungen, sondern entsprechend der Dassonville-Formel für den Warenverkehr auch vor unterschiedslos geltenden Maßnahmen, s. zusammenfassend *Slg.* 1991, I-4007, 4040f. (Gouda); s.a. *v. Bogdandy*, Jura 1992, S. 411; Europäisches Außenwirtschaftsrecht-*v. Bogdandy*, S. 30; *Dutheil de la Rochère*, RevMC 1995, S. 464f., 468; Dauses-*Engel*, EV, Rn. 44.

125 Vgl. Art. XXIX GATS i.V.m. dem Annex on Movement of Natural Persons Supplying Services under the Agreement sowie das Dritte Protokoll zum GATS, abgedruckt in ABl. L 167/43 v. 6.7.1996, in dem die Mitglieder der WTO weitere spezifische Verpflichtungen in diesem Bereich übernommen haben. S.a. *Tridimas/Eeckhout*, Yearbook of European Law 14 (1994), S. 161f.

126 S. die Fremdenführer-Entscheidungen, *Slg.* 1991, I-659, 685; 1991, I-709, 721f.; 1991, I-727, 738f.; daß nach der Rechtsprechung des Gerichtshofs Art. 60 EGV alle Erbringungsformen erfaßt, weisen *Kapteyn/Verloren van Themaat*, S. 443ff. ausführlich nach.

Personenverkehr im Binnenmarkt noch einmal ausdrücklich erwähnt. Die weite Definition des Art. 60 EGV ist hingegen sinnvoll, will man die Vielseitigkeit des Dienstleistungsverkehrs vollständig erfassen. Der Gerichtshof hat erkannt, daß die Dienstleistungsfreiheit des Binnenmarkts praktisch wirkungslos bliebe, wenn die Einreise natürlicher Personen zur Erbringung der Dienstleistung nicht erfaßt wäre[127]. Eine Begründung dafür, warum für den Dienstleistungsverkehr in der Handelspolitik aus systematischen Gründen etwas anderes gelten soll, bleibt er schuldig.

Daß sich bei einer umfassenden Definition des Dienstleistungshandels Überschneidungen mit Fragen der Einreise ergeben, versteht sich von selbst. Konflikte zwischen beiden Kompetenzmaterien lassen sich dadurch auflösen, daß bei der Ausübung der jeweiligen Kompetenz auf die andere Kompetenzmaterie Rücksicht genommen wird. Dem wird im GATS mit der oben genannten Regelung beispielhaft Rechnung getragen.

Aus dem System des EGV lassen sich also keine zwingenden Gründe dafür herleiten, daß die gemeinsame Handelspolitik nur Korrespondenzdienstleistungen erfaßt. Die Systematik spricht im Gegenteil eher dafür, den Dienstleistungsbegriff im Außenhandel genauso auszulegen wie in Art. 59f. EGV.

bb) Niederlassung

Damit bleibt zu fragen, wie die mit einer Niederlassung verbundene Erbringung von Dienstleistungen systematisch einzuordnen ist. Nach Ansicht des GATS handelt es sich dabei um Dienstleistungshandel[128], der EGV nimmt den ständigen Aufenthalt demgegenüber vom Dienstleistungshandel aus und regelt den damit verbundenen grenzüberschreitenden Transfer selbständig (s. oben viertes Kapitel C II). Aus gemeinschaftsrechtlicher Sicht fehlt bei der Niederlassung also ein grenzüberschreitender Austausch, der den Handel ausmacht. Daher werden Niederlassungen aus Drittstaaten nach allgemeiner Ansicht von der Handelspolitik nicht erfaßt[129].

An der ökonomischen Einordnung der dauerhaften Niederlassung mag sich durch das GATS langfristig etwas ändern; dieses scheint ja auch bei der dauerhaften Niederlassung noch von einem grenzüberschreitenden Austausch auszugehen. Die gemeinschafts-

---

127 S. *Slg.* 1991, I-659, 685; 1991, I-709, 722; 1991, I-727, 740.
128 Art. I:2:c, XXVIII:d GATS.
129 S. *v. Bogdandy*, Jura 1992, S. 411; *Lauwaars*, Discretionary Powers, S. 81; Groeben-*Troberg*, Vor. Art. 52 bis 58, Rn. 23; *Vedder*, Die auswärtige Gewalt des Europa der Neun, S. 21f.; Lenz-*Müller-Ibold*, Art. 113, Rn. 8; *Wurzbacher*, S. 51f.; Grabitz/Hilf-*Vedder*, Art. 113, Rn. 35, m.w.N., der allerdings dann eine Ausnahme zu machen scheint, wenn es sich bei den Regelungen über Niederlassung um akzessorische Nebenbestimmungen handelt; *ders.*, Die auswärtige Gewalt des Europa der Neun, s. 21f.; differenzierter auch *Gilsdorf*, Vorträge, Reden und Berichte aus dem Europa-Institut/Nr. 125, S. 31f.; zugunsten einer Einbeziehung von Teilen des Niederlassungsrechts jetzt Europäisches Außenwirtschaftsrecht-*v. Bogdandy*, S. 31f.; unter Zugrundelegung eines anderen systematischen Verständnisses des Art. 113 EGV auch *Timmermans*, Pescatore-FS, S. 688.

rechtliche Bewertung durch das System des EGV ist an dieser Stelle aber eindeutig. Für ihn liegt grenzüberschreitender Handel nicht vor, wenn beide Handelspartner dauerhaft in demselben Staat niedergelassen sind. Diese gemeinschaftsrechtliche Grenzziehung mag im Einzelfall ökonomisch willkürlich wirken[130] und mühselige Abgrenzungen zwischen Dienstleistung und Niederlassung nach sich ziehen[131]; für die gemeinschaftsrechtliche Interpretation der handelspolitischen Kompetenz ist die Unterscheidung des EGV aber maßgebend. Der Gerichtshof hat den internationalen Dienstleistungshandel, der gemeinschaftsrechtlich eine Niederlassung darstellt, also zu Recht nicht der Handelspolitik zugeordnet.

3. Zusammenfassung

Die systematischen Erwägungen, die der Gerichtshof zur Begrenzung der handelspolitischen Kompetenzen aus Art. 113 EGV anführt, lassen sich im einzelnen anzweifeln. Das gilt namentlich für den internationalen Dienstleistungshandel, der auch in der Gemeinschaft als Dienstleistungsverkehr zu qualifizieren wäre. Mit seiner Stellungnahme hat der Gerichtshof aber ein relativ klares Kriterium für Grenzen der Außenkompetenz der Gemeinschaft im Dienstleistungshandel gefunden. Das trägt immerhin zur Rechtssicherheit bei. Für die zukünftige Regelung des internationalen Rundfunkhandels folgt daraus, daß eine Kompetenz der Gemeinschaft überall dort anzunehmen ist, wo der Handel keine Einreise oder Niederlassung voraussetzt. Das ist insbesondere bei der grenzüberschreitenden Direktausstrahlung und beim Programmhandel der Fall.

Eine gewisse Korrektur der Rechtsprechung kann der Vertrag von Amsterdam herbeiführen[132]. Er sieht die Einfügung eines Art. 113 Abs. 5 EGV vor. Dieser erlaubt es dem Rat, auf Vorschlag der Kommission und nach Anhörung des Parlaments Art. 113 EGV auf Dienstleistungen und Rechte des geistigen Eigentums auszudehnen. Dies wird der Rat allerdings einstimmig beschließen müssen.

II. Ergänzende Kompetenzen aus implied-powers

Soweit Regelungen des Rundfunkaußenhandels nicht der gemeinsamen Handelspolitik zugerechnet werden, bleibt nach der implied-powers-Lehre die Möglichkeit, hilfsweise auf die Binnenkompetenzen zurückzugreifen. Auf dieser Grundlage lassen sich auch Verträge schließen (s. oben A II). Für die Regelung des Rundfunkaußenhan-

---

130 S. Grabitz/Hilf-*Randelzhofer*, Art. 52, Rn. 11, m.w.N.
131 S. dazu insbesondere die Versicherungsrechtsprechung des Gerichtshofs, *Slg.* 1986, S. 3755, 3801; zu den Konsequenzen dieser Rechtsprechung für den Rundfunkhandel vgl. *Bux*, S. 98ff., m.w.N.
132 S. ABl. C 340/238 v. 10.11.1997.

dels können also die Niederlassungs- und Dienstleistungsbestimmungen des EGV als Ermächtigungen herangezogen werden[133]. Zwar stehen der EG nach den obigen Ausführungen insoweit umfangreiche Binnenkompetenzen zu (s. oben B), damit allein lassen sich die auswärtigen Befugnisse indessen noch nicht begründen. Für sie kommt es maßgeblich auf die Voraussetzungen an, die der Gerichtshof an auswärtige Zuständigkeiten aus implied-powers zusätzlich knüpft (s. dazu oben A II).

In dem Gutachten 1/94 hat der Gerichtshof das Vorliegen der dort aufgestellten Voraussetzungen für eine ausschließliche Zuständigkeit weitgehend verneint[134]. Angesichts der Mehrdeutigkeit dieser Rechtsprechung (s. dazu oben A II) ist damit aber möglicherweise noch nicht abschließend über das Vorliegen einer (nicht ausschließlichen) Kompetenz entschieden. Die Anforderungen an das Vorliegen einer Außenkompetenz hat der Gerichtshof in dem Gutachten 2/91 am deutlichsten umrissen. Dort hält er fest:

„... daß die Gemeinschaft immer dann, wenn das Gemeinschaftsrecht ihren Organen im Hinblick auf ein bestimmtes Ziel im Inneren eine Zuständigkeit verleiht, befugt ist, die zur Erreichung dieses Ziels erforderlichen völkerrechtlichen Verpflichtungen einzugehen ...“[135].

Daraus folgt, daß die in diesem Zusammenhang zu untersuchenden Ziele des Vertrags nur solche sein können, die in konkreten Ermächtigungen zum Ausdruck gekommen sind. Die Abschlußbefugnisse für völkerrechtliche Verträge müssen sich hier also aus bestimmten Zielen der Niederlassungs- oder der Dienstleistungsfreiheit ergeben[136].

1. Niederlassungsrecht

Art. 52 Abs. 1 EGV beschränkt die Niederlassungsfreiheit ausdrücklich auf Staatsangehörige eines Mitgliedstaats. Angehörige aus Drittstaaten gelangen gem. Art. 58 EGV erst dann in den Genuß der Niederlassungsfreiheit, wenn sie nach mitgliedstaatlichem Recht Gesellschaften gründen, die ihren satzungsmäßigen Sitz, ihre Hauptverwaltung oder ihre Hauptniederlassung innerhalb der Gemeinschaft haben. Indem er auf die mitgliedstaatlichen Rechtsvorschriften zur Gründung von Gesellschaften verweist, überläßt Art. 58 EGV den Mitgliedstaaten die Entscheidung, ob Angehörige dritter Staaten Zugang zum Binnenmarkt erhalten. Folglich lassen sich aus dieser Vorschrift keine Argu-

---

133 Die Bestimmungen über den freien Warenverkehr (Art. 30 ff. EGV) werden hingegen nicht weiter untersucht, da die Erfassung des Warenhandels durch Art. 113 EGV unstreitig ist.

134 S. *Slg.* 1994, I-5267, 5410ff. (Gutachten 1/94).

135 *Slg.* 1993, I-1061, 1076 (Gutachten 2/91); ähnlich, *Slg.* 1977, S. 741, 755.

136 Zu allgemein gehalten sind demgegenüber die Ausführungen der *Kommission*, Gutachten 1/94, Antragsschrift der Kommission vom 21.3.1994, JUR(94)02439, Rn. 158ff.

mente dafür ziehen, daß zur Herstellung der Niederlassungsfreiheit Verträge der Gemeinschaft mit Drittstaaten erforderlich sind. Hier wird vielmehr bestätigt, daß sich die Kompetenzen aus den Art. 52ff. EGV auf Binnensachverhalte beschränken[137].

Der Gemeinschaft werden in diesen Bestimmungen auch keine Kompetenzen verliehen, die allgemein der Herstellung einer Kohärenz innerhalb der Gemeinschaft dienen. Das in Art. 52 EGV enthaltene bestimmte Ziel umfaßt daher nicht die Sorge um Wettbewerbsverzerrungen oder die Verschiebung von Handelsströmen, die aus unterschiedlich liberalen mitgliedstaatlichen Regelungen gegenüber Drittstaaten folgen könnten[138]; Kompetenzen zur Verhütung dieser Gefahren finden sich schon eher in den Art. 110ff. EGV[139].

Über den Zugang zum Binnenmarkt haben demnach die Mitgliedstaaten zu entscheiden; die Art. 52ff. EGV lassen es grundsätzlich nicht notwendig erscheinen, daß die Gemeinschaft das Niederlassungsrecht von Gemeinschaftsbürgern in Drittstaaten oder das der Angehörigen dritter Staaten in der EG regelt[140]. Das hat auch der Gerichtshof bekräftigt[141].

Binnenregelungen der Gemeinschaft, die sich auf den Marktzugang von Angehörigen aus Drittstaaten erstrecken, dürften folglich nicht auf Art. 52ff. EGV gestützt werden. Erst recht dürften sie keine ausschließliche Außenkompetenz der Gemeinschaft unter dem Gesichtspunkt begründen, daß diese Binnenregelungen durch Verträge der Mitgliedstaaten beeinträchtigt werden könnten. In dem Gutachten 1/94 ist der Gerichtshof aber gerade von dieser Möglichkeit ausgegangen. Ohne Einschränkung hat er festgestellt, daß die Gemeinschaft auf der Grundlage der Art. 52ff. EGV die Behandlung von Angehörigen aus Drittstaaten festlegen kann[142]. Weiter führt er dann aus:

> „Hat die Gemeinschaft in ihre internen Rechtsetzungsakte Klauseln über die Behandlung der Angehörigen von Drittstaaten aufgenommen oder hat sie ihren Organen ausdrücklich eine Zuständigkeit zu Verhandlungen mit Drittstaaten übertragen, so erwirbt sie eine ausschließliche Zuständigkeit nach Maßgabe des von diesen Rechtsakten erfaßten Bereichs."[143]

---

137 Vgl. *Slg.* 1994, I-5267, 5412 (Gutachten 1/94), wo es allerdings zugleich um die Ausschließlichkeit möglicher Kompetenzen ging.
138 S. *Slg.* 1994, I-5267, 5411 (Gutachten 1/94); a.A. die *Kommission*, s. Gutachten 1/94, Antragsschrift der Kommission vom 21.3.1994, JUR(94)02439, Rn. 163f.
139 S. *Eeckhout*, A Legal Analysis, S. 41.
140 S. *Bleckmann*, EuR 1977, S. 114, 116f.; ähnlich *Krück*, S. 44.
141 S. *Slg.* 1994, I-5267, 5414 (Gutachten 1/94).
142 S. *Slg.* 1994, I-5267, 5415 (Gutachten 1/94).
143 *Slg.* 1994, I-5267, 5416 (Gutachten 1/94); auf den Widerspruch in der Rechtsprechung weist auch *Bourgeois*, CMLReview 1995, S. 778, hin.

Diese Herleitung ausschließlicher auswärtiger Kompetenzen läßt die Möglichkeit einer Selbstermächtigung der Gemeinschaft deutlich anklingen. Sie ist daher aus den genannten Gründen (s. oben A II) in Frage zu stellen. Jedenfalls eröffnet der Gerichtshof der Gemeinschaft durch diese Rechtsprechung die Möglichkeit, den gesamten Außenhandel nach Erlaß entsprechenden Sekundärrechts auch durch völkerrechtlichen Vertrag zu regeln.

2. Dienstleistungsverkehr

Für den Dienstleistungsverkehr bleibt nach der geschilderten Rechtsprechung nur noch zu fragen, ob eine (ausschließliche) Zuständigkeit unmittelbar aus den Binnenkompetenzen herzuleiten ist. Grundsätzlich gilt für die Binnenkompetenzen im Dienstleistungsverkehr Ähnliches wie für das Niederlassungsrecht; Art. 59 Abs. 1 EGV erfaßt nur den Dienstleistungsverkehr innerhalb der Gemeinschaft von Angehörigen der Mitgliedstaaten. Art. 58 EGV ist hier über Art. 66 EGV in gleichem Umfang anwendbar wie bei der freien Niederlassung. Gewichtige Argumente für eine Außenkompetenz lassen sich auch nicht aus Art. 59 Abs. 2 EGV gewinnen: Zwar kann die Gemeinschaft die Dienstleistungsfreiheit nach dieser Vorschrift auch auf Angehörige dritter Staaten erstrecken, Voraussetzung ist aber wie bei Art. 58 EGV, daß die drittstaatlichen Dienstleistungserbringer in einem Mitgliedstaat bereits ansässig sind. Der Zugang zu der Gemeinschaft für drittstaatliche Dienstleistungen wird mithin von dieser Vorschrift nicht erfaßt. Gleiches gilt für den Export von Dienstleistungen aus der Gemeinschaft. So gelangt auch der Gerichtshof zu dem Ergebnis, daß die Verwirklichung des freien Dienstleistungsverkehrs grundsätzlich keine Regelungen über die Behandlung von Angehörigen aus Drittstaaten notwendig macht[144].

Eine abweichende Beurteilung kann sich allerdings für die Direktausstrahlung von Rundfunk ergeben. Diese kennt weder Binnen- noch Außengrenzen der Gemeinschaft. So können Binnenregelungen der Gemeinschaft über Art. 59 EGV zwar den grenzüberschreitenden Rundfunk innerhalb des Gemeinschaftsgebiets erfassen, nicht aber die Einstrahlung in das Gemeinschaftsgebiet hinein. Angesichts der technischen und rechtlichen Schwierigkeiten, den Binnenmarkt insoweit notfalls durch Störsender abzuschotten, ist das Bedürfnis nach internationaler vertraglicher Regelung offenkundig. Da der Rundfunk auch vor mitgliedstaatlichen Grenzen nicht halt macht, kann eine solche Regelung effektiv nur durch die Gemeinschaft erfolgen. Die Notwendigkeit gemeinschaftlicher Regelung aus einer so begründeten „Natur der Sache" heraus ist auch durch

---

144 S. *Slg.* 1994, I-5267, 5414 (Gutachten 1/94).

den Gerichtshof ausdrücklich anerkannt[145]. Wegen dieser Notwendigkeit mag hier die Fallgruppe des Gutachtens 1/76 eingreifen: Die Direktausstrahlung im Binnenmarkt läßt sich ohne eine Einbeziehung der Direkteinstrahlung aus Drittstaaten nicht regeln. In der Regel wird für den Rückgriff auf diese Kompetenz allerdings kein Bedürfnis bestehen, da die Direktausstrahlung nach der Rechtsprechung des Gerichtshofs bereits von Art. 113 EGV erfaßt wird (s. oben I).

3. Kompetenzen aus Art. 100, 100a EGV

Als subsidiäre Kompetenzgrundlage für die vertragliche Regelung des Dienstleistungsverkehrs mit Drittstaaten werden weiterhin die Art. 100, 100a EGV genannt[146]. Sie sind in dem hier zu behandelnden Kontext nicht mehr einschlägig, soweit die Regelung grenzüberschreitenden Rundfunkhandels der Handelspolitik gem. Art. 113 EGV oder den implied-powers aus den Art. 52ff., 59ff. EGV zugerechnet wird. Zu prüfen bleibt aber, ob sich eine Zuständigkeit für den mit einer Einreise oder Niederlassung verbun-denen Rundfunkhandel unmittelbar aus Art. 100, 100a EGV ergibt.

Der hilfsweise Rückgriff auf diese Bestimmungen soll nur in Grundzügen behandelt werden, da die Verweise auf den Gemeinsamen Markt, beziehungsweise den Binnenmarkt des Art. 7a Abs. 2 EGV diese Kompetenzen denkbar konturenlos machen. Bei einer Prüfung der Ziele des Binnenmarkts legt insbesondere die Verweisung des Art. 7a Abs. 1 EGV auf die Kompetenzen aus Art. 57 Abs. 2 EGV den Schluß nahe, daß der Vertrag den Binnenmarkt nicht weiter zieht, als dies in den Niederlassungs- und Dienstleistungsregelungen zum Ausdruck kommt. Zu den Zielen des Binnenmarkts gehörte dann nicht die gemeinschaftliche Regelung des Zugangs zu der Gemeinschaft für Angehörige von Drittstaaten, da diese Bereiche von der Niederlassungs- und Dienstleistungsfreiheit bewußt nicht erfaßt werden.

Zu den Zielen des Binnenmarkts[147] wird aber neben den ausdrücklich in Art. 7a Abs. 2 EGV erwähnten Freiheiten auch die Herstellung gleicher Wettbewerbsbedingungen gezählt[148]. Hier können also auch wettbewerbsrelevante Argumente entfaltet werden, die

---

145 S. *Slg.* 1976, S. 1279, 1311 (Kramer), wo es um den Fischfang ging; s.a. *Slg.* 1994, I-5267, 5413 (Gutachten 1/94).

146 S. *Timmermans*, Pescatore-FS, S. 686ff.; *Kommission*, Gutachten 1/94, Antragsschrift der Kommission vom 21.3.1994, JUR(94)02439, Rn. 190ff., deren Ausführungen sich allerdings inhaltlich auf die Kompetenz zum Abschluß des TRIPS-Abkommens beschränken; als mögliche Kompetenz zum Abschluß völkerrechtlicher Verträge nennt auch *Krück*, S. 86, den Art. 100 EWGV.

147 Im folgenden soll von den beiden Kompetenznormen allein die speziellere des Art. 100a EGV erörtert werden; in dem hier zu behandelnden Zusammenhang kommt es auf die Unterscheidung zwischen Gemeinsamem Markt und Binnenmarkt - und folglich zwischen Art. 100 und Art. 100 a EGV - nicht mehr an (s. dazu Grabitz/Hilf-*Langeheine*, Art. 100a EGV, Rn. 20).

148 S. Grabitz/Hilf-*Langeheine*, Art. 100a EGV, Rn. 20; Groeben-*Pipkorn*, Art. 100a, Rn. 17ff.; *Schwartz*, AfP 1993, S. 414f., jeweils m.w.N.

beim Dienstleistungs- und Niederlassungsrecht mangels eines nachweisbaren bestimmten Ziels nicht erheblich waren (s. oben 1). Hinzuweisen ist insoweit auf die Verzerrungen, die entstehen, wenn die Mitgliedstaaten gegenüber Drittstaaten die Einfuhr von Dienstleistungen oder das Niederlassungsrecht unterschiedlich handhaben[149]. Durch eine besonders liberale Einstellung eines Mitgliedstaats würden die dort angesiedelten Unternehmen der Gemeinschaft einem Wettbewerb ausgesetzt, vor dem sie andernorts geschützt wären. Produzenten könnten in diesem Staat andererseits aus dem höheren Konkurrenzdruck Wettbewerbsvorteile für ihre eigenen Produkte erlangen. Unter diesem Gesichtspunkt lassen sich Gründe dafür anführen, eine Kompetenz der Gemeinschaft anzunehmen.

Auch der Gerichtshof hat anerkannt, daß Art. 100a EGV auswärtige Kompetenzen begründen kann; unter den Voraussetzungen des Gutachtens 1/94 kann die Gemeinschaft aus Art. 100a EGV ausschließliche Kompetenzen indessen erst erwerben, wenn die entsprechenden Bereiche bereits harmonisiert sind[150].

4. Zusammenfassung

Die Art. 52ff. und 59ff. EGV betreffen Niederlassungen und den Dienstleistungsverkehr innerhalb des Binnenmarkts. Ihre Ziele umfassen nicht den Marktzugang für Angehörige aus Drittstaaten. Allenfalls die Direkteinstrahlung in den Binnenmarkt kann noch von der Zuständigkeit in Art. 57 Abs. 2 EGV erfaßt werden. Da Art. 7a EGV auch die Herstellung gleicher Wettbewerbsbedingungen bezweckt, läßt sich eine unmittelbare Ermächtigung zur Regelung des Marktzugangs auch Art. 100a EGV entnehmen.

Nach der Rechtsprechung des Gerichtshofs kann die Gemeinschaft demgegenüber in ihrer gesamten Rechtsetzung die Behandlung von Angehörigen aus Drittstaaten autonom regeln oder sich selbst die Zuständigkeit verleihen, mit Drittstaaten zu verhandeln. Macht sie von dieser Möglichkeit durch den Erlaß entsprechender Binnenregeln Gebrauch, entsteht insoweit eine ausschließliche Zuständigkeit auch für den Abschluß eines völkerrechtlichen Vertrags.

III. Kompetenzen für publizistische Aspekte

Wegen der wirtschaftlichen Dimension, die dem Rundfunk zukommt (s. oben erstes Kapitel B), kann die Gemeinschaft in einem völkerrechtlichen Handelsabkommen einen

---

149 S. *Kommission*, Gutachten 1/94, Antragsschrift der Kommission vom 21.3.1994, JUR(94)02439, Rn. 160ff.
150 S. *Slg.* 1994, I-5267, 5414 (Gutachten 1/94).

Grundsatz freien Handels festlegen. Aus den gleichen Gründen stehen ihr auch die Kompetenzen zu, Schranken des Freihandels zu regeln, die ökonomisch motiviert sind. Zu klären sind aber zunächst ihre Kompetenzen für publizistische Schranken des Marktzugangs.

1. Regelung publizistischer Schranken

Stünden der Gemeinschaft überhaupt keine Kompetenzen zur Berücksichtigung publizistischer Sachverhalte im Rundfunkhandel zu, so könnte sie nur Regelungen treffen, die alle mitgliedstaatlichen Maßnahmen unberührt lassen, die aus publizistischen Gründen erfolgen. Ähnliche Vorbehalte zugunsten mitgliedstaatlicher Maßnahmen, die Ausdruck eines berechtigten Allgemeininteresses sind, enthalten die gemeinsamen Einfuhrregelungen[151]. Das Bestehen dieser Vorbehalte präjudiziert allerdings noch nicht die Frage, ob Gesichtspunkte des Allgemeininteresses auch von der gemeinsamen Handelspolitik erfaßt werden[152]. Die Vorbehalte wären bei den autonomen Einfuhrregelungen nämlich überflüssig, wenn sie sich bereits aus dem Primärrecht ergeben würden[153].

Die Gemeinschaft hat sich an anderer Stelle ausdrücklich auf den Art. 113 EGV berufen, um Allgemeininteressen bei der Einfuhr zu schützen: Ihre Verordnungen über die Einfuhrbedingungen landwirtschaftlicher Erzeugnisse nach dem Unfall in Tschernobyl[154] dienen beispielsweise in erheblichem Maße dem Gesundheitsschutz der Verbraucher. Die Rechtmäßigkeit dieser Praxis hat der Gerichtshof ausdrücklich bestätigt[155]. Er hat auch ein im Rahmen des WTO-Abkommens geschlossenes Übereinkommen über gesundheitspolizeiliche und pflanzenschutzrechtliche Maßnahmen kompetentiell Art. 113 EGV zugeordnet[156]. In demselben Gutachten hat er schließlich Art. 113 EGV auf die Teile des TRIPS erstreckt, die Maßnahmen der Zollbehörden zum Schutz geistigen Eigentums an den Außengrenzen vorsehen[157]. Ähnlich wird man auch die Verordnung über die Ausfuhr von Kulturgütern[158] beurteilen müssen, die auf der Grundlage des Art. 113 EGV unter anderem den Kulturgüterschutz regeln soll.

Nach diesem Befund scheint zumindest in der Praxis klar, daß die gemeinsame Handelspolitik im Einzelfall auch Gesichtspunkte des Allgemeininteresses erfaßt. Wieweit

---

151 S. z.B. Verordnung Nr. 3285/94 des Rats v. 22.12.1994, ABl. L 349/53 v. 31.12.1994, Art. 24 Abs. 2.
152 Zur kompetentiellen Bedeutung solcher Klauseln s. *Mengozzi*, The Legal Dimension, S. 236ff.
153 *Lauwaars*, Discretionary Powers, S. 79. Bei einer vertraglichen Regelung wären Vorbehalte demgegenüber zumindest aus Gründen der Rechtssicherheit geboten.
154 S. z. B. Verordnung Nr. 737/90 des Rats v. 22.3.1990, ABl. L 82/1 v. 29.3.1990; weitere Beispiele bei Europäisches Außenwirtschaftsrecht-*v. Bogdandy*, S. 41.
155 S. *Slg.* 1990, I-1527, 1549f.; s.a. *Eeckhout*, The Legal Dimension, S. 98f.
156 S. *Slg.* 1994, I-5267, 5398 (Gutachten 1/94).
157 S. *Slg.* 1994, I-5267, 5404f. (Gutachten 1/94).
158 VO Nr. 3911/92 v. 9.11.1992, ABl. L 395/1 v. 31.12.1992.

diese Befugnisse reichen, ist indessen ungeklärt. Begründungsbedürftig bleibt hier der Satz, die Handelspolitik erfasse sowohl die Regelung der Grundfreiheiten als auch ihrer Beschränkungen durch Gesichtspunkte des Allgemeininteresses[159]. Es ist zwar unstreitig, daß die Regelung der Handelspolitik auch eine Beschränkung des Freihandels umfassen kann, damit ist jedoch nicht dargelegt, inwieweit dies auch für nicht-ökonomische Beschränkungen gilt. Gegen eine Ausdehnung der gemeinschaftlichen Tätigkeit in den Regelungsbereich der Allgemeininteressen spricht vielmehr, daß die in Art. 113 Abs. 1 EGV beispielhaft erwähnten Schutzmaßnahmen ausschließlich wirtschaftlich motiviert sind.

Eine Eingrenzung nach der Zielrichtung der Regelung[160] erscheint unergiebig; wegen der Doppelnatur des Rundfunks können jeder Maßnahme ökonomische und publizistische Zielsetzungen zugrunde liegen. Wie soll man beispielsweise Quotenregelungen einordnen? Auch eine Unterscheidung nach der Art des angewendeten Instruments[161] hilft in diesem Zusammenhang nicht weiter; es gehört zu den Eigenheiten des gesamten Dienstleistungsverkehrs, daß er sich nicht durch die klassischen Instrumente des Außenhandelsrechts regulieren läßt, sondern regelmäßig erst von Binnenregelungen erfaßt wird. Unfruchtbar ist es deshalb auch, beide Kriterien miteinander zu kombinieren[162].

Eine Grenze der handelspolitischen Kompetenz wird man auch hier anhand des Zusammenspiels EG-rechtlicher Ermächtigungen und völkerrechtlicher Regelungstätigkeit suchen müssen. Die handelspolitische Ermächtigung orientiert sich an dem in Art. 110 EGV umschriebenen Ziel, sie berücksichtigt daher die Auffassung der Völkergemeinschaft (s. oben I 1). Unter diesem Gesichtspunkt ist beispielsweise auch anerkannt, daß entwicklungspolitische Fragen inzwischen der handelspolitischen Kompetenz zuzurechnen sind[163]. Für eine vertragliche Handelsregelung ist es indessen nicht nur sinnvoll, sondern auch notwendig, Beschränkungen zu kodifizieren, die durch Allgemeininteressen vorgegeben sind. Daß solche Regelungen völkerrechtlich handelspolitischen Charakter haben, belegen die Vorschriften des Art. XX GATT 1994[164] und des Art. XIV GATS. Der handelspolitische Spielraum der Gemeinschaft wäre in unzumutbarer Weise verkürzt, wenn sie nur Abkommen abschließen könnte, die Beschränkungen aus Gründen der Allgemeininteressen nicht einmal berühren.

Eine Ermächtigung der Gemeinschaft, solche Beschränkungen festzuschreiben, beeinträchtigt die Regelungshoheit der Mitgliedstaaten nur geringfügig. Je weiter die

---

159 S. *Lauwaars*, Discretionary Powers, S. 79f.; auch bei Europäisches Außenwirtschaftsrecht-*v. Bogdandy*, S. 41ff., werden Grenzmaßnahmen, die Gesichtspunkte des Allgemeininteresses schützen, pauschal der handelspolitischen Kompetenz zugerechnet.
160 Vgl. Grabitz/Hilf-*Vedder*, Art. 113, Rn. 38, m.w.N. zu dieser Auffassung des Rats.
161 Vgl. Grabitz/Hilf-*Vedder*, Art. 113, Rn. 38, m.w.N. zu dieser Auffassung der Kommission.
162 S. Grabitz/Hilf-*Vedder*, Art. 113, Rn. 39ff.
163 S. Europäisches Außenwirtschaftsrecht-*v. Bogdandy*, S. 37ff., m.w.N.
164 S. *Lauwaars*, Discretionary Powers, S. 80.

Schrankenbestimmungen nämlich gefaßt werden, umso mehr Raum verbleibt auch den Mitgliedstaaten, eigene Regelungen zu treffen. Wenn die Gemeinschaft im GATS beispielsweise kulturelle Ausnahmen durchsetzen würde, bliebe den Mitgliedstaaten ein größerer Spielraum für publizistische Regelungen.

2. Festlegung von publizistischen Mindeststandards

Gegenläufige Interessen, die sich aus einem wirtschaftlichen Bestreben nach Freihandel bei gleichzeitigem Festhalten an publizistischen Werten ergeben können, müssen nicht in einer Schrankenregelung zum Ausgleich gebracht werden. Sie ließen sich vertraglich auch dadurch miteinander vereinbaren, daß einheitlich publizistische Mindesterfordernisse festgelegt werden. Zu ähnlichen Ergebnissen würde man gelangen, wenn die Parteien ihre jeweiligen publizistischen Anforderungen wechselseitig anerkennen würden. Solche Anerkennungs- und Harmonisierungsverfahren spricht das GATS in Art. VII ausdrücklich an und verpflichtet seine Mitglieder dazu, anderen Mitgliedstaaten eine Beteiligung hieran zu ermöglichen (Art. VII:2 GATS; s. dazu oben drittes Kapitel E I 3).

a) Auf der Grundlage des Art. 113 EGV

Die Verkehrsfähigkeit des Produkts Rundfunk wird durch gegenseitige Anerkennung und Harmonisierung zweifellos eher gefördert als durch eine Schrankenregelung[165]. Dadurch käme ein solches Verfahren auch dem in Art. 110 EGV umschriebenen Ziel näher, Beschränkungen im internationalen Handelsverkehr zu beseitigen. Eine entsprechende Kompetenz für solche Maßnahmen liegt deshalb aber noch nicht vor.

Man wird bei den handelspolitischen Kompetenzen nicht ohne weiteres vom Ziel auf das Mittel schließen können. Art. 113 EGV ist nicht in gleicher Weise funktional angelegt wie die Kompetenzen zur Herstellung des Binnenmarkts; er überträgt der Gemeinschaft die Handelspolitik als Sachgebiet[166]. Schon aus diesem Grunde ließe sich bezweifeln, daß seine Kompetenzen strukturell mit denen zur Rechtsangleichung im Binnenmarkt vergleichbar sind. Angesichts der weitreichenden Einschränkung mitgliedstaatlicher Regelungsautonomie, die eine Befugnis zur Rechtsangleichung nach sich ziehen würde, wäre sie wohl ausdrücklich zu regeln. Weiterhin ist fraglich, ob die Ziele, die der EGV mit der gemeinsamen Handelspolitik verfolgt, einen Grad der wirtschaftlichen Integration vorsehen, der rechtsangleichende Instrumente erfordert.

---

165 Vgl. *Eeckhout*, L'Europe et les enjeux du GATT dans le domaine de l'audiovisuel, S. 36f., der die Voraussetzungen des Art. 100a EGV auf Art 113 EGV überträgt und diesen folglich für anwendbar hält, wenn die Vielfalt mitgliedstaatlicher publizistischer Regelungen den Gemeinsamen Markt behindert oder ein einheitliches Auftreten durch die Gemeinschaft vorteilhaft ist.

166 Vgl. Europäisches Außenwirtschaftsrecht-*v. Bogdandy*, S. 20, m.w.N.

Die Ziele der handelspolitischen Kompetenzen umschreibt Art. 110 EGV. Sein Auftrag bleibt deutlich hinter dem des Art. 7a EGV zurück. Die gemeinsame Handelspolitik soll keinen Raum ohne Binnengrenzen herstellen, in dem es auf eine Maximierung der Verkehrsfähigkeit ankäme. Daher sieht Art. 113 EGV auch keine den Art. 100ff. EGV entsprechenden Kompetenzen zur Rechtsvereinheitlichung vor.

Eine internationale Harmonisierung würde im übrigen auch den Binnenmarkt harmonisieren. Wäre sie auf der Grundlage des Art. 113 EGV möglich, so würden die qualifizierenden Anforderungen der Binnenkompetenzen (insbesondere Einstimmigkeits-Erfordernisse und die Beteiligung des Parlaments) umgangen. Der Gerichtshof hat daher auch den Abschluß des TRIPS auf der Grundlage des Art. 113 EGV ausgeschlossen, soweit sein Zweck darin besteht, den Schutz geistigen Eigentums zu harmonisieren und zu verstärken[167]. Insoweit betrifft das TRIPS nicht mehr spezifisch den internationalen Handel, sondern genauso den Binnenhandel[168].

Art. 113 EGV kann der Gemeinschaft also nicht die Befugnis verleihen, zur Erhöhung der Verkehrsfähigkeit des Produkts Rundfunk Regelungen zu treffen, die publizistische Standards international harmonisieren oder wechselseitig anerkennen.

b) Durch implied-powers

Die bestehenden Kompetenzen zur Rechtsangleichung könnten jedoch über die implied-powers im Außenbereich zur Geltung gelangen. Voraussetzung dafür ist wiederum, daß auch eine Regelung des Außenhandels notwendig ist, um die in den Kompetenzen enthaltenen bestimmten Ziele zu verwirklichen. Unmittelbar läßt sich aus den Art. 59ff. EGV eine Außenkompetenz für die wirtschaftliche Seite des Rundfunkhandels nur bei direkter Einstrahlung von Rundfunksendungen in den Binnenmarkt begründen (s. oben II 2). Diese Ermächtigung wird sich auch hier heranziehen lassen: Art. 57 Abs. 2 EGV verleiht der Gemeinschaft die Befugnis, die Verkehrsfähigkeit der Rundfunkausstrahlung im Binnenmarkt durch publizistische Regelungen herzustellen. Diese Kompetenz muß sich zur Wahrung einheitlicher publizistischer Standards auch auf Sendungen erstrecken, die aus Drittstaaten in die Gemeinschaft einstrahlen, da diese innerhalb der Gemeinschaft schon aus technischen Gründen frei verkehren. Die Gemeinschaft könnte auf der Grundlage des Art. 57 Abs. 2 EGV also beispielsweise mit der Schweiz ein Abkommen schließen, das die Ausstrahlung jugendgefährdender Sendungen regelt.

Soweit eine vertragliche Regelung durch die Gemeinschaft nicht wegen der grenzüberschreitenden Natur der Rundfunkausstrahlung geboten ist, fällt es indessen schwer,

---

167 S. *Slg.* 1994, I-5267, 5405f. (Gutachten 1/94). Daran kann der im Vertrag von Amsterdam vorgesehene Art. 113 Abs. 5 EGV allerdings etwas ändern. Er erlaubt dem Rat, Art. 113 EGV auf Rechte an geistigem Eigentum auszudehnen.

168 S. *Slg.* 1994, I-5267, 5405 (Gutachten 1/94).

aus den Rechtsangleichungsermächtigungen Kompetenzen für den Rundfunkaußenhandel unmittelbar herzuleiten. Rechtsangleichung soll die Verkehrsfähigkeit innerhalb des Binnenmarkts erhöhen. Die Kompetenzen können sich deshalb grundsätzlich nicht auf Maßnahmen erstrecken, die die Verkehrsfähigkeit bei der Einfuhr in den Binnenmarkt zum Gegenstand haben[169]. Die publizistische Regelungsbefugnis erfaßt Rundfunkprodukte aus Drittstaaten erst dann, wenn diese die Außengrenzen des Binnenmarkts überschritten haben und es beispielsweise um deren Ausstrahlung geht.

Publizistische Einzelregelungen lösen auch nicht in gleicher Weise Wettbewerbsverzerrungen aus wie unterschiedlich liberale Einfuhrregime. Sie sind in der Regel gegenüber wirtschaftlichem Wettbewerb neutral und zielen nicht darauf ab, Wettbewerbsvorteile zu schaffen. Die Notwendigkeit, zur Vermeidung von Wettbewerbsverzerrungen Außenregelungen durch die Gemeinschaft zu treffen (s. dazu oben II 3), wird sich hier also kaum belegen lassen. Mittelbare Wirkungen für den Wettbewerb, die entstehen könnten, wenn die Mitgliedstaaten unterschiedliche publizistische Interessen verfolgen, lassen sich hingegen schwerlich heranziehen, um über die Rechtsangleichung Außenkompetenzen zu konstruieren. Auch hier gilt zudem, daß die Binnenkompetenzen der Gemeinschaft zur Festlegung publizistischer Standards ausreichen, um Wettbewerbsverzerrungen zu vermeiden. Vorschriften über die Produktion jugendgefährdender Sendungen könnte die Gemeinschaft in das beispielhaft genannte Abkommen mit der Schweiz also nicht aufnehmen. Das würde selbst dann gelten, wenn die entsprechenden Vorschriften in den Mitgliedstaaten in ihrem Schutzniveau sehr unterschiedlich ausfielen. Die Gemeinschaft könnte sich in diesem Fall nämlich darauf beschränken, die mitgliedstaatlichen Vorschriften anzugleichen. Hierdurch würde sie verhindern, daß Angehörige aus Drittstaaten jugendgefährdende Programme in der Gemeinschaft herstellen oder vertreiben.

Sofern es nicht um die Direktausstrahlung geht, scheint die vertragliche Rechtsangleichung mit Drittstaaten also nicht zu den Funktionen der Rechtsangleichung auf dem Binnenmarkt zu gehören. Nach der Rechtsprechung des Gerichtshofs können die Binnenkompetenzen der Gemeinschaft dennoch mittelbar eine ausschließliche Zuständigkeit auch zur vertraglichen Regelung verleihen, wenn sie entsprechende Binnenregelungen erlassen hat (s. dazu oben II). Das gilt ohne Einschränkung für Harmonisierungsmaßnahmen[170]. Unter der Voraussetzung, daß sie vorher entsprechende Binnenregelungen erläßt, kann die Gemeinschaft danach auch mit Drittstaaten publizistische Aspekte des Rundfunkhandels vertraglich regeln.

---

169 Vgl. auch *Slg.* 1994, I-5267, 5417f. (Gutachten 1/94), wo der Gerichtshof die Zuständigkeit für die Harmonisierungsregeln des TRIPS auf der Grundlage der implied-powers ebenfalls weitgehend verneint.

170 S. *Slg.* 1994, I-5267, 5414 (Gutachten 1/94); dort erstreckt der Gerichtshof seine Rechtsprechung auf die „Harmonisierungskompetenz" in Art. 100 EGV.

c) Art. 128 EGV

In Art. 128 Abs. 3 EGV ist ausdrücklich vorgesehen, daß die Gemeinschaft und die Mitgliedstaaten die Zusammenarbeit mit internationalen Organisationen und Drittstaaten fördern. Bei den angesprochenen Organisationen handelt es sich allerdings nur um solche, die für den Kulturbereich zuständig sind. Im Rahmen der WTO wird die Gemeinschaft auf dieser Grundlage keine publizistischen Mindestanforderungen festlegen können. Die Kompetenz in Art. 128 Abs. 3, 5 EGV läßt sich aber beispielsweise heranziehen, um Koproduktionsabkommen mit Drittstaaten zu schließen. Dabei wird die Gemeinschaft ebenfalls beachten müssen, daß nicht sämtliche publizistischen Aspekte erfaßt werden, sondern nur kulturelle, es muß sich um künstlerisches oder literarisches Schaffen handeln (s. auch oben B V 2). Zudem dürfen die Gemeinschaftsmaßnahmen keine harmonisierende Wirkung haben. Diese Einschränkung verhindert auch, daß die Gemeinschaft auf der Grundlage des Art. 128 EGV einseitig Mindestanforderungen festlegt.

IV. Kompetenzen für technische Aspekte

Die Handelsbeschränkungen, die technische Normen und Standards auslösen können, sind im Rahmen des GATT schon seit längerem Gegenstand der Verhandlungen. Ausführlich befaßte sich zuerst die Tokio Runde mit der Regelung technischer Standards, ohne jedoch eine internationale Angleichung technischer Vorschriften anzustreben[171]. Der resultierende Standards Code wurde zwar von der Gemeinschaft und den Mitgliedstaaten gemeinsam geschlossen, dies jedoch in erster Linie aus politischen Gründen[172]. Heute scheint unbestritten, daß die Gemeinschaft in der Lage gewesen wäre, die Ergebnisse der Tokio Runde allein abzuschließen[173].

Kompetentiell wird man die Regelung technischer Schranken als akzessorische Nebenbestimmungen[174] noch Art. 113 EGV zurechnen können. Diese Einordnung ließe sich unter dem Gesichtspunkt der implied- powers rechtfertigen; wegen ihrer großen Bedeutung für den internationalen Handel mit komplexen Produkten ist die technische Regelung notwendig, um das Ziel der Ermächtigung des Art. 113 EGV zu erreichen. Auf dieser Linie liegt auch die Rechtsprechung des Gerichtshofs, der internationale

---

171 S. *Bourgeois*, CMLReview 1982, S. 7ff.; *Eeckhout*, A Legal Analysis, S. 268f.
172 S. *Bourgeois*, CMLReview 1982, S. 21; *Hilf*, GATT und Europäische Gemeinschaft, S. 29.
173 S. *Bourgeois*, CMLReview 1982, S. 21f.; *v. Bogdandy*, Jura 1992, S. 410f.; *Eeckhout*, A Legal Analysis, S. 269f.; ähnlich *Hilf*, GATT und Europäische Gemeinschaft, S. 29, m.w.N. in Fn. 51.
174 Zur Einordnung akzessorischer Nebenbestimmungen s. Grabitz/Hilf-*Vedder*, Art. 113, Rn. 37.

Übereinkommen allein nach ihrem wesentlichen Gegenstand einordnet[175]. Zur Begründung ließe sich andererseits auch anführen, daß sich seit der Tokio Runde der GATT Verhandlungen eine völkerrechtliche Auffassung durchsetzt, die technische Regelungen als Bestandteil von Handelsabkommen begreift. Dieser völkerrechtlichen Auffassung ist Art. 113 EGV verpflichtet. Der Gerichtshof hat jedenfalls das im Rahmen des WTO-Abkommens geschlossene Übereinkommen über technische Handelshemmnisse der Handelspolitik zugeordnet[176].

Er hat dabei freilich betont, daß das fragliche Übereinkommen nur unnötige Hemmnisse beseitigen soll, die technische Vorschriften und die Prüfung der Übereinstimmung mit technischen Vorschriften auslösen können[177]. Ob die handelspolitische Kompetenz sich nach dieser Rechtsprechung auch auf eine internationale Harmonisierung erstrecken würde, ist zweifelhaft. Bei harmonisierenden Regelungen versperrt der Gerichtshof die handelspolitische Kompetenz mit der Begründung, daß eine Harmonisierung nicht mehr spezifisch den Außenhandel betrifft; sie gilt gleichermaßen für den Binnenmarkt[178]. Hier dürfen die Binnenkompetenzen nicht durch internationale Harmonisierung umgangen werden[179]. Es dürfte der Gemeinschaft aber auch auf der Grundlage der implied-powers aus Art. 100, 100a EGV möglich sein, an einer internationalen Harmonisierung mitzuwirken[180], nach der Rechtsprechung des Gerichtshofs jedenfalls dann, wenn die Gemeinschaft entsprechende Binnenregelungen erlassen hat.

V. Ergebnis

In der Auslegung des Gerichtshofs erfaßt die gemeinsame Handelspolitik wesentliche Bereiche des Rundfunkhandels mit Drittstaaten[181]. Nicht nur der Handel mit allen Waren, in erster Linie also mit Produktionsmaterialien, fällt in die Gemeinschaftszuständigkeit, sondern auch die grenzüberschreitende Erbringung von Korrespondenzdienstleistungen. Hierzu zählt im Rundfunkhandel insbesondere die Einstrahlung in das Gemeinschaftsgebiet durch Satelliten, terrestrische Verbreitung oder auch durch grenzüberschreitende Kabelnetze. Im Programmhandel kommt es für die Zuständigkeit der Gemeinschaft nicht darauf an, ob die Programme auf Zelluloid oder Videokassette gebannt

---

175 S. *Slg.* 1979, S. 2871, 2917 (Gutachten 1/78).
176 S. *Slg.* 1994, I-5267, 5398f. (Gutachten 1/94).
177 S. *Slg.* 1994, I-5267, 5398f. (Gutachten 1/94).
178 S. für das TRIPS *Slg.* 1994, I-5267, 5405 (Gutachten 1/94).
179 S. für das TRIPS *Slg.* 1994, I-5267, 5405f. (Gutachten 1/94). S.a. *Völker*, The Legal Dimension, S. 297ff., der Art. 113 EGV vor allem deshalb ausschließen will, weil den Mitgliedstaaten nach der ausschließlichen handelspolitischen Kompetenz keine Regelungsbefugnisse verbleiben würden.
180 Vgl. *Völker*, The Legal Dimension, S. 300ff.
181 S.a. *Hilf*, EuZW 1995, S. 7; *Sir Leon Brittan*, Verhandlungen des Europäischen Parlaments, Ausführlicher Sitzungsbericht vom 16.11.1994, ABl. Anhang Nr. 4-453/121.

sind oder ob sie an den Käufer überspielt werden; für alle genannten Erbringungsformen läßt sich die Kompetenz der Gemeinschaft aus Art. 113 EGV ableiten.

Diese Zuständigkeit der Gemeinschaft findet nach Ansicht des Gerichtshofs ihre Grenzen dort, wo der Rundfunkhandel mit der Einreise oder Niederlassung von Personen verbunden ist. Hier kann die Gemeinschaft den Außenhandel nach der Rechtsprechung autonom auf der Grundlage der Binnenkompetenzen regeln; durch den Erlaß autonomer Regelungen erhält die Gemeinschaft mittelbar auch eine ausschließliche Zuständigkeit für den Abschluß eines völkerrechtlichen Vertrags.

Publizistische und technische Aspekte können auf der Grundlage des Art. 113 EGV nur in Schrankenregelungen berücksichtigt werden. Zu einer Angleichung publizistischer oder technischer Vorschriften ermächtigt Art. 113 EGV die Gemeinschaft nicht. Nach der Rechtsprechung des Gerichtshofs kann sie indessen auch den Außenhandel auf der Grundlage der Vorschriften für den Binnenhandel harmonisieren. Die autonome Harmonisierung vermittelt der Gemeinschaft dann für die vertragliche Harmonisierung technischer oder publizistischer Vorschriften eine ausschließliche Zuständigkeit. Eine unmittelbare Zuständigkeit für Harmonisierungsmaßnahmen kann sich für die Direkteinstrahlung in den Binnenmarkt daneben aus den Art. 59ff. EGV ergeben.

Art. 128 Abs. 5 EGV kann die Gemeinschaft darüber hinaus ermächtigen, Kulturabkommen mit Drittstaaten zu schließen, um beispielsweise durch Koproduktionsvereinbarungen den kulturellen Austausch zu fördern.

Im Ergebnis stehen der Gemeinschaft damit auch für den Außenhandel umfangreiche Ermächtigungen zur Verfügung. Eine ausschließliche Zuständigkeit der Gemeinschaft für den Abschluß völkerrechtlicher Verträge setzt in folgenden Bereichen aber grundsätzlich eine vorherige autonome Regelung voraus: beim Rundfunkaußenhandel, der mit der Einreise oder Niederlassung von Personen verbunden ist, und bei der Angleichung technischer oder publizistischer Regelungen.

D. Abschluß und Umsetzung völkerrechtlicher Verträge

Das Verfahren für autonome Regelungen des internationalen Rundfunkhandels durch die Gemeinschaft wirft keine Besonderheiten auf. Komplizierter ist das Verfahren zur Regelung durch einen völkerrechtlichen Vertrag, beispielsweise im Rahmen des GATS. Auch die Wirkung völkerrechtlicher Verträge in der Gemeinschaft ist umstritten. Einige dieser Aspekte sollen daher kurz geschildert werden.

I. Gemischte Abkommen

Für Verträge, deren Inhalt nicht allein in die ausschließliche Kompetenz der Gemeinschaft fällt, hat sich ein besonderes völkerrechtliches Verfahren eingebürgert. In einem gemischten Abkommen werden die Verträge zunächst von den Mitgliedstaaten ratifiziert und dann durch den Rat der EG abgeschlossen[182]. Auf diese Weise werden sowohl die Mitgliedstaaten als auch die EG Vertragspartei.

Die Zusammenarbeit zwischen der Gemeinschaft und den Mitgliedstaaten beim Abschluß und bei der Durchführung gemischter Verträge unterliegt dem Gebot einer geschlossenen völkerrechtlichen Vertretung[183]. Speziell zum Auftreten in der WTO hat der Gerichtshof bekräftigt, daß der einheitliche Charakter des WTO-Abkommens die Gemeinschaft und die Mitgliedstaaten zur Zusammenarbeit zwingt; die Möglichkeit wechselseitiger Retorsionen (cross retaliation) dürfe nicht dadurch behindert werden, daß die Zuständigkeiten für den Warenverkehr, den Dienstleistungsverkehr und das geistige Eigentum nicht in einer Hand lägen[184]. Diese nachdrückliche Verpflichtung zur Zusammenarbeit mit der Gemeinschaft soll Alleingänge der Mitgliedstaaten erschweren[185].

Die gemischten Abkommen haben zahlreiche weitere Einzelfragen aufgeworfen, auf die hier nur verwiesen werden soll[186]; sie hängen nicht mehr speziell mit dem internationalen Rundfunkhandel zusammen.

II. Verfahren der EG

1. Gem. Art. 113, 228 EGV

Für völkerrechtliche Abkommen, die auf der Grundlage des Art. 113 EGV geschlossen werden, ergibt sich das gemeinschaftsrechtliche Verfahren aus Art. 113 Abs. 3 i.V.m. 228 EGV[187]. Danach leitet die Kommission das Verfahren ein, indem sie dem Rat eine Empfehlung vorlegt (Art. 113 Abs. 3 Unterabs. 1 EGV). Zu einer solchen Empfehlung kann der Rat die Kommission auch gem. Art. 152 EGV auffordern. Der Rat er-

---

182 S. *Arnold*, AVR 1980/81, S. 419, mit zahlreichen Konstellationen; *Berrisch*, S. 46f.; *Nicolaysen*, Europarecht I, S. 140.
183 S. *Slg*. 1978, S. 2151, 2180f. (Beschluß 1/78); 1993, I-1061, 1083 (Gutachten 2/91); 1994, I-5267, 5420 (Gutachten 1/94); s. dazu auch *Emiliou*, ELReview 1996, S. 308f.
184 S. *Slg*. 1994, I-5267, 5420f. (Gutachten 1/94); s. dazu *Hilf*, EJIL 6 (1995), S. 255f. Die Ausübung der Rechte der Gemeinschaft in der WTO sind in der VO Nr. 3286/94 geregelt, ABl. L 349/71 v. 31.12.1994.
185 S. *Hilf*, EuZW 1995, S. 8; zum Status des Rechts der WTO im Recht der Gemeinschaft und der Mitgliedstaaten s. *Eeckhout*, CMLReview 1997, S. 14ff.
186 S. *o'Keeffe/Schermers*, Mixed Agreements; *Stein*; *Dolmans*; *Neuwahl*, CMLReview 1991, S. 717; *dies.*, CMLReview 1996, S. 667; *Macleod/Hendry/Hyett*, S. 142ff., alle m.w.N.

mächtigt die Kommission auf die Empfehlung hin, die erforderlichen Verhandlungen einzuleiten (Art. 113 Abs. 3 Unterabs. 1). Sie führt die Verhandlungen anschließend im Benehmen mit einem vom Rat bestellten besonderen Ausschuß (sogenannter „113-Ausschuß"[188]) nach Maßgabe von Richtlinien, die ihr der Rat erteilen kann (Art. 113 Abs. 3 Unterabs. 2 EGV). Dadurch wird die Einflußnahme des Rats auf die Verhandlungen gewährleistet. Das Verhandlungsmandat der Kommission erstreckt sich bis auf die Paraphierung des Ergebnisses durch die Verhandlungsleiter[189].

Für den Abschluß sieht Art. 113 Abs. 4 EGV einen Beschluß des Rats mit qualifizierter Mehrheit (s. Art. 148 Abs. 2 EGV) vor. Eine vorherige Beteiligung des Europäischen Parlaments ist in Art. 113 EGV hingegen nicht erwähnt. Art. 228 Abs. 3 Satz 1 EGV nimmt Verträge nach Art. 113 Abs. 3 EGV auch ausdrücklich von dem Erfordernis der Anhörung aus. Etwas anderes kann sich nur ergeben, wenn die Voraussetzungen des Art. 228 Abs. 3 Unterabs. 2 EGV gegeben sind[190]. Grundsätzlich können Handelsabkommen folglich ohne Konsultationen des Parlaments abgeschlossen werden. Dennoch hat sich eine Beteiligung des Parlaments bei bedeutsamen internationalen Abkommen eingebürgert. Nach dem Luns-Westerterp-Verfahren, das der Rat 1973 eingeführt hat, ist eine Unterrichtung des Parlaments vor Abschluß des Abkommens vorgesehen[191]. Die im Europäischen Rat versammelten Staats- und Regierungschefs der Mitgliedstaaten haben ebenfalls beschlossen, das Parlament vor Abschluß bedeutender internationaler Übereinkünfte durch die Gemeinschaft zu konsultieren[192].

Treten Streitigkeiten über die Vereinbarkeit eines Abkommens mit dem Gemeinschaftsrecht auf, können der Rat, die Kommission oder einzelne Mitgliedstaaten beim Gerichtshof ein Gutachten einholen (Art. 228 Abs. 6 EGV). Von dieser Möglichkeit hat die Kommission beispielsweise zur Klärung der Zuständigkeiten bei Abschluß der Uruguay Runde Gebrauch gemacht[193].

2. Modifiziertes Verfahren

Das oben beschriebene Verfahren erfährt geringfügige Modifizierungen, wenn Grundlage für den Abschluß nicht, oder nicht allein Art. 113 EGV ist. Sofern die Ge-

---

187 Ausführlich dazu *Macleod/Hendry/Hyett*, S. 84ff.
188 S. Europäisches Außenwirtschaftsrecht-*v. Bogdandy*, S. 54.
189 Grabitz/Hilf-*Vedder*, Art. 113, Rn. 78.
190 So ist anzunehmen, daß der Abschluß der Uruguay Runde angesichts der Schaffung der WTO und des Streitbeilegungsverfahrens einen besonderen institutionellen Rahmen im Sinne des Art. 228 Abs. 3 Unterabs. 2 EGV geschaffen hat und deshalb eine Anhörung des Parlaments erforderlich war; s. *Kuijper*, EJIL 6 (1995), S. 226.
191 S. *Rengeling*, Schlochauer-FS, S. 880ff. Zu der rechtlichen Bedeutung solcher Interorganvereinbarungen s. *ders.*, a.a.O., S. 894ff.; s.a. Groeben-*Tomuschat*, Art. 228, Rn. 30.
192 S. Feierliche Deklaration zur Europäischen Union v. 19.6.1983, EG Bulletin 1983, Nr. 6, S. 26, 29.
193 Gutachten 1/94, Antragsschrift der Kommission vom 21.3.1994 (JUR(94)02439).

meinschaft implied-powers heranziehen muß, um ein Abkommen abzuschließen, müssen auch die Vorgaben für den Erlaß von Binnenregelungen berücksichtigt werden. Die Einleitung der Verhandlungen gem. Art. 228 Abs. 1 EGV entspricht im wesentlichen der des Art. 113 Abs. 3 EGV. Hier können sich vor Abschluß des Abkommens aber Konsultationspflichten sowohl aus den Binnenkompetenzen[194] als auch aus Art. 228 Abs. 3 EGV ergeben. Weiterhin beschließt der Rat einstimmig, wenn die zugrunde liegenden Binnenkompetenzen dies vorsehen (Art. 228 Abs. 2 Satz 2 EGV)[195].

Ist ein gemischtes Abkommen erforderlich, so stehen den Drittstaaten die Gemeinschaft und ihre Mitgliedstaaten als Verhandlungs- und Vertragspartner gegenüber. Aus Gründen der Zweckmäßigkeit und der Gemeinschaftstreue (Art. 5 EGV; s. auch oben I)[196] erscheint es geboten, die Verhandlungsführung und den Abschluß solcher Abkommen zwischen Gemeinschaft und Mitgliedstaaten zu koordinieren. In der Regel bilden die Mitgliedstaaten und die Kommission daher eine gemeinsame Verhandlungsdelegation, deren Sprecherin die Kommission ist[197]. Auch die Ratifizierung wird möglichst so abgestimmt, daß die Gemeinschaft das Abkommen unmittelbar nach der mitgliedstaatlichen Ratifizierung abschließt[198].

III. Binnenwirkung

Art. 228 Abs. 7 EGV sieht eine Bindung der Gemeinschaftsorgane und der Mitgliedstaaten an Abkommen der Gemeinschaft vor. Er bringt damit nicht die völkerrechtliche Bindung der EG gegenüber Drittstaaten zum Ausdruck; diese tritt unabhängig von gemeinschaftlichen Regelungen ein[199]. Die Bindung, die Art. 228 Abs. 7 EGV vorsieht, ist gemeinschaftsrechtlicher Natur[200]. Sie tritt ein, ohne daß es eines Umsetzungsakts durch die Gemeinschaft bedürfte. Je nachdem, ob man einer monistischen oder einer dualistischen Auffassung zuneigt, wird man die Vorschrift als deklaratorisch oder konstitutiv für eine Binnenwirkung bezeichnen[201]. Im Ergebnis ist diese Frage jedoch weitgehend akademisch: Die binnenrechtliche Wirkung völkerrechtlicher Abkommen der Gemein-

---

194 Art. 57 Abs. 2 EGV sieht beispielsweise die Anhörung des Parlaments beziehungsweise das Verfahren der Mitentscheidung (Art. 189b EGV) vor.
195 So fordert Art. 57 Abs. 2 Satz 1 EGV Einstimmigkeit, wenn die Maßnahme in mindestens einem Mitgliedstaat Änderungen der Grundsätze der Berufsordnung hinsichtlich der Ausbildung und der Bedingungen für den Zugang natürlicher Personen zum Beruf nach sich zieht.
196 S. Groeben-*Tomuschat*, Art. 228, Rn. 25.
197 S. Europäisches Außenwirtschaftsrecht-*v. Bogdandy*, S. 55f.; Groeben-*Tomuschat*, Art. 228, Rn. 24.
198 S. Europäisches Außenwirtschaftsrecht-*v. Bogdandy*, S. 55f.; Groeben-*Tomuschat*, Art. 228, Rn. 25.
199 S. Grabitz/Hilf-*Vedder*, Art. 228, Rn. 43; Groeben-*Tomuschat*, Art. 228, Rn. 48.
200 S. *Berrisch*, EuR 1994, S. 468.
201 S. Groeben-*Tomuschat*, Art. 228, Rn. 51. S.a. *Pescatore*, Mosler-FS, S. 680ff.; *Oehmichen*, S. 88ff.; *Zuleeg*, ZaöRV 35 (1975), S. 344ff.

schaft ist im Ansatz unbestritten[202]. Sie erstreckt sich jedenfalls auf den Teil eines gemischten Abkommens, der von den Kompetenzen der Gemeinschaft erfaßt wird[203]. Da die Bindungswirkung des Art. 228 Abs. 7 EGV ungeachtet des bestehenden Sekundärrechts eintritt, gehen Abkommen diesem auch innergemeinschaftlich vor[204]. Aus den Abs. 5 und 6 des Art. 228 EGV ergibt sich demgegenüber, daß Abkommen nur dann geschlossen werden können, wenn sie nicht gegen das Primärrecht verstoßen. Das Primärrecht beansprucht solchen Abkommen gegenüber folglich den Vorrang[205]. In der innergemeinschaftlichen Normenhierarchie sind völkerrechtliche Abkommen also zwischen Primär- und Sekundärrecht anzusiedeln[206].

Mit der Binnenwirkung ist zunächst nur eine objektive Verpflichtung der Organe begründet. Es bleibt ihnen überlassen, wie sie ihrer Pflicht in der eigenen Rechtsordnung nachkommen, es sei denn aus dem Abkommen selbst ergibt sich bereits die Art der Umsetzung[207]. Dem einzelnen erwächst durch die objektive Verpflichtung der Organe also noch kein subjektives Recht, die Verletzung solcher Abkommen auch geltend zu machen. Eine solche unmittelbare Wirkung ist aber anzunehmen, wenn nach Sinn und Zweck sowie dem Wortlaut des fraglichen Abkommens dessen Geltung gegenüber dem einzelnen vorgesehen ist[208].

An dieser Voraussetzung hat der Gerichtshof eine Berufung auf GATT-Recht bisher regelmäßig scheitern lassen[209]. Er stützt seine Begründung darauf, daß das GATT, dem nach seiner Präambel das Prinzip von Verhandlungen auf der Grundlage der Gegenseitigkeit und zum gemeinsamen Nutzen zugrunde liege, vor allem in drei Bereichen besonders flexibel sei: bei der Abweichung von den vorgesehenen Grundsätzen, bei den zulässigen Schutzmaßnahmen im Falle außergewöhnlicher Schwierigkeiten und bei der

---

202 S. Groeben-*Tomuschat*, Art. 228, Rn. 49ff.; Grabitz/Hilf-*Vedder*, Art. 228, Rn. 43ff.; auch der Gerichtshof bezeichnet Abkommen, die die Gemeinschaft gem. Art. 228 EGV geschlossen hat, in ständiger Rechtsprechung als „integrierenden Bestandteil der Gemeinschaftsrechtsordnung", *Slg.* 1974, S. 449, 460 (Haegemann II); 1982, S. 3641, 3662 (Kupferberg); 1987, S. 3719, 3750 (Demirel); 1989, S. 3711, 3737. Als bindendes Gemeinschaftsrecht gelten diese Abkommen dann auch innerhalb der Mitgliedstaaten, s. *Bebr*, CMLReview 1983, S. 43.
203 S. Europäisches Außenwirtschaftsrecht-*v. Bogdandy*, S. 63 unter Verweis auf die Urteile des EuGH, *Slg.* 1976, S. 129, 140 (Bresciani); 1989, S. 3711, 3737.
204 S. Europäisches Außenwirtschaftsrecht-*v. Bogdandy*, S. 63, m.w.N.
205 S. *Groux/Manin*, S. 122.
206 S. Europäisches Außenwirtschaftsrecht-*v. Bogdandy*, S. 63; s.a. Groeben-*Tomuschat*, Art. 228, Rn. 63f.
207 S. *Slg.* 1982, S. 3641, 3663f. (Kupferberg).
208 S. *Slg.* 1972, S. 1219, 1227 (International Fruit Company); 1973, S. 1135, 1156 (Schlüter); 1987, S. 3719, 3752 (Demirel); ausführlicher *Oehmichen*; *Bebr*, CMLReview 1983, S. 65 ff.; *Tomuschat*, Constantinesco-GS, S. 806ff.; *Zuleeg*, ZaöRV 35 (1975), 357f.
209 S. *Slg.* 1972, S. 1219, 1228f. (International Fruit); 1973, S. 1135, 1157 (Schlüter); 1983, S. 731, 780 (SIOT); 1983, S. 801, 830 (SPI und SAMI); 1995, I-4533, 4565f. (Chiquita Italia).

Streitbeilegung[210]. In der „Bananen"-Entscheidung hat der Gerichtshof aufgrund dieser Beurteilung auch den Mitgliedstaaten das Recht abgesprochen, einen Verstoß gegen das GATT geltend zu machen[211]. Dabei lag in dem angesprochenen Verfahren sogar ein Panel-Bericht vor, der einen Verstoß gegen das GATT festgestellt hatte[212]; dessen Annahme war nach den alten Streitbeilegungsregeln indessen an dem Veto der Gemeinschaft gescheitert[213].

Auch nationale Gerichte können nach der bisherigen Rechtsprechung des Gerichtshofs dem GATT keine Geltung verschaffen. Die Auslegung des GATT-Rechts und damit die Entscheidung über seine unmittelbare Wirkung in der Gemeinschaft bleibt nach Art. 177 EGV zur Sicherung der Einheit der Rechtsordnung dem Gerichtshof vorbehalten[214].

Nur in zwei Fällen hat der Gerichtshof eine unmittelbare Wirkung bisher anerkannt: Wenn das Sekundärrecht der Gemeinschaft das GATT-Recht in einer Vorschrift in Bezug nimmt, die dem einzelnen individuelle Rechte verleiht[215], oder wenn ein Rechtsakt angegriffen wird, der zur Erfüllung einer spezifischen GATT-Verpflichtung ergeht[216].

Die beschriebene Zurückhaltung des Gerichtshofs bei der innergemeinschaftlichen Durchsetzung des GATT-Rechts ist in der Literatur auf Kritik gestoßen[217]. Vorwiegend werden dabei die Annahmen des Gerichtshofs über die Flexibilität des GATT-Rechts in Zweifel gezogen: Diese undifferenzierte Beurteilung werde den vielfältig sehr bestimmten Regeln des GATT nicht gerecht[218]; insbesondere das Streitbeilegungsverfahren im GATT sei besonders effektiv[219]. Es wird aber auch auf Widersprüche zu der Feststellung des Gerichtshofs hingewiesen, daß das GATT ein integrierender Bestand-

210 *Slg.* 1972, S. 1219, 1228 (International Fruit); 1973, S. 1135, 1157 (Schlüter); 1983, S. 731, 780 (SIOT); 1983, S. 801, 830 (SPI und SAMI); 1994, I-4973, 5072 (Bananen).
211 S. *Slg.* 1994, I-4973, 5073 (Bananen).
212 Ein Indiz dafür, daß der Gerichtshof die unmittelbare Wirkung bei Vorliegen eines angenommenen Panel-Berichts bejahen könnte, enthält die Entscheidung „Dürbeck", *Slg.* 1981, S. 1120; dort hat der Gerichtshof die materielle GATT-Vereinbarkeit anhand eines Panel-Berichts beurteilt (S. 1120), obwohl *Generalanwalt Reischl* in seinen Schlußanträgen auf die fehlende unmittelbare Wirkung verwiesen hatte (a.a.O., S.1138); s. dazu auch *Hilf*, Mosler-FS, S. 401; *Cheyne*, ELReview 1994, S. 595f.
213 S. die Nachweise bei *Castillo de la Torre*, 29 JWT (1995) 1, S. 56f., Fn. 18; s.a. *Petersmann*, EJIL 6 (1995), S. 169.
214 S. *Slg.* 1983, S. 801, 828f. (SPI und SAMI); 1983, S. 847, 861 (Singer und Geigy).
215 S. *Slg.* 1989, S. 1781, 1830f. (Fediol).
216 S. *Slg.* 1991, I-2069, 2177f. (Nakajima).
217 Eine ausführliche Darstellung der Diskussion findet sich bei *Hilf*, GATT und Europäische Gemeinschaft, S. 44ff.
218 S. *Petersmann*, EJIL 6 (1995), S. 169; ausführlich *ders.*, CMLReview 1983, S. 429ff.; *ders.*, GATT und Europäische Gemeinschaft, S. 139f.; Groeben-*Petersmann*, Artikel 234, Rn. 23; s.a. Europäisches Außenwirtschaftsrecht-*v. Bogdandy*, S. 68f.; *Hahn/Schuster*, EuR 1993, S. 279f.
219 S. *Petersmann*, CMLReview 1983, S. 432.

teil der Gemeinschaftsrechtsordnung sei[220]. Schließlich wird die Rechtsschutzlücke beklagt, die der Gerichtshof mit seiner Rechtsprechung aufreißt: Es entstehe eine objektive gemeinschaftsrechtliche Verpflichtung, die sanktionslos bleibe[221]; nunmehr könnten weder Gemeinschaftsbürger noch Mitgliedstaaten das GATT-Recht vor nationalen Gerichten, vor dem Gerichtshof oder nach dem Streitbeilegungsverfahren der WTO gegenüber der Gemeinschaft durchsetzen[222].

Die Rechtsprechung des Gerichtshofs erscheint in der Tat angreifbar. Zunächst ist zu bezweifeln, ob die Betonung von Verhandlungen zum gegenseitigen Vorteil die rechtliche Verbindlichkeit der GATT-Regeln zu erschüttern vermag. Zum einen liegen vermutlich allen völkerrechtlichen Verträgen Verhandlungen zum gegenseitigen Vorteil zugrunde[223]; zum anderen ist die Justitiabilität einer Regelung nicht von ihrer Entstehungsgeschichte abhängig, sondern von dem gewählten Regelungsinhalt. Genausowenig kann die materielle Eindeutigkeit des Regelungsinhalts von dem vorgesehenen Durchsetzungsverfahren abhängen[224]. Ob ein Verhalten gegen eine Regelung des GATT verstößt, hängt nicht davon ab, auf welcher Grundlage die Regelung entstanden ist oder wie der Verstoß im GATT sanktioniert wird. Schließlich wird auch die fehlende Eindeutigkeit des materiellen GATT-Rechts durch den Gerichtshof im Einzelfall nicht hinreichend belegt. Es ist nicht ersichtlich, warum etwa die Diskriminierungsverbote des GATT weniger justitiabel sein sollen als das Diskriminierungsverbot in Art. 6 EGV. Gleiches gilt für die allgemeinen Ausnahmen, die in Art. XX GATT 1994 und in Art. 36 EGV weitgehend gleichlautend geregelt sind. Man wird dem Gerichtshof daher vorhalten können, daß seine Rechtsprechung zu undifferenziert ist[225] und er den gewählten Ansatz im Einzelfall nicht konsequent verfolgt.

Ob sich an der Haltung des Gerichtshofs nach Inkrafttreten des WTO-Übereinkommens etwas ändern wird, bleibt offen. Mit zahlreichen Präzisierungen seines materiellen Rechts und einem deutlich verbindlicheren Streitbeilegungsverfahren hat das GATT-

---

220 S. *Berrisch*, EuR 1994, S. 469; *Petersmann*, CMLReview 1983, S. 429f.; *Everling*, CMLReview 1996, S. 422f.

221 S. *Berrisch*, EuR 1994, S. 469; *Everling*, CMLReview 1996, S. 422f.

222 S. *Petersmann*, EJIL 6 (1995), S. 170.

223 S. *Petersmann*, CMLReview 1982, S. 426.

224 Der Gerichtshof hat beispielsweise „umgekehrt" wiederholt entschieden, daß ein besonderes Verfahren zur Durchsetzung der materiellen Verpflichtungen nicht seine Befugnis ausschließt, die materiellen Verpflichtungen auszulegen. Wörtlich heißt es dazu unter anderem: „Wendet ein Gericht einer Vertragspartei auf einen konkreten, vor ihm anhängigen Rechtsstreit eine Bestimmung des Abkommens an, die eine unbedingte und eindeutige Verpflichtung zum Gegenstand hat und deshalb keine vorherige Einschaltung des gemischten Ausschusses erfordert, so werden dadurch die diesem Ausschuß durch das Abkommen übertragenen Kompetenzen nicht geschmälert", *Slg.* 1982, S. 3641, 3664 (Kupferberg). Dieses für gemischte Ausschüsse eines Freihandelsabkommens geltende Zitat hat der Gerichtshof auf das Streitbeilegungsverfahren des GATT übertragen, s. *Slg.* 1989, S. 1781, 1831 (Fediol).

225 S. *Hilf*, GATT und Europäische Gemeinschaft, S. 53ff.

Recht einen großen Schritt getan, um die vom Gerichtshof beanstandete Flexibilität zu beseitigen[226]. Die Gemeinschaft - und damit auch der Gerichtshof - wird zudem durch verschiedene Bestimmungen des WTO-Rechts verpflichtet, dem einzelnen Rechtsschutz einzuräumen, so etwa durch Art. VI:2:a GATS. Diese Entwicklungen hat der Gerichtshof allerdings auch bei seinem „Bananen"-Urteil vor Augen gehabt, wenngleich das WTO-Übereinkommen zu diesem Zeitpunkt von der Gemeinschaft noch nicht genehmigt war[227]. In den Begründungserwägungen zu dem Genehmigungsbeschluß vom 22. Dezember 1994 ist indessen unmißverständlich festgehalten, daß das WTO-Übereinkommen nicht so angelegt ist, „daß es unmittelbar vor den Rechtsprechungsorganen der Gemeinschaft und der Mitgliedstaaten angeführt werden kann"[228]. Diese einseitig festgelegte Rechtsansicht der Gemeinschaftsorgane wird den Gerichtshof bei der zukünftigen Auslegung des WTO-Rechts nicht binden; sie könnte ihn aber dazu bewegen, an der bisherigen Beurteilung festzuhalten[229]. Eine politische Stütze hierfür kann der Gerichtshof auch in der Tatsache suchen, daß die wichtigsten Handelspartner der Gemeinschaft dem Recht der WTO die unmittelbare Wirkung ebenfalls absprechen[230]. Der Gemeinschaft droht ein Verlust an Flexiblität gegenüber ihren Verhandlungspartnern, wenn sie sich auch nach innen an das Recht der WTO bindet.

Bei seiner künftigen Rechtsprechung wird der Gerichtshof zu berücksichtigen haben, daß die Zuständigkeit für das WTO-Recht zwischen der Gemeinschaft und den Mitgliedstaaten geteilt ist (s. oben C). Ob er angesichts dieser Tatsache seine eigene Zuständigkeit zur Auslegung der Bereiche zurücknimmt, die in die mitgliedstaatliche Kompetenz fallen, oder eher den einheitlichen Charakter des WTO-Übereinkommens zur Begründung seiner Zuständigkeit heranzieht, bleibt abzuwarten[231].

---

226 S. *Castillo de la Torre*, 29 JWT (1995) 1, S. 66f.; *Oppermann*, RIW 1995, S. 927f.; *Becker-Çelik*, EWS 1997, S. 14ff.; ausführlich *Eeckhout*, CMLReview 1997, S. 32ff.

227 In einer Entscheidung aus dem Jahre 1995 hat sich der Gerichtshof auch nicht mit den neueren Entwicklungen auseinandergesetzt, s. *Slg.* 1995, I-4533, 4565f. (Chiquita Italia).

228 Letzte Begründungserwägung, s. ABl. 336/2 v. 23.12.1994; die dritte einleitende Bemerkung zu der Liste spezifischer Verpflichtungen der Gemeinschaft schließt auch für diese spezifischen Verpflichtungen die unmittelbare Wirksamkeit aus; das Europäische Parlament will sogar den nach dem neuen Streitbeilegungsverfahren gefaßten Beschlüssen die unmittelbare Wirkung absprechen, s. EuZW 1995, S. 133.

229 S. *Kuijper*, EJIL 6 (1995), S. 236f.; *Castillo de la Torre*, 29 JWT (1995) 1, S. 65f.; *Eeckhout*, CMLReview 1997, S. 38f., schließt auch eine Bindung des Gerichtshofs an die Begründungserwägung nicht aus, die entsprechende Klausel in der Liste spezifischer Verpflichtungen der Gemeinschaft sei jedenfalls verbindlich, a.a.O., S. 34.

230 S. *Eeckhout*, CMLReview 1997, S. 37.

231 S. *Castillo de la Torre*, 29 JWT (1995) 1, S. 67f.; s.a. *Hilf*, GATT und Europäische Gemeinschaft, S. 42f.

Sechstes Kapitel: materielle Regelungen der EG

A. Primärrecht

I. Elemente einer einheitlichen Dogmatik der Grundfreiheiten

Die für den Rundfunkhandel wesentlichen Grundfreiheiten des EGV, nämlich der freie Verkehr mit Waren und Dienstleistungen sowie das Niederlassungsrecht, haben durch den Gerichtshof ihre besondere Prägung erhalten. Dabei hat der Gerichtshof in jüngerer Zeit angedeutet, daß alle Beschränkungen dieser grundlegenden Freiheiten durch die Mitgliedstaaten denselben Voraussetzungen unterliegen[1]. Damit zeichnen sich Elemente einer einheitlichen Dogmatik ab, die hier in ihren Grundzügen kurz erläutert werden soll, bevor die Reichweite der Grundfreiheiten für den Rundfunkhandel in weiteren Einzelheiten erörtert wird.

1. Diskriminierungsverbot

Ein allgemeines Diskriminierungsverbot spricht Art. 6 EGV für die Gemeinschaft aus. Seine Tragweite ist dem im WTO-Recht enthaltenen Grundsatz der Inländerbehandlung vergleichbar (s. dazu oben drittes Kapitel D II 3). Spezielle[2] Diskriminierungsverbote enthalten die Grundfreiheiten des EGV. In seiner Rechtsprechung hat der Gerichtshof wiederholt klargestellt, daß das allgemeine Diskriminierungsverbot und die Grundfreiheiten neben formalen Diskriminierungen auch die versteckte Diskriminierung erfassen, die durch die Anwendung anderer Unterscheidungsmerkmale als der Staatszugehörigkeit zu den gleichen Ergebnissen führt wie offene Diskriminierung[3]. So ist beispielsweise die Verpflichtung, im Erbringungsstaat einer Dienstleistung Personal einzustellen, eine versteckte Diskriminierung[4]. Eine typische versteckte Diskriminierung liegt

---

1   S. *Slg.* 1995, I-4165, 4197f. (Gebhard); 1993, I-1662, 1697 (Kraus); s. dazu auch *Nicolaysen*, Europarecht II, S. 186.
2   Zum Verhältnis von Art. 6 EGV (vorher Art. 7 EWGV) zu den Grundfreiheiten s. *Slg.* 1989, S. 1461, 1476f.; Grabitz/Hilf-*v. Bogdandy*, Art. 6 EGV, Rn. 55ff.
3   S. *Slg.* 1980, S. 3427, 3436 (Boussac); 1981, S. 223, 235 (Seco); 1989, S. 4035, 4059; 1994, I-1137, 1156 (Halliburton); Dauses-*Dauses*, C.I, Rn. 84ff. für den Warenverkehr, Dauses-*Roth*, E.I, Rn. 62 für die Niederlassungsfreiheit.
4   S. *Slg.* 1990, I-1417, 1443ff. (Rush Portuguesa).

auch in dem Erfordernis einer ständigen Ansässigkeit im Inland[5], beispielsweise für die Erbringung von Versicherungsdienstleistungen[6] oder die Erstattung von Steuern[7].

2. Verbot ungerechtfertigter Handelshemmnisse

Ihre besondere marktöffnende Kraft verdanken die Grundfreiheiten der Tatsache, daß der Gerichtshof sie darüber hinaus auf nichtdiskriminierende Handelshemmnisse anwendet. Zunächst hat er hierzu für den Warenverkehr seine „Dassonville-Formel" entwickelt. Danach ist jede „Handelsregelung der Mitgliedstaaten, die geeignet ist, den innergemeinschaftlichen Handel unmittelbar oder mittelbar, tatsächlich oder potentiell zu behindern"[8] als grundsätzlich verbotene Maßnahme gleicher Wirkung im Sinne des Art. 30 EGV zu bewerten.

Die Weite dieser Formel bezieht nicht nur Maßnahmen in den Anwendungsbereich der Grundfreiheiten ein, die auf nichtdiskriminierende Weise handelsbeschränkende Zwecke verfolgen, sondern auch solche, hinter denen ganz andere, als zwingend empfundene Interessen stehen, beispielsweise der Jugendschutz. Um hier Unterscheidungskriterien zu entwickeln, untersucht der Gerichtshof seit der Entscheidung „Cassis de Dijon"[9], ob die in das Visier des Art. 30 EGV geratenen Bestimmungen solch zwingenden Erfordernissen dienen. Bei dieser Beurteilung läßt er sich von der Überlegung leiten, daß die in einem Mitgliedstaat rechtmäßig hergestellten und in den Verkehr gebrachten Waren grundsätzlich in der gesamten Gemeinschaft verkehrsfähig sein müssen[10] (Ursprungsstaatsprinzip)[11]. Das gilt erst recht, wenn die Gemeinschaft durch Rechtsangleichung die betroffenen zwingenden Erfordernisse für den gesamten Binnenmarkt einheitlich geregelt hat. Durch Rechtsangleichung geschaffene Verkehrsfähigkeit können die Mitgliedstaaten auch unter Berufung auf zwingende Erfordernisse oder auf zulässige Ausnahmen nicht wieder herabsetzen[12].

Diese Strukturen hat der Gerichtshof nach kurzer Zeit auch auf die Dienstleistungsfreiheit übertragen[13]. In seiner neueren Rechtsprechung hat er dann am Beispiel der Niederlassungsfreiheit für alle Grundfreiheiten festgestellt:

---

5   S. dazu *Liehr*, S. 57f.
6   S. *Slg*. 1986, S. 3755, 3803 (Versicherungen), wo der Gerichtshof allerdings zwischen versteckter Diskriminierung und nichtdiskriminierender Beschränkung nicht mehr unterscheidet.
7   S. *Slg*. 1990, I-1779, 1792f. (Biehl).
8   *Slg*. 1974, S. 837, 852 (Dassonville).
9   *Slg*. 1979, S. 649, 662 (Cassis de Dijon).
10   S. *Slg*. 1979, S. 649, 664 (Cassis de Dijon).
11   S. dazu Dauses-*Dauses*, C.I, Rn. 90; *Nicolaysen*, Europarecht II, S. 49.
12   S. *Slg*. 1977, S. 1555, 1576 (Tedeschi); 1988, S. 4689, 4720 (Moormann).
13   S. *Slg*. 1991, I-4007, 4040f. (Gouda), m.w.N. zu der bis dahin ergangenen Rechtsprechung.

„Aus der Rechtsprechung des Gerichtshofs ergibt sich ... , daß nationale Maßnahmen, die die Ausübung der durch den Vertrag garantierten grundlegenden Freiheiten behindern oder weniger attraktiv machen können, vier Voraussetzungen erfüllen müssen: Sie müssen in nichtdiskriminierender Weise angewandt werden, sie müssen aus zwingenden Gründen des Allgemeininteresses gerechtfertigt sein, sie müssen geeignet sein, die Verwirklichung des mit ihnen verfolgten Zieles zu gewährleisten, und sie dürfen nicht über das hinausgehen, was zur Erreichung dieses Zieles erforderlich ist"[14].

Demnach gilt auch für die freie Niederlassung, daß sie jede behindernde Regel erfaßt, ob diese nun diskriminierend ist oder nicht.

3. Rechtfertigung

Der EGV hat für alle Grundfreiheiten Ausnahmen vorgesehen, auf die Beschränkungen gestützt werden können, solange die Rechtsangleichung insoweit nicht vollständig ist. Für den freien Warenverkehr finden sie sich abschließend in Art. 36 EGV, für den freien Dienstleistungsverkehr und die freie Niederlassung in Art. 56 EGV. Die dort erwähnten Schutzgüter entsprechen weitgehend denen in Art. XX GATT 1994 und Art. XIV GATS[15]. Auch im EG-Recht gilt darüber hinaus der Grundsatz, daß die Ausnahmen eng auszulegen sind[16].

Um von diesem Grundsatz nicht abzuweichen, siedelt der Gerichtshof Regelungen zum Schutz anderer Schutzgüter, die in den Ausnahmen nicht erwähnt sind[17], als zwingende Erfordernisse auf der Tatbestandsebene an[18]. Strenggenommen rechtfertigt das Eingreifen eines zwingenden Erfordernisses also nicht die Behinderung der Grundfreiheit, sondern es beseitigt bereits die Behinderung selbst. Im Ergebnis folgt aus dieser dogmatischen Konstruktion indessen kein erheblicher Unterschied. Demgegenüber ist hervorzuheben, daß die zwingenden Erfordernisse für nichtdiskriminierende Maßnahmen entwickelt wurden und folglich nur bei solchen eingreifen; diskriminierende Beschränkungen können allenfalls durch die im EGV ausdrücklich vorgesehenen Ausnah-

---

14 *Slg.* 1995, I-4165, 4197f. (Gebhard); s. auch bereits *Slg.* 1993, I-1662, 1697 (Kraus).
15 Zu den einzelnen Ausnahmegründen der Art. 36 und 57 EGV s. Nicolaysen, Europarecht II, S. 66ff., 177ff.
16 S. *Slg.* 1977, S. 5, 15 (Bauhuis).
17 Die in den Ausnahmen ausdrücklich erwähnten Schutzgüter prüft der Gerichtshof auch dann nicht als zwingende Erfordernisse, wenn deren Voraussetzungen eigentlich vorlägen, s. *Slg.* 1987, S. 1227, 1273 (Reinheitsgebot für Bier).
18 S. Dauses-*Dauses*, C.I., Rn. 92f.; *Nicolaysen*, Europarecht II, S. 57.

men gerechtfertigt werden[19]. Dabei sieht Art. 36 Satz 2 EGV wie Art. XX GATT 1994 vor, daß keine willkürliche Diskriminierung oder verschleierte Handelsbeschränkung vorliegen darf.

4. Verhältnismäßigkeit

Die letzten zwei Voraussetzungen, die der Gerichtshof in der oben zitierten Entscheidung erwähnt, lassen sich zu dem Instrument der Verhältnismäßigkeit zusammenfassen. Zum Teil stützt der Gerichtshof die Anwendung der Verhältnismäßigkeit auf Art. 36 Satz 2 EGV[20], überwiegend wird die Geltung des Verhältnismäßigkeitsgrundsatzes hingegen nicht weiter begründet; er gilt kraft Richterrechts für alle Grundfreiheiten.

Inhaltliche Aussagen lassen sich aus dem Grundsatz der Verhältnismäßigkeit regelmäßig nur für den Einzelfall herleiten. Der Gerichtshof stützt sich bei Entscheidungen indessen auch auf Regeln, die allgemeinere Geltung beanspruchen können. Eine wichtige Erwägung ist das oben bereits dargestellte Ursprungsstaatsprinzip (s. oben 2). Die Tatsache, daß eine Ware in einem anderen Mitgliedstaat rechtmäßig hergestellt und in den freien Verkehr gebracht wurde, ist ein gewichtiges Indiz für die Unverhältnismäßigkeit eines Verbots dieser Ware. Genauso ist es im Grundsatz unverhältnismäßig, den Erbringer einer Dienstleistung dem formellen Zulassungsverfahren des Einfuhrstaats zu unterstellen, wenn er im Herkunftsland bereits einer Kontrolle unterliegt[21].

Dem naheliegenden Einwand, daß dieses Prinzip eine Nivellierung der zwingenden Erfordernisse auf dem kleinsten Nenner nach sich ziehe[22], begegnet der Gerichtshof mit folgenden Überlegungen: In aller Regel kann den zwingenden Erfordernissen in milderer Weise als durch ein Verbot Rechnung getragen werden, etwa durch entsprechende Hinweise an die Verbraucher[23]; dabei geht der Gerichtshof freilich von einem mündigen Verbraucher aus, der auf der Grundlage ausreichender Produktinformation selbständig entscheiden kann[24]. Trägt die Verbraucherinformation den zwingenden Erfordernissen in einer Weise Rechnung, die dem Schutzniveau des Importstaats entspricht, ist ein weitergehendes Verbot nicht mehr verhältnismäßig[25]. Bei unverkörperten Dienstleistungen läßt sich der Verbraucher nicht in gleicher Weise wie bei Waren durch Informati-

---

19 Vgl. *Slg.* 1991, I-4007, 4040 (Gouda); *Slg.* 1993, I-2239, 2272 (Fedicine).
20 S. *Slg.* 1983, S. 2445, 2463 (Sandoz).
21 S. *Slg.* 1986, S. 3755, 3804 (Versicherungen); 1991, I- 659, 686 (Fremdenführer).
22 S. die wiedergegebenen Argumente der deutschen Regierung in *Slg.* 1979, S. 649, 663f. (Cassis de Dijon); Grabitz/Hilf-*Matthies*, Art. 30 EGV, Rn. 24, m.w.N.
23 S. *Slg.* 1979, S. 649, 664 (Cassis de Dijon).
24 S. *Slg.* 1989, S. 229, 255; *Nicolaysen*, Europarecht II, S. 62.
25 S. *Slg.* 1982, S. 2349, 2361 (Robertson).

onsaufdrucke aufklären; hier prüft der Gerichtshof, ob die Kontrolle durch den Herkunftsstaat dem im Einfuhrstaat geltenden Schutzniveau materiell entspricht[26].

5. Unmittelbare Anwendbarkeit

Die subjektive Tragweite der Grundfreiheiten hat der Gerichtshof wesentlich erhöht, indem er sie mit Ablauf der Übergangszeit für innerstaatlich unmittelbar anwendbar erklärt hat[27]. Folglich kann jeder Betroffene die Grundfreiheiten gerichtlich geltend machen. Das gilt in erster Linie gegenüber Maßnahmen der Mitgliedstaaten; aber auch Maßnahmen der Gemeinschaft müssen sich an den Grundfreiheiten messen lassen[28].

II. Die Grundfreiheiten und der Rundfunkhandel

Der Gerichtshof hat sich mit grenzüberschreitendem Rundfunkhandel nur punktuell befaßt[29]. Aus dieser Rechtsprechung läßt sich daher keine geschlossene Konzeption der Grundfreiheiten für den Rundfunkhandel gewinnen. Im folgenden sollen daher auch Aspekte eine Rolle spielen, die der Gerichtshof in seiner speziell rundfunkrechtlichen Judikatur noch nicht erörtert hat.

1. Der freie Warenverkehr

Da der Gerichtshof in ständiger Rechtsprechung annimmt, Fernsehsendungen seien ihrer Natur nach Dienstleistungen (s. oben viertes Kapitel C I 4), hat der freie Warenverkehr für den Rundfunkhandel in der Gemeinschaft wenig Bedeutung erlangt. Er ist immerhin anzuwenden, wenn Waren, einschließlich bespielter Kaufkassetten (s. dazu oben viertes Kapitel C I 4) vertrieben werden. Trotz seiner relativ geringen Bedeutung für den Rundfunkhandel prägen die für den freien Warenverkehr entwickelten Grundsätze häufig auch die anderen Grundfreiheiten. Daher sollen hier noch zwei Aspekte des

---

26 S. *Slg.* 1986, S. 3755, 3804 (Versicherungen); 1991, I- 659, 686 (Fremdenführer).

27 S. *Slg.* 1968, S. 679, 693 (Salgoil) für den freien Warenverkehr; 1974, S. 1299, 1310 (van Binsbergen) für den freien Dienstleistungsverkehr, und 1974, S. 631, 652 (Reyners) für die Niederlassungsfreiheit.

28 Vgl. *Slg.* 1985, S. 531, 548 (ADBHU).

29 Zu nennen sind bisher vor allem die Entscheidungen *Slg.* 1974, S. 409 (Sacchi); 1980, S. 833 (Debauve); 1980, S. 881 (Coditel I); 1982, S. 3381 (Coditel II); 1985, S. 2605, (Cinéthèque); 1988, S. 2085 (Bond van Adverteerders); 1991, I-2925 (ERT); 1991, I-4007 (Gouda); 1991, I-4069 (Kabelregeling); 1992, I-6757; 1993, I-487 (Veronica); 1994, I-4795 (TV 10); 1995, I-179 (Leclerc-Siplec). Das Gericht erster Instanz hat sich insbesondere unter kartellrechtlichen Gesichtspunkten mit der European Broadcasting Union (EBU) befaßt, s. dazu *Slg.* 1992, II-1 (EBU I); 1996, II-649 (EBU II).

freien Warenverkehrs aufgegriffen werden, die das Thema berühren: die Behandlung von Drittlandswaren (dazu unter a) und die Rechtsprechung zu Verkaufsmodalitäten (dazu unter b).

a) Freier Warenverkehr für Drittlandswaren

Als Zollunion im Sinne des Art. XXIV:8 GATT 1994 bezieht die Gemeinschaft auch Drittlandsware in ihre Freihandelsgrundsätze ein, wenn diese innerhalb der Gemeinschaft verkehrt. Art. 9 Abs. 2 EGV trägt diesem Gedanken der Zollunion Rechnung, indem er die Vorschriften über den Abbau der mitgliedstaatlichen Zölle und über den freien Warenverkehr auf Waren aus dritten Ländern erstreckt, die sich in den Mitgliedstaaten im freien Verkehr befinden. Die Unterscheidung von Gemeinschafts- und Drittlandswaren sowie die Voraussetzungen für den freien Verkehr von letzteren regeln Art. 10 EGV und der Zollkodex der Gemeinschaft[30].

Sind die Drittlandswaren in irgendeinem Mitgliedstaat ordnungsgemäß eingeführt, werden sie den Gemeinschaftswaren also gleichgestellt und Art. 30 EGV ist auf sie unterschiedslos anzuwenden[31]. Spezifische Beschränkungen der Verkehrsfreiheit dieser Waren sind grundsätzlich nur unter den engen Voraussetzungen des Art. 115 EGV zulässig[32].

b) Verkaufsmodalitäten

Die Weite der Dassonville-Formel hat zur Folge, daß Art. 30 EGV auf Bereiche des innergemeinschaftlichen Warenverkehrs Anwendung findet, die nicht mehr die Einfuhr der Ware selbst betreffen, sondern allein die Art und Weise des Vertriebs im Einfuhrstaat. Das französische Verbot, Waren unter dem Einkaufspreis zu verkaufen, veranlaßte den Gerichtshof, die Dassonville-Formel für solche Verkaufsmodalitäten einzuschränken. Seit diesem „Keck"-Urteil spricht er rechtlich und tatsächlich nichtdiskriminierenden Beschränkungen der Verkaufsmodalitäten die Eignung ab, den innergemeinschaftlichen Warenverkehr zu behindern[33]. Derartige Beschränkungen sind keine Maßnahmen gleicher Wirkung und müssen sich daher weder an den weiteren Voraussetzungen der zwingenden Erfordernisse noch an denen des Art. 36 EGV messen lassen. Die vom Gerichtshof eingeleitete Korrektur seiner Dassonville-Formel gilt nicht für Maßnahmen, die sich auf die Ware selbst und ihre Herstellung beziehen; Werbeaufdrucke, Verpak-

---

30 S. den Überblick bei Grabitz/Hilf-*Voß*, Art. 9 EGV, Rn. 14ff.; *Nicolaysen*, Europarecht II, S. 478ff.; zu den Ursprungsregeln der Gemeinschaft s. *Kaufmann*, S. 73ff.
31 *Slg.* 1976, S. 1921, 1935 (Donckerwolcke).
32 Zu weiteren Ausnahmen s. *Oliver*, Free Movement of Goods in the European Community, S. 19ff.
33 S. *Slg.* 1993, I-6097, 6131 (Keck).

kungen und Namen von Waren sollen deren Hersteller für den Binnenmarkt einheitlich gestalten können[34].

Die Keck-Rechtsprechung des Gerichtshofs hat in der Literatur zu einer umfangreichen Diskussion geführt, die hier nicht nachvollzogen werden soll[35]. Anzusprechen sind aber die Auswirkungen auf den Rundfunkhandel. Verkaufsmodalitäten, die speziell den Rundfunkhandel betreffen, können insbesondere Vorschriften über die Werbung enthalten. So hat der Gerichtshof ein französisches Verbot von Fernsehwerbung für bestimmte Erzeugnisse, darunter für solche der Filmindustrie, als Verkaufsmodalitäten qualifiziert[36]. Bei schwedischen Werbebeschränkungen zum Verbraucherschutz hat er ebenfalls angenommen, daß es sich um Verkaufsmodalitäten handeln kann[37]. Verkaufsmodalitäten kann man auch in Abgaben sehen, die in einigen Mitgliedstaaten auf Leerkassetten erhoben werden, um damit Produktionsfonds für die audiovisuelle Industrie zu speisen. Weiterhin sind eine große Zahl von Verkaufsmodalitäten für den Vertrieb von Programmen etwa auf Kauf- oder Leihkassetten denkbar. So werden Beschränkungen, Videokassetten mit bestimmten Inhalten an Minderjährige zu verleihen, als Verkaufsmodalitäten zu behandeln sein.

Wo die Verkaufsmodalität eine Tätigkeit beschränkt, die von den Grundfreiheiten selbständig geschützt wird, kann auf diesen Schutz zurückgegriffen werden. Das oben erwähnte Werbeverbot für bestimmte Waren könnte also anhand der Art. 59ff. EGV zu prüfen sein, wenn die Fernsehausstrahlung eine grenzüberschreitende Dienstleistung darstellt[38].

2. Der freie Dienstleistungsverkehr

Nahezu alle Entscheidungen des Gerichtshofs zum Rundfunkrecht betrafen bisher den freien Dienstleistungsverkehr. Ein besonderes Problem der Judikatur lag darin, das Verhältnis von national ausgestalteter publizistischer Rundfunkordnung und ökonomischen Grundfreiheiten zu bestimmen. Zuvor soll aber noch auf zwei dogmatische Fragen eingegangen werden, die auch für den Rundfunkhandel von Bedeutung sind.

---

34 S. *Slg.* 1993, I-6097, 6131 (Keck); 1994, I-317, 337 (Clinique); 1995, I-1923, 1940f. (Mars).
35 Näheres zu den Verkaufsmodalitäten bei *Nicolaysen*, Europarecht II, S. 53ff.; Grabitz/Hilf-*Matthies/v. Borries*, Art. 30 EGV, Rn. 27ff.; *Lüder*, EuZW 1996, S. 615; Groeben-*Müller-Graff*, Art. 30, Rn. 237ff.
36 S. *Slg.* 1995, I-179, 216f. (Leclerc-Siplec); s. dazu *Defalque*, L'actualité du droit de l'audiovisuel européen, S. 143ff.
37 S. Urteil des Gerichtshofs v. 9.7.1997, Rs. C-34-36/95 (Konsumentombudsmannen), Rn. 39ff.
38 Vgl. Urteil des Gerichtshofs v. 9.7.1997, Rs. C-34-36/95 (Konsumentombudsmannen), Rn. 48ff.

a) Dienstleistungsfreiheit für Drittstaatsangehörige

Anders als beim freien Warenverkehr überträgt der EGV die Dienstleistungsfreiheit nicht automatisch auf Dienstleistungen aus Drittstaaten, die innerhalb der Gemeinschaft verkehren. Art. 59 Abs. 2 EGV sieht nur vor, daß die Dienstleistungsfreiheit durch Beschluß des Rats auf Angehörige aus Drittstaaten erstreckt werden kann, wenn diese innerhalb der Gemeinschaft ansässig sind. Ein entsprechender Beschluß des Rats liegt bislang nicht vor. Rufe nach einem solchen Beschluß scheinen auch nicht besonders laut zu sein.

aa) Art. 58 EGV

Das mag mit Art. 58 EGV zusammenhängen, der die Anwendung der Niederlassungs- und Dienstleistungsfreiheit (Art. 66 EGV) auf juristische Personen regelt. Danach gelten diese Grundfreiheiten für alle nach dem Recht der Mitgliedstaaten gegründeten Gesellschaften, die ihren satzungsmäßigen Sitz, ihre Hauptverwaltung oder ihre Hauptniederlassung innerhalb der Gemeinschaft haben. Art. 58 EGV setzt - im Gegensatz zu den Art. 52 und 59 EGV - nicht voraus, daß die Gesellschaften von Angehörigen der Gemeinschaft gegründet oder getragen werden[39]. Für Art. 59 Abs. 2 EGV bleibt daneben nur Raum, wenn es um Dienstleistungen natürlicher Personen geht; nicht rechtsfähige Gesellschaften werden hingegen von Art. 58 EGV noch erfaßt[40].

Nach dem Grundgedanken des Art. 58 EGV entscheidet das Recht der Mitgliedstaaten über den Marktzugang nur insoweit, als es Angehörigen aus Drittstaaten die Möglichkeit gewährt, Gesellschaften zu gründen. Ob das mitgliedstaatliche Recht die gegründeten Gesellschaften als Gesellschaften in- oder ausländischen Ursprungs behandelt, ist für die Anwendung des Art. 58 EGV unerheblich. Das Gemeinschaftsrecht fordert aber, daß die Gesellschaften auch tatsächlich in der Gemeinschaft ansässig sind, es sich also nicht um reine Briefkastenfirmen handelt[41].

Für die gegründeten Gesellschaften gelten die Niederlassungsfreiheit und der freie Dienstleistungsverkehr innerhalb des Binnenmarkts in gleicher Weise wie für natürliche Personen, die Angehörige der Mitgliedstaaten sind; sie werden gewissermaßen zu Angehörigen der Mitgliedstaaten gekürt. Obwohl die Diskriminierungsverbote in den Art. 52, 59 EGV also nur die Diskriminierung zwischen Angehörigen der Mitgliedstaaten verbieten, werden sie auf diese Weise auch auf Gesellschaften erstreckt, die nach mitgliedstaatlichem Recht möglicherweise als Gesellschaften ausländischen Ursprungs qualifiziert werden. Frankreich könnte daher beispielsweise Sendungen, die von einer belgi-

---

39 S. Europäisches Außenwirtschaftsrecht-*v. Bogdandy*, S. 90f.
40 S. Grabitz/Hilf-*Randelzhofer*, Art. 58, Rn. 3; *Nicolaysen*, Europarecht II, S. 187.
41 S. *Nicolaysen*, Europarecht II, S. 187f.

schen CNN-Tochtergesellschaft ausgestrahlt werden, nicht anders behandeln als entsprechende Sendungen von belgischen oder gar französischen Sendern.

Diese Wirkung des Art. 58 EGV deckt sich weitgehend mit der Verpflichtung aus Art. V:6 GATS (s. dazu oben drittes Kapitel E I 2 a). Nur in zwei Punkten ist letzterer enger gefaßt als Art. 58 EGV: Nach Art. V:6 GATS muß die Gesellschaft juristische Person sein und in der Gemeinschaft in erheblichem Umfang Geschäfte tätigen.

bb) Ursprung der Dienstleistung

Eine Frage läßt der EGV scheinbar offen: Kürt die Vorschrift nur den Erbringer der Dienstleistung zum Angehörigen eines Mitgliedstaats oder auch die Dienstleistung selbst? Für den Programmhandel kann diese Frage von Bedeutung sein, wenn man die Vergabe von Unterlizenzen betrachtet. Erteilt eine nach englischem Recht gegründete Gesellschaft beispielsweise einem deutschen Rundfunkveranstalter die Lizenz an einem bestimmten Film für Deutschland, so wird man darin zu Recht eine Dienstleistung erblicken, die europäischen Ursprungs ist. Die Betrachtung kann sich aber ändern, wenn die Gesellschaft eine Unterlizenz erteilt, die sie sich zuvor von einem US-amerikanischen Unternehmen hat einräumen lassen. Das wird beispielsweise beim Verleih US-amerikanischer Filme die Regel sein. In diesem Fall könnte man die bereits von dem amerikanischen Unternehmen erteilte Unterlizenz als US-amerikanische Dienstleistung qualifizieren, die innerhalb der Gemeinschaft gehandelt wird.

Ursprungsregeln, die über die Zugehörigkeit einer Dienstleistung zur Gemeinschaft generell Aufschluß geben könnten, existieren nicht[42]. Die Anwendung der Art. 59ff. EGV auf diese nicht ungewöhnliche Vertragskonstruktion ist also nicht näher geregelt. Ob man im Ergebnis annimmt, die gehandelte Dienstleistung habe ihren Ursprung innerhalb der Gemeinschaft, hängt auch davon ab, was genau die Dienstleistung ausmacht.

Das Nutzungsrecht selbst leitet sich von geistigen Eigentumsrechten ab, die national begrenzt entstehen. Das für Deutschland eingeräumte Nutzungsrecht an einem in den Vereinigten Staaten produzierten Film hat seinen Ursprung auch dann im deutschen Urheberrecht, wenn ein amerikanisches Unternehmen die Lizenz direkt oder als Unterlizenz einräumt. Das Nutzungsrecht selbst wird aber ebensowenig Dienstleistung sein wie das Eigentum an einem Gegenstand Ware ist.

Die Dienstleistung besteht eher in dem Verschaffen der Rechtsposition. Diese Tätigkeit erbringt in erster Linie jeweils derjenige, der die nachgefragte Lizenz einräumt, in dem Beispiel also die in der Gemeinschaft gegründete Gesellschaft. Sie erbringt eine Dienstleistung, die sich mit der einer in der Gemeinschaft niedergelassenen Bank ver-

---

42 Vgl. *Kaufmann*, S. 287ff.

gleichen läßt, die Geld verleiht, das sie in einem Drittstaat aufgenommen hat. Maßgebend für den Ursprung der Dienstleistung ist die Angehörigkeit desjenigen, der Partner der konkreten Transaktion ist. Die Art. 52 und 59 EGV unterscheiden - im Gegensatz zu Art. 9 Abs. 2 EGV - nur nach Erbringern, nicht aber nach dem Ursprung der Dienstleistung[43]. Dementsprechend stellt auch der Gerichtshof nur darauf ab, wo der Verleiher eines Films niedergelassen ist, nicht aus welchem Land der Film stammt[44]. Es besteht also keine Notwendigkeit, innergemeinschaftliche Dienstleistungen von drittstaatlichen zu unterscheiden, solange der Partner der Transaktion aus der Gemeinschaft stammt.

b) Verkaufsmodalitäten

Der Gerichtshof hat bisher nicht entschieden, ob seine Rechtsprechung zu Verkaufsmodalitäten im Warenverkehr auch auf den Dienstleistungshandel zu übertragen ist. Nach dem Willen einiger Mitgliedstaaten sollte er sich mit dieser Frage in der „Alpine Investments"-Entscheidung auseinandersetzen, die ein Verbot unaufgeforderter telefonischer Kundenwerbung betraf[45]. Da in dem Fall der Ausfuhrstaat das Verbot erlassen hatte, sah der Gerichtshof in der Maßnahme eine Beschränkung des Zugangs zu dem Dienstleistungsmarkt des Einfuhrstaats, die das Verbot von den Verkaufsmodalitäten unterschied[46]. Über die Anwendung der Keck-Rechtsprechung auf den Dienstleistungsverkehr brauchte er folglich nicht zu entscheiden, da deren Voraussetzungen nicht vorlagen.

Die Herleitung der Keck-Rechtsprechung spricht für eine Anwendung auf den Dienstleistungsverkehr: Die Dienstleistungsfreiheit wird in ihrer Konstruktion genauso interpretiert wie der freie Warenverkehr; die Weite des Beschränkungsverbots löst also ein ähnliches Bedürfnis nach Korrektur aus[47]. Bei Dienstleistungen fällt es aber schwerer, unzulässige produktbezogene von zulässigen verkaufsbezogenen Hemmnissen abzugrenzen. Ein körperliches Kriterium wie beim Warenverkehr läßt sich nicht heranziehen. In der genannten Entscheidung hat der Gerichtshof einen möglichen Ansatz zur Abgrenzung angedeutet, indem er auf die Beschränkung des Marktzugangs abstellte. Verkaufsmodalitäten sind seiner Ansicht nach von den Grundfreiheiten auszunehmen, weil sie den Marktzugang für eingeführte Produkte nicht stärker behindern als für einheimische Erzeugnisse[48].

---

43   Vgl. Europäisches Außenwirtschaftsrecht-v. *Bogdandy*, S. 90.
44   Vgl. *Slg.* 1993, I-2239, 2271 (Fedicine).
45   S. *Slg.* 1995, I-1141, 1176f. (Alpine Investments).
46   S. *Slg.* 1995, I-1141, 1177f. (Alpine Investments).
47   S. *Engel*, JZ 1995, S. 940; *Nicolaysen*, Europarecht II, S. 178; Groeben-*Troberg*, Art. 59, Rn. 34.
48   S. *Slg.* 1995, I-1141, 1177f. (Alpine Investments).

Für den Rundfunkhandel kämen als Verkaufsmodalitäten also beispielsweise Bestimmungen in Betracht, die Ausstrahlungszeiten für als jugendgefährdend empfundene Filme festlegen. Der Marktzugang wird für ausländische Programmhändler durch diese Bestimmungen nicht stärker behindert als für einheimische Dienstleistungserbringer. Allerdings ändert sich die Bewertung aus der Perspektive des Rundfunkveranstalters. Die von ihm erbrachte Dienstleistung wird unmittelbar behindert. Eine derartige Beschränkung durch den Einfuhrstaat zwingt den grenzüberschreitend ausstrahlenden Veranstalter dazu, sein Programm den vielfach unterschiedlichen Regelungen der Mitgliedstaaten im einzelnen anzupassen. Die Dienstleistungseinfuhr wird wie bei Waren behindert, weil der Veranstalter sein Programm nicht mehr einheitlich gestalten kann. Erläßt der Ausfuhrstaat derartige Beschränkungen, so kann sich ihre Einordnung als Behinderung auf die Alpine Investments-Entscheidung stützen: Die Ausfuhrbeschränkung behindert den Zugang zu dem Markt eines anderen Mitgliedstaats. Maßnahmen, die sich für den Programmhandel als Verkaufsmodalitäten erweisen, werden wegen der grenzüberschreitenden Natur des Rundfunks also häufig noch an der Dienstleistungsfreiheit der Veranstalter zu messen sein.

Für die Veranstalter selbst können Verkaufsmodalitäten beispielsweise in einer Beschränkung der Werbung für pay-tv-Abonnements zu sehen sein. Eine solche Maßnahme behindert aber wiederum eine grenzüberschreitende Dienstleistung, wenn sie nicht nur für im Einfuhrland verlegte Zeitschriften gilt, sondern auch für Abonnements-Werbung, die, vom Rundfunkprogramm ausländischer Sender getragen, in das Einfuhrland einstrahlt.

c) Dienstleistungsfreiheit und nationale Rundfunkordnung

Beschränkungen der Dienstleistungsfreiheit durch die nationale Rundfunkordnung haben den Gerichtshof regelmäßig beschäftigt.

aa) Werbebeschränkungen

Mit in einigen Mitgliedstaaten bestehenden Werbebeschränkungen setzte sich der Gerichtshof zum ersten Mal 1980 dezidiert auseinander. In der „Debauve"-Entscheidung erachtete er ein in Belgien bestehendes vollständiges Werbeverbot als zulässig[49]. Eine solche Beschränkung aus Gründen des Allgemeininteresses sei in Anbetracht der Besonderheiten der Ausstrahlung von Fernsehsendungen hinzunehmen[50]. Ob die Beschränkung auch verhältnismäßig war, prüfte der Gerichtshof zu diesem Zeitpunkt zwar

---

49 S. *Slg.* 1980, S. 833, 856f. (Debauve).
50 S. *Slg.* 1980, S. 833, 856f. (Debauve).

auf Anfrage des vorlegenden Gerichts, wendete aber noch nicht die von ihm entwickelten Kriterien der Eignung und Erforderlichkeit an[51].

In der späteren „Bond van Adverteerders"-Entscheidung nahm er zu einer speziellen Konstruktion in den Niederlanden Stellung. Dort hatte man Kabelnetzbetreibern die Einspeisung von ausländischen Programmen verboten, die speziell für das niederländische Publikum bestimmte Werbemitteilungen enthielten. Den niederländischen Veranstaltern war der Handel mit Werbung zwar auch verboten, nicht aber einer Stiftung für Rundfunkwerbung, die an deren Stelle für die Ausstrahlung von Werbung im niederländischen Fernsehen sorgte. Der Gerichtshof sah in dieser Form der Werbebeschränkung eine Diskriminierung[52]. Zu einer Rechtfertigung durch Grundsätze der nationalen Rundfunkordnung nahm er dann im Rahmen des Art. 56 EGV Stellung. Die Niederlande hatten betont, die niederländische Konstruktion solle eine kommerzielle Ausrichtung der Rundfunkveranstalter verhindern[53]. Dieses Interesse erkannte der Gerichtshof an; er sprach dem Verbot aber die Erforderlichkeit ab[54]. Damit zeigte er sich bereit, die Ausgestaltung der nationalen Rundfunkordnung unter dem Gesichtspunkt der Verhältnismäßigkeit inhaltlich zu prüfen.

Mit einer ähnlichen Bestimmung des niederländischen Rundfunkrechts beschäftigte sich der Gerichtshof einige Jahre später in der Entscheidung „Gouda"[55] und in der „Mediawet"-Entscheidung[56] vom selben Tag. Die Regelungen gestatteten niederländischen Kabelbetreibern die Programme nur solcher ausländischer Anbieter in ihre Netze einzuspeisen, die ihre Werbung einer unabhängigen juristischen Person übertragen hatten, die Einnahmen ausschließlich für das Programm verwendeten und keinen Gewinn für Dritte erzielten. In den Niederlanden war der Handel mit Werbung - wie erwähnt - in vergleichbarer Weise einer Stiftung vorbehalten. Der Gerichtshof nahm in dieser Gestaltung keine Diskriminierung an und erkannte wiederum das Interesse, kommerziellen Einfluß auf das Programm möglichst auszuschließen; er hielt die getroffenen Regelungen aber für objektiv nicht erforderlich, dieses Allgemeininteresse zu wahren; die Niederlande hätten sich darauf beschränken können, die gewählte Struktur ihren eigenen Anstalten vorzuschreiben[57].

Andererseits nahm der Gerichtshof in den Entscheidungen zu einem Einspeisungsverbot für Sendungen Stellung, die Werbung nicht eindeutig kennzeichneten und vom Programm trennten, mehr als fünf Prozent Werbung enthielten oder sonntags

---

51 S. *Slg.* 1980, S. 833, 857f. (Debauve).
52 S. *Slg.* 1988, S. 2085, 2132f. (Bond van Adverteerders).
53 S. *Slg.* 1988, S. 2085, 2135 (Bond van Adverteerders).
54 S. *Slg.* 1988, S. 2085, 2135f. (Bond van Adverteerders).
55 *Slg.* 1991, I-4007 (Gouda).
56 *Slg.* 1991, I-4069 (Mediawet); in den hier zu erörternden Aspekten sind die Begründungen beider Entscheidungen identisch, daher wird auf die Mediawet-Entscheidung nicht näher verwiesen.
57 S. *Slg.* 1991, I-4007, 4043f. (Gouda).

mit Werbung ausgestrahlt wurden. Hier erkannte er ebenfalls zwingende Gründe des Allgemeininteresses, nämlich den Verbraucherschutz[58] und das Interesse an dem Erhalt einer hohen Programmqualität[59]. Gegen den Vorschlag des Generalanwalts[60] sah er in diesen Gründen dennoch keine Rechtfertigung: Die getroffenen Regelungen verhinderten potentiellen Wettbewerb mit der niederländischen Stiftung und schützten daher deren Einnahmen[61].

Die Stellungnahmen des Gerichtshofs zeigen in beiden Punkten eine deutliche Bereitschaft, die Gestaltungsfreiheit des nationalen Rundfunkgesetzgebers inhaltlich zu beschränken. Ihm bleibt es nach dem Primärrecht weitgehend überlassen, Rundfunkpolitik für Veranstalter zu konzipieren, die in dem jeweiligen Mitgliedstaat niedergelassen sind. Das Gemeinschaftsrecht setzt ihm aber Grenzen, sobald die nationale Rundfunkordnung Anbieter aus anderen Mitgliedstaaten zwingt, ihre nach dortigem Recht zulässige Programmgestaltung oder Anbieterstruktur zu ändern. Darin ist das Prinzip des Ursprungsstaats zu erkennen. Der Gerichtshof wendet dieses uneingeschränkt auf den Rundfunk an. Daß sich im Konfliktsfall das Ursprungsstaatsprinzip gegenüber rundfunkpolitischem Allgemeininteresse durchsetzen kann, zeigt die Linie der Entscheidung: Obwohl die von den Niederlanden verfolgten Grundsätze sich nicht anders hätten verwirklichen lassen[62], konnten sie nur für Veranstalter aus den Niederlanden verbindlich gemacht werden.

bb) Art. 10 EMRK und vielfaltsichernde Vorgaben

Bei der Ausstrahlung von Rundfunk kommt neben dem freien Dienstleistungsverkehr regelmäßig auch Art. 10 EMRK zur Anwendung. Nach der ständigen Rechtsprechung des Gerichtshofs gehören die Grundrechte der EMRK zu den allgemeinen Rechtsgrundsätzen, die er beachtet[63]. Mit Art F Abs. 2 EUV hat sich die Gemeinschaft auch ausdrücklich verpflichtet, die Grundrechte der EMRK zu achten. Der Gerichtshof wendet diese aber nur an, wenn es um die Auslegung gemeinschaftsrechtlicher Vorschriften geht[64]. Das ist insbesondere dann der Fall, wenn sich ein Mitgliedstaat auf gemein-

---

58 S. dazu auch Urteil des Gerichtshofs v. 9.7.1997, Rs. C-34-36/95 (Konsumentombudsmannen), Rn. 48ff.
59 S. *Slg.* 1991, I-4007, 4044 (Gouda).
60 S. *Slg.* 1991, I-4007,.4031ff. (Gouda).
61 S. *Slg.* 1991, I-4007, 4045 (Gouda).
62 Für die Anforderungen an Werbung in den Programmen hatte *Generalanwalt Tesauro* ausdrücklich darauf hingewiesen, daß eine weniger einschneidende Gestaltung nicht nachzuweisen sei, s. *Slg.* 1991, I-4007, 4033 (Gouda).
63 Zusammenfassend *Slg.* 1991, I-2925, 2963f. (ERT); s. dazu *Bullinger/Mestmäcker*, Multimediadienste, S. 104f.
64 S. *Slg.* 1991, I-2925, 2964 (ERT). Ausführlicher Schiwy/Schütz-*Schwartz*, S. 101ff.; *Bullinger/Mestmäcker*, Multimediadienste, S. 105f.

schaftsrechtliche Ausnahmen von den Grundfreiheiten beruft[65]. Der Gerichtshof prüft in solchen Fällen, ob eine Rechtfertigung nach den gemeinschaftsrechtlichen Ausnahmen mit Art. 10 EMRK zu vereinbaren ist.

In der oben wiedergegebenen Gouda-Entscheidung hat der Gerichtshof Art. 10 EMRK daneben als Rechtfertigungsgrund herangezogen. Die niederländische Regierung hatte ihre Politik damit begründet, diese solle die Meinungsfreiheit der verschiedenen geistigen Strömungen schützen[66]. Der Gerichtshof bestätigte, es könne sich dabei um einen zwingenden Grund des Allgemeininteresses handeln. Zur Begründung führte er an, die Aufrechterhaltung eines pluralistischen Rundfunkwesens stehe nämlich im Zusammenhang mit den in Art. 10 EMRK verbrieften Rechten[67]. Daraus folgt, daß die Mitgliedstaaten die Dienstleistungsfreiheit beschränken dürfen, um die Meinungsfreiheit bestimmter Gruppen zu schützen. Deutschland könnte demnach an seinem auf Vielfaltsicherung bedachten Modell der Genehmigung und Aufsicht festhalten, auch wenn dieses Modell nicht verfassungsrechtlich vorgeschrieben wäre.

Ob der Gerichtshof darüber hinaus dem Art. 10 EMRK ähnliche objektive Strukturen entnimmt wie das Bundesverfassungsgericht Art. 5 Abs. 1 Satz 2 GG[68], ist hingegen fraglich. Der Gerichtshof räumt dem Schutz der Meinungsvielfalt mit seinem dictum einen ähnlichen Stellenwert ein wie dem Verbraucherschutz. Der objektive Gehalt des Art. 10 EMRK erschöpft sich darin, die Einschränkung der Grundfreiheiten zu erlauben. Der Gerichtshof schafft in seiner Entscheidung praktische Konkordanz zwischen den rezipierten Menschenrechten der EMRK und den Grundfreiheiten der Gemeinschaft. In der später ergangenen Entscheidung „TV 10" deutet er darüber hinaus an, daß ein so verstandener objektiver Gehalt selbst eine Beschränkung der subjektiven Grundrechte aus Art. 10 EMRK rechtfertigen kann[69]. Der Staat darf also das subjektive Recht aus Art. 10 EMRK beschränken, um andere subjektive Rechte aus derselben Vorschrift zu schützen.

Den Ausführungen des Gerichtshofs ist aber nicht zu entnehmen, daß der Staat dies auch tun muß. Art. 10 EMRK verpflichtet die Mitgliedstaaten nach bisheriger Rechtsprechung nicht zur Sicherung der Meinungsvielfalt, wie es Art. 5 Abs. 1 Satz 2 GG nach Ansicht des Bundesverfassungsgerichts tut.

---

65 S. *Slg.* 1991, I-2925, 2964 (ERT).
66 S. *Slg.* 1991, I-4007, 4043 (Gouda); ebenso *Slg.* 1991, I-4069, 4097 (Mediawet).
67 S. *Slg.* 1991, I-4007, 4043 (Gouda).
68 So offenbar *Gersdorf,* AöR 119 (1994), S. 412ff.; Dreier-*Schulze-Fielitz,* Art. 5 I, II, Rn. 17.
69 S. *Slg.* 1994, I- 4795, 4833 (TV 10).

cc) Umgehung der nationalen Rundfunkordnung

Nach dem Prinzip des Ursprungsstaats unterliegen Sender aus anderen Mitgliedstaaten nur den dort geltenden Rundfunkbestimmungen. Das Rundfunkrecht des Empfangsstaats wäre also eigentlich nicht auf Veranstalter anzuwenden, die sich zu dessen Umgehung in einem Nachbarstaat niederlassen. Mit einer solchen Konstellation setzte sich der Gerichtshof 1993 in der Entscheidung „Veronica" auseinander. Dort hatte sich ein niederländisches Rundfunkunternehmen an dem Kapital eines luxemburgischen Veranstalters beteiligt, für diesen gebürgt und verschiedene Beratungsdienste erbracht. Die niederländische Aufsichtseinrichtung untersagte diese Beteiligung wegen Verletzung der niederländischen Rundfunkordnung. Der Gerichtshof zeigte in diesem Fall Verständnis für die exterritoriale Durchsetzung nationalen Rundfunkrechts. Wenn ein Leistungserbringer seine Tätigkeit ganz oder vorwiegend auf das Gebiet eines Mitgliedstaats ausrichte, könne der Mitgliedstaat Vorkehrungen dafür treffen, daß der Erbringer sich nicht den nationalen Regeln entziehe, die durch zwingende Gründe des Allgemeininteresses gerechtfertigt seien[70].

Dasselbe Problem beschäftigte den Gerichtshof kurze Zeit später in der TV 10-Entscheidung erneut. Die Niederlande hatten für inländische Veranstalter geltende Regeln auf einen Veranstalter erstreckt, der von Luxemburg aus hauptsächlich das niederländische Publikum ansprach. Der Gerichtshof beschränkte auch in diesem Fall das Prinzip des Ursprungsstaats wegen der Umgehung der niederländischen Rundfunkordnung[71]. In anderen Entscheidungen stellte er aber klar, daß dieser Gedanke die Mitgliedstaaten nicht berechtigt, bestimmte Dienstleistungen aus anderen Mitgliedstaaten allgemein zu verbieten[72]. Ebensowenig können sich die Mitgliedstaaten auf diesen Gedanken berufen, um sich über Zuständigkeiten hinwegzusetzen, die das Sekundärrecht zur Kontrolle der Veranstalter vorsieht[73].

dd) Verbotene Diskriminierung

An strengeren Maßstäben müssen sich mitgliedstaatliche Beschränkungen messen lassen, die offen oder versteckt diskriminieren. Die Gefahr einer Diskriminierung ist besonders groß bei Maßnahmen, die die nationale Kultur fördern sollen. Die beschriebenen Möglichkeiten zur Gestaltung der publizistischen Rundfunkordnung lassen den Mitgliedstaaten auch Spielräume, die kulturelle Vielfalt zu fördern. Der Gerichtshof be-

---

70 S. *Slg.* 1993, I-487, 519 (Veronica).
71 S. *Slg.* 1994, I- 4795, 4832f. (TV 10); s. dazu *Doutrelepont*, L'actualité du droit de l'audiovisuel européen, S. 133ff.
72 S. *Slg.* 1992, I-6757, 6777; 1996, I-4115, 4173.
73 S. Urteil v. 5.6.1997, Rs. C-56/96 (VT4), Rn. 21f.

zeichnet die verfolgten Ziele häufig sogar als solche der Kulturpolitik[74]. Das Gemeinschaftsrecht zieht aber eine Grenze, wo die nationale Kultur der anderer Mitgliedstaaten
vorgezogen wird. In der „Fedicine"-Entscheidung vom 4. Mai 1993 beschäftigte eine
spanische Regelung den Gerichtshof, die eine solche Diskriminierung enthielt. Danach
bedurfte der Verleih eines synchronisierten Films aus einem Drittstaat einer Lizenz. Der
Verleiher mußte zum Erhalt dieser Lizenzen den Abschluß eines Verleihvertrages für
einen spanischen Film nachweisen. Je nach Erfolg des spanischen Films konnte er bis zu
vier Lizenzen für Filme aus Drittstaaten erhalten. Die Diskriminierung sah der Gerichtshof in der Tatsache, daß Produzenten aus anderen Mitgliedstaaten nicht die gleichen
Vorteile eingeräumt wurden, wie sie spanische Produzenten aus der Regelung zogen[75].
Der Gerichtshof mußte bei dieser Konstellation nicht entscheiden, ob daneben auch
Verleiher aus der Gemeinschaft diskriminiert wurden, die Filme aus Drittstaaten nach
Spanien verliehen (vgl. oben unter a bb). Diese Frage hätte sich gestellt, wenn die spani-
sche Regelung für die Lizenz den Verleih eines Filmes aus der Gemeinschaft vorausge-
setzt hätte.

Zu nennen ist die Fedicine-Entscheidung noch aus einem anderen Grund. Nachdem
die Diskriminierung feststand, blieb als Rechtfertigung nur Art. 56 EGV. Dessen Anwendung schloß der Gerichtshof aber aus, weil die Kulturpolitik nicht zu den dort aufgezählten Ausnahmen gehöre und die Regelung spanische Filme unabhängig von ihrer
Qualität fördere; sie verfolge also wirtschaftliche Zwecke[76]. An wenigen Stellen läßt
sich so deutlich wie in dieser Entscheidung belegen, daß die Förderung der nationalen
audiovisuellen Industrie nach Gemeinschaftsrecht schlechthin unzulässig ist, wenn dadurch Produkte aus anderen Mitgliedstaaten diskriminiert werden. An dieser Feststellung ändert auch der seitdem in Kraft getretene Maastricht-Vertrag nichts. Sowohl das
Subsidiaritätsprinzip in Art. 3b Abs. 2 EGV als auch Art 128 EGV bestimmen die
Kompetenzen der Gemeinschaft bei der Schaffung von Sekundärrecht (s. dazu oben
fünftes Kapitel A IV, B V 2), nicht aber den Umfang des Primärrechts.

Ein weiteres Beispiel für unnötige Diskriminierung fand der Gerichtshof in Belgi-
en[77]. Dort war die Einspeisung von Sendungen aus anderen Mitgliedstaaten in ein Kabelnetz verboten, wenn diese nicht in der Sprache des Mitgliedstaats ausgestrahlt wurden, in dem sich der Sender befand[78]. Die Regelung diskriminierte Veranstalter aus anderen Mitgliedstaaten in zweifacher Weise: Sie mußten im Gegensatz zu belgischen

---

74   S. z.B. *Slg.* 1994, I- 4795, 4832 (TV 10).
75   *Slg.* 1993, I-2239, 2271f. (Fedicine).
76   *Slg.* 1993, I-2239, 2273 (Fedicine).
77   S. *Slg.* 1992, I-6757; s.a. *Slg.* 1996, I-4115, 4173ff., zu der im Anschluß an das Urteil erlassenen
     Regelung.
78   Gegenstand des Verfahrens waren noch drei weitere Regelungen, zu denen der Gerichtshof nicht nä-
     her Stellung zu nehmen brauchte, weil die belgische Regierung deren Unvereinbarkeit mit dem Ge-
     meinschaftsrecht bereits eingeräumt hatte, s. *Slg.* 1992, I-6757, 6778.

Veranstaltern in der Landessprache des Sendestaats ausstrahlen, und sie konnten grundsätzlich keine Sendungen speziell an das belgische Publikum richten[79]. Auf kulturpolitische Ziele und auf die Aufrechterhaltung einer pluralistischen Presse konnte sich Belgien nicht berufen. Der Gerichtshof wies darauf hin, daß diese Ziele in Art. 56 EGV nicht zu finden seien und die Regelung in Wahrheit dem wirtschaftlichen Schutz belgischer Veranstalter vor Wettbewerb diene[80].

Gegen diese Vorgaben verstoßen auch in deutschen Bundesländern anzutreffende Regelungen, die bei der Kabeleinspeisung vor Ort niedergelassene Veranstalter bevorzugen. Sie sind typisches Beispiel einer versteckten Diskriminierung (s. oben I 1), mit der standortpolitische Ziele verfolgt werden[81].

3. Das Niederlassungsrecht

Die für den freien Dienstleistungsverkehr durch den Gerichtshof geprägten Grundsätze lassen Rückschlüsse auf die Tragweite der Niederlassungsfreiheit zu. So ist anzunehmen, daß der Gerichtshof den Mitgliedstaaten in gleicher Weise eine gewisse Rundfunkhoheit beläßt. Das Prinzip der Verhältnismäßigkeit und das des Ursprungsstaats ziehen dieser mitgliedstaatlichen Autonomie wiederum Grenzen. Allerdings wirken sich diese Prinzipien bei der Niederlassungsfreiheit anders aus. Der Niederlassungswillige muß nach dem oben Gesagten den Rundfunkvorschriften des Niederlassungsstaats grundsätzlich voll entsprechen; mit der Niederlassung wird der Aufnahmestaat zum Ursprungsland. Das Prinzip des Ursprungsstaats entfaltet also nicht die Wirkung, die ihm bei der Dienstleistungsfreiheit zukommt. Es zwingt den Aufnahmestaat nur, Qualifikationen und Diplome aus anderen Staaten bei der Zulassung zu berücksichtigen[82]. Die Niederlassung ist im Gegensatz zur Ausstrahlung nicht ihrer Natur nach grenzüberschreitend. Daher spielt auch der Gesichtspunkt einer möglichst einheitlichen Produktgestaltung hier kaum eine Rolle.

Als Instrument zum Abbau von Beschränkungen gewinnt die Niederlassungsfreiheit bei Vorschriften an Bedeutung, die bestimmte Formen der Niederlassung vorschreiben oder die Zahl der Niederlassungen beschränken[83]. Eine Ergänzung findet die Niederlassungsfreiheit in Art. 221 EGV. Er gewährleistet, daß Angehörige der Mitgliedstaaten sich ohne diskriminierende Beschränkung an Gesellschaften in anderen Mitgliedstaaten beteiligen können. Der Gerichtshof hat beispielsweise eine belgische Bestimmung für mit den Art. 52, 221 EGV unvereinbar erklärt, nach der 51% des Kapitals der nichtöf-

---

79 S. *Slg.* 1992, I-6757, 6776.
80 S. *Slg.* 1992, I-6757, 6776f.
81 S. dazu *Engel*, Kabelfernsehen, S. 29ff.; *ders.*, Medienordnungsrecht, S. 23f.
82 Vgl. *Slg.* 1995, I-4165, 4198 (Gebhard); näher dazu *Liehr*, S. 39ff.
83 S. dazu *Liehr*, S. 46ff.; *Schnichels*, S. 122ff.

fentlichen Veranstalter, die sich an die flämische Gemeinschaft wendeten, flämischen Verlegern vorbehalten blieb[84]. Die Angehörigen anderer Mitgliedstaaten müssen sich nicht selber in dem Staat niederlassen, in dem die Gesellschaft ihren Sitz hat[85]. Art. 221 EGV soll gerade die grenzüberschreitende Beteiligung ermöglichen.

Die Rechte aus der Niederlassungsfreiheit und aus Art. 221 EGV stehen Angehörigen aus Drittstaaten nicht unmittelbar zu. Sie kommen nur in deren Genuß, wenn sie nach mitgliedstaatlichem Recht Gesellschaften gründen oder sich hieran beteiligen, die dann über Art. 58 EGV Angehörigen der Mitgliedstaaten gleichstehen (s. dazu oben II 2 a).

III. Wettbewerbsrecht und nationales geistiges Eigentum

Die Folgen der Anwendung des Wettbewerbsrechts auf den Rundfunkhandel können hier nicht in ihrer ganzen Tragweite geschildert werden[86]. Ebensowenig kann die Arbeit die Auswirkungen des Gemeinschaftsrechts auf nationales geistiges Eigentum abschließend darstellen. Der Rundfunkhandel stößt aber an gewisse wiederkehrende Grenzen, deren Zulässigkeit wettbewerbsrechtliche Überlegungen bestimmen. Darauf ist im folgenden einzugehen. Beschränkungen des Wettbewerbs lassen sich grob danach unterscheiden, ob sie auf einem staatlich vorgesehenen Monopol beruhen (dazu unter 1) oder durch Verhaltensweisen der Wirtschaftssubjekte entstehen (dazu unter 2). Die für diese Fälle entwickelten Grundsätze prägen auch das Verhältnis des Gemeinschaftsrechts zu nationalem geistigen Eigentum (dazu unter 3).

1. Monopole

Die ihm im Zusammenhang mit den Grundfreiheiten gestellten Fragen konnte der Gerichtshof angesichts der vielfach bestehenden Monopole nicht ohne einen Blick auf die Wettbewerbsbestimmungen beantworten. 1974 stellte er in der „Sacchi"-Entscheidung für den damaligen Zeitpunkt grundsätzlich fest, der Vertrag hindere die Mitgliedstaaten in keiner Weise daran, Fernsehsendungen dem Wettbewerb zu entziehen, indem sie einer oder mehreren Anstalten ausschließliche Rechte verliehen[87]. Es sei mit Art. 86 EGV als solches nicht unvereinbar, den Anstalten ein Monopol im Sinne des Art. 90 EGV einzuräumen; Art. 90 EGV zwinge die Anstalten aber, die Diskriminierungsverbote und Art. 86 EGV zu beachten[88].

---

84 S. *Slg.* 1992, I-6757, 6778.
85 S. Grabitz/Hilf-*Schweitzer*, Art. 221 EGV, Rn. 4.
86 S. dazu Dauses-*Engel*, E.V, Rn. 47ff.
87 *Slg.* 1974, S. 409, 430 (Sacchi).
88 *Slg.* 1974, S. 409, 430f. (Sacchi).

Hieran hielt der Gerichtshof auch 1991 fest, als er in der „ERT"-Entscheidung über das griechische Fernsehmonopol zu befinden hatte. Er wiederholte, daß nur die Ausgestaltung eines Fernsehmonopols an den Vorschriften des freien Dienstleistungsverkehrs zu messen sei[89]. Eine Diskriminierung ausländischer Veranstalter sah der Gerichtshof in der Reichweite des Monopols. Die ausschließliche Berechtigung erstreckte sich auch auf die Weiterverbreitung ausländischer Programme. Dadurch entstehe die Gefahr, daß ERT die Verbreitung ausländischer Sendungen zugunsten des eigenen Programms zurückstelle[90]. Da ERT nicht alle zur Verfügung stehenden Übertragungskapazitäten nutzte, ließ sich diese Diskriminierung nicht mit dem Argument rechtfertigen, das Monopol sei notwendig, um Störungen bei der Nutzung zu vermeiden[91]. Dieselben Gesichtspunkte sprach der Gerichtshof auch im Rahmen des Art. 90 EGV an. Solange nicht nachgewiesen sei, daß die besondere Aufgabe, die ERT nach Art. 90 Abs. 2 EGV zugewiesen war, eine Ausnahme von Art. 86 gebiete, verstieße der Umfang des Monopols gegen Art. 86 EGV[92].

In der „Mediawet"-Entscheidung aus demselben Jahr beriefen sich auch die Niederlande auf Art. 90 EGV, um ein weitgehendes Monopol im Produktionsbereich zu rechtfertigen. Alle in den Niederlanden ansässigen Rundfunkveranstalter waren danach verpflichtet, einen bestimmten Prozentsatz der nicht selbst produzierten Sendungen von einem bestimmten niederländischen Unternehmen herstellen zu lassen. Der Gerichtshof scheint den Art. 90 EGV in dieser Entscheidung enger auszulegen als bisher. Er maß nicht nur die Ausgestaltung des ausschließlichen Rechts der Produktionsfirma an der Dienstleistungsfreiheit, sondern auch dessen Bestand: Ein Mitgliedstaat könne bestimmte Dienstleistungen dem Wettbewerb nur entziehen, wenn die dadurch geschaffenen Beschränkungen des Dienstleistungsverkehrs durch Gründe des Allgemeininteresses gerechtfertigt würden[93]. Als ein solcher Grund kommt vor allem die Vielfaltsicherung im Rundfunk in Betracht[94]. Diese war indessen nicht geeignet, die beschriebene monopolartige Stellung zu rechtfertigen[95].

Aus den wiedergegebenen Entscheidungen wird ersichtlich, daß die für Beschränkungen der Grundfreiheiten entwickelten Maßstäbe auch für staatlich vorgesehene Beschränkungen des Wettbewerbs gelten.

---

89 S. *Slg.* 1991, I-2925, 2957 (ERT).
90 S. *Slg.* 1991, I-2925, 2959f. (ERT).
91 S. *Slg.* 1991, I-2925, 2960 (ERT).
92 S. *Slg.* 1991, I-2925, 2961ff. (ERT); s.a. 1985, S. 3261, 3275 (CBEM). Zur Anwendung des Art. 90 EGV auf die Kabelbelegung durch deutsche Landesmedienanstalten s. *Engel*, Kabelfernsehen, S. 61ff.
93 S. *Slg.* 1991, I-4069, 4098 (Mediawet).
94 S. *Slg.* 1991, I-4069, 4097 (Mediawet).
95 S. *Slg.* 1991, I-4069, 4098 (Mediawet).

2. Wettbewerbsrecht für Rundfunkunternehmen

Es steht außer Zweifel, daß das Wettbewerbsrecht der Gemeinschaft auch auf den Rundfunkbereich anzuwenden ist. Das Primärrecht bindet Unternehmen mit den Art. 85f. EGV unmittelbar an sein System, „das den Wettbewerb innerhalb des Binnenmarkts vor Verfälschungen schützt" (Art. 3 lit. g EGV)[96]. Dadurch verpflichtet das Wettbewerbsrecht die Unternehmen den für staatliche Beschränkungen entwickelten Wertungen.

Eingriffe des Wettbewerbsrechts in das Verhalten von Rundfunkunternehmen sollen nur exemplarisch belegt werden. So konnte die Kommission prüfen, ob der Vertrag der ARD-Anstalten zum Erwerb der Rechte an einem MGM-Filmpaket gegen Art. 85 EGV verstößt. Sie hat die Vorschrift nur im Ergebnis auf der Grundlage des Art. 85 Abs. 3 EGV für nicht anwendbar erklärt, nachdem die Vertragsparteien sogenannte Fenster in den Vertrag einbauten, die dritten Rundfunkveranstaltern die Ausstrahlung der Filme in begrenztem Umfang erlaubte[97]. In vergleichbarer Weise erzwang die Kommission Änderungen bei einer Vertriebsvereinbarung US-amerikanischer Produzenten[98]. Diese wollten den Vertrieb von Spielfilmen, Kurzfilmen und Vorfilmen in Kinos und im pay-tv der United International Pictures (UIP) übertragen. Die Beteiligten mußten durch entsprechende Regelungen unter anderem sicherstellen, daß sie die Produktion und den Vertrieb von nicht-englischsprachigen Filmen nicht beschränkten und daß UIP auch Filme anderer Hersteller produzieren, finanzieren oder vertreiben durfte. Zudem mußten die Vertragsparteien den Kinoinhabern die Möglichkeit einräumen, in Streitfällen ein Schiedsverfahren einzuleiten, bevor die Kommission Art. 85 Abs. 1 EGV für nicht anwendbar erklärte. Die Entscheidung der Kommission war bis zum 26. Juli 1993 befristet. Eine Entscheidung über ihre Verlängerung ist angekündigt[99].

Auch das Verhalten der vornehmlich öffentlichrechtlichen Rundfunkanstalten in der European Broadcasting Union (EBU) unterliegt den Vorgaben des Art. 85 EGV. Wettbewerbsvorteile, die die Anstalten aus dieser Zusammenarbeit ziehen, haben wiederholt die Kommission und das Gericht erster Instanz beschäftigt. Das Gericht erster Instanz hat sich dabei zunehmend kritisch mit der bisherigen Praxis der Kommission auseinan-

---

96 Ausführlicher zur Anwendung des Wettbewerbsrechts s. *Winn*, S. 70ff.
97 S. ABl. L 284/36 v. 3.10.1989.
98 S. ABl. L 226/25 v. 3.8.1989; dazu *Defalque*, L'Europe et les enjeux du GATT dans le domaine de l'audiovisuel, S. 87ff.; *Gyory*, L'actualité du droit de l'audiovisuel européen, S. 32ff.; *Flamée*, L'actualité du droit de l'audiovisuel européen, S. 55ff.
99 S. die Meldung in Europe v. 8.11.1996, S.11; s.a. *Defalque*, L'Europe et les enjeux du GATT dans le domaine de l'audiovisuel, S. 93ff.

dergesetzt, Wettbewerbsbeschränkungen pauschal durch die öffentliche Aufgabe der Rundfunkanstalten zu rechtfertigen[100].

Rundfunkanstalten, denen eine marktbeherrschende Stellung zukommt, unterliegen den zusätzlichen Beschränkungen des Art. 86 EGV[101]. Die beherrschende Stellung bestimmt sich vornehmlich nach wirtschaftlichen Kriterien. Sie kann einem Rundfunkveranstalter auch aus der Beschränkung des Wettbewerbs durch die nationale Rundfunkordnung erwachsen[102]. In solchen Fällen mag der Anwendung des Art. 86 EGV durch Art. 90 Abs. 2 EGV eine Grenze gezogen sein (s. oben unter 1); das gilt aber nur auf dem Markt, für den die ausschließlichen Rechte bestehen. Auf benachbarten Märkten unterliegen die Rundfunkanstalten in vollem Umfang den Vorgaben des Art. 86 EGV. Die Compagnie luxembourgeoise de télédiffusion (CLT) durfte daher beispielsweise nicht den Verkauf von Sendezeit für Teleshopping davon abhängig machen, daß die von ihrem Unternehmen betriebenen Telefonzentralen benutzt wurden[103]. Sie versuchte mit dieser Politik, ein Unternehmen vom Wettbewerb auszuschließen, das bis dahin die Telefondienstleistungen erbracht hatte.

3. Nationales geistiges Eigentum

Besondere Fragen für die Wahrnehmung der Grundfreiheiten im grenzüberschreitenden Rundfunkhandel wirft die Existenz national beschränkter Rechte an geistigem Eigentum auf[104]. Die Eigentumsrechte spielen für den internationalen Rundfunkhandel in zweifacher Hinsicht eine Rolle: Zum einen setzt der Handel mit geistigem Eigentum voraus, daß dieses als Gegenstand des Handels rechtlich geschützt wird; zum anderen kann der Inhaber eines nationalen geistigen Eigentumsrechts grundsätzlich die Einfuhr von Rundfunkprodukten unterbinden, die sein Recht beeinträchtigen. Der materielle Schutz des geistigen Eigentums durch das Gemeinschaftsrecht soll hier aus den bereits genannten Gründen (s. oben zweites Kapitel D) nicht näher untersucht werden[105]. Inwieweit nationales geistiges Eigentum die Grundfreiheiten beschränken kann, ist hingegen beispielsweise für den Handel mit bespielten Kaufkassetten oder die grenz-

---

100 S. *Slg.* 1996, II-649, 689ff. (EBU II); zuvor *Slg.* 1992, II-1 (EBU I); die EBU hat gegen das Urteil des Gerichts inzwischen Rechtsmittel eingelegt, s. ABl. C 354/18 v. 23.11.1996. Zu dem Wettbewerbsverhalten der in der EBU zusammengeschlossenen Anstalten s. *Collins*, S. 150ff. *Karel van Miert* hat bereits erklärt, daß die Kommission die 1998 auslaufende Ausnahmegenehmigung für die EBU nicht verlängern will, s. NJW 1997, Heft 21, S. XXXIX.
101 Ausführlicher dazu *Winn*, S. 116ff.
102 S. *Slg.* 1985, S. 3261, 3275 (CBEM).
103 S. *Slg.* 1985, S. 3261, 3277f. (CBEM); vgl. auch 1985, S. 1105 (CICCE) zur Anwendung des Art 86 EGV auf den Einkauf von Filmrechten durch Rundfunkveranstalter, die aufgrund eines ausschließlichen Rechts zur Ausstrahlung von Fernsehsendungen eine beherrschende Stellung innehaben.
104 Ausführlicher dazu *Winn*, S. 103ff.
105 Näheres bei *Nicolaysen*, Europarecht II, S. 114ff.

überschreitende Ausstrahlung von urheberrechtlich geschützten Sendungen von erheblicher Bedeutung.

Die für die Grundfreiheiten und das Wettbewerbsrecht entwickelten Wertungen spielen auch für Beschränkungen eine Rolle, die sich aus den nationalen Eigentumsrechten ergeben; die Gemeinschaft hat dabei allerdings nach Art. 222 EGV die nationale Eigentumsordnung zu beachten. Der Gerichtshof unterscheidet wohl aus diesem Grunde zwischen dem Bestand des Eigentumsrechts und dessen Ausübung[106]. Da Rechte an geistigem Eigentum nationalen Ursprungs sind, unterliegt ihr Bestand grundsätzlich allein dem Recht der Mitgliedstaaten[107]. Der Gerichtshof wendet nur die Diskriminierungsverbote des Gemeinschaftsrechts auf den Erwerb und den Inhalt dieser Rechte an[108]. Dem englischen Sänger Phil Collins konnte daher beispielsweise nicht unter Hinweis auf fehlende Reziprozität Urheberrechtsschutz versagt werden, der einem Deutschen gewährt worden wäre[109].

Die Ausübung geistigen Eigentums unterliegt demgegenüber in vollem Umfang dem Gemeinschaftsrecht. Behindernde Maßnahmen, die auf dem Bestand eines geistigen Eigentumsrechts beruhen, fallen grundsätzlich unter die Beschränkungsverbote der Grundfreiheiten. Sie können aber durch die im Vertrag vorgesehenen und von der Rechtsprechung entwickelten Ausnahmen gerechtfertigt werden. Art. 36 EGV erwähnt das gewerbliche oder kommerzielle Eigentum ausdrücklich als Ausnahmegrund; hierzu gehört insbesondere auch das Urheberrecht[110]. Für den Dienstleistungsverkehr hat der Gerichtshof geistiges Eigentum als eines der zwingenden Erfordernissse anerkannt[111].

a) Erschöpfungsgrundsatz

Die Verhältnismäßigkeit einer durch nationales geistiges Eigentum ausgelösten Behinderung der Grundfreiheiten beurteilt der Gerichtshof im Ausgang anhand des Art. 36 Satz 2 EGV. Eine willkürliche Diskriminierung oder eine verschleierte Beschränkung des Handels liegt seiner Ansicht nach insbesondere vor, wenn nationale Eigentumsrechte es ihren Inhabern ermöglichen, durch entsprechend gestaltete Nutzungsverträge

---

106 S. *Slg.* 1966, S. 321, 393f. (Consten und Grundig); 1982, S. 3381, 3401 (Coditel II); näher dazu *Oliver*, Free Movement of Goods in the European Community, S. 248 f., 255ff.
107 Näher dazu *Oliver*, Free Movement of Goods in the European Community, S. 255ff., m.w.N.
108 S. *Oliver*, Free Movement of Goods in the European Community, S. 255ff.
109 S. *Slg.* 1993, I-5145 (Phil Collins).
110 S. *Slg.* 1981, S. 147, 161 (membran).
111 S. *Slg.* 1980, S. 881, 903 (Coditel I). Der Gerichtshof läßt offen, welchem Rechtfertigungsgrund er das geistige Eigentum zuordnet; *Generalanwalt Warner* hatte in seinen Schlußanträgen die analoge Anwendung des Art. 56 EGV erwogen, sich aber letztlich für eine analoge Anwendung des Art. 36 EGV ausgesprochen, *Slg.* 1980, S. 878f. Diese Konstruktion ist bedenklich, weil die enge Auslegung der Ausnahmen eine analoge Anwendung grundsätzlich verbietet. Daß der Gerichtshof stillschweigend von einer solchen Analogie ausgeht, ist daher nicht anzunehmen.

die Märkte zwischen den Mitgliedstaaten an den Grenzen nationaler Rechte künstlich abzuschotten[112]. Daher verstößt es grundsätzlich gegen die Grundfreiheiten, wenn der Inhaber eines Eigentumsrechts dieses dazu benutzt, die Einfuhr von Produkten aus einem anderen Mitgliedstaat zu behindern, die dort mit seiner Zustimmung produziert wurden[113]; das nationale Eigentumsrecht eines Mitgliedstaats ist mit dem Inverkehrbringen in einem anderen Mitgliedstaat bereits erschöpft (Erschöpfungsgrundsatz)[114]. So könnte beispielsweise der Inhaber eines belgischen Urheberrechts an einem Film nicht die Einfuhr von Kaufkassetten aus Frankreich untersagen, die dort mit seiner Zustimmung hergestellt wurden.

Eine solche Zustimmung liegt nicht vor, wenn Dritte das Produkt in dem anderen Mitgliedstaat rechtmäßig herstellen, weil dieser geistiges Eigentum nicht oder nicht mehr in entsprechender Weise schützt[115], weil eine Zwangslizenz erteilt wurde[116] oder nach neuerer Rechtsprechung weil einem Markeninhaber die Möglichkeit fehlt, die Qualität der Erzeugnisse des Dritten zu kontrollieren[117]. Der Erschöpfungsgrundsatz soll auch nur die Abschottung der innergemeinschaftlichen Grenzen verhindern; er läßt sich daher trotz Art. 9 Abs. 2 EGV nicht auf im freien Verkehr befindliche Produkte erweitern, die außerhalb der Gemeinschaft hergestellt werden, selbst wenn dies mit der Zustimmung des Rechtsinhabers geschieht[118].

Schließlich soll der Erschöpfungsgrundsatz auch nicht gelten, wenn nicht die Herstellung des Produkts, sondern jede Vertriebshandlung lizenzpflichtig ist[119]. Das gilt vor allem für Aufführungen; hier bedarf jede einzelne Nutzung der Erlaubnis[120]. So konnte die Inhaberin des alleinigen Verleihrechts für den Film „Le Boucher" in Belgien untersagen, daß ein Kabelbetreiber den Film, der in Deutschland im Fernsehen ausgestrahlt wurde, in belgische Kabelnetze einspeist[121]. Genauso konnte die Inhaberin der dänischen Vermietungsrechte für den Film „Never say never again" es dem Inhaber eines dänischen Videogeschäfts untersagen, eine im Vereinigten Königreich erworbene Kaufkassette in Dänemark zu vermieten[122]. Diese Einschränkung des Erschöpfungsgrundsatzes hat für den innergemeinschaftlichen Rundfunkhandel zur Folge, daß der Rund-

---

112 S. *Slg.* 1980, S. 881, 903 (Coditel I).
113 S. *Slg.* 1971, S. 487, 500 (Deutsche Grammophon).
114 S. *Slg.* 1994, I-2789, 2847 (IHT Internationale Heiztechnik); ausführlicher dazu *Oliver*, Free Movement of Goods in the European Community, S. 264ff.
115 S. dazu *Oliver*, Free Movement of Goods in the European Community, S. 265f., m.w.N.
116 S. *Slg.* 1985, S. 2281, 2298 (Pharmon).
117 S. *Slg.* 1994, I-2789, 2849ff. (IHT Internationale Heiztechnik); ausführlicher dazu *Oliver*, Free Movement of Goods in the European Community, S. 281ff.
118 S. *Slg.* 1976, S. 811, 847ff. (EMI Records).
119 S. dazu *Oliver*, Free Movement of Goods in the European Community, S. 276ff.
120 S. die Schlußanträge von *Generalanwalt Warner* in den Sachen Debauve und Coditel I, *Slg.* 1980, S. 879.
121 S. *Slg.* 1980, S. 881, 902ff. (Coditel I).
122 S. *Slg.* 1988, S. 2605, 2630 (Warner Brothers).

funkveranstalter sich grundsätzlich nationale Rechte aus seinem gesamten Sendegebiet entgegenhalten lassen muß[123].

b) Wettbewerbsrechtliche Aspekte

Auch Art. 85f. EGV finden Anwendung, wenn an geistigem Eigentum Nutzungsrechte eingeräumt werden; hierbei handelt es sich ebenfalls um die Ausübung des Eigentumsrechts. Der Gerichtshof beurteilt die wettbewerbsrechtliche Zulässigkeit im Ausgang anhand der Wertung des Art. 36 EGV[124]. Für die Behandlung ausschließlicher Nutzungsrechte hat er aber spezielle Anhaltspunkte entwickelt. Grundsätzlich geht der Gerichtshof davon aus, daß die Praxis, ausschließliche Nutzungsrechte einzuräumen, als solche den Wettbewerb nicht verfälscht[125]. Eine Verfälschung kann indessen in Frage kommen, wenn durch die Ausübung der Rechte künstliche Hindernisse errichtet, unangemessen hohe Vergütungen ermöglicht werden oder eine übermäßige Ausschließlichkeitsdauer eingeräumt wird[126].

Geistiges Eigentum verleiht seinem Inhaber als solches keine beherrschende Stellung auf dem Binnenmarkt[127]. Sofern der Inhaber aufgrund seiner Marktmacht über eine marktbeherrschende Stellung verfügt, findet auf die Ausübung des Eigentumsrechts aber Art. 86 EGV Anwendung. Setzt der Inhaber einer marktbeherrschenden Stellung auf einem Markt sein Eigentum als Schlüssel ein, um einen benachbarten Markt zu verschließen, so kann insbesondere Art. 86 Abs. 2 lit. b EGV dazu zwingen, anderen Nutzungsrechte einzuräumen. So betrachtete der Gerichtshof die Rechte marktbeherrschender Fernsehveranstalter an den Programmübersichten als einen notwendigen Schlüssel (essential facilities[128]), um den Markt für Programmzeitschriften zu öffnen; die Kommission konnte die Veranstalter, die die Herausgabe einer Programmzeitschrift mit wöchentlicher Übersicht über das gesamte Programm mit ihren Urheberrechten verhindert hatten, daher verpflichten, einem Anbieter die Programmübersichten zur Nutzung zu überlassen[129].

---

123 S. dazu Dauses-*Engel*, E.V, Rn. 43.
124 S. *Slg.* 1982, S. 3400ff. (Coditel II).
125 S. *Slg.* 1982, S. 3381, 3401 (Coditel II).
126 S. *Slg.* 1982, S. 3381, 3402 (Coditel II).
127 *Slg.* 1995, I-743, 822 (RTE und ITP).
128 S. dazu *Deselaers*, EuZW 1995, S. 563ff.; *Montag*, EuZW 1997, S. 71ff.
129 *Slg.* 1995, I-743, 822ff. (RTE und ITP).

IV. Beihilferecht

Im Zusammenhang mit unverfälschtem Wettbewerb auf dem Binnenmarkt stehen auch die Beihilfevorschriften in den Art. 92ff. EGV. Die Beihilferegelungen sind umfangreich und räumen der Kommission in wesentlichen Bereichen Wertungsspielräume ein. So kann die Kommission als mit dem Gemeinsamen Markt vereinbar insbesondere Beihilfen der Mitgliedstaaten ansehen, die der Förderung der Kultur und der Erhaltung des kulturellen Erbes dienen, soweit die Beihilfen die Handels- und Wettbewerbsbedingungen nicht in einem Maße beeinträchtigen, das dem gemeinsamen Interesse zuwiderläuft (Art. 92 Abs. 3 lit. d EGV). Die Handhabung dieser Beurteilungs- und Ermessensspielräume im Einzelfall soll nicht in den Vordergrund dieser Arbeit rücken[130]. Hinzuweisen ist allerdings auf die zunehmend streitige Frage, ob Gebühren und andere Vorteile für öffentlichrechtliche Veranstalter unzulässige Beihilfen darstellen[131]. Um den öffentlichrechtlichen Anstalten ihre Privilegien zu sichern, haben die Mitgliedstaaten eine auslegende Bestimmung vorgesehen, die dem EGV nach dem Vertrag von Amsterdam beigefügt wird[132]. Danach soll die Befugnis der Mitgliedstaaten unberührt bleiben, öffentlichrechtlichen Rundfunk für die ihm zugewiesenen öffentlichrechtlichen Aufgaben zu finanzieren, solange unter Berücksichtigung dieser Aufgaben die Wettbewerbsbedingungen nicht dem gemeinsamen Interesse zuwider beeinträchtigt werden.

B. Sekundärrecht

Mit der zunehmenden Privatisierung des Rundfunks ist dessen wirtschaftliche Bedeutung gewachsen. Diesen Prozeß hat die Gemeinschaft regelnd begleitet. Antrieb war allerdings nicht nur die Öffnung des Binnenmarkts. Die getroffenen Maßnahmen enthalten teilweise auch handfeste Eingriffe in den freien Handel und Wettbewerb. Ob industrie- oder kulturpolitische Interessen diese Maßnahmen veranlaßt haben, läßt sich nicht immer zweifelsfrei feststellen. Eine Kompetenz, auch diese Ziele zu verfolgen, kann man der Gemeinschaft nicht von vornherein absprechen (s. dazu oben drittes Kapitel B). Die Ambivalenz der gemeinschaftsrechtlichen Regelungen erschwert es aber, das sekundäre Rundfunkrecht nach den verfolgten Zwecken zu ordnen.

---

130 Näher dazu *Slot*, State Aids in the Cultural Sector; *Kruse*, EWS 1996, S. 117ff.; *Dony*, L'actualité du droit de l'audiovisuel européen, S. 111ff.
131 S. dazu *Selmer/Gersdorf*, S. 70ff.; *Oppermann*, ZUM 1996, S. 656ff.; *Engel*, Europarechtliche Grenzen für öffentlich-rechtliche Spartenprogramme, S. 15ff.
132 S. ABl. C 340/109 v. 10.11.1997.

Die von der Gemeinschaft eingesetzten Instrumente sind einer Einteilung schon eher zugänglich. Handelspolitisch wirken die Regelungen der Fernsehrichtlinie, die in den freien Handel unmittelbar selektiv eingreifen (dazu unter I). Rechtsangleichende Maßnahmen finden sich nicht nur in der Fernsehrichtlinie, sondern auch in einer Reihe technischer Vorschriften (dazu unter II). Mit wettbewerbsrechtlichen Instrumenten, die die Gemeinschaft zum Teil noch entwickelt, kontrolliert sie das Wettbewerbsverhalten der Rundfunkunternehmen (dazu unter III). Weiterhin setzen Gemeinschaft und Mitgliedstaaten finanzielle Mittel ein, um die heimische Rundfunkindustrie zu fördern (dazu unter IV). Schließlich stellt sich die Frage, in welchem Umfang die Gemeinschaft durch ihre Regelungen die Außenkompetenzen an sich gezogen hat (dazu unter V).

I. Handelspolitische Instrumente

Die Gemeinschaft stützt die Fernsehrichtlinie[133] bisher ausschließlich auf ihre Kompetenzen zur Rechtsangleichung aus Art. 57 Abs. 2 EGV[134]. Handelspolitische Eigenschaften wird sie den Vorschriften folglich absprechen[135]. Das gilt auch für die zugunsten europäischer Werke festgelegten Quoten. Die Einschätzung der Gemeinschaft kann sich darauf stützen, daß in einigen Mitgliedstaaten bereits Quotenregelungen bestanden[136]. Mit diesen mußte sich die Angleichung der Vorschriften für Fernsehveranstalter befassen. Aus der Sicht des Programmhandels liegt hingegen eine Diskriminierung vor, die den Marktzugang selektiv regelt und damit handelspolitischer Natur ist.

1. Art. 4 Fernsehrichtlinie

Die Fernsehrichtlinie enthält zwei Quoten zugunsten europäischer Werke. Art. 4 Abs. 1 schreibt den Mitgliedstaaten vor, dafür Sorge zu tragen, daß die Fernsehveranstalter den Hauptanteil ihrer Sendezeit europäischen Werken vorbehalten. Die Quote bezieht sich nur auf Sendezeit, die nicht aus Nachrichten, Sportberichten, Spielshows oder Werbe- und Videotextleistungen[137] besteht. Die neue Fassung der Fernsehrichtlinie nimmt auch Teleshopping von den Quotenregelungen aus[138]. Wie der Rest der Fernseh-

---

133 Richtlinie 89/552 v. 3.10.1989, ABl. L 298/23 v. 17.10.1989, geändert durch Richtlinie 97/36 v. 30.6.1997, ABl. L 202/60 v. 30.7.1997.
134 Kritisch dazu *Niedobitek*, S. 167f., m.w.N.; Europäisches Außenwirtschaftsrecht-*v. Bogdandy*, S. 584ff.
135 Kritisch dazu *Zuleeg*, JZ 1995, S. 676.
136 S. *Schwartz*, ZUM 1989, S. 388.
137 Vgl. Berichtigung, ABl. L 331/51 v. 16.11.1989.
138 Art. 4 Abs. 1, Art. 5 Fernsehrichtlinie in der Fassung der Richtlinie 97/36 v. 30.6.1997, ABl. L 202/60 v. 30.7.1997.

richtline gilt die Quotenregelung zudem nicht für Fernsehsendungen, die ausschließlich in Nichtmitgliedstaaten empfangen werden[139].

Der Wortlaut des Art. 4 Abs. 1 läßt einige Fragen offen. So legt die Richtlinie keinen bestimmten Prozentsatz an europäischen Werken fest, der diesen vorbehalten bleiben soll. Bisher nimmt man an, daß es sich um mindestens 50% handeln muß[140]. Sofern ein solcher Anteil europäischer Werke nicht erreicht werden kann, sieht Art. 4 Abs. 2 das Einfrieren auf dem bisherigen Stand vor: Der Anteil darf nicht hinter denjenigen zurückfallen, der 1988, beziehungsweise in Griechenland und Portugal 1990 bestand. Die Mitgliedstaaten können andererseits höhere Quoten als 50% für Veranstalter festlegen, die ihrer Aufsicht unterliegen[141].

Die Richtlinie läßt auch nicht erkennen, ob die Quote für einzelne Kanäle oder - wie es der Wortlaut nahelegt - für einzelne Veranstalter gilt[142]. Die Unterscheidung kann Folgen haben, wenn Veranstalter über mehrere Kanäle verfügen oder mehrere Veranstalter sich einen Kanal teilen. Eine Kombination beider Fälle liegt bei den Anstalten der ARD vor, die das Erste Programm gemeinschaftlich und die Landesprogramme in Eigenregie veranstalten. Der Wortlaut der Richtlinie läßt den Mitgliedstaaten auch insoweit Raum, um die Quotenregelung bei der Umsetzung zu konkretisieren. Sie sind nicht verpflichtet, die Quote auf das Gesamtprogramm eines Kanals zu beziehen, auch wenn diese Möglichkeit die nächstliegende ist[143]. Allerdings geht die Kommission davon aus, daß jeder Kanal einzeln als Fernsehveranstalter zu qualifizieren ist[144].

2. Art. 5 Fernsehrichtlinie

Die zweite Quote enthält Artikel 5. Er sieht vor, daß zehn Prozent der Sendezeit europäischen Werken von Herstellern vorbehalten werden, die von den Veranstaltern unabhängig sind. Die Mitgliedstaaten können wahlweise vorschreiben, daß die Veranstalter zehn Prozent der Haushaltsmittel für die Programmgestaltung auf solch unabhängige Hersteller verwenden. Was unter einem unabhängigen Hersteller zu verstehen ist, schreibt die Richtlinie ausweislich ihrer 24. Begründungserwägung den Mitgliedstaaten nicht vor. Diese sollen nur dem Ziel Rechnung tragen, kleine und mittlere Produktions-

---

139 S. Art. 2 Abs. 6 Fernsehrichtlinie in der Fassung der Richtlinie 97/36 v. 30.6.1997, ABl. L 202/60 v. 30.7.1997.
140 S. *Martín-Pérez de Nanclares*, S. 120f.; Europäisches Außenwirtschaftsrecht-*v. Bogdandy*, S. 579.
141 Ursprünglich Art. 8. In der Neufassung folgt dies aus Art. 3 Abs. 1 und der 44. Begründungserwägung der Richtlinie 97/36 v. 30.6.1997, ABl. L 202/60 v. 30.7.1997.
142 S. *Hailbronner/Weber*, DÖV 1997, S. 563.
143 S. *Martín-Pérez de Nanclares*, S. 121; Europäisches Außenwirtschaftsrecht-*v. Bogdandy*, S. 579.
144 S. Mitteilung der *Kommission* über die Durchführung der Art. 4 und 5 der Richtlinie 89/552/EWG, KOM (94) 57 endg., S. 5; KOM(96) 302 endg., S. 67. S. auch *Filipek*, Stanford JIL 28 (1992), S. 332f.

unternehmen zu fördern. Dabei soll die finanzielle Beteiligung von Fernsehveranstaltern durch Koproduktionsfilialen zugelassen werden. Die Kommission geht von einem unabhängigen Produzenten aus, wenn der Fernsehveranstalter höchstens mit 25% am Kapital beteiligt und für höchstens 90% der Produktionen Auftraggeber ist[145].

3. Verbindlichkeit der Quoten

Über die Verbindlichkeit der Quoten besteht seit langem Streit[146]. Zweifeln kann man an ihrer Verbindlichkeit aus zweierlei Gründen. Zum einen enthalten sowohl Art. 4 als auch Art. 5 der Richtlinie den passus: „Die Mitgliedstaaten tragen im Rahmen des praktisch Durchführbaren und mit angemessenen Mitteln dafür Sorge,...“[147]. Zum anderen gibt es mehrere Protokollerklärungen von Rat und Kommission. Darin heißt es unter anderem, die Mitgliedstaaten verpflichteten sich politisch auf die in Art. 4 und 5 vereinbarten Ziele[148]. Deutsche Bedenken gegen die Zuständigkeit der Gemeinschaft und eine mögliche Unvereinbarkeit der Quotenregelungen mit der Rundfunkfreiheit und der Kompetenzverteilung zwischen Bund und Ländern veranlaßten diese Erklärung[149]. Sie drückt daher den Willen von Kommission und Rat aus, der Quotenregelung keine rechtliche Verbindlichkeit beizumessen.

Eine solche Wirkung kann die Protokollerklärung den Quotenregelungen indessen nicht nehmen. Da sie die formellen Voraussetzungen eines Rechtsetzungsakts der Gemeinschaft nicht erfüllt und auch nicht förmlich veröffentlicht wurde, entfaltet die Erklärung selbst keine unmittelbare rechtliche Wirkung[150]. Als Interpretationshilfe taugt die Erklärung hingegen kaum: Die Begründungserwägungen sind das dafür vorgesehene Instrument[151]. Nach Ansicht des Gerichtshofs können solche Erklärungen den Wortlaut eines Rechtsakts jedenfalls nicht einschränken[152]. Entscheidend ist daher der Wortlaut der Quotenregelungen. Auch wenn man andere Sprachfassungen berücksichtigt, läßt er

---

145 S. Mitteilung der *Kommission* über die Durchführung der Art. 4 und 5 der Richtlinie 89/552/EWG, KOM(94) 57 endg., S. 5, 28; KOM(96) 302 endg., S. 7, 68.

146 Näher dazu *Martín-Pérez de Nanclares*, S. 163ff.; *Deckert/Lilienthal*, ZUM 1996, S. 30ff.; *Niedobitek*, S. 165ff.; Europäisches Außenwirtschaftsrecht-*v. Bogdandy*, S. 581ff.; *Salvatore*, CMLReview 1992, S. 978ff.; *Hailbronner/Weber*, DÖV 1997, S. 566f. Eine Studie des Falls „Turner Broadcasting“ findet sich bei *Shelden*, The Transnational Lawyer 7 (1994), S. 523ff.; die Kommission berichtet in regelmäßigen Abständen über die Durchführung der Art. 4 und 5 in den Mitgliedstaaten, s. zuletzt Mitteilung der *Kommission* über die Durchführung der Art. 4 und 5 der Richtlinie 89/552/EWG, KOM(96) 302 endg.

147 S. dazu Europäisches Außenwirtschaftsrecht-*v. Bogdandy*, S. 579f.

148 Protokollerklärung Nr. 15, s. *BVerfGE* 92, S. 203, 214; s.a. *Martín-Pérez de Nanclares*, S. 163, m.w.N.

149 S. *BVerfGE* 92, S. 203, 205ff.; *Martín-Pérez de Nanclares*, S. 164ff., m.w.N.

150 S. im einzelnen *Martín-Pérez de Nanclares*, S. 163, m.w.N.; *BVerfGE* 92, S. 203, 244f.

151 S. *Martín-Pérez de Nanclares*, S. 169f., m.w.N.

152 S. *Slg.* 1970, S. 47, 57.

nicht den Schluß zu, die Quotenregelungen beließen den Mitgliedstaaten politische Spielräume, um zu entscheiden, ob sie eine Quote einführen wollen[153]. Der oben angesprochene passus räumt ihnen nur die Freiheit ein zu entscheiden, wie sie die Quotenregelungen im einzelnen umsetzen. Im Rahmen des praktisch Durchführbaren sind die Mitgliedstaaten aber verpflichtet, die Regelungen mit angemessenen Maßnahmen umzusetzen.

Ein Beispiel für einen Bereich, in dem eine Quote unangemessen sein kann, enthält Art. 9 Fernsehrichtlinie. Er nimmt Fernsehsendungen von Kapitel III der Richtlinie aus, die lokalen Charakter haben und nicht an ein nationales Fernsehnetz angeschlossen sind. Diese ausdrückliche Ausnahme zeigt, daß die Quoten im übrigen grundsätzlich für jeden Veranstalter verbindlich sein sollen. Praktisch undurchführbar sind sie nur, wenn objektiv zwingende Gründe vorliegen. So wird man Spartenkanäle von der Quotenregelung ausnehmen müssen, die sich an nationale Minderheiten aus Drittstaaten wenden, beispielsweise an die indische Minderheit in Großbritannien[154]. Die Neufassung der Fernsehrichtlinie nennt in ihren Begründungserwägungen als denkbare Ausnahme auch Sender, die sämtliche Programme in einer anderen als einer der Sprachen der Mitgliedstaaten ausstrahlen[155].

Allein die thematische Festlegung eines Spartensenders auf Produktionen aus Drittstaaten reicht hingegen nicht. Sie würde es den Veranstaltern erlauben, sich durch geschickte Programmdefinitionen dem Anwendungsbereich der Quote zu entziehen. Das Argument, ein Zeichentrickfilmkanal sei thematisch auf US-amerikanische Produktionen festgelegt[156], wird eine Ausnahme daher nicht tragen können.

Im Novellierungsverfahren hat die Kommission zunächst versucht, die Verbindlichkeit der Quoten klarzustellen. Ihr erster Vorschlag verzichtete auf den passus „im Rahmen des praktisch Durchführbaren". Zugleich wollte sie die Möglichkeit eröffnen, daß Spartensender für Kinofilme 25% ihres Programmbudgets in die Produktion europäischer Werke investieren, anstatt die Quote zu erfüllen[157]. Nach zehn Jahren sollte die Quotenregelung nach den Vorstellungen der Kommission endgültig auslaufen[158]. Während das Parlament überwiegend eine auf Dauer verbindliche Quote forderte, hielten sich im Rat Befürworter und Gegner der Quote in etwa die Waage. Die Neufassung behält als Kompromiß langer Auseinandersetzungen die bisherige Regelung in Art. 4 und 5 bei. Neuerliche Protokollerklärungen sind indessen nicht bekannt.

---

153 S. *Martín-Pérez de Nanclares*, S. 168f.
154 S. *Waelbroeck*, L'actualité du droit de l'audiovisuel européen, S. 13.
155 S. 29. Begründungserwägung Richtlinie 97/36 v. 30.6.1997, ABl. L 202/60 v. 30.7.1997.
156 So Turner Broadcasting für seinen Kanal TNT, s. *Shelden*, The Transnational Lawyer 7 (1994), S. 533.
157 S. Art. 4 in der Fassung des Kommissionvorschlags v. 31.5.1995, ABl. C 185/4 v. 19.7.1995.
158 S. Art. 3 Abs. 2 des Kommissionsvorschlags v. 31.5.1995, ABl. C 185/4 v. 19.7.1995.

4. Definition europäischer Werke

Welche Werke ihrem Ursprung nach europäisch sind, regelt Art. 6 Fernsehricht-linie[159]. Daß Werke aus den Mitgliedstaaten hierunter fallen, überrascht kaum. Die Definition europäischer Werke ist vor allem nötig, um das Verhältnis zu den Normen des Europarats und zu Drittstaaten zu bestimmen, mit denen die Gemeinschaft im audiovisuellen Bereich zusammenarbeitet. Hierdurch erklärt sich der etwas umständliche Aufbau der Vorschrift.

a) Werke aus den Mitgliedstaaten

Werke aus den Mitgliedstaaten gehören nach Art. 6 Abs. 1 lit. a Fernsehrichtlinie zu den europäischen Werken. Wann ein Werk aus den Mitgliedstaaten stammt, regelt Art. 6 Abs. 2. Danach müssen diese im wesentlichen in Zusammenarbeit mit einem oder mehreren in der Gemeinschaft ansässigen Autoren und Arbeitnehmern geschaffen werden. Ein europäisches Werk setzt zusätzlich voraus, daß in der Gemeinschaft Ansässige auch die Produktion selbst in wesentlichen Teilen erbringen. Dazu sieht die Vorschrift drei Möglichkeiten vor: Der oder die Hersteller sind in der Gemeinschaft ansässig (lit. a); in der Gemeinschaft ansässige Hersteller überwachen und kontrollieren die Produktion tatsächlich (lit. b); oder bei Koproduktionen tragen Produzenten aus der Gemeinschaft den überwiegenden Teil der Gesamtproduktionskosten, und die Koproduktion wird nicht von Produzenten aus anderen Staaten kontrolliert (lit. c).

Die negative Bestimmung der Produktionskontrolle in lit. c und der Vergleich mit lit. b lassen darauf schließen, daß bei Koproduktionen eine tatsächliche Kontrolle und Überwachung durch Produzenten aus der Gemeinschaft nicht vorauszusetzen sind. Koproduktionen gelten also insgesamt als europäische Werke, wenn sie im wesentlichen in Zusammenarbeit mit Autoren und Arbeitnehmern aus der Gemeinschaft hergestellt werden, Produzenten aus der Gemeinschaft den überwiegenden Teil der Kosten tragen und die Kontrolle über die Koproduktion nicht bei Produzenten aus nichteuropäischen Staaten liegt. Ist eine der beiden letzten Voraussetzungen nicht gegeben, so findet Abs. 5 Anwendung[160]. Diese Werke werden dann in dem Verhältnis als europäisch behandelt, in dem Produzenten aus der Gemeinschaft an den Produktionskosten beteiligt sind.

Europäisches Werk aus den Mitgliedstaaten wäre danach beispielsweise ein Film, dessen Drehbuch ein in der Gemeinschaft ansässiger US-amerikanischer Autor geschrieben und den ein in der Gemeinschaft niedergelassenes Tochterunternehmen eines US-amerikanischen Produktionsunternehmens unter Einsatz in der Gemeinschaft ansäs-

---

159 S. dazu Europäisches Außenwirtschaftsrecht-*v. Bogdandy*, S. 577f.
160 In der Fassung der Richtlinie 97/36 v. 30.6.1997, ABl. L 202/60 v. 30.7.1997.

siger Arbeitskräfte hergestellt hätte[161]. Der Film könnte in seiner Gesamtheit europäisches Werk bleiben, selbst wenn sich in den Vereinigten Staaten niedergelassene Produktionsunternehmen an der Herstellung beteiligen. Dann müßte das in der Gemeinschaft niedergelassene Produktionsunternehmen die Kontrolle über die Produktion behalten[162] und den überwiegenden Teil der Produktionskosten tragen. Liegen diese Voraussetzungen nicht vor, ist der Film nach Abs. 5 zu dem Anteil europäisches Werk, zu dem sich das in der Gemeinschaft niedergelassene Unternehmen an den Produktionskosten beteiligt.

b) Werke aus Mitgliedstaaten des Europarats

Die Mitgliedstaaten des Europarats zählen nicht als solche zu den Ursprungsquellen europäischer Werke. Art. 6 Abs. 1 lit. b Fernsehrichtlinie bezieht nur Werke aus europäischen Drittländern ein, die Vertragsparteien des Europäischen Übereinkommens über grenzüberschreitendes Fernsehen des Europarats sind. Ob die jeweiligen Staaten dem Übereinkommen beigetreten sind, läßt sich im Einzelfall feststellen[163].

Schwieriger ist die zusätzliche geographische Bestimmung, daß es sich um ein europäisches Drittland handelt. Mit der Erweiterung des Europarats nach Osten kann die geographische Zugehörigkeit zu Europa schon einmal in Frage stehen. Ein konkretes Beispiel wäre die Russische Föderation. Anliegen des Art. 6 Abs. 1 lit. b Fernsehrichtlinie ist sicherlich auch, Unvereinbarkeiten mit Verpflichtungen der Mitgliedstaaten aus dem Übereinkommen zu vermeiden. Aus diesem Grunde mag es seinem Sinn entsprechen, Vertragsstaaten des Übereinkommens ungeachtet ihrer geographischen Lage zu erfassen. Es ist aber fraglich, ob bei einem Film, dessen maßgebliche Produktionsbeiträge sämtlich aus Wladiwostok stammen, noch von einem europäischen Werk die Rede sein kann.

Den Ursprung des Werks in einem der erfaßten Staaten regelt wiederum Abs. 2. Entscheidend ist also auch hier der Einsatz von Autoren und Arbeitnehmern sowie die Beteiligung von Produzenten aus den bezeichneten Staaten. Liegen bei Koproduktionen die Voraussetzungen des Abs. 2 nicht vor, kommt eine anteilige Berücksichtigung der Beiträge europäischer Produzenten allerdings nicht in Betracht. Art. 6 Abs. 5 gilt nur für Werke, die mit Produzenten aus der Gemeinschaft koproduziert wurden. Eine weitere Einschränkung enthält eine Reziprozitätsklausel, die durch die Novellierung[164] in Art. 6

---

161 Vgl. Europäisches Außenwirtschaftsrecht-v. *Bogdandy*, S. 578.
162 Auf die Kontrolle über das in der Gemeinschaft niedergelassene Produktionsunternehmen kommt es demgegenüber nicht an, a.A. offenbar Europäisches Außenwirtschaftsrecht-v. *Bogdandy*, S. 578.
163 Ein aktueller Überblick ist bei *Deckert/Lilienthal*, ZUM 1996, S. 29 zu finden.
164 Richtlinie 97/36 v. 30.6.1997, ABl. L 202/60 v. 30.7.1997.

Abs. 1 eingefügt wurde. Danach dürfen die europäischen Nichtmitgliedstaaten nicht ihrerseits Werke aus den Mitgliedstaaten diskriminieren.

c) Werke aus anderen europäischen Drittstaaten

Für Staaten, die nur geographisch zu Europa gehören, gilt Art. 6 Abs. 1 lit. c und Abs. 3 Fernsehrichtlinie. Das Verständnis dieser Regelung ist nicht nur wegen der Ungenauigkeit der geographischen Bestimmung schwierig (s. dazu oben b), sondern auch wegen der auf den ersten Blick kaum nachzuvollziehenden Regelung des Abs. 3.

Dessen Unklarheit rührt zum Teil aus begrifflichen Mehrdeutigkeiten. Die Vorschrift nannte zunächst neben den Mitgliedstaaten noch europäische Staaten. In einer Berichtigung wurde dann der Begriff „Mitgliedstaaten" durch „europäische Staaten" und der Begriff „europäische Staaten" durch „europäische Drittländer" ersetzt[165]. Die novellierte Fassung[166] hebt die Berichtigung zum Teil wieder auf, unterscheidet aber weiterhin zwischen „Mitgliedstaaten", „europäischen Staaten" und „europäischen Drittländern". Da Art. 6 den Begriff „europäische Staaten" sonst nicht verwendet, bleibt unklar, welche Staaten gemeint sind. Europäische Staaten können jedenfalls nicht allein die Mitgliedstaaten sein[167]. In diesem Fall wäre der Begriff überflüssig. Ebensowenig kann es sich allein um europäische Drittländer handeln. Vermutlich bezeichnet der Begriff die Gesamtheit von Mitgliedstaaten und europäischen Drittländern. Diese Auslegung käme dem Zweck des Art. 6 Abs. 1 lit. c am nächsten.

Abs. 3 fordert, daß der Produzent in einem europäischen Drittland ansässig ist, mit dem die Gemeinschaft ein entsprechendes Abkommen geschlossen hat. Das Werk muß entweder ausschließlich von diesen Produzenten oder als Koproduktion mit Produzenten aus den Mitgliedstaaten hergestellt werden[168]. Die Werke müssen darüber hinaus im wesentlichen unter Mitwirkung von Autoren und Arbeitnehmern aus europäischen Staaten entstanden sein.

d) Werke aus nichteuropäischen Staaten

Art. 6 Fernsehrichtlinie setzt nicht generell voraus, daß die an der Entstehung des Werkes Beteiligten Angehörige der genannten europäischen Staaten sind; sie müssen

---

165 S. Berichtigungen, ABl. L 331/51 v. 16.11.1989.
166 Richtlinie 97/36 v. 30.6.1997, ABl. L 202/60 v. 30.7.1997.
167 Anders offenbar *Deckert/Lilienthal*, ZUM 1996, S. 30.
168 Art. 6 Abs. 3 Fernsehrichtlinie in der Fassung der Richtlinie 97/36 v. 30.6.1997, ABl. L 202/60 v. 30.7.1997.

dort nur ansässig sein. In der Gemeinschaft ansässige Töchter nichteuropäischer Unternehmen können also europäische Werke hervorbringen[169].

Demgegenüber fielen Werke bisher nicht vollständig unter die Definition, die aus nichteuropäischen Staaten stammten. Das galt selbst, wenn ein bilateraler Koproduktionsvertrag mit den Mitgliedstaaten der Gemeinschaft bestand. Mit diesen Werken befaßt sich nunmehr ein neu eingefügter Abs. 4[170]. Er stellt sie europäischen Werken gleich, wenn die Koproduzenten aus der Gemeinschaft einen mehrheitlichen Anteil der Gesamtproduktionskosten tragen und nicht Hersteller aus Drittstaaten die Produktion kontrollieren. Im Gegensatz zu Abs. 1 setzt Abs. 4 nicht voraus, daß die Werke zusätzlich im wesentlichen in Zusammenarbeit mit Autoren und Arbeitnehmern aus der Gemeinschaft geschaffen werden.

e) EFTA-Staaten (EWR-Abkommen)

Das Gemeinschaftsrecht selbst trifft keine besonderen Bestimmungen über den Ursprung von Werken aus EFTA-Staaten. Spezifische Regelungen enthält aber Anhang X EWR-Abkommen[171]. Darin übernimmt das EWR-Abkommen die Fernsehrichtlinie. Bei der Umsetzung der Fernsehrichtlinie in das EWR-Recht wird das Gebiet der Mitgliedstaaten durch das Gebiet der EWR-Mitglieder ersetzt[172]. Im EWR-Recht gelten für Werke aus den Mitgliedstaaten des EWR-Abkommens also dieselben Regeln, die das Gemeinschaftsrecht für Werke aus der Gemeinschaft vorsieht. Der Kreis europäischer Drittländer, die nach Art. 6 Fernsehrichtlinie durch Abkommen mit der Gemeinschaft europäische Werke hervorbringen können, wird erweitert um solche, mit denen EFTA-Staaten entsprechende Abkommen geschlossen haben[173]. Allerdings ist der EWR-Ausschuß vor dem Abschluß weiterer Abkommen dieser Art zu unterrichten; auf Antrag einer EWR-Vertragspartei ist diese zu konsultieren[174].

---

169 S. Europäisches Außenwirtschaftsrecht-*v. Bogdandy*, S. 578, der diesen Grundsatz allerdings bei Koproduktionen nach dem alten Art. 6 Abs. 4 (jetzt Abs. 5) Fernsehrichtlinie einschränkt. Ob der Wortlaut der Vorschrift, die hier von „Koproduzenten aus der Gemeinschaft" spricht, in der Gemeinschaft ansässige nichteuropäische Unternehmen ausschließt, ist aber fraglich.
170 Art. 6 Abs. 4 Fernsehrichtlinie in der Fassung der Richtlinie 97/36 v. 30.6.1997, ABl. L 202/60 v. 30.7.1997.
171 Abgedruckt ABl. L 1/3 v. 3.1.1994 auf S. 417.
172 S. Anhang X Einleitung, Protokoll 1 Nr. 8 EWR-Abkommen.
173 S. Anhang X Nr. 1 lit. a EWR-Abkommen.
174 S. Anhang X Nr. 1 lit. a EWR-Abkommen.

f) Auslegungsregeln der Kommission

Um die verbleibenden offenen Begriffe zu konkretisieren, hat die Kommission Faustregeln entwickelt. Danach ist für eine wesentliche Zusammenarbeit mit europäischen Autoren und Arbeitnehmern vorauszusetzen, daß mehr als 50% der im schöpferischen und im Managementbereich Beschäftigten sowie der bei der Filmherstellung Mitwirkenden in europäischen Staaten ansässig sind[175]. Die Mitgliedstaaten können zur Definition an den Niederlassungsort der Produktionsgesellschaft und den Wohnort ihrer Beschäftigten anknüpfen[176]. Ein Hersteller ist in einem europäischen Staat ansässig, wenn er einen festen Mitarbeiterstab hat, der am europäischen Standort Filme herstellt und seinen kommerziellen Aktivitäten nachgeht[177].

II. Rechtsangleichung

Der Schwerpunkt der rechtsetzenden Tätigkeit der Gemeinschaft liegt in der Rechtsangleichung. Es existiert daher eine Fülle von Normen, die sich auf den Rundfunkhandel auswirken können. Hier sollen vor allem zwei Bereiche herausgegriffen werden, die sich spezieller mit dem Rundfunk beschäftigen. Mit den Inhalten des Gesamtprogramms setzt sich vor allem die Fernsehrichtlinie auseinander (dazu unter 1). Für das Fernsehen relevante technische Regeln sind in zahlreichen Instrumenten verstreut, besonders hervorzuheben ist aber die sogenannte HDTV-Richtlinie über die Anwendung von Normen für die Übertragung von Fernsehsignalen (dazu unter 2).

1. Inhalte des Gesamtprogramms

Bei der Öffnung des Fernsehmarkts mußte die Gemeinschaft zahlreichen zwingenden Interessen Rechnung tragen. Auf die Wichtigsten ist im folgenden einzugehen. Sie werden vornehmlich in der Fernsehrichtlinie geregelt. Diese stellt in ihrer 17. Begründungserwägung aber klar, daß sie zu demselben Zweck erlassene sonstige Rechtsangleichungsmaßnahmen unberührt läßt.

---

175 S. Mitteilung der *Kommission* über die Durchführung der Art. 4 und 5 der Richtlinie 89/552/EWG, KOM(94) 57 endg., S. 28; *Deckert/Lilienthal*, ZUM 1996, S. 30.
176 S. *Deckert/Lilienthal*, ZUM 1996, S. 30, m.w.N.
177 S. Mitteilung der *Kommission* über die Durchführung der Art. 4 und 5 der Richtlinie 89/552/EWG, KOM(94) 57 endg., S. 28; *Deckert/Lilienthal*, ZUM 1996, S. 30, m.w.N.

a) Werbung, Sponsoring und Teleshopping

Ausführliche Regeln über Umfang und Inhalt von Werbung, Sponsoring und Teleshopping enthält Kapitel IV der Fernsehrichtlinie.

aa) Umfang

Der zulässige Umfang von Werbung[178] richtet sich nach den Art. 10, 11 und 18 der Fernsehrichtlinie[179]. Nach Art. 18 können die Mitgliedstaaten insgesamt bis zu 20% der täglichen Sendezeit für verschiedene Werbeformen vorsehen. Die auf Werbespots entfallende Sendezeit darf aber 15% der täglichen Sendezeit keinesfalls übersteigen. Innerhalb einer Stunde dürfen Werbe- und Teleshopping-Spots nicht mehr als 20% der Sendezeit beanspruchen. Teleshopping-Fenster[180] bleiben hiervon ausgenommen. Für sie gilt ein neu eingefügter Art. 18a. Er schreibt eine Mindestdauer der Fenster von 15 Minuten vor. Täglich dürfen höchstens acht Teleshopping-Fenster mit einer Gesamtsendezeit von nicht mehr als drei Stunden ausgestrahlt werden. Teleshopping-Kanäle sind von dieser Regelung nicht betroffen. Für sie und Eigenwerbekanäle gelten die Modifizierungen in Art. 19 und 19a Fernsehrichtlinie[181].

Umstritten ist die Auslegung des Art. 11, der sich mit der Einfügung von Werbung einschließlich Teleshopping-Spots[182] in das Programm befaßt. Grundsätzlich soll danach die Werbung zwischen den Sendungen eingefügt werden. Das gilt ohne Ausnahme für die Übertragung von Gottesdiensten. Ebensowenig dürfen Nachrichten, Magazine über aktuelles Zeitgeschehen, Dokumentarfilme, Sendungen religiösen Inhalts und Kinderprogramme durch Werbung oder Teleshopping unterbrochen werden, wenn ihre programmierte Sendezeit weniger als 30 Minuten beträgt. Sendungen über Sport oder andere Ereignisse mit Pausen dürfen nur in den Pausen unterbrochen werden. Gleiches gilt für Sendungen, die aus eigenständigen Teilen bestehen. Audiovisuelle Werke, insbesondere Kinospielfilme und Fernsehfilme dürfen einmal unterbrochen werden, wenn die programmierte Sendezeit mehr als 45 Minuten beträgt, zweimal, wenn diese 90 Minuten

---

178 Zu der Definition von Werbung, Sponsoring und Teleshopping s. Art. 1 lit. c, lit. e und lit. f Fernsehrichtlinie in der Fassung der Richtlinie 97/36 v. 30.6.1997, ABl. L 202/60 v. 30.7.1997. S. auch *Martín-Pérez de Nanclares*, S. 93ff., m.w.N.

179 In der Fassung der Richtlinie 97/36 v. 30.6.1997, ABl. L 202/60 v. 30.7.1997.

180 Zur Abgrenzung von Werbung und direkten Angeboten an die Öffentlichkeit nach den bisherigen Regelungen s. *Slg.* 1996, I-6471 (RTI); dazu *Dörr*, NJW 1997, S. 1343. Neue Werbeformen wie Teleshopping unterscheiden sich nach Ansicht des Gerichtshofs von Werbung dadurch, daß sie zeitaufwendiger sind, a.a.O., I-6505.

181 In der Fassung der Richtlinie 97/36 v. 30.6.1997, ABl. L 202/60 v. 30.7.1997.

182 Fernsehrichtlinie in der Fassung der Richtlinie 97/36 v. 30.6.1997, ABl. L 202/60 v. 30.7.1997.

und dreimal, wenn diese mindestens 110 Minuten beträgt. Auf Serien, Reihen, Unterhaltungssendungen und Dokumentarfilme findet diese Regelung keine Anwendung.

Der Streit bezieht sich bei Art. 11 auf die Auslegung des Begriffs „programmierte Sendezeit"[183]. Es ist nämlich jedenfalls vertretbar, diesen nicht mit der Spielzeit eines Films gleichzusetzen (sogenanntes Nettoprinzip), sondern die vom Veranstalter „programmierten" Werbeunterbrechungen in die Sendezeit einzubeziehen (sogenanntes Bruttoprinzip). Für andere Sendungen sind Unterbrechungen zulässig, solange zwischen den Werbeunterbrechungen eine Sendezeit von mindestens 20 Minuten liegt.

Art. 10 regelt die Gestaltung von Werbung und Teleshopping, insbesondere ihre erkennbare Trennung von dem redaktionellen Programm[184]. Einzeln gesendete Spots sind nur ausnahmsweise zulässig. Schleichwerbung[185] und subliminale Techniken[186] sind verboten.

Für das Sponsoring gilt Art. 17 Fernsehrichtlinie[187]. Er verbietet Sponsoring bei Nachrichtensendungen und Sendungen zur politischen Information. Um die Trennung von Werbung und Programm auch hier zu vollziehen, dürfen Inhalt und Plazierung gesponserter Sendungen vom Sponsor nicht in der Weise beeinflußt werden, daß die redaktionelle Unabhängigkeit gefährdet wird. Die Richtlinie schließt aber nicht aus, daß das Firmenemblem innerhalb des Programms gezeigt wird[188]. Gesponserte Sendungen sind als solche deutlich zu kennzeichnen und dürfen nicht verkaufsfördernd wirken.

bb) Inhalt

Die Fernsehrichtlinie enthält eine ganze Reihe von Verboten und Beschränkungen für Werbung bestimmter Inhalte. Weitere Beschränkungen finden sich in allgemeinen Richtlinien zur Werbung[189]. Nach Art 12 Fernsehrichtlinie dürfen Werbung und Teleshopping generell nicht die Menschenwürde verletzen, nach Rasse Geschlecht oder Nationalität diskriminieren, religiöse oder politische Überzeugungen verletzen oder Verhaltensweisen fördern, die Gesundheit, Sicherheit oder den Schutz der Umwelt gefährden[190].

---

183 S. dazu *OVG Koblenz*, AfP 1994, S. 77, 78f.; *VG Schleswig-Holstein*, AfP 1994, S. 86, 87f.; *LG Stuttgart*, AfP 1997, S. 564; sowie *Engel*, ZUM 1994, S. 335, 336f.; *Schmittmann*, AfP 1997, S. 515.
184 Zu Einzelfragen s. *Martín-Pérez de Nanclares*, S. 132ff., m.w.N.
185 Zu der Definition s. Art. 1 lit. c; s. auch *Martín-Pérez de Nanclares*, S. 137f., m.w.N.
186 Dabei handelt es sich im Gegensatz zur Schleichwerbung um Sinneseindrücke, die der Rezipient bewußt gar nicht wahrnehmen kann, die aber von seinem Unterbewußtsein registriert werden; s. dazu *Martín-Pérez de Nanclares*, S. 136f., m.w.N.
187 Ausführlicher dazu *Martín-Pérez de Nanclares*, S. 145f., m.w.N.
188 S. *Slg.* 1996, I-6471, 6508 (RTI).
189 S. dazu Dauses-*Engel*, E.V., Rn. 40, m.w.N.; *Perau*, Werbeverbote im Gemeinschaftsrecht, S. 68ff.
190 Ausführlicher dazu *Martín-Pérez de Nanclares*, S. 143f., m.w.N.

Dem Mißbrauch gesundheitsschädlicher Produkte sollen die Art. 13 bis 15 Fernsehrichtlinie vorbeugen. Das Werben für Tabakprodukte sowie rezeptpflichtige Arzneimittel und medizinische Behandlungen ist danach untersagt. Art. 17 Abs. 2 und 3 Fernsehrichtlinie erstreckt dieses Verbot auf Sponsoring durch Sponsoren, die hauptsächlich die genannten Produkte erzeugen oder vertreiben. Hersteller von rezeptpflichtigen Arzneimitteln und medizinischen Behandlungen dürfen allerdings für ihren Namen oder ihr Image sponsern[191]. Die Werbung für alkoholische Getränke schränkt Art. 15 ein. Sie darf nicht speziell an Minderjährige gerichtet sein und nicht suggerieren, daß Alkohol sozialen oder sexuellen Erfolg fördere oder therapeutische, stimulierende, beruhigende oder konfliktlösende Wirkung habe. Alkoholgenuß darf auch nicht mit gesteigerter physischer Leistung oder dem Führen von Kraftfahrzeugen in Verbindung gebracht werden. Schließlich verbietet Artikel 15, unmäßigen Alkoholkonsum zu fördern, die Höhe des Alkoholgehalts als positive Eigenschaft hervorzuheben oder Mäßigung negativ darzustellen.

Dem Jugendschutz in Werbung und Teleshopping trägt Art 16 Fernsehrichtlinie Rechnung. Danach soll die Werbung keine direkten Kaufappelle an Minderjährige richten, die deren Unerfahrenheit und Leichtgläubigkeit ausnutzen. Sie soll diese auch nicht unmittelbar auffordern, Eltern oder Dritte zum Kauf zu bewegen oder das besondere Vertrauen ausnutzen, das Minderjährige Vertrauenspersonen entgegenbringen. Schließlich sollen Kinder nicht ohne berechtigten Grund in gefährlichen Situationen gezeigt werden. Der Wortlaut des Art. 16 läßt nicht darauf schließen, daß die aufgezählten Inhalte absolut verboten sind. Im Gegensatz zu den Art. 13 bis 15 handelt es sich um soll-Vorschriften. Die Neufassung des Art. 16 verbietet über diese Gebote hinaus Teleshopping, das Minderjährige dazu anhält, Kauf-, Miet- oder Pachtverträge für Waren oder Dienstleistungen zu schließen.

b) Jugendschutz und öffentliche Ordnung

Von der speziellen Werbevorschrift des Art. 16 abgesehen berücksichtigt vor allem Art. 22 Fernsehrichtlinie den Jugendschutz[192]. Er verpflichtet die Mitgliedstaaten zu gewährleisten, daß ihrer Aufsicht unterliegende Veranstalter keine schwer jugendgefährdenden Sendungen ausstrahlen, keine Pornographie oder grundlose Gewalt zeigen. Die Mitgliedstaaten müssen durch die Wahl der Sendezeit oder technische Maßnahmen dafür sorgen, daß Minderjährige jugendgefährdende Sendungen nicht sehen. Jugendgefährdende Sendungen, die unverschlüsselt ausgestrahlt werden, müssen durch ein aku-

---

191 Art. 17 Abs. 3 Fernsehrichtlinie in der Fassung der Richtlinie 97/36 v. 30.6.1997, ABl. L 202/60 v. 30.7.1997.

stisches Signal vor oder ein optisches Signal während der Ausstrahlung gekennzeichnet werden.

Nach dem neu eingefügten Art. 22b Fernsehrichtlinie[193] legt die Kommission innerhalb eines Jahres eine Studie vor, die weitere Maßnahmen zur Kontrolle der Sehgewohnheiten Minderjähriger untersucht. Das Parlament hatte zunächst darauf gedrängt, Fernsehhersteller zu verpflichten, einen Gewaltfilter (sogenannter V-Chip) einzubauen. Der Rat lehnte diesen Vorschlag im Vermittlungsverfahren ab, weil die Wirksamkeit dieser Gewaltfilter noch nicht hinreichend untersucht sei[194]. Eine umfangreiche Studie zum Jugendschutz und zum Schutz der Menschenwürde in den audiovisuellen und den Informationsdiensten hat die Kommission bereits 1996 in einem entsprechenden Grünbuch vorgelegt[195]. Sie wird ergänzt durch eine Mitteilung über illegale und schädigende Inhalte im Internet[196].

Den Schutz der öffentlichen Ordnung bringt die Fernsehrichtlinie in dem neu eingefügten Art. 22a zum Ausdruck. Danach tragen die Mitgliedstaaten dafür Sorge, daß Sendungen nicht zum Haß aufgrund von Rasse, Geschlecht, Religion oder Nationalität aufstacheln.

c) Recht auf Gegendarstellung

Art. 23 Fernsehrichtlinie sieht für natürliche und juristische Personen ein Gegendarstellungsrecht vor, um deren berechtigte Interessen, insbesondere Ehre und Ansehen zu schützen. Werden diese Interessen durch die Behauptung falscher Tatsachen in einem Fernsehprogramm beeinträchtigt, können die Betroffenen unabhängig von ihrer Nationalität eine Gegendarstellung oder eine gleichwertige Maßnahme beanspruchen[197]. Der Veranstalter kann die begehrte Maßnahme dann nur ablehnen, wenn die Gegendarstellung eine strafbare Handlung enthält, gegen die guten Sitten verstößt oder er sich durch die Ausstrahlung zivilrechtlich haftbar machen würde.

Die Mitgliedstaaten müssen bei der Umsetzung dieser Vorgaben für die ihrem Recht unterliegenden Veranstalter dafür Sorge tragen, daß Personen aus anderen Mitgliedstaaten von ihren Rechten auch Gebrauch machen können. Die Frist, um eine Gegendar-

---

192 Ausführlicher dazu *Martín-Pérez de Nanclares,* S. 147ff., m.w.N.
193 In der Fassung der Richtlinie 97/36 v. 30.6.1997, ABl. L 202/60 v. 30.7.1997. S.a. deren 42. Begründungserwägung.
194 S. Agence Europe v. 11.4.1997, S. 8.
195 S. KOM(96) 483 endg.
196 KOM(96) 487 endg.; s. dazu auch die Entschließung des *Parlaments,* ABl. C 150/38 v. 19.5.1997.
197 S. Art. 23 Abs. 1 Fernsehrichtlinie. Näher dazu *Martín-Pérez de Nanclares,* S. 153ff., m.w.N.

stellung geltend zu machen, darf also nicht zu kurz bemessen sein[198]. Das Verfahren muß eine gerichtliche Nachprüfung ermöglichen[199].

Die Fernsehrichtlinie regelt nicht, wer beweisen muß, ob eine Tatsachenbehauptung falsch oder wahr ist. In diesem für das Gegendarstellungsrecht wesentlichen Punkt bleibt es den Mitgliedstaaten überlassen, eigene Regelungen zu treffen.

d) Umsetzung und Überwachung

Bei der Umsetzung ihrer Vorgaben durch die Mitgliedstaaten und bei der Überwachung der Veranstalter greift die Fernsehrichtlinie im wesentlichen auf Grundsätze zurück, die schon das Primärrecht zur Geltung bringt.

aa) Inländerdiskriminierung

Die Fernsehrichtlinie räumt den Mitgliedstaaten an mehreren Stellen die Möglichkeit ein, für ihrer Rechtshoheit unterliegende Veranstalter ausführlichere oder strengere Regelungen zu treffen. Damit läßt sie die Inländerdiskriminierung ausdrücklich zu. Die Schlechterstellung von Inländern verstößt nicht gegen das Primärrecht, solange eine Rechtsangleichung nicht stattgefunden hat[200]. Die Fernsehrichtlinie übernimmt diesen Grundsatz in ihr Sekundärrecht.

Sie hat ihn zum Teil besonders geregelt. So gestattet Art. 20 den Mitgliedstaaten, unter den dort vorgesehenen Voraussetzungen strengere Werbebestimmungen zu erlassen. Auch das Recht auf Gegendarstellung gilt unbeschadet der übrigen mitgliedstaatlichen Bestimmungen. Als allgemeine Bestimmung bezeichnet ermöglicht Art. 3 Abs. 1 Fernsehrichtlinie es den Mitgliedstaaten, ohne weitere Voraussetzungen strengere oder ausführlichere Bestimmungen für ihre Veranstalter vorzusehen. Das Verhältnis dieser Vorschrift zu den besonderen Klauseln über die Inländerdiskriminierung ist unklar. Der Gerichtshof wendet Art. 3 Abs. 1 auch an, wenn die Voraussetzungen der besonderen Klauseln nicht vorliegen[201]. Im Ergebnis laufen diese Voraussetzungen dann allerdings leer[202].

---

198 S. Art. 23 Abs. 3 Fernsehrichtlinie.
199 S. Art. 23 Abs. 5 Fernsehrichtlinie.
200 S. *Nicolaysen*, Europarecht II, S. 79ff., 81.
201 S. *Slg.* 1995, I- 179, 220f. (Leclerc-Siplec).
202 S. *Engel*, JZ 1995, S. 940, 941.

bb) Sendestaatsprinzip

Das Prinzip des Herkunftslandes wird im Recht der Fernsehrichtlinie zum Sende-staatsprinzip umgetauft[203]. In der Sache ändert das wenig. Art. 2 Abs. 1 Fernsehricht-linie[204] sieht eine Kontrollpflicht der Mitgliedstaaten für Veranstalter vor, die ihrer Rechtshoheit unterliegen.

Die Rechtshoheit knüpft in erster Linie an den Ort der Niederlassung an[205]. Nach der Neufassung des Art. 2 können zunächst drei Kriterien den Ort der Niederlassung be-stimmen: die Hauptverwaltung, die Entscheidung über das Programmangebot und der wesentliche Teil des Sendepersonals. Fallen Hauptverwaltung und die Entscheidung über das Programmangebot an einem Ort zusammen, ist der Veranstalter dort niederge-lassen[206]. Fallen beide Größen auseinander, kann der wesentliche Teil des Sendeperso-nals gemeinsam mit weiteren Gesichtspunkten den Ausschlag geben[207].

Greifen diese Kriterien nicht, um den Ort der Niederlassung zu bestimmen, so kommt es auf den Mitgliedstaat an, der dem Veranstalter die Frequenz zuteilt, ihm Sa-tellitenübertragungskapazität überläßt oder dessen Erd-Satelliten-Sendestation der Ver-anstalter nutzt[208]. Auf Art. 52ff. EGV verweist der Art. 2 erst, wenn sich der Ort der Niederlassung anders nicht bestimmen läßt[209].

Daß die letztgenannten Kriterien nur subsidiär eingreifen, hat das Vereinigte König-reich zunächst verkannt. Der Gerichtshof stellte einen Verstoß gegen Art. 2 alter Fas-sung fest, weil es auch Veranstalter seiner Aufsicht unterstellte, die in anderen Mitglied-staaten bereits wegen ihrer Niederlassung der dortigen Rechtshoheit unterlagen[210].

Art. 2a hat den ursprünglichen Art. 2 Abs. 2 Fernsehrichtlinie ersetzt. Er verpflichtet die Mitgliedstaaten, Empfang und Weiterverbreitung von Fernsehsendungen aus ande-ren Mitgliedstaaten grundsätzlich nicht zu behindern. Nur bei wiederholten schwerwie-genden Verstößen gegen die Bestimmungen zum Schutz der Jugend und der öffentli-chen Ordnung in Art. 22, 22a Fernsehrichtlinie sind vorläufige Maßnahmen zulässig[211].

---

203 S. ausführlich *Martín-Pérez de Nanclares*, S. 103ff., m.w.N.
204 In der Fassung der Richtlinie 97/36 v. 30.6.1997, ABl. L 202/60 v. 30.7.1997.
205 Art. 2 Abs. 2 Fernsehrichtlinie in der Fassung der Richtlinie 97/36 v. 30.6.1997, ABl. L 202/60 v. 30.7.1997. Zu der zuvor geltenden Regelung s. *Slg.* 1996, I-4025, 4073.
206 S. Art. 2 Abs. 3 lit. a Fernsehrichtlinie in der Fassung der Richtlinie 97/36 v. 30.6.1997, ABl. L 202/60 v. 30.7.1997.
207 S. Art. 2 Abs. 3 lit. b und c Fernsehrichtlinie in der Fassung der Richtlinie 97/36 v. 30.6.1997, ABl. L 202/60 v. 30.7.1997.
208 S. Art. 2 Abs. 4 Fernsehrichtlinie in der Fassung der Richtlinie 97/36 v. 30.6.1997, ABl. L 202/60 v. 30.7.1997.
209 S. Art. 2 Abs. 5 Fernsehrichtlinie in der Fassung der Richtlinie 97/36 v. 30.6.1997, ABl. L 202/60 v. 30.7.1997.
210 S. *Slg.* 1996, I-4025, 4069ff.; dazu *Dörr*, NJW 1997, S. 1343.
211 S. ausführlich *Martín-Pérez de Nanclares*, S. 104ff., m.w.N. Bislang sind nur wenige Fälle bekannt, in denen das Verfahren nach Art. 22 Fernsehrichtlinie Anwendung fand. Zuletzt hat die Kommission

Bevor er diese ergreift, muß der betroffene Mitgliedstaat seine Absicht der Kommission und dem Fernsehveranstalter mitteilen sowie den Sendestaat und die Kommission konsultieren. Die Kommission entscheidet innerhalb von zwei Monaten über die Zulässigkeit der Maßnahmen.

Gegen diese Bestimmung verstieß nicht nur das Vereinigte Königreich mit der geschilderten Aufsichtsregelung, sondern auch Belgien. Es hatte bei der Umsetzung der Fernsehrichtlinie verschiedene Genehmigungen für die Einspeisung von Sendungen aus anderen Mitgliedstaaten in belgische Kabelnetze vorgesehen. Insbesondere bei werbefinanzierten Sendungen, die sich an das französischsprachige belgische Publikum richteten, machte Belgien die Genehmigung davon abhängig, daß sich die Veranstalter an der Förderung publizistischer Ziele beteiligten.

Der Gerichtshof wies darauf hin, daß die Fernsehrichtlinie eine Beschränkung nur innerhalb der engen Ausnahme des Art. 22 zulasse[212]. Einseitige Maßnahmen eines Mitgliedstaats seien auch bei Verletzungen des Gemeinschaftsrechts nicht zulässig. Belgien konnte die Genehmigungspflicht weder mit Art. 10 EMRK rechtfertigen noch mit Gesichtspunkten der Kulturförderung, für die es sich auf Art. 4, 5 Fernsehrichtlinie, Art. 128 EGV und das Subsidiaritätsprinzip berief[213]. Der Gerichtshof ließ demgegenüber offen, ob sich ein Mitgliedstaat nach Erlaß der Fernsehrichtlinie noch darauf berufen kann, die beschränkenden Maßnahmen dienten dem Pluralismus. Belgien hatte diesen Gesichtspunkt nicht hinreichend begründen können[214]. In dem „Denuit"-Urteil stellte der Gerichtshof noch einmal klar, daß auch ein Verstoß gegen Art. 4 und 5 Fernsehrichtlinie den Empfangsstaat nicht berechtigt, unter Umgehung des damaligen Art. 2 Abs. 2 Satz 2 (jetzt Art. 2a Abs. 2) einseitige Maßnahmen zu ergreifen[215]. Nach den Ausführungen des Gerichtshofs in dem „VT4"-Urteil gilt das Sendestaatsprinzip selbst, wenn ein Veranstalter sich im Sendestaat niederläßt, um der Kontrolle durch den Empfangsstaat zu entgehen[216].

Art. 2f. Fernsehrichtlinie erstrecken sich unmittelbar nur auf Bereiche, die die Fernsehrichtlinie tatsächlich koordiniert. In dem „Konsumentombudsmannen"-Urteil hatte der Gerichtshof zu entscheiden, ob das auch für Beschränkungen bestimmter Werbein-

---

im Fall „XXXTV" im November 1995 ein vom Vereinigten Königreich verhängtes stafrechtliches Verbot der Vermarktung von Dekodern und den dazugehörigen Karten sowie der Werbung für den Dienst für zulässig gehalten, s. Grünbuch über den Jugendschutz und den Schutz der Menschenwürde in den audiovisuellen und den Informationsdiensten, KOM(96) 483 endg., S. 52.

212 S. *Slg.* 1996, I-4115, 4165ff., 4180ff.; dazu *Dörr*, NJW 1997, S. 1343.
213 S. *Slg.* 1996, I-4115, 4167ff.
214 S. *Slg.* 1996, I-4115, 4169.
215 Urteil des Gerichtshofs v. 29.5.1997, Rs. C-14/96 (Denuit), Rn. 19ff.; zu den Hintergründen des Streits um TNT Cartoon s. *Ingberg*, L'actualité du droit de l'audiovisuel européen, S. 27ff.; *Defalque*, L'actualité du droit de l'audiovisuel européen, S. 150ff.
216 Urteil v. 5.6.1997, Rs. C-56/96, Rn. 21f.

halte aus Gründen des Verbraucher- und des Jugendschutzes gilt[217]. Er stellte zunächst fest, daß die Richtlinie die Fernsehtätigkeit im eigentlichen Sinne koordiniere[218]. Für Fernsehwerbung und Sponsoring gelte dies nur zum Teil[219]. Aus der siebzehnten Begründungserwägung ergebe sich, daß die Richtlinie Maßnahmen unberührt läßt, die zwingenden Erfordernissen zum Schutz der Verbraucher Rechnung tragen[220]. Der Empfangsstaat dürfe zwar neben dem Sendestaat keine eigene Kontrolle der Fernsehsendungen einführen; die Richtlinie schließe aber nicht von vornherein aus, daß er Maßnahmen gegen die Werbetreibenden ergreift[221]. Soweit die Gemeinschaft den Verbraucherschutz nicht anderswo koordiniert hat, sind derartige Beschränkungen im Primärrecht an dem Prinzip des Herkunftslandes zu messen[222]. Den Jugendschutz regelt die Fernsehrichtlinie nach Ansicht des Gerichtshofs demgegenüber umfassend[223]. Dem Empfangsstaat sei es daher nicht mehr gestattet, speziell den Inhalt der Fernsehwerbung für Minderjährige zu kontrollieren[224].

Das Sendestaatsprinzip findet schließlich auch keine Anwendung, wenn Veranstalter aus Drittstaaten aus der Regelung des Art. 2 Fernsehrichtlinie herausfallen. Gegen solche direkt in die Gemeinschaft einstrahlenden Sendungen können die Mitgliedstaaten aus Sicht der Fernsehrichtlinie alle Maßnahmen ergreifen, die sie für angemessen halten[225]. Auf das Prinzip des Herkunftslandes können sich die betroffenen Veranstalter auch nicht ohne weiteres berufen. Ihr Programm ist in der Regel nicht in einem der Mitgliedstaaten zugelassen.

cc) Kontaktausschuß

Zur Überwachung und Fortentwicklung der Fernsehrichtlinie sowie zum Gedankenaustausch sieht die Neufassung die Einsetzung eines Kontaktausschusses bei der Kommission vor[226]. Er setzt sich aus Vertretern der Behörden der Mitgliedstaaten und einem vorsitzenden Vertreter der Kommission zusammen. Die Kommission hat sich ver-

---

217 S. Urteil des Gerichtshofs v. 9.7.1997, Rs. C-34-36/95 (Konsumentombudsmannen); s.a. Urteil des EFTA-Gerichts v. 16.6.1995, Rs. E 8-9/94 (Forbrukerombudet), Medien und Recht 1995, S. 156.
218 S. Urteil des Gerichtshofs v. 9.7.1997, Rs. C-34-36/95 (Konsumentombudsmannen), Rn. 26.
219 S. Urteil des Gerichtshofs v. 9.7.1997, Rs. C-34-36/95 (Konsumentombudsmannen), Rn. 32.
220 S. Urteil des Gerichtshofs v. 9.7.1997, Rs. C-34-36/95 (Konsumentombudsmannen), Rn. 28.
221 S. Urteil des Gerichtshofs v. 9.7.1997, Rs. C-34-36/95 (Konsumentombudsmannen), Rn. 33f.; nach Ansicht des EFTA-Gerichts schließt Artikel 2 Fernsehrichtlinie auch aus, daß der Empfangsstaat Maßnahmen gegen die Werbetreibenden ergreift, s. Urteil v. 16.6.1995, Rs. E 8-9/94 (Forbrukerombudet), Medien und Recht 1995, S. 156, 158.
222 S. Urteil des Gerichtshofs v. 9.7.1997, Rs. C-34-36/95 (Konsumentombudsmannen), Rn. 48ff.
223 S. Urteil des Gerichtshofs v. 9.7.1997, Rs. C-34-36/95 (Konsumentombudsmannen), Rn. 57.
224 S. Urteil des Gerichtshofs v. 9.7.1997, Rs. C-34-36/95 (Konsumentombudsmannen), Rn. 60.
225 S. 23. Begründungserwägung der Richtlinie 97/36 v. 30.6.1997, ABl. L 202/60 v. 30.7.1997.
226 Art. 23a Fernsehrichtlinie in der Fassung der Richtlinie 97/36 v. 30.6.1997, ABl. L 202/60 v. 30.7.1997.

pflichtet, den zuständigen Ausschuß des Parlaments über die Ergebnisse der Sitzungen zu unterrichten[227].

e) Geistiges Eigentum

Das Verhältnis der Rechte in den Empfangsstaaten zu grenzüberschreitendem Fernsehen regelt eine eigene Richtlinie (dazu unter aa). Die Fernsehrichtlinie enthält nur ergänzende Bestimmungen zum Schutz nationaler Rechte, insbesondere für Kinospielfilme (dazu unter bb). Durch die Neufassung ist eine Bestimmung hinzugekommen, die in eventuell vorhandene Schutzrechte, jedenfalls aber in die Lizenzierungspraxis eingreift, um die Übertragung von gesellschaftlich bedeutsamen Ereignissen zu sichern (dazu cc).

aa) Rechte in den Empfangsstaaten

Ein zentrales Problem für Fernsehen ohne Grenzen sind die national begrenzten Rechte an geistigem Eigentum. Das Primärrecht hilft dem Veranstalter kaum: Es hindert die Mitgliedstaaten grundsätzlich nicht, zum Schutz nationaler Rechte gegen die grenzüberschreitende Ausstrahlung vorzugehen (s. oben A III 3). Um die Tätigkeit der Fernsehveranstalter zu erleichtern, hätte die Fernsehrichtlinie das Schicksal der nationalen Rechte in den Empfangsstaaten regeln müssen. Die Ansätze der Kommission scheiterten indessen an den Widerständen der Mitgliedstaaten[228]. Das hinterließ Rechtsunsicherheit. Fernsehsendungen durften das mitgliedstaatliche Recht an geistigem Eigentum nicht verletzen. Nach dem Prinzip des Sendestaats sollte aber nur dieser die seiner Rechtshoheit unterliegenden Veranstalter überwachen. Den Empfangsstaaten wäre es zwar rechtlich möglich gewesen, bei Verstößen gegen das nationale geistige Eigentum die Weiterverbreitung zu unterbinden, da dieser Bereich von der Fernsehrichtlinie nicht geregelt war; technisch wäre diese Möglichkeit aber jedenfalls bei Direktempfang leergelaufen.

Um diese Rechtsunsicherheit zu beseitigen, erließ die Gemeinschaft 1993 die Richtlinie 93/83 des Rats zur Koordinierung bestimmter urheber- und leistungsschutzrechtlicher Vorschriften betreffend Satellitenrundfunk und Kabelweiterverbreitung[229]. Für die Satellitenausstrahlung schrieb sie darin das Prinzip des Sendestaats fest[230]. Die öffentliche Wiedergabe eines Werks über Satellit findet nach einer Definition in Art. 1 Abs. 2

---

227 S. Erklärung der Kommission, ABl. L 202/71 v. 30.7.1997.
228 S. *Martín-Pérez de Nanclares*, S. 156, m.w.N.
229 ABl. L 248/15 v. 6.10.1993. Im Rahmen des Europarats sind die Arbeiten an einer Europäischen Konvention über urheber- und leistungsschutzrechtliche Fragen im Bereich des grenzüberschreitenden Satellitenrundfunks abgeschlossen, s. dazu den Genehmigungsvorschlag der Kommission, KOM(96) 6 endg.
230 Ausführlicher dazu *Castendyk/v. Albrecht*, GRUR Int. 1992, S. 734ff.; *dies.*, GRUR Int. 1993, S. 300; *Rumphorst*, GRUR Int. 1992, S. 910; *Kreile/Becker*, GRUR Int. 1994, S. 909ff.

lit. a der Richtlinie nur in dem Staat statt, in dem ein Sendeunternehmen das Signal in eine Kommunikationskette eingibt, die zum Satelliten[231] und zurück zur Erde führt[232]. Im übrigen harmonisiert die Richtlinie das materielle Senderecht des Urhebers[233] sowie die Rechte der ausübenden Künstler, der Tonträgerhersteller und der Sendeunternehmen[234].

Die Weiterverbreitung durch Kabelnetze bedarf nach den Maßgaben der Richtlinie der Genehmigung durch die Rechteinhaber[235]. Dieses Kabelweiterverbreitungsrecht kann grundsätzlich nur von Verwertungsgesellschaften geltend gemacht werden[236]. Die Sendeanstalten sind hinsichtlich der ihnen zustehenden Rechte von der Verwertungsgesellschaftspflicht aber ausgenommen[237]. Die Voraussetzung einer Genehmigung der Rechteinhaber widerstrebt dem Prinzip des Sendestaats. Sie eröffnet den Mitgliedstaten grundsätzlich die Möglichkeit, die Weiterverbreitung zu behindern, um Rechte an geistigem Eigentum zu schützen. Allerdings ist es nach der Rechtsprechung des Gerichtshofs nicht erforderlich, die Einspeisung zu diesem Zweck von einer staatlichen Genehmigung abhängig zu machen[238].

Die damit festgelegten Grundsätze erleichtern die grenzüberschreitende Ausstrahlung von Rundfunksendungen erheblich, insbesondere den Satellitenrundfunk. Sie werfen allerdings auch neue Fragen auf. So ist beispielsweise unklar, wie mit einem Urheber vereinbarte Ausschließlichkeit durchzusetzen ist[239]. Um diese verbleibenden Probleme zu lösen, vertraut die Richtlinie auf die Privatautonomie[240] und räumt den Beteiligten verschiedene Übergangsfristen ein, um Nutzungsverträge der Rechtslage anzupassen[241].

Für Urheberrechte und verwandte Schutzrechte in der Informationsgesellschaft hat die Kommission 1995 ein Grünbuch vorgelegt[242]. Nach Abschluß des Konsultationsprozesses wird erwartet, daß die Kommission einen Richtlinienvorschlag unterbreitet[243].

---

231 Dabei erstreckt sich die Richtlinie sowohl auf Rundfunk- als auch auf Fernmeldesatelliten, s. Schiwy/Schütz-*Schwartz*, S. 114.
232 Findet die öffentliche Wiedergabe in einem Drittstaat statt, der kein der Richtlinie vergleichbares Schutzniveau vorsieht, so können Ansprüche gegen den Betreiber einer Erdfunkstation oder an der Hauptniederlassung eines Sendeunternehmens geltend gemacht werden, soweit sich diese in einem Mitgliedstaat befinden (s. Art. 1 Abs. 2 lit. d der Richtlinie).
233 S. Art. 2 der Richtlinie. Urheber im Sinne der Richtlinie ist allerdings nur der Hauptregisseur, s. Art. 1 Abs. 5 der Richtlinie.
234 S. Art. 4f. der Richtlinie.
235 S. Art. 8 der Richtlinie.
236 S. Art. 9 der Richtlinie.
237 S. Art. 10 der Richtlinie.
238 S. *Slg.* 1996, I-4115, 4169f.
239 S. dazu kritisch *Castendyk/v. Albrecht*, GRUR Int. 1992, S. 737f.
240 Vgl. 16. Begründungserwägung und passim.
241 S. insbesondere Art. 7 der Richtlinie.
242 KOM(95) 382 endg.
243 S. *Dörr*, NJW 1997, S. 1341.

Zum Schutz vor Piraterie bei entgeltpflichtigen Rundfunkdiensten liegt ein Richtlinienvorschlag inzwischen vor[244].

bb) Ausstrahlung von Kinospielfilmen

Art. 7 Fernsehrichtlinie[245] schützt die Rechteinhaber vor vorzeitiger Ausstrahlung von Kinospielfilmen im Fernsehen (Fernsehsperrklausel)[246]. Ursprünglich hatte die Bestimmung Fristen für die Fernsehausstrahlung festgelegt. Nach der Neufassung hängt der Zeitpunkt der Ausstrahlung allein von den Vereinbarungen mit den Rechteinhabern ab. Kino- und Fernsehrechte laufen allerdings regelmäßig bei einem Berechtigten zusammen. Üblicherweise trägt daher schon der Vertrag für die Nutzung der Fernsehrechte den Interessen an der vorherigen Aufführung im Kino Rechnung. Auf Art. 7 wird es daher meist nicht ankommen.

cc) Gesellschaftlich bedeutende Ereignisse

Der Reiz von pay-tv läßt sich durch Exklusivverträge für große Sportereignisse erheblich steigern. Das hat in einigen Mitgliedstaaten dazu geführt, daß wichtige Sportereignisse nur noch verschlüsselt zu empfangen sind. Bei den Mitgliedstaaten entstand das Bedürfnis, der weiteren Marktentwicklung durch Eingriffe in die Exklusivverträge vorzugreifen. Auch das Parlament hielt es für erforderlich, den Zugang der breiten Öffentlichkeit zu großen Sportereignissen durch Eingriffe zu garantieren. Bei der Novellierung der Fernsehrichtlinie setzte es zu diesem Zweck die Einfügung des Art. 3a durch[247].

Dessen Wortlaut beschränkt sich nicht auf Sportereignisse, sondern fordert lediglich, daß der betreffende Mitgliedstaat dem Ereignis eine erhebliche gesellschaftliche Bedeutung beimißt. Nach den Begründungserwägungen reicht es, wenn das Ereignis in einem bedeutenden Teil eines Mitgliedstaats von Interesse ist[248]. Sportereignisse, wie die Olympischen Spiele, die Fußballwelt- und -europameisterschaft nennen die Begründungserwägungen nur als Beispiele[249].

Die Mitgliedstaaten legen die Ereignisse und die beabsichtigten Maßnahmen in einer Liste fest. Als Maßnahmen kommen die direkte oder zeitversetzte Gesamt- oder Teilberichterstattung in einer frei zugänglichen Fernsehsendung in Betracht. Frei zugänglich

---

244 S. ABl. C 314/7 v. 16.10.1997.
245 In der Fassung der Richtlinie 97/36 v. 30.6.1997, ABl. L 202/60 v. 30.7.1997.
246 S. *Martín-Pérez de Nanclares*, S. 125, m.w.N.
247 Fernsehrichtlinie in der Fassung der Richtlinie 97/36 v. 30.6.1997, ABl. L 202/60 v. 30.7.1997.
 Nach der 20. Begründungserwägung erstreckt sich die Bestimmung nur auf Verträge, die nach dem
 30.7.1997 geschlossen oder verlängert werden.
248 S. 21. Begründungserwägung der Richtlinie 97/36 v. 30.6.1997, ABl. L 202/60 v. 30.7.1997.
249 S. 18. Begründungserwägung der Richtlinie 97/36 v. 30.6.1997, ABl. L 202/60 v. 30.7.1997.

sind nicht nur werbefinanzierte, sondern auch Sendungen, die durch Kabel- oder allgemeine Rundfunkgebühren finanziert werden[250].

Die beabsichtigten Maßnahmen sind der Kommission mitzuteilen, die sie gemeinsam mit dem Kontaktausschuß prüft, den anderen Mitgliedstaaten mitteilt und anschließend im Amtsblatt veröffentlicht. Gemeinschaftsweite Bedeutung erhalten die Maßnahmen durch Art. 3a Abs. 3. Danach müssen die Mitgliedstaaten sicherstellen, daß die ihrer Rechtshoheit unterliegenden Veranstalter auch Maßnahmen beachten, die von anderen Mitgliedstaaten angemeldet sind. Ein englischer Veranstalter von pay-tv könnte seine Ausschließlichkeitsrechte für Wimbledon beispielsweise nicht retten, indem er seine Niederlassung in einen anderen Mitgliedstaat verlegt.

2. Technische Harmonisierung

Von industriepolitischem Interesse ist die Rechtsangleichung auf dem Gebiet des hochauflösenden Fernsehens (HDTV). Das Format für HDTV hat die Internationale Fernmeldeunion (ITU) festgelegt. Es beträgt im Verhältnis von Bildbreite zu Bildhöhe 16:9 (Breitbildschirmformat)[251]. Auf einen technischen Standard zur Übertragung von HDTV-Signalen konnte man sich dort hingegen nicht verständigen. Von der Durchsetzung einer brauchbaren digitalen Norm versprechen sich vor allem Japan, die Vereinigten Staaten und die Gemeinschaft erhebliche Wettbewerbschancen[252]. Der Standard bestimmt nicht nur, welche Empfangsgeräte sich verkaufen, sondern er ist als digitaler Standard auch Schnittstelle für weitere Dienstleistungen, die über das Fernsehen erbracht werden können[253]. Einen volldigitalen Standard hat die Gemeinschaft bisher noch nicht festgeschrieben. Sie versucht statt dessen die Industrie bereits jetzt einer noch festzulegenden europäischen Norm zu verpflichten. Art. 2 lit. c Richtlinie 95/47 über die Anwendung von Normen für die Übertragung von Fernsehsignalen[254] (HDTV-Richtlinie) legt die Anforderungen fest, die eine solche Norm zu erfüllen hat. Insbesondere muß sie von einer anerkannten europäischen Normungsorganisation stammen.

Für nichtvolldigitale Übertragungsdienste im Breitbildschirmformat schreibt die Gemeinschaft schon jetzt europäische Normen der MAC-Familie vor. Hochauflösende

250 S. 22. Begründungserwägung der Richtlinie 97/36 v. 30.6.1997, ABl. L 202/60 v. 30.7.1997.
251 S. die 7. Begründungserwägung zur HDTV-Richtlinie, ABl. L 281/51 v. 23.11.1995. Von erheblicher Bedeutung für HDTV ist auch ein Standard zur notwendigen Datenkompression. Auf internationaler Ebene versuchen die International Electrotechnical Commission (IEC) und die International Standardisation Organization (ISO) einen einheitlichen Standard zu entwickeln, s. *Monopolkommission*, Hauptgutachten 1994/1995, S. 355.
252 S. dazu *Kleinsteuber*, RuF 1994/1, S. 5ff.; *Dai/Cawson/Holmes*, JCMStudies 34 (1996), S. 151ff.; *Collins*, S. 106ff. Aufschlußreich ist auch die Aussprache des *Parlaments*, Sitzungsperiode 1994-5, Sitzung vom 18.4.1994, ABl. Anhang Nr. 3-447/13.
253 S. *Dai/Cawson/Holmes*, JCMStudies 34 (1996), S. 150.
254 S. ABl. L 281/51 v. 23.11.1995.

Dienste (1250 Zeilen) müssen das HD-MAC System verwenden[255]. Bei den bisher gebräuchlichen Übertragungsdiensten mit 625 Zeilen läßt die Gemeinschaft neben dem 16:9-D2-MAC System auch 16:9-Systeme zu, die mit den herkömmlichen PAL oder SECAM Systemen kompatibel sind[256].

Die Öffnung dieses ersten Vorläufers des volldigitalen HDTV für die bisher verwendeten Normen PAL und SECAM ist Ergebnis eines mühsamen Lernprozesses. Die ursprüngliche Fassung der Richtlinie von 1986 ließ bei der Direktausstrahlung sämtlicher Fernsehprogramme über Rundfunksatelliten nur die C-MAC- und D2-MAC-Normen zu[257]. Die Beschränkung entsprach nicht den Interessen der beteiligten Industrie, insbesondere der Veranstalter und Satellitenbetreiber, die statt dessen an den bisherigen Standards festhielten[258]. Bezeichnend für die Fehlentwicklung waren die Ergebnisse im Vereinigten Königreich[259]. Hier setzte der Veranstalter BSB auf die neue Technologie, während dessen Konkurrent Sky Television auf Fernmeldesatelliten auswich, für die die Richtlinie damals noch nicht galt. Der Einsatz der herkömmlichen Technik war erheblich günstiger, unter anderem weil die Patente für diese Technik zum großen Teil ausgelaufen und Empfangsgeräte weitgehend vorhanden waren. 1990 schlossen sich beide Veranstalter zu BSkyB zusammen und verwendeten fortan nur noch die herkömmliche PAL Technik. Die Fassung der Richtlinie von 1992 sah für Satellitenfernsehdienste im Breitbildschirmformat nur die D2-MAC-Norm vor. Neu aufgenommene Dienste im herkömmlichen Format sollten auch in D2-MAC ausgestrahlt werden. Die Verwendung von PAL und SECAM war allenfalls parallel möglich[260]. Die aktuelle Fassung der Richtlinie hat mit der bisherigen HDTV-Richtlinie auch diese Einschränkung aufgehoben[261].

Die genannten Übertragungsnormen sind für die Übertragung über Kabel, Satellit oder terrestrisch festgelegt. Die Weiterverteilung in Kabelnetzen muß zumindest das Breitbildschirmformat beibehalten[262]. Um auch die Empfangsgeräte auf die HDTV-Technik vorzubereiten, schreibt die HDTV-Richtlinie die Ausrüstung größerer Empfangsgeräte mit einer Schnittstelle vor, die den Anschluß von Digitalempfängern und anderen Peripheriegeräten in Zukunft erleichtert[263]. Für Dekoder und andere Zugangsberechtigungssysteme enthält die HDTV-Richtlinie in Art. 4 detaillierte Vorgaben. Darin sind die Mindestanforderungen an den Dekoder, die Kontrolle der Dienste durch den

---

255 S. Art. 2 lit. b HDTV-Richtlinie.
256 S. Art. 2 lit. a HDTV-Richtlinie.
257 S. Richtlinie 86/529 v. 3.11.1986, ABl. L 311/28 v. 6.11.1986.
258 S. dazu *Kleinsteuber*, RuF 1994/1, S. 15; Europäisches Außenwirtschaftsrecht-*v. Bogdandy*, S. 592ff.; *Dai/Cawson/Holmes*, JCMStudies 34 (1996), S. 158f.
259 S. dazu *Dai/Cawson/Holmes*, JCMStudies 34 (1996), S. 156; *Collins*, S. 108.
260 S. Art. 2 Abs. 2 HDTV-Richtlinie in der Fassung ABl. L 137/17 v. 20.5.1992.
261 S. Art. 7 HDTV-Richtlinie.
262 S. Art. 5 HDTV-Richtlinie.
263 S. Art. 3 HDTV-Richtlinie.

Kabelfernsehbetreiber, wettbewerbsrechtliche Gesichtspunkte des Einsatzes von Dekodern und Streitbeilegungsverfahren geregelt.

III. Wettbewerbsrecht

Der Gemeinschaft stehen verschiedene Möglichkeiten offen, um die Marktstruktur und das Marktverhalten der Wettbewerber zu steuern. Art. 90 Abs. 3 EGV enthält einen wichtigen Schlüssel, um Märkte zu öffnen, die von öffentlichen Monopolen beherrscht werden. Er gestattet der Kommission, ohne die Mitwirkung von Rat oder Parlament Richtlinien zu erlassen, um dem Gemeinschaftsrecht in diesem Bereich zur Geltung zu verhelfen. Die Kommission hat von ihren Möglichkeiten Gebrauch gemacht, um die Telekommunikationsmonopole aufzulösen. Bei Monopolen im Rundfunksektor ist die Kommission dagegen zurückhaltender. Am Rundfunkhandel Beteiligte berührt vor allem eine Änderung der Richtlinie 90/388 über den Wettbewerb auf dem Markt der Telekommunikationsdienste, mit der Kabelfernsehnetze der Telekommunikation geöffnet werden[264]. Die Nutzung dieser Übertragungswege für Individual- und Massenkommunikation soll auch die Entwicklung neuer Dienste beschleunigen, beispielsweise das interaktive Fernsehen, Video auf Abruf und Multimediadienste[265].

Der Fusionskontrolle dient die Verordnung Nr. 4064/89[266]. Auf ihrer Grundlage hat sich die Kommission inzwischen mit einer Reihe von Zusammenschlüssen im audiovisuellen Bereich beschäftigt. Namhaftes Beispiel ist die Untersagung des Gemeinschaftsunternehmens MSG Media Service[267]. Die Bertelsmann AG, die Deutsche Bundespost Telekom und die Taurus Beteiligungs GmbH wollten durch das Unternehmen gemeinsam Dienstleistungen und Systeme anbieten, die die Verwaltung und Abrechnung von pay-tv Abonnements ermöglichen[268]. Bei der Einführung von digitalem Fernsehen hätte das Gemeinschaftsunternehmen damit einen Markt kontrolliert[269], von dem die zukünftige Durchführung von pay-tv in erheblichem Maße abhängt[270]. Unter anderem aus diesem Grund erklärte die Kommission das Vorhaben für mit dem Gemeinsamen Markt unvereinbar.

---

264 Richtlinie 95/51 v. 18.10.1995, ABl. L 256/49 v. 26.10.1995. Zu den Auswirkungen der Liberalisierung auf Betreiber von Kabelnetzen s. *Engel*, Kabelfernsehen, S. 115ff.
265 S. die 7. Begründungserwägung zur Richtlinie 95/51.
266 Berichtigter Abdruck in ABl. L 257/13 v. 21.9.1990; näher dazu die Kommentierung durch die *Kommission* im 21. Wettbewerbsbericht Anhang III A 7.
267 Entscheidung v. 9.11.1994, ABl. L 364/1 v. 31.12.1994; s. dazu *Ebenroth/Lange*, EWS 1995, S. 1ff.; *Willems*, L'actualité du droit d'audiovisuel européen, S. 102f.
268 S. im einzelnen die Erwägungsgründe 20ff.
269 S. die Erwägungsgründe 20ff.
270 S. die Erwägungsgründe 13 und 74ff. der Entscheidung.

Die Entscheidung MSG Media Service steht am Anfang einer Reihe von Entscheidungen, mit denen die Kommission sensibel auf Zusammenschlüsse im Bereich der Medien reagiert[271]. Das bekamen auch drei skandinavische Medienunternehmen zu spüren, die mit ihrem Gemeinschaftsunternehmen Nordic Satellite Distribution (NSD) Satellitenkapazitäten für den skandinavischen Raum gemeinsam anbieten wollten. Die Kommission erklärte auch diesen Zusammenschluß für mit dem Gemeinsamen Markt unvereinbar, weil die beherrschende Stellung der NSD die Stellung der Mutterunternehmen auf benachbarten Märkten deutlich verstärke[272]. Ähnlich erging es RTL, Veronica und Endemol[273]. Die drei Partner wollten ihre Aktivitäten als Fernsehveranstalter, Verkäufer von Werbezeiten und Produzenten in dem Gemeinschaftsunternehmen Holland Media Groep (HMG) bündeln. Die Kommission befürchtete das Entstehen einer marktbeherrschenden Stellung auf dem Werbemarkt und die Verstärkung einer marktbeherrschenden Stellung auf dem Markt für unabhängige Produktionen in den Niederlanden. Folglich erklärte sie auch diesen Zusammenschluß zunächst für mit dem Gemeinsamen Markt unvereinbar. Erst der Rückzug Endemols aus HMG veranlaßte die Kommission, ihre Einschätzung schließlich zu revidieren[274].

Die vergleichsweise strengen Maßstäbe der Kommission tragen dazu bei, sich entwickelnde Zukunftsmärkte offenzuhalten. Zusammenschlüsse, die die Programmindustrie berühren, muß die Kommission zudem nach wie vor an Einzelmärkten messen, die verschiedene Sprache und Kultur voneinander trennen[275]. Von einem Gemeinsamen Markt, der für Zusammenschlüsse weniger empfindlich ist, kann hier noch keine Rede sein (vgl. oben zweites Kapitel E).

Spezifische Instrumente zum Schutz des Pluralismus vor Medienkonzentration hat die Gemeinschaft bisher nicht entwickelt. In der Fusionskontroll-Verordnung Nr. 4064/89 eröffnet sie den Mitgliedstaaten lediglich die Möglichkeit, auch bei Zusammenschlüssen von gemeinschaftsweiter Bedeutung Maßnahmen zum Schutz der Medienvielfalt zu ergreifen[276]. Das Parlament hat wiederholt angeregt, daß die Kommission

---

271 S. *Tim Jones*, More mergers spell more bans, European Voice 5-11-December 1996, S. 27; *Jestaedt/Anweiler*, EuZW 1997, S. 549.
272 S. Entscheidung v. 19.7.1995, ABl. L 53/20 v. 2.3.1996.
273 S. Entscheidung v. 20.9.1995, ABl. L 134/32 v. 5.6.1996.
274 S. Entscheidung v. 17.7.1996, ABl. L 294/14 v. 19.11.1996.
275 S. *Karel van Miert*, bei *Tim Jones*, More mergers spell more bans, European Voice 5-11-December 1996, S. 27, sowie Entscheidung v. 20.9.1995, ABl. L 134/32 v. 5.6.1996, S. 36; *Jestaedt/Anweiler*, EuZW 1997, S. 549f.
276 S. Art. 21 Abs. 3 VO Nr. 4064/89; dazu Dauses-*Engel*, E.V, Rn. 50; *ders.* Medienordnungsrecht, S. 29ff., sowie die Entscheidung der *Kommission* v. 14.3.1994 (Newspaper Publishing), WuW EV, S. 2185, 2188. Die Fernsehrichtlinie berührt dieses Recht der Mitgliedstaaten nicht, s. 44. Begründungserwägung der Richtlinie 97/36 v. 30.6.1997, ABl. L 202/60 v. 30.7.1997.

eigene Maßnahmen der Gemeinschaft vorschlägt[277]. Die Kommission hat daraufhin 1992 auch ein Grünbuch über Pluralismus und Medienkonzentration im Binnenmarkt erarbeitet, in dem sie die Notwendigkeit einer Gemeinschaftsaktion bewertet und mögliche Problemfelder identifiziert[278]. Einen Richtlinienvorschlag der Kommission gibt es aber noch nicht. Die Kommission beabsichtigt, im Laufe des Jahres 1997 einen ersten Entwurf vorzulegen.

IV. Rundfunkförderung

Die Gemeinschaft hat inzwischen eine Vielzahl von Programmen entwickelt, um die audiovisuelle Industrie zu unterstützen. Von zentraler Bedeutung sind die MEDIA Programme (dazu unter 1)[279]. Geplant ist auch ein Europäischer Garantiefonds zur Förderung der Film- und Fernsehproduktion (dazu unter 2). Neben diesen Maßnahmen versucht die Gemeinschaft, ihre Industrie auf die Informationsgesellschaft vorzubereiten (dazu unter 3).

1. MEDIA II

Für die Jahre 1996 bis 2000 gilt MEDIA II[280]. Es besteht aus zwei Teilen: zum einen Projektentwicklung und Vertrieb, zum anderen Fortbildung.

a) Projektentwicklung und Vertrieb

Der Beschluß über den Bereich Projektentwicklung und Vertrieb stützt sich auf Art. 130 Abs. 3 EGV; Art. 128 Abs. 4 EGV wird nur ergänzend herangezogen, um kulturelle Aspekte berücksichtigen zu können[281]. Damit bringt die Gemeinschaft zum Ausdruck, daß sie vornehmlich industriepolitische Ziele verfolgt. Es geht ihr um die Verbesserung der Vorproduktion und des Vertriebs, insbesondere durch Förderung der Zusammenar-

---

277 S. zuletzt die Entschließung zur Rolle der öffentlichen Fernsehdienste in einer multimedialen Gesellschaft, ABl. C 320/180 v. 28.10.1996; s.a. *Willems*, L'actualité du droit de l'audiovisuel européen, S. 104ff.
278 Grünbuch der *Kommission* v. 23.12.1992, KOM(92) 480 endg.; s. dazu *Monopolkommission*, Hauptgutachten 1994/1995, S. 384. Die Reaktionen auf das Grünbuch schildert die *Kommission* in einer Mitteilung, s. KOM(94) 353 endg.
279 Zu MEDIA I s. die Darstellungen bei *Winn*, S. 371ff.; *Collins*, S. 95ff.
280 S. den Beschluß des Rats v. 10.7.1995, ABl. L 321/25 v. 30.12.1995, und den Beschluß des Rats v. 22.12.1995, ABl. L 321/33 v. 30.12.1995.
281 S. den 11. Erwägungsgrund zum Beschluß v. 10.7.1995.

beit von Produzenten und Verleihern[282] und um die Unterstützung kleiner und mittlerer Unternehmen in diesem Industriezweig[283].

Die Kataloge der verfolgten Ziele und Förderkriterien sind umfangreich. Zu erwähnen sind die Entwicklung der Industrie von Ländern mit geringer Produktionskapazität beziehungsweise mit geringer geographischer Ausdehnung oder kleinem Sprachgebiet sowie die Unterstützung der Mehrsprachigkeit von audiovisuellen Werken[284]. Die Gemeinschaft versucht mit diesen Vorgaben, Nachteile zu beseitigen, die sich aus einem hohen cultural discount ergeben (s. dazu oben zweites Kapitel C). Dieses Anliegen ist allerdings nur schwer mit dem gleichzeitig verfolgten Ziel zu vereinbaren, die Wettbewerbsfähigkeit der europäischen Industrie durch Unterstützung von Projekten mit echtem Vertriebspotential[285] zu stärken. Produktionen, die auf kleine Kulturkreise zugeschnitten sind, haben in der Regel kein echtes Vertriebspotential (s. oben zweites Kapitel C). Die Förderung kann die beiden Ziele also kaum kumulativ verwirklichen.

Zuständig für die Durchführung des Programms ist die Kommission unterstützt von einem Ausschuß mit zwei Vertretern aus jedem Mitgliedstaat[286]. Der Ausschuß bezieht bei Maßnahmen Stellung, die die Kommission zur Ausgestaltung des Programms vorschlägt. Ihm sind auch Entscheidungen über Zuschüsse zur Stellungnahme vorzulegen, die ein jährliches Finanzvolumen von 300.000 ECU (Projektentwicklung) oder 500.000 ECU (Vertrieb) übersteigen. Die Gemeinschaft beteiligt sich an den Kosten der geförderten Projekte bis zu 50%[287]. Sie stellt für den Zeitraum vom 1. Januar 1996 bis zum 31. Dezember 2000 insgesamt 265 Millionen ECU zur Förderung bereit[288].

Die begünstigten Unternehmen müssen zumindest über eine Mehrheitsbeteiligung von Angehörigen der Mitgliedstaaten oder von den Mitgliedstaaten selbst kontrolliert werden. Da die Bestimmung zwischen Unternehmen und Angehörigen der Mitgliedstaaten unterscheidet, können Gesellschaften nach Art. 58 EGV nicht zu den Angehörigen zählen. Angehörige aus Drittstaaten bleiben von der Förderung also auch ausgeschlossen, wenn sie in den Mitgliedstaaten Gesellschaften gründen; im Gegensatz zu Art. 6 Fernsehrichtlinie kommt es auf die Ansässigkeit in der Gemeinschaft nicht an. Das Programm steht aber Drittstaaten offen, die mit der Gemeinschaft entsprechende Kooperationsabkommen geschlossen haben[289]. Das gilt bisher vor allem für die as-

---

282 S. den 6., 13. und 16. Erwägungsgrund zum Beschluß v. 10.7.1995.
283 Vgl. den 13. und 20. Erwägungsgrund zum Beschluß v. 10.7.1995.
284 S. den 20. Erwägungsgrund und Art. 2 Nr. 2 4. und 9. Spiegelstrich sowie Nr. 1.2.1, 1.2.2. Anhang Beschluß v. 10.7.1995.
285 S. Art. 2 6. Spiegelstrich Beschluß v. 10.7.1995.
286 S. Art. 5 Abs. 1 Beschluß v. 10.7.1995.
287 S. Art. 3 Abs. 1 und Nr. 2.2. Anhang Beschluß v. 10.7.1995.
288 S. Art. 3 Abs. 2 Beschluß v. 10.7.1995.
289 S. Art. 6 Beschluß v. 10.7.1995.

soziierten Länder Mittel- und Osteuropas[290] sowie Zypern, Malta und die EFTA-Staaten, die Mitglieder des EWR-Abkommens sind[291].

b) Fortbildung

Das Programm zum Bereich Fortbildung gleicht in seiner Struktur dem zum Bereich Projektentwicklung und Vertrieb. Der entsprechende Beschluß stützt sich auf die Kompetenzen der Gemeinschaft für die Bildungspolitik (Art. 127 Abs. 4 EGV); Art. 128 Abs. 4 EGV findet nur in der Begründung Erwähnung[292]. Neben dem Ziel, den Fachkreisen Sachkenntnisse zur verbesserten wirtschaftlichen Nutzung des europäischen Markts zu vermitteln[293], sollen die Maßnahmen im Bereich Fortbildung wiederum die Produktionspotentiale in kleinen Kulturkreisen verbessern und kleine und mittlere Unternehmen unterstützen[294]. Bei den durchzuführenden Maßnahmen setzt das Programm Schwerpunkte in den Bereichen Management und Marketing sowie Nutzung neuer Technologien[295].

Die Kommission führt auch das Programm zur Fortbildung zusammen mit einem entsprechend besetzten Ausschuß durch. Der Schwellenwert, bei dem Zuschüsse der Stellungnahme des Ausschusses bedürfen, liegt grundsätzlich bei 200.000 ECU[296]. Insgesamt stellt die Gemeinschaft für das Programm 45 Millionen ECU zur Verfügung[297]. Die Empfänger der Beihilfen sollen ebenfalls mindestens 50% der Kosten der geförderten Projekte tragen; in begründeten Fällen kann der Eigenanteil aber auch auf 25% gesenkt werden[298].

Schließlich steht das Programm zur Fortbildung Drittstaaten unter denselben Voraussetzungen offen wie das Programm Projektentwicklung und Vertrieb[299]. Der Beschluß für den Bereich Fortbildung enthält indessen keine Bestimmung, mit der er den Kreis der Berechtigten verbindlich festlegt. Angehörige aus Drittstaaten sind also nicht von vornherein ausgeschlossen. Weder die unterstützten Bildungseinrichtungen noch die geförderten Personen müssen aus den Mitgliedstaaten stammen. Es ist allerdings zu erwarten, daß sowohl die Kommission als auch die Mitgliedstaaten bei der Durchführung des Programms auf die Zugehörigkeit der Empfänger zu den Mitgliedstaaten achten.

---

290 S. Art. 6 Abs. 1 Beschluß v. 10.7.1995.
291 S. Art. 6 Abs. 2 Beschluß v. 10.7.1995.
292 S. den 14. Erwägungsgrund Beschluß v. 22.12.1995.
293 S. Erwägungsgründe Nr. 16ff. Beschluß v. 22.12.1995.
294 S. den 21. Erwägungsgrund Beschluß v. 22.12.1995.
295 S. Nr. 1 Anhang Beschluß v. 22.12.1995.
296 Art. 4 Abs. 2 Beschluß v. 22.12.1995.
297 S. Art. 3 Abs. 3 Beschluß v. 22.12.1995.
298 S. Art. 3 Abs. 1 Beschluß v. 22.12.1995.
299 S. Art. 5 Beschluß v. 22.12.1995.

2. Europäischer Garantiefonds

Der wirtschaftliche Erfolg audiovisueller Programme läßt sich nur schwer vorhersagen. Die Programmindustrie ist daher auf Investoren angewiesen, die bereit sind, die spezifischen finanziellen Risiken der Programmproduktion einzugehen. An diesem sogenannten Risikokapital fehlt es nach Ansicht europäischer Produzenten in der Gemeinschaft. Zur Ergänzung der Maßnahmen des MEDIA II Programms hat die Kommission daher die Einrichtung eines Europäischen Garantiefonds zur Förderung der Film- und Fernsehproduktion vorgeschlagen[300].

Als Kompetenz nennt die Kommission Art. 130 EGV, der die Gemeinschaft zu Industriepolitik ermächtigt. Demgemäß steht der geplante Fonds grundsätzlich nur Unternehmen offen, die sich unmittelbar oder über Mehrheitsbeteiligungen im Besitz der Mitgliedstaaten oder ihrer Staatsangehörigen befinden[301]. Angehörige aus Drittstaaten können an dem Fonds nur teilhaben, wenn die Gemeinschaft mit diesen Staaten entsprechende Abkommen schließt. Aus dem Fonds sollen vor allem Garantien für Kredite zur Produktion gewährt werden[302]. Die Garantien sollen aber nur maximal die Hälfte des Kreditbetrags sichern[303]. Die Verwaltung des Fonds übernimmt der Europäische Investitionsfonds in Kooperation mit der Kommission, die wiederum von einem beratenden Ausschuß unterstützt wird[304]. Speisen soll sich der Fonds vornehmlich aus den Prämien und Provisionen, die er den Garantieempfängern berechnet, sowie aus Beiträgen, die die Gemeinschaft im Rahmen der verfügbaren Haushaltmittel leistet[305]. Das Budget des Fonds wird voraussichtlich zwischen 60 und 90 Millionen ECU betragen[306].

Der Rat hat den Vorschlag der Kommission nicht nur in Einzelfragen mit Zurückhaltung aufgenommen. Einzelne Mitgliedstaaten sperren sich aus unterschiedlichen Gründen gegen die Einrichtung eines solchen Instruments auf Gemeinschaftsebene[307]. Da Art. 130 Abs. 3 EGV Einstimmigkeit voraussetzt, bleibt abzuwarten, ob und in welcher Form die Gemeinschaft einen Europäischen Garantiefonds einrichten wird.

---

300 KOM(95) 546 endg., ABl. C 41/8 v. 13.2.1996; s. dazu Stellungnahme Nr. 3/96 des *Rechnungshofs*, ABl. C 338/1 v. 11.11.1996.
301 S. Art. 2 Abs. 2 des Vorschlags.
302 S. Art. 3 des Vorschlags.
303 S. Art. 4 Abs. 2 des Vorschlags.
304 S. Art. 6f. des Vorschlags.
305 S. Art. 5 des Vorschlags.
306 S. Agence Europe v. 18.12.1996, S. 8.
307 S. Agence Europe v. 18.12.1996, S. 8 und v. 23./24.6.1997, S. 12.

3. Fortgeschrittene Fernsehdienste

Den Anschluß an die Informationsgesellschaft sucht die Gemeinschaft in einer Vielzahl von Entschließungen, Empfehlungen und Beschlüssen[308]. Für das Fernsehen ist in der Praxis der Beschluß des Rats vom 22. Juli 1993 über einen Aktionsplan zur Einführung fortgeschrittener Fernsehdienste in Europa[309] wichtig. Er ergänzt die HDTV-Richtlinie durch ein Programm, das die Produktion und Ausstrahlung von Fernsehprogrammen im Breitbildschirmformat finanziell unterstützt. Die Gemeinschaft veranschlagt zur Durchführung des Plans bis zum 30. Juni 1997 405 Millionen ECU, von denen 228 Millionen aus Gemeinschaftsmitteln stammen sollen[310]. Die Durchführung des Plans gleicht der der MEDIA-Programme: Die Kommission verwaltet die Mittel in Abstimmung mit einem beratenden Ausschuß[311]. Die Mittel sollen zum einen in die Herstellung von Programmen im Breitbildschirmformat zum anderen in deren Ausstrahlung fließen. Die geförderten Projekte müssen bereits zu mindestens 50% durch die Marktteilnehmer finanziert sein[312]. Die Kommission nimmt an, daß der Markt für Breitbildschirmfernsehen die Schwelle für eigenständiges Wachstum inzwischen erreicht hat. Daher ist nicht beabsichtigt, den Aktionsplan zu verlängern[313].

Den neuen Technologien hat die Kommission sich auch in einem Grünbuch von 1994 gewidmet[314]. Darin hat sie vor allem die Notwendigkeit betont, die Wettbewerbsfähigkeit der europäischen Programmindustrie im Hinblick auf die neuen Technologien zu stärken[315]. In diesem Zusammenhang erkennt die Kommission, daß sich die europäische Programmindustrie dem internationalen Wettbewerb langfristig stellen muß[316]. Industriepolitische Förderung müsse auch in diesem Bereich zeitlich begrenzten Charakter haben[317].

---

308 Nachweise sind im Fundstellennachweis des geltenden Gemeinschaftsrechts unter der Gliederungsnummer 13.20.60 Informationstechnologie, Fernmeldewesen, Informatik zu finden.
309 S. ABl. L 196/48 v. 5.8.1993.
310 S. Art. 2 Beschluß v. 22.7.1993.
311 S. Art. 3 Beschluß v. 22.7.1993.
312 S. Nr. 5.1 i Anhang Beschluß v. 22.7.1993.
313 S. Agence Europe v. 1.8.1997, S. 4f.
314 Strategische Optionen für die Stärkung der Programmindustrie im Rahmen der audiovisuellen Politik der Europäischen Union, KOM(94) 96 endg., S. 10ff.
315 S. Strategische Optionen für die Stärkung der Programmindustrie im Rahmen der audiovisuellen Politik der Europäischen Union, KOM(94) 96 endg., S. 25f.
316 S. Strategische Optionen für die Stärkung der Programmindustrie im Rahmen der audiovisuellen Politik der Europäischen Union, KOM(94) 96 endg., S. 39.
317 S. Strategische Optionen für die Stärkung der Programmindustrie im Rahmen der audiovisuellen Politik der Europäischen Union, KOM(94) 96 endg., S. 55.

V. Außenkompetenzen infolge der Binnenregulierung

Ein wesentlicher Teil des Rundfunkaußenhandels fällt bereits unter Art. 113 EGV (s. oben fünftes Kapitel C I). Die Zuständigkeiten aus der gemeinsamen Handelspolitik lassen aber Lücken, wo der Rundfunkhandel mit dem Grenzübertritt natürlicher Personen oder der Niederlassung juristischer Personen verbunden ist (s. oben fünftes Kapitel C I). Hier kann die beschriebene Regelung des Binnenhandels dazu führen, daß die Gemeinschaftskompetenzen auch für den Außenhandel ausschließlich werden (s. oben fünftes Kapitel C II). Nach der Rechtsprechung des Gerichtshofs ist das im wesentlichen in drei Konstellationen der Fall: Das Sekundärrecht enthält Bestimmungen über den Außenhandel, es sieht Verfahren zur Regelung des Außenhandels vor, oder es regelt einen Bereich so genau, daß den Mitgliedstaaten daneben kein Raum für eigene Regelungen mehr bleibt (vgl. oben fünftes Kapitel A II, C II).

Ob die sekundärrechtlichen Regelungen für den Rundfunkhandel etwas an dem Kompetenzgefüge verändert haben, ist fraglich. Die Gemeinschaft hat mit ihren Binnenregelungen den Außenhandel bisher nicht ausdrücklich aufgegriffen. Zwar wirkt sich die Quotenregelung auf den Programmhandel mit Drittstaaten aus; den Marktzugang für Programme aus Drittstaaten regelt sie aber nicht unmittelbar. Jedenfalls ist der Programmhandel kaum mit Grenzübertritten oder einer Niederlassung verbunden. Nur für diese Vorgänge fehlt der Gemeinschaft eine ausschließliche Kompetenz. Sie ergibt sich auch nicht aus der Regelungsdichte des Binnenrechts für den Rundfunkhandel. Gerade die Fernsehrichtlinie beläßt den Mitgliedstaaten an mehreren Stellen Raum, eigene schärfere Bestimmungen vorzuschreiben. Wenn die Mitgliedstaaten beispielsweise Abkommen über die Niederlassung von Rundfunkveranstaltern aus Drittstaaten abschließen sollten, würden diese nicht notwendigerweise Gemeinschaftsrecht verletzen. Auch nach Erlaß der Fernsehrichtlinie entscheiden die Mitgliedstaaten allein über die Niederlassung von Veranstaltern aus Drittstaaten. Die Gemeinschaft hat nur die Veranstaltung von Rundfunk innerhalb des Binnenmarkts geregelt.

Ähnliche Gesichtspunkte sprechen dagegen, der Gemeinschaft für Abkommen zum Schutz geistigen Eigentums die ausschließliche Kompetenz zuzusprechen. Weil auch hier die Binnenregeln der Richtlinie 93/83 den Mitgliedstaaten strengere Bestimmungen gestatten, geht selbst die Kommission davon aus, daß die Zuständigkeiten noch zwischen Gemeinschaft und Mitgliedstaaten geteilt sind[318].

---

318 S. Genehmigungsvorschlag für die Europäische Konvention über urheber- und leistungsschutzrechtliche Fragen im Bereich des grenzüberschreitenden Satellitenrundfunks, KOM(96) 6 endg., S. 6ff.

Siebentes Kapitel: Bewertung, Ausblick und Zusammenfassung

A. Bewertung: die Politik der Gemeinschaft im audiovisuellen Bereich

Die von der Gemeinschaft eingesetzten Instrumente zur Unterstützung ihrer audiovisuellen Industrie sind vielfältig. Aus der Sicht des internationalen Rundfunkhandels sticht die Quotenregelung in Art. 4 Fernsehrichtlinie hervor. Sie führt zu einer merklichen Beschränkung des Handels und ist vor allem deshalb Stein des Anstoßes. Daher steht die Quotenregelung im Mittelpunkt der nachfolgenden Bewertung. Daneben spielen das MEDIA II Programm und die HDTV-Richtlinie für den internationalen Rundfunkhandel eine gewisse Rolle. Sie können hier aber nur in Ansätzen bewertet werden. Maßstab der Bewertung sind das Primärrecht der Gemeinschaft (dazu unter I) sowie das Recht der WTO (dazu unter II).

I. Primärrecht der Gemeinschaft

Ein Verstoß der Quotenregelung gegen das Primärrecht der Gemeinschaft kommt unter zwei Gesichtspunkten in Betracht. Die Gemeinschaft könnte die falsche Kompetenzgrundlage herangezogen haben (dazu unter 1), und sie könnte durch die Regelung den freien Dienstleistungsverkehr erschwert haben (dazu unter 2). Ob die Quotenregelung darüber hinaus auch gegen Gemeinschaftsgrundrechte oder gegen Art. 10 EMRK verstößt, bleibt hier hingegen ausgeklammert[1].

1. Kompetenzfragen

Daß der Gemeinschaft Kompetenzen zum Erlaß industriepolitischer und publizistischer Regelungen zustehen, wurde bereits festgestellt (s. oben fünftes Kapitel). Heute ist eigentlich nur noch offen, ob die Gemeinschaft die Quotenregelung nicht auf Art. 113 EGV hätte stützen müssen, anstatt Art. 57 Abs. 2 EGV heranzuziehen[2]. Die

---

1   S. dazu *Engel*, Privater Rundfunk, S. 329ff.; Europäisches Außenwirtschaftsrecht-*v. Bogdandy*, S. 587ff.; *Salvatore*, CMLReview 1992, S. 984ff.; *Monopolkommission*, Hauptgutachten 1988/1989, S. 286f.; *Waelbroeck*, L'actualité du droit de l'audiovisuel européen, S. 14ff.

2   So insbesondere Europäisches Außenwirtschaftsrecht-*v. Bogdandy*, S. 584f.; *Eeckhout*, A Legal Analysis, S. 129ff.; dagegen *Salvatore*, CMLReview 1992, S. 976f. Neuerdings wird auch die Frage aufgeworfen, ob heute nicht Art. 128 EGV als Rechtsgrundlage heranzuziehen wäre, s. dazu *Niedo-*

Argumente, die diese These stützen, lassen sich kurz darstellen: Die Gemeinschaft beschränke mit der Quotenregelung den Programmhandel, um ihre Industrie zu schützen; die Diskriminierung von Drittlandsprodukten aus handelspolitischen Erwägungen falle unter Art. 113 EGV; da dieser als sachbezogene Kompetenz der funktional angelegten Kompetenz des Art. 57 Abs. 2 EGV vorgehe, müsse die Quotenregelung auf Art. 113 EGV gestützt werden[3].

Das klingt plausibel. Die Abgrenzung einzelner Kompetenzbereiche ist indessen eine weitgehend ungeklärte Frage des Gemeinschaftsrechts[4]. Der Vorrang der sachbezogenen vor den funktionalen Kompetenzen scheint ein klares Kriterium. Andererseits spielt für die Abgrenzung auch die Beteiligung des Parlaments eine Rolle; vorzuziehen ist die Kompetenz, die dem Parlament die größten Mitwirkungsmöglichkeiten einräumt[5]. Das wäre hier Art. 57 Abs. 2 EGV. Bei Maßnahmen, die auch den Binnenhandel betreffen, sperrt der Gerichtshof den Zugriff auf Art. 113 EGV gar mit dem Hinweis, die Kompetenzen zur Rechtsangleichung dürften nicht untergraben werden (s. oben fünftes Kapitel C III 2 a). Aus der Sicht der Rundfunkveranstalter handelt es sich bei der Quotenregelung zweifellos um eine rechtsangleichende Maßnahme, die den Binnenhandel regelt (s. schon oben sechstes Kapitel B I). Vor diesem Hintergrund scheint es jedenfalls vertretbar, auch die Quotenregelung allein auf Art. 57 Abs. 2 EGV zu stützen.

2. Erschwerung des Dienstleistungsverkehrs

Es würde nicht nur dem Sinn des EGV widersprechen, wenn die Gemeinschaft die Dienstleistungsfreiheit beschränken würde; sie verstieße damit zugleich auch gegen ihre eigene Kompetenzgrundlage: Art. 57 Abs. 2 EGV gestattet nur Maßnahmen, die den Dienstleistungsverkehr erleichtern[6]. Dieser funktionalen Bindung kann sich die Gemeinschaft nicht entheben und Rundfunkpolitik betreiben (s. oben fünftes Kapitel B V 1 b). Es bestehen aber Zweifel, ob die Quotenregelung den Dienstleistungsverkehr tatsächlich erleichtert.

---

bitek, EuR 1995, S. 361, m.w.N., der dagegen zu Recht das Harmonisierungsverbot in Art. 128 Abs. 5 EGV anführt. Auch Abs. 4 der Vorschrift spricht dafür, daß Rechtsangleichung in kulturellen Bereichen allein auf der Grundlage der dafür vorgesehenen Kompetenzen erfolgen darf.

3   S. Europäisches Außenwirtschaftsrecht-*v. Bogdandy*, S. 584.
4   S. dazu Europäisches Außenwirtschaftsrecht-*v. Bogdandy*, S. 19f.; *Eeckhout*, A Legal Analysis, S. 41ff.
5   S. Europäisches Außenwirtschaftsrecht-*v. Bogdandy*, S. 19, m.w.N.
6   Zu ähnlichen Ergebnissen gelangt man, wenn man die Gemeinschaft materiell an die Grundfreiheiten des EGV bindet, vgl. Europäisches Außenwirtschaftsrecht-*v. Bogdandy*, S. 585f.; s. auch *Hailbronner/Weber*, DÖV 1997, S. 565.

a) Rundfunkveranstalter

Für den typischen Veranstalter eines Vollprogramms ist die Quotenregelung eher lästige Auflage als handfeste Behinderung seiner Dienstleistung. Wie die Bestimmungen über Jugendschutz und Werbung zwingt sie ihn, sein Gesamtprogramm den Vorgaben der Fernsehrichtlinie anzupassen. Der Schutz kultureller Belange läßt sich nicht ohne weiteres von den zwingenden Erfordernissen ausschließen, die eine solche Auflage rechtfertigen können[7]. Immerhin erkennt Art. 36 EGV den Kulturgüterschutz ausdrücklich als Ausnahme an (vgl. auch oben fünftes Kapitel B V 1). Die Kompetenz aus Art. 57 Abs. 2 EGV zwingt die Gemeinschaft auch nicht, das Recht auf dem niedrigsten Schutzniveau anzugleichen (s. oben fünftes Kapitel B V 1 b). Maßstab für die Rechtmäßigkeit ist vor allem, ob die Quotenregelung die Verkehrsfähigkeit des Gesamtprogramms erhöht. Das scheint sie zu tun. Andere Mitgliedstaaten dürfen den Empfang und die Weiterverbreitung nur noch unter sehr engen Voraussetzungen behindern (zu Einzelheiten s. oben sechstes Kapitel B II 1 d bb). Dadurch könnte die Quotenregelung den Verkehr der Dienstleistung des Rundfunkveranstalters erleichtern.

Andererseits ist anzunehmen, daß bereits das Primärrecht die Mitgliedstaaten verpflichtet, Empfang und Weiterverbreitung von Rundfunksendungen aus anderen Mitgliedstaaten nicht zu behindern, selbst wenn diese einer national vorgeschriebenen Quotenregelung nicht genügen. Die Rechtsprechung des Gerichtshofs zu dem niederländischen Rundfunkrecht hat gezeigt, welche Bedeutung der Gerichtshof bereits im Primärrecht dem Prinzip des Ursprungslands beimißt (s. oben sechstes Kapitel A II 2 c aa). Vor dem Hintergrund dieser Rechtsprechung hätte beispielsweise Frankreich die Weiterverbreitung von Rundfunksendungen aus Deutschland kaum mit der Begründung behindern dürfen, diese erfüllten nicht die in Frankreich vorgeschriebenen Quoten. Das Sendestaatsprinzip der Fernsehrichtlinie ist auch insoweit schon im Primärrecht angelegt gewesen. Die Quotenregelung hat die Verkehrsfähigkeit also nicht erhöht. Sie hat auch kaum dazu beigetragen, Wettbewerbsverzerrungen zu vermeiden. Zwar hätte es sicherlich zu Wettbewerbsverzerrungen geführt, wenn nur in einigen Mitgliedstaaten für Veranstalter eine Quote vorgeschrieben gewesen wäre. Die Fernsehrichtlinie erlaubt den Mitgliedstaaten aber immer noch, für die ihrer Rechtshoheit unterliegenden Veranstalter strengere Quoten vorzusehen (s. oben sechstes Kapitel B II 1 d aa). Auch insoweit trägt die Quotenregelung wenig dazu bei, einen einheitlichen Binnenmarkt zu schaffen.

Einschneidend kann sich die Quotenregelung für Veranstalter von Spartenprogrammen auswirken. So verbietet sie im Ergebnis Kanäle, die sich thematisch nichteuropäischen Werken widmen. Sender, die ausschließlich US-amerikanische Western, Spiel- oder Zeichentrickfilme zeigen, können vor der Quotenregelung nicht mehr bestehen.

---

7   S. aber Europäisches Außenwirtschaftsrecht-*v. Bogdandy*, S. 586f.

Auch für diese Folge gilt im Ansatz, daß die Gemeinschaft ihr publizistisches Schutzniveau selber bestimmen kann. Solche Spartenprogramme erleiden im Prinzip dasselbe rechtliche Schicksal wie Kanäle, die gegen die Jugendschutzbestimmungen der Fernsehrichtlinie verstoßen.

Der Gemeinschaft sind bei der Regulierung allerdings auch durch das Prinzip der Verhältnismäßigkeit Grenzen gezogen (s. oben fünftes Kapitel A IV 2; sechstes Kapitel A I 4). In dessen Rahmen ist zu überlegen, ob industrie- oder kulturpolitische Allgemeininteressen in gleicher Weise das völlige Verbot bestimmter Dienstleistungen rechtfertigen wie Gesichtspunkte des Jugendschutzes. Grundsätzlich scheint dies fraglich[8]. Westernkanäle gefährden die Kultur und Industrie in der Gemeinschaft nicht in gleicher Weise wie Pornokanäle die Jugend. Die mit der Quote verfolgten Ziele lassen sich - anders als beim Jugendschutz - auch ohne das Verbot bestimmter Dienstleistungen erreichen, beispielsweise durch Fördermaßnahmen. Die Quotenregelung ist daher nicht erforderlich[9]. Art. 128 Abs. 4 EGV konnte die Gemeinschaft bei Erlaß der Fernsehrichtlinie noch nicht anwenden, um den kulturpolitischen Interessen bei der Abwägung Nachdruck zu verleihen[10]. Auf ihn hat sie sich erst bei der Novellierung bezogen[11], die an den Quoten indessen kaum etwas geändert hat.

b) Programmhandel

Eine handfeste Beschränkung ergibt sich aus der Quotenregelung auch für Teile des Programmhandels. Da Programme, die zur Ausstrahlung vertrieben werden, keine Waren sind (s. oben viertes Kapitel C I 4), folgt eine Behinderung der Grundfreiheiten nicht aus Art. 9 Abs. 2 EGV[12]. Die Quote für europäische Werke schränkt nicht den Warenverkehr, sondern die Dienstleistungsfreiheit ein. Die von der Dienstleistungsfreiheit geschützte Tätigkeit des Programmhändlers besteht darin, gegenständlich und zeitlich beschränkte Nutzungsrechte an Programmen zur Verfügung zu stellen (s. oben viertes Kapitel C I 4). Diese Dienstleistung fällt auch dann unter die Art. 59ff. EGV, wenn die Programme nicht europäische Werke im Sinne der Quotenregelung sind. Indem die Quotenregelung Rundfunkveranstalter zum Erwerb europäischer Programme anhält, beschränkt sie mittelbar die Dienstleistungen der Programmhändler, die Rechte an nichteuropäischen Werken vertreiben.

---

8   Vgl. auch Europäisches Außenwirtschaftsrecht-*v. Bogdandy*, S. 586f.; *Bullinger/Mestmäcker*, Multimediadienste, S. 131f.
9   A.A. *Hailbronner/Weber*, DÖV 1997, S. 565.
10 Das übersehen *Hailbronner/Weber*, DÖV 1997, S. 565.
11 S. 25. Begründungserwägung der Richtlinie 97/36 v. 30.6.1997, ABl. L 202/60 v. 30.7.1997.
12 So aber Europäisches Außenwirtschaftsrecht-*v. Bogdandy*, S. 586.

Zwar handelt es sich dabei nicht um eine gemeinschaftsrechtswidrige Diskriminierung. Die Diskriminierungsverbote des EGV verbieten nämlich nur die Diskriminierung zwischen den Mitgliedstaaten. Sie würden also eine Quote zugunsten von Programmen aus einzelnen Mitgliedstaaten erfassen, nicht aber zugunsten von Programmen aus allen Mitgliedstaaten (s. oben sechstes Kapitel A II 2 c dd). Auch der Programmhändler, der nichteuropäische Werke vertreibt und den die Quotenregelung zweifellos benachteiligt, läßt sich nicht typischerweise einem oder mehreren bestimmten Mitgliedstaaten zuordnen.

Die Behinderung des Programmhandels fällt aber unter das Beschränkungsverbot. Im Ergebnis ist auch hier zweifelhaft, ob die von der Gemeinschaft verfolgten kulturellen und industriepolitischen Interessen die Behinderung unter dem Gesichtspunkt der Verhältnismäßigkeit tragen können. Es erscheint wiederum nicht erforderlich, die Dienstleistungserbringer mit Maßnahmen zu belasten, deren Ziele die Gemeinschaft ebensogut durch aktive Förderung der europäischen Programmindustrie erreichen könnte.

c) Ergebnis

Im Ergebnis ist die Quotenregelung schon auf der Basis des Primärrechts der Gemeinschaft angreifbar. Sie trägt nicht dazu bei, den Verkehr mit Dienstleistungen der Rundfunkveranstalter zu erleichtern. Den Verkehr von bestimmten Spartenprogrammen und den Handel mit nichteuropäischen Werken behindert sie in unverhältnismäßiger Weise. Sie erweist sich insoweit als nicht erforderlich, die kultur- und industriepolitischen Interessen zu erreichen.

II. Vereinbarkeit mit dem Recht der WTO

Im Recht der WTO ist vor allem das GATS anzuwenden (dazu unter 1). Das liegt an dem Vorrang des GATS vor den Regelungen über Waren (s. oben viertes Kapitel B II 2). Das GATT 1994 und die mit ihm verbundenen Instrumente prägen indessen schon jetzt Grundstrukturen des GATS und lassen Schlüsse auf den Geist des GATS zu (dazu unter 2).

1. Vereinbarkeit mit dem GATS

a) Quotenregelung

Für die Vereinbarkeit der Quotenregelung mit dem GATS kommt es vor allem darauf an, ob Art. 6 Fernsehrichtlinie sich mit der Ausnahme der Gemeinschaft von der Meistbegünstigung deckt. Indem die Gemeinschaft Werken aus bestimmten Drittstaaten Inländerbehandlung gewährt, widerspricht sie nämlich dem Grundsatz der Meistbegünstigung[13]. Bei einer Reihe von Staaten wird dieser Widerspruch über Art. V GATS aufzuheben sein (s. dazu oben drittes Kapitel E I 2 d bb). Das gilt vor allem für die Mitgliedstaaten des EWR. Sofern Integrationsabkommen nicht bestehen, ist die Gemeinschaft hingegen auf ihre Ausnahmen angewiesen, um den Widerspruch zu dem Grundsatz der Meistbegünstigung zu rechtfertigen.

In ihrer ursprünglichen Form entsprach die Definition europäischer Werke in Art. 6 Fernsehrichtlinie der angemeldeten Ausnahme. Die Ausnahme erstreckt sich auf die Ausstrahlung von Fernsehsendungen und gilt ebenfalls für den geographisch wenig bestimmten europäischen Raum.

Der neu eingefügte Art. 6 Abs. 4 öffnet den Markt der Gemeinschaft allerdings selektiv für nicht-europäische Staaten (s. dazu oben sechstes Kapitel B I 4 d). Dadurch werden Produktionsdienstleistungen aus bestimmten nichteuropäischen Staaten im Rahmen der Quotenregelung privilegiert. Bei entsprechender Finanzierung erhalten Produktionsbeiträge den Status eines europäischen Werkes, obwohl sie weder aus der Gemeinschaft noch aus Europa stammen.

Der Widerspruch dieser Regelung zu dem Grundsatz der Meistbegünstigung ist augenfällig. Nach Art. II:1 GATS wäre die Gemeinschaft verpflichtet, diese Privilegierung auf Dienstleistungserbringer aus allen WTO-Mitgliedern zu erstrecken, nicht nur auf Angehörige aus Staaten, mit denen Koproduktionsabkommen bestehen. Der Meistbegünstigung würde auch nicht dadurch genügt, daß die Mitgliedstaaten ihre Bereitschaft erklären, mit allen WTO-Mitgliedern entsprechende Koproduktionsabkommen zu schließen. Die Meistbegünstigung gilt bedingungslos (vgl. oben drittes Kapitel D II 2); den Abschluß entsprechender Abkommen setzt sie nicht voraus.

Vor Art. II GATS kann die Änderung also nur bestehen, wenn sie unter die von der Gemeinschaft angemeldeten Ausnahmen fällt. Die Ausnahme, die für die Definition europäischer Werke angemeldet wurde, greift hier nicht. Sie bestimmt als privilegierte Länder nur solche, die geographisch noch zu Europa gehören. Die Änderung bezieht indessen auch Staaten außerhalb Europas ein, mit denen die Mitgliedstaaten Koproduktionsabkommen schließen. Die Gemeinschaft hat zwar auch eine Ausnahme zum Schutz

---

13   Vgl. *Filipek*, Stanford JIL 28 (1992), S. 347, 353f.

solcher Koproduktionsabkommen angemeldet; es ist aber unklar, ob sich diese auch auf die Ausstrahlung von Fernsehsendungen erstreckt. Als von der Ausnahme betroffene Sektoren hat die Gemeinschaft nämlich nur die Produktion und den Vertrieb von Kino- und Fernsehwerken bezeichnet. Ob der Dienstleistungssektor „Vertrieb audiovisueller Werke" deren Ausstrahlung im Fernsehen einschließt, ist fraglich.

Die Gemeinschaft scheint in ihrer Ausnahme zum Schutz der Definition europäischer Werke genau hiervon auszugehen. Dort hat sie die Ausstrahlung als eine Unterform des Vertriebs gekennzeichnet:

> „production and distribution of audiovisual works through broad-casting or other forms of transmission to the public"[14].

Diese Einordnung entspricht aber weder der CPC-Klassifizierung (s. dazu oben drittes Kapitel E III 2 a) noch der Klassifizierung des jetzigen WTO-Sekretariats, die den Mitgliedern bei der Abfassung ihrer Ausnahmen vorlag[15]. Beide gehen der Praxis entsprechend davon aus, daß der Vertrieb audiovisueller Programme ein anderer Dienstleistungssektor ist als deren Ausstrahlung. Zwar hat sich die Gemeinschaft nicht auf diese Klassifizierungen bezogen, und ihre Ausnahme zum Schutz europäischer Werke zeigt, daß sie von einer anderen Einteilung ausgeht; ob sie ihre Ansicht vor einem Panel durchsetzen könnte, ist aber fraglich. Einerseits hätte sie die Ausstrahlung im Fernsehen ohne weiteres in die fragliche Ausnahme aufnehmen können, andererseits werden vermutlich auch die in den Listen angemeldeten Ausnahmen eng auszulegen sein. Die fehlende gegenständliche Bestimmtheit der Ausnahme zum Schutz von Koproduktionsabkommen ginge in diesem Fall zulasten der Gemeinschaft.

b) Fördermaßnahmen

Auch die Fördermaßnahmen, die die Gemeinschaft zugunsten der europäischen Programmindustrie ergriffen hat, fallen unter die Regeln des GATS. Da sie vornehmlich Dienstleistungen subventionieren, müssen sie sich an dem Subventionsübereinkommen des GATT 1994 nicht messen lassen. Für die Subventionierung von Dienstleistungen hält das GATS keine speziellen Regeln bereit. Die Subventionen unterliegen indessen ebenso dem Gebot der Meistbegünstigung (s. oben drittes Kapitel E I 1 e). Das MEDIA II Programm widerspricht diesem Grundsatz, indem es sich Staaten gegenüber öffnet, mit denen die Gemeinschaft entsprechende Koproduktionsabkommen geschlossen hat (s. dazu oben sechstes Kapitel B IV 1). Als Rechtfertigung kommt hier wiederum Art. V

---

14   S. BGBl. 1994 II, S. 1560, dritte Ausnahme.
15   Services Sectoral Classification List, MTN.GNS/W/120.

GATS in Betracht, soweit die Dienstleistungsmärkte der betroffenen Staaten mit dem der Gemeinschaft integriert werden sollen. Im übrigen greifen die Ausnahmen, die die Gemeinschaft angemeldet hat. Für den Produktions- und Vertriebssektor hat die Gemeinschaft ihre Ausnahme nicht auf den europäischen Raum beschränkt, sondern nur auf Staaten, mit denen Koproduktionsabkommen bestehen. Die Gemeinschaft kann das MEDIA II Programm also auch auf Staaten erstrecken, die eindeutig nicht europäisch sind.

c) Technische Vorschriften

Die in der HDTV-Richtlinie erfolgte technische Rechtsangleichung unterliegt ebenfalls vornehmlich dem GATS. Zwar haben die darin festgelegten Übertragungsnormen erhebliche Auswirkungen auf die Konstruktion der Empfangsgeräte und Satelliten, die Waren sind; die HDTV-Richtlinie regelt aber eine Dienstleistung, nämlich die Ausstrahlung von Fernsehsignalen. Im Konfliktfall kann das GATS den Vorrang beanspruchen, also sind dessen Regelungen anzuwenden. Diese sind allerdings so unverbindlich angelegt (s. oben drittes Kapitel E I 3), daß sich ein Verstoß kaum feststellen läßt[16]. Jedenfalls hat der Rat für Dienstleistungen bisher keine Kriterien erarbeitet, um die Objektivität technischer Regelungen zu prüfen. Ebensowenig existieren im Bereich des hochauflösenden Fernsehens Normen internationaler Organisationen, auf die die Gemeinschaft hätte zurückgreifen können.

2. Vereinbarkeit mit dem Geist des GATS

Ob die von der Gemeinschaft eingesetzten Maßnahmen auch auf Dauer vor dem GATS bestehen können, hängt davon ab, inwieweit sie dem widersprechen, was man als den Geist des GATS bezeichnen kann. Er wird vor allem bei zwei Anlässen erheblich. Zum einen spielt bei der Überprüfung der Ausnahmen von der Meistbegünstigung eine Rolle, ob sich die Ausnahmen nicht durch Instrumente ersetzen lassen, die mit dem GATS eher zu vereinbaren sind. Zum anderen werden Maßnahmen, die mit dem Geist des GATS nicht in Einklang stehen, Gegenstand künftiger Verhandlungen nach Art. XIX GATS (s. dazu oben drittes Kapitel E I d) bleiben.

Der Geist des GATS besteht allgemein darin, die Liberalisierung des Dienstleistungshandels durch Meistbegünstigung und Inländerbehandlung schrittweise zu verwirklichen (s. im einzelnen oben drittes Kapitel E). Daß die Fernsehrichtlinie mit ihrer Quotenregelung hiergegen verstößt, liegt auf der Hand (vgl. oben drittes Kapitel E I 2 d

---

16 Vgl. Europäisches Außenwirtschaftsrecht-v. *Bogdandy*, S. 595f., der die Vereinbarkeit der alten HDTV-Richtlinie mit den Regeln für den Warenverkehr prüft.

cc, III 2 b bb (4)); sie ist in ihrer derzeitigen Form mit dem Grundsatz der Meistbegünstigung nicht in Einklang zu bringen und behindert den Handel mit nichteuropäischen Programmen. Zwar läßt sich der Widerspruch zur Meistbegünstigung ausräumen, indem die Gemeinschaft nach Art. V GATS ihre gesamte Dienstleistungsindustrie mit derjenigen von Staaten integriert, die die Quote privilegieren soll. Hierdurch könnte sie langfristig auf ihre angemeldeten Ausnahmen verzichten und deren Überprüfung gelassen entgegensehen.

Dem Streben nach Liberalisierung des Dienstleistungshandels kann die Gemeinschaft sich jedoch nicht entziehen. In künftigen Verhandlungsrunden wird der Druck auf die Gemeinschaft wachsen, auch im Bereich audiovisueller Dienstleistungen spezifische Verpflichtungen zu übernehmen und die Inländerbehandlung einzuführen. Ob sie gegen diese Forderungen glaubwürdig die zu wahrende kulturelle Identität anführen kann, ist fraglich. Nicht nur die Entstehungsgeschichte der Quotenregelung, sondern auch ihr Inhalt sprechen dafür, daß es der Gemeinschaft vor allem um den Schutz von Arbeitsplätzen in der europäischen Programmindustrie geht[17]. Es ist nicht einzusehen, warum eine europäische Kopie der „David Letterman Show" mit überwiegend US-amerikanischen Gästen die europäische Kultur stärker wahren soll als beispielsweise ein US-amerikanischer Film wie „Schindlers Liste".

Für das MEDIA II Programm gilt im Hinblick auf die Meistbegünstigung ähnliches. Der in ihm angelegte Widerspruch zu dem Grundsatz der Meistbegünstigung läßt sich nur über Art. V GATS dauerhaft ausräumen. Allerdings läuft die Förderung der Programmindustrie nicht in gleicher Weise wie eine Quotenregelung dem Anliegen zuwider, den Handel zu liberalisieren (s. oben drittes Kapitel E III 2 b cc). Die Subvention verzerrt den Handel, beschränkt ihn aber nicht unmittelbar[18]. Angesichts der relativ empfindlichen Subventionsregeln für den Warenverkehr (s. oben drittes Kapitel D II 5) ist zwar anzunehmen, daß sich das MEDIA II Programm auch einer Prüfung im GATS unterziehen müßte, wenn entsprechende Regeln bereits vorlägen. Ob es gegen den Geist des GATS verstößt, kann aber auch von seiner Natur abhängen. Als industriepolitische Maßnahme wäre die Subventionierung jedenfalls unzulässig, wenn hierdurch Wettbewerber aus anderen WTO-Mitgliedern beeinträchtigt würden. Als kulturpolitische Maßnahme kann die Förderung jedoch zulässig sein, wenn sie eine Programmindustrie dort unterhält, wo aufgrund eines hohen cultural discount eine solche nicht wachsen kann (s. oben drittes Kapitel E III 2 b cc (4)).

Das MEDIA II Programm greift beide Gesichtspunkte auf. Einerseits ist für die Vergabe von Mitteln die geringe Größe eines Sprach- und Kulturraumes von Bedeutung (s. oben sechstes Kapitel B IV 1 a). Insofern unterstützt das Programm kulturelle Vorhaben,

---

17 S. dazu *Garrett*, North Carolina JIL and Commercial Regulation 19 (1994), S. 564ff.; *Filipek*, Stanford JIL 28 (1992), S. 357f.; *Smith*, International Tax & Business Lawyer 10 (1993), S. 134f.
18 Vgl. auch *Smith*, International Tax & Business Lawyer 10 (1993), S. 135ff.

die der Markt nicht ohne weiteres hervorbringt. Andererseits sollen die geförderten Programme sich an einem möglichst großen Publikum orientieren, um so auf dem Weltmarkt wettbewerbsfähig zu sein. Dieses industriepolitische Ziel widerspricht dem Geist des GATS. Einen gewissen wirtschaftlichen Erfolg wird man als Förderungskriterium zwar noch zulassen müssen. Erfahrungen mit der bisherigen Förderpolitik der Gemeinschaft hatten gezeigt, daß zahlreiche Programme allein auf die Förderkriterien zugeschnitten und dem Kinopublikum nicht mehr vorgeführt wurden[19]. Soll die Förderung kulturpolitischen Zwecken dienen, reicht es aber, wenn sich ein gewisser wirtschaftlicher Erfolg in dem betroffenen Sprach- und Kulturkreis einstellt. Die Grenze zur Industriepolitik ist überschritten, wenn der Erfolg auf dem Weltmarkt maßgeblich wird.

B. Ausblick

Die Kommission hat in ihrem Grünbuch von 1994[20] nachvollzogen, daß die Gemeinschaft ihren Markt langfristig nicht verschließen kann. Der audiovisuelle Sektor müsse - wie andere Dienstleistungsbereiche auch - die Herausforderungen im Zuge der Internationalisierung und Globalisierung, insbesondere im Zusammenhang mit der „digitalen Revolution" bewältigen. Die europäische Programmindustrie müsse ihre Wettbewerbsfähigkeit stärken, indem sie sich der Welt öffnet[21]. Mit dieser Erkenntnis hat sich die Kommission bei der Novellierung der Fernsehrichtlinie nicht durchsetzen können. Eine Auseinandersetzung in der WTO bleibt damit möglich.

Im Jahre 2000 steht dort die erste Überprüfung aller von dem Grundsatz der Meistbegünstigung angemeldeten Ausnahmen an. Dabei kann der Rat für den Handel mit Dienstleistungen auch die Rechtmäßigkeit der Ausnahmen der Gemeinschaft im Bereich audiovisueller Dienstleistungen in Frage stellen (s. oben drittes Kapitel E I 2 d cc). Das GATS sieht allerdings keine Maßnahmen vor, die der Rat für den Handel mit Dienstleistungen ergreifen könnte, um die Ausnahmen aufzuheben. Die Gemeinschaft kann also zunächst daran festhalten.

Ob dies politisch sinnvoll ist, steht auf einem anderen Blatt. Neben den Unwägbarkeiten, die ein Panelverfahren für die Gemeinschaft mit sich bringen könnte, wird in künftigen Verhandlungsrunden der Druck auf die Gemeinschaft erneut wachsen, ihre

---

19 S. Strategische Optionen für die Stärkung der Programmindustrie im Rahmen der audiovisuellen Politik der Europäischen Union, KOM(94) 96 endg., S. 8f.

20 Strategische Optionen für die Stärkung der Programmindustrie im Rahmen der audiovisuellen Politik der Europäischen Union, KOM(94) 96 endg. S. dazu *Kessler*, Law & Policy in International Business 26 (1995), S. 598ff.

21 A.a.O., S. 39; s.a. a.a.O., S. 55.

Märkte im audiovisuellen Bereich zu öffnen. Insbesondere die Vereinigten Staaten drängen darauf, ihre Produktionsvorteile auf den europäischen Märkten auszunutzen. Den Preis für das Festhalten an ihren Quotenregelungen zahlt die Gemeinschaft dann in anderen Sektoren.

Die sich abzeichnende Entwicklung folgt aus der Tatsache, daß das GATS keinerlei Sonderregelungen für publizistische Gesichtspunkte bereithält. Der in der Uruguay Runde gescheiterte Ansatz der Gemeinschaft wäre nach wie vor mit dem GATS nicht in Einklang zu bringen. Eine allgemeine Ausnahme bietet keine Gewähr dagegen, daß kulturpolitische Ziele vorgeschoben werden, um industriepolitische Absichten zu verfolgen. Industriepolitik muß sich aber den für sie entwickelten Vorgaben stellen. Das Anliegen der Gemeinschaft nach einer Sonderregelung für den audiovisuellen Bereich kann indessen berechtigt sein (s. oben drittes Kapitel E III 2 b). Erste Gelegenheit, dieses Anliegen vorzutragen, hat die Gemeinschaft bei den Verhandlungen über Subventionsregeln im GATS. Eine begrenzbare Ausnahme zur Förderung nationaler und zwischenstaatlicher Kultur läßt sich mit dem GATS leichter vereinbaren als das Festhalten an handelsbeschränkenden Quoten (s. oben drittes Kapitel E III 2 b cc (4)).

C. Zusammenfassung in Thesen

I.1.   Rundfunkhandel unterliegt denselben ökonomischen Gesetzen wie der Handel mit anderen Produkten. Die Öffnung der Märkte erlaubt und erzwingt auch hier eine Spezialisierung der Industrie auf Produkte, für deren Herstellung die Verhältnisse vor Ort am günstigsten sind (zweites Kapitel C).

2.   Ein entscheidender Faktor für den Programmhandel ist die Größe des Sprach- und Kulturraums, für den die Programme hergestellt werden. Vor allem die Vereinigten Staaten ziehen bei der Produktion von Spiel- und Fernsehfilmen einen Vorteil aus der Größe ihres heimischen Markts (zweites Kapitel C). Einen vergleichbaren europäischen Binnenmarkt gibt es nicht. Die sprachlichen und kulturellen Eigenarten in den einzelnen Mitgliedstaaten teilen den europäischen Markt bisher in nationale oder bestenfalls regionale Teilmärkte. Eine auf diese Märkte ausgerichtete Programmindustrie hat große Schwierigkeiten, sprachliche und kulturelle Barrieren (cultural discount) zu überwinden. Gegen die Wettbewerbsvorteile US-amerikanischer Produzenten kann sie sich international nur schwer durchsetzen (zweites Kapitel E).

II. 1.   Das Recht der WTO hält nicht nur materielle Vorgaben für den internationalen Rundfunkhandel bereit, sondern in einer internationalen Organisation geordnete Strukturen für zukünftige Verhandlungen und die Beilegung von Streitigkeiten. Die Verbindlichkeit des Streitbeilegungsverfahrens kommt vor allem in zwei Regelungen zum Ausdruck: dem Verbot, das Verfahren zu umgehen, und der praktisch automatischen Annahme der Panelberichte (drittes Kapitel B III).

2.   Für den Warenverkehr enthalten das GATT 1994 und die dazugehörigen Einzelabkommen ausführliche Regeln (drittes Kapitel D). Ihre Anwendung auf den Rundfunkhandel läßt folgende Aussagen zu:

a)   Das Subventionsübereinkommen der Uruguay Runde reagiert empfindlich auf Subventionen, die den Wettbewerb verzerren. Die Förderung der europäischen Programmindustrie wäre nach diesem Maßstab trotz der erheblichen Marktanteile US-amerikanischer Programme eine anfechtbare Subvention (drittes Kapitel D II 5).

b)   Im Antidumpingrecht ist als Vergleichspreis für den Programmhandel der Reichweitenpreis im Ausfuhrstaat heranzuziehen (drittes Kapitel D III 4 a aa). Die Herstellungskosten darf der Produzent nicht selektiv auf dem Markt des Ausfuhrstaats einspielen und die Programme zu erheblich geringeren Preisen exportieren. Es ist hingegen zulässig, die Preise in nichtdiskriminierender Weise herabzusetzen, nachdem die Kosten eingespielt sind (drittes Kapitel D III 4 a bb).

c)   Die EG kann sich nicht auf eine „infant-industry" Ausnahme berufen, um eine wettbewerbsfähige Programmindustrie aufzubauen. Maßnahmen zum Schutz ihrer Industrie vor den Folgen des Freihandels kann sie nur in den engen Grenzen des Art. XIX GATT 1994 ergreifen (drittes Kapitel D III 4 c).

d)   Art. IV GATT 1994 enthält eine Ausnahme von dem Grundsatz der Inländerbehandlung, nicht von dem der Meistbegünstigung (drittes Kapitel D III 5 a). Als allgemeine kulturelle Ausnahme läßt er sich nicht heranziehen; er gestattet den WTO-Mitgliedern lediglich, den Programmhandel nicht nur durch Zölle, sondern auch durch Spielzeitkontingente zu steuern (drittes Kapitel D III 5 b).

3.   Das GATS überträgt Elemente der Regeln für den Warenverkehr auf den Dienstleistungshandel; das gilt vor allem für den Grundsatz der Meistbegünstigung (drittes Kapitel E).

a)   Die EG hat für sich und ihre Mitgliedstaaten keine Verpflichtungen für den Sektor audiovisueller Dienstleistungen übernommen und umfangreiche Ausnahmen von der Meistbegünstigungsverpflichtung angemeldet (drittes Kapitel E I). Ob diese allgemeinen Vorbehalte mit der Anlage zu Art. II GATS vereinbar sind, ist fraglich, vor allem weil die Ausnahmen auf unbegrenzte Zeit angemeldet wurden (drittes Kapitel E I 2 d cc).

b)   Gerade die EG muß ein Interesse daran haben, im GATS eine dauerhafte Regelung für den audiovisuellen Bereich zu finden. Als Instrument bietet sich ein Anhang für diesen Sektor an (drittes Kapitel E III). Bei einer Entscheidung über zulässige Ausnahmen sind vor allem negative Wirkungen auf den Handel gegen publizistische Vorteile abzuwägen (drittes Kapitel E III 2 b aa). Vor einer solchen Prüfung können insbesondere Subventionen bestehen, die auf kleine Märkte ausgerichtete Programmindustrien fördern (drittes Kapitel E III 2 b cc). Quoten lassen sich demgegenüber nur schwer mit den Zielen des GATS vereinbaren, insbesondere wenn sie gegen die Meistbegünstigung verstoßen (drittes Kapitel E III 2 b bb). Übereinkommen zur Förderung von Koproduktionen sind mit den Grundsätzen des GATS schwer zu vereinbaren, weil sie gegen den Grundsatz der Meistbegünstigung nahezu zwingend verstoßen. Sie können sich aber auf eine relativ breite Akzeptanz der WTO-Mitglieder stützen (drittes Kapitel E III 2 b dd).

III.   Es gibt bislang keine allgemein akzeptierten Regeln, um Waren von Dienstleistungen abzugrenzen. Insbesondere bespielte Programmträger sind schwer zuzuordnen (viertes Kapitel A).

1.   Im Recht der WTO spricht die Ausnahme für Kinofilme dafür, bespielte Programmträger als Waren zu behandeln. Die Regelung läßt aber offen, ob diese Einordnung nur für Programme gilt, die - wie Kinofilme - ausschließlich in verkörperter Form gehandelt werden (viertes Kapitel B II 1). Im Falle eines Konflikts ist dem GATS der Anwendungsvorrang vor den Regeln für den Warenverkehr einzuräumen. Insbesondere wenn bei dem Vertrieb bespielter Programmträger eine Lizenzvereinbarung im Vordergrund steht, ist danach allein das GATS anzuwenden (viertes Kapitel B II 2).

2.a)   Der Gerichtshof der EG behandelt bespielte Programmträger ebenfalls als Dienstleistungen, wenn sie zur Aufführung oder Ausstrahlung vertrieben werden. Bei Kaufkassetten spielt die Lizenz hingegen keine nennenswerte Rolle, folgerichtig ordnet der Gerichtshof diese als Waren ein (viertes Kapitel C I 4).

b)   Der Dienstleistungsbegriff des Gemeinschaftsrechts ist im übrigen enger als der des WTO-Rechts. Er umfaßt zwar den vorübergehenden Aufenthalt des Dienstleistungserbringers in dem Staat des -empfängers, nicht aber Dienstleistungen, die eine Niederlassung vor Ort erbringt. Die Niederlassung selbst fällt unter die Niederlassungsfreiheit (viertes Kapitel C II).

IV.   Für die Regelung des Rundfunkhandels stehen der Gemeinschaft unterschiedliche Kompetenzen zur Verfügung.

1.   Für den Binnenhandel enthalten die Kompetenzen zur Rechtsangleichung umfangreiche Ermächtigungen. Wegen ihrer funktionalen Struktur erstrecken sich diese Kompetenzen auch auf publizistische und technische Fragen (fünftes Kapitel B V, VI). Der Rechtsangleichung sind erst Grenzen gezogen, wenn sie nicht mehr den zwischenstaatlichen Handel erleichtert (fünftes Kapitel B V 1). Art. 128 EGV gestattet der Gemeinschaft allerdings, bei der Rechtsangleichung auch kulturelle Ziele zu verfolgen (fünftes Kapitel B V 2). Gleiches gilt nach Art. 130 EGV für industriepolitische Zwecke (fünftes Kapitel B IV).

2.   Den Rundfunkaußenhandel kann die Gemeinschaft zum Teil auf der Grundlage ihrer handelspolitischen Kompetenz in Art. 113 EGV regeln. Nach der Rechtsprechung des Gerichtshofs gilt das aber nur für Korrespondenzdienstleistungen (fünftes Kapitel C I). Auf implied-powers kann sich die Gemeinschaft nach Ansicht des Gerichtshofs nur stützen, wenn sie den Rundfunkaußenhandel zuvor in ihre autonomen Regelungen aufgenommen oder den Rundfunkhandel im Binnenmarkt abschließend geregelt hat (fünftes Kapitel C II). Die bisherigen Maßnahmen der Gemeinschaft genügen diesen Anforderungen noch nicht (sechstes Kapitel B V).
Publizistische und technische Gesichtspunkte kann die Gemeinschaft nach Art. 113 EGV in Schrankenbestimmungen aufnehmen (fünftes Kapitel C III 1). Harmonisierende Maßnahmen sind ihr demgegenüber nur auf der Grundlage ihrer Kompetenzen zur Rechtsangleichung möglich (fünftes Kapitel C III 2).

V.1. Durch die in den Grundfreiheiten angelegten Beschränkungsverbote hat bereits das Primärrecht die mitgliedstaatlichen Märkte weitgehend geöffnet.

244

a) Den Rundfunkhandel auf dem Binnenmarkt erleichtert vor allem die Rechtsprechung zum freien Dienstleistungsverkehr (sechstes Kapitel A II 2 c). Zwar erkennt der Gerichtshof an, daß publizistische Interessen den freien Rundfunkhandel beschränken können; der Gerichtshof unterzieht mitgliedstaatliche Beschränkungen aber einer strengen Verhältnismäßigkeitsprüfung. Dabei läßt er sich von der Überlegung leiten, daß Rundfunkprogramme grundsätzlich in keinem Mitgliedstaat verboten werden dürfen, wenn sie im Land ihrer Herkunft zulässig sind (sechstes Kapitel A II 2 c aa). Die Mitgliedstaaten dürfen allerdings die Maßstäbe des Empfangsstaats an Veranstalter anlegen, die sich zur Umgehung der Rundfunkordnung in einen anderen Mitgliedstaat begeben (sechstes Kapitel A II 2 c cc). Diskriminierungen sind indessen regelmäßig unzulässig, selbst wenn ihnen publizistische Anliegen zugrunde liegen (sechstes Kapitel A II 2 c dd).

b) Rundfunkprodukte aus Drittstaaten können innerhalb der Gemeinschaft nach folgenden Maßgaben in gleicher Weise frei verkehren: Als Waren müssen sie in einem Mitgliedstaat ordnungsgemäß eingeführt sein (sechstes Kapitel A II 1 a). Bei Dienstleistungen hängt der freie Verkehr innerhalb der Gemeinschaft von der Zugehörigkeit des Erbringers zu den Mitgliedstaaten ab. Zu Erbringern aus den Mitgliedstaaten zählen auch Gesellschaften im Sinne des Art. 58 EGV (sechstes Kapitel A II 2 a).

2. Das Sekundärrecht enthält Maßnahmen unterschiedlicher Natur.

a) Vor allem die Quotenregelung in Art. 4 Fernsehrichtlinie wirkt als handelspolitisches Instrument (sechstes Kapitel B I 1). Die Regelung ist in zahlreichen Punkten ungenau, an ihrer Verbindlichkeit bestehen aber keine ernsthaften Zweifel (sechstes Kapitel B I 3).

b) Rechtsangleichung betreibt die Gemeinschaft in den Bestimmungen der Fernsehrichtlinie, die sich mit Werbung, Jugendschutz und Gegendarstellungen befassen (sechstes Kapitel B II 1 a-c). Für die Umsetzung der Richtlinie und die Überwachung der Veranstalter greift die Fernsehrichtlinie auf die im Primärrecht angelegten Grundsätze der Inländerdiskriminierung und des Herkunftslandes zurück (sechstes Kapitel B II 1 d). Den Konflikt grenzüberschreitender Ausstrahlung mit nationalen Rechten an geistigem Eigentum löst die Richtlinie 93/83; für die Satellitenausstrahlung gilt das Recht des Sendestaats, die Weiterverbreitung in Kabelnetzen bedarf hingegen der Zustimmung des Inhabers nationaler Rechte (sechstes Kapitel B II 1 e aa). Rechtsangleichung vor industriepolitischem Hintergrund findet sich in der HDTV-Richtlinie. Mit ihr versucht die Gemeinschaft, europäischen Unternehmen auf dem HDTV-Markt Wettbewerbsvorteile zu sichern (sechstes Kapitel B II 2).

c)   Zur Förderungen der Programmindustrie hat die Gemeinschaft verschiedene Programme aufgelegt. MEDIA II soll Projektentwicklung, Vertrieb und Fortbildung unterstützen (sechstes Kapitel B IV 1). Mit einem geplanten Garantiefonds will die Gemeinschaft versuchen, Risikokapital für die Programmproduktion zu mobilisieren (sechstes Kapitel B IV 2).

VI.   Auf der Grundlage des Primärrechts der Gemeinschaft und des Rechts der WTO ist die dargestellte Politik in folgenden Punkten angreifbar:

1.   Die Quotenregelung erscheint nicht erforderlich, um die grenzüberschreitende Ausstrahlung von Fernsehsendungen zu erleichtern. Sie erschwert die Ausstrahlung bestimmter Spartenkanäle und den Handel mit entsprechenden Programmen aus Drittstaaten in unverhältnismäßiger Weise. Insoweit ist ihre Vereinbarkeit mit dem Primärrecht zweifelhaft (siebentes Kapitel A I 2).

2.   Zweifel an der Vereinbarkeit mit dem GATS löst die Änderung des Art. 6 Fernsehrichtlinie aus. Die Öffnung der Definition europäischer Werke für bestimmte Staaten läßt sich nur schwer unter die Ausnahmen von der Meistbegünstigung subsumieren (siebentes Kapitel A II 1 a). In Zukunft wird der Druck auf die Gemeinschaft wieder wachsen, protektionistische Maßnahmen ihrer Fernsehpolitik aufzuheben (siebentes Kapitel A II 2, B).

Literatur

Abbott, Frederick M., GATT and the European Community: a Formula for Peaceful Coexistence, Michigan JIL 12:1 (1990), S. 1;

ders., Law and Policy of Regional Integration. The NAFTA and Western Hemispheric Integration in the World Trade Organization System, 1. Aufl., Cambridge, Massachusetts, 1995;

Acheson, Keith/Maule, Christopher, Trade Policy Responses to New Technology in the Film and Television Industry, 23 JWT (1989) 2, S. 35;

Adebahr, Hubertus/Maennig, Wolfgang, Außenhandel und Weltwirtschaft. Außenwirtschaft, Band II, 1. Aufl., Berlin, 1987;

Alt, Olav, Aktuelle Probleme des Europäischen Dienstleistungsrechts im Bereich des Medien- und Versicherungsrechts, Diss. Berlin, 1987;

American Law Schools' Intellectual Property Section, Symposium on Compliance with the TRIPS Agreement, Vanderbilt Journal of Transnational Law 29 (1996), S. 363;

Arnold, Rainer, Der Abschluß gemischter Verträge durch die Europäischen Gemeinschaften, AVR 1980/81, S. 419;

Ascher, Bernard/Whichard, Obie G., Improving Services Trade Data, in: Giani, Orio (Hrsg.), The Emerging Service Economy, 1. Aufl., Oxford u.a., 1987, S. 255; zit.: *Ascher/Whichard*, The Emerging Service Economy;

Backes, Peter, Die neuen Streitbeilegungsregeln der Welthandelsorganisation (WTO), RIW 1995, S. 916;

Bael, Ivo Van, Improving GATT Disciplines Relating to Anti-Dumping Measures, in: Oppermann, Thomas /Molsberger, Josef (Hrsg.), A New GATT for the Nineties and Europe '92. International Conference held in Tübingen 25-27 July 1990, 1. Aufl., Baden-Baden, 1991, S. 171; zit.: *Van Bael*, in: A New GATT for the Nineties and Europe '92;

Barav, Ami, The division of external relations power between the European Economic Community and the Member States in the case-law of the Court of Justice, in: Timmermans, Christiaan W.A./Völker, E.L.M. (Hrsg.), Division of powers between the European Communities and their Member States in the field of external relations, 1. Aufl., Niederlande, 1981, S. 29; zit.: *Barav*, Division of powers;

Barth, Dietrich, Das Allgemeine Abkommen über den internationalen Dienstleistungshandel (GATS), EuZW 1994, S. 455;

Bauer, Detlev, Richtlinie des Rates zur Koordinierung bestimmter Rechts- und Verwaltungsvorschriften der Mitgliedstaaten über die Ausübung der Fernsehtätigkeit, Diss. Würzburg, 1991;

Bebr, Gerhard, Agreements Concluded by the Community and their Possible Direct Effect: From International Fruit Company to Kupferberg, CMLReview 1983, S. 35;

Becker-Çelik, Astrid, Ist die Ablehnung der unmittelbaren Anwendbarkeit der GATT-Vorschriften durch den EuGH heute noch gerechtfertigt?, EWS 1997, S. 12;

Bello, Judith H./Holmer, Alan F., The Post-Uruguay Round Future of Section 301, Law & Policy in International Business 25 (1994), S. 1297;

Benedek, Wolfgang, Die Rechtsordnung des GATT aus völkerrechtlicher Sicht, 1. Aufl., Berlin u.a., 1990; zit.: *Benedek*, Die Rechtsordnung des GATT;

Berrisch, Georg Matthias, Der völkerrechtliche Status der Europäischen Wirtschaftsgemeinschaft im GATT. Eine Untersuchung der Sukzession der EWG in die Stellung ihrer Mitgliedstaaten als Vertragspartei einer internationalen Organisation am Beispiel des GATT, 1. Aufl., München 1992; zugl. Diss. Univ. Passau, 1991;

ders., Zum „Bananen"-Urteil des EuGH vom 5.10.1994 - Rs. C-280/93, Deutschland ./. Rat der Europäischen Union, EuR 1994, S. 461;

Beutler, Bengt/Bieber, Roland/Pipkorn, Jörn/Streil, Jochen, Die Europäische Union. Rechtsordnung und Politik, 4. Aufl., Baden-Baden, 1993;

Beviglia Zampetti, Americo, The Uruguay Round Agreement on Subsidies. A Forward-Looking Assessment, 29 JWT (1995) 6, S. 5;

Bhagwati, Jagdish N., International Trade in Services and Its Relevance for Economic Development, in: ders., Political Economy and International Economics, hrsgg. v. Douglas A. Irwin, 1. Aufl., Cambridge, Massachusetts u.a., 1991, S. 235;

ders., Economic Perspectives on Trade in Professional Services, in: ders., Political Economy and International Economics, hrsgg. v. Douglas A. Irwin, 1. Aufl., Cambridge, Massachusetts u.a., 1991, S. 271;

ders., Trade in Services and the Multilateral Trade Negotiations, in: ders., Political Economy and International Economics, hrsgg. v. Douglas A. Irwin, 1. Aufl., Cambridge, Massachusetts u.a., 1991, S. 282;

Bierwagen, Rainer M., Die neue Antidumpingverordnung nach dem Abschluß der Uruguay-Runde, EuZW 1995, S. 231;

Bleckmann, Albert, Die Kompetenz der Europäischen Gemeinschaft zum Abschluß völkerrechtlicher Verträge, EuR 1977, S. 109;

Börner, Bodo, Kompetenz der EG zur Regelung einer Rundfunkordnung, ZUM 1985, S. 577;

Bogdandy, Armin von, Die Handelspolitik der Europäischen Gemeinschaft. Gemeinschafts- und völkerrechtliche Grundlagen, Jura 1992, S. 407;

Bogdandy, Armin von/Nettesheim, Martin, Strukturen des gemeinschaftlichen Außenhandelsrechts, EuZW 1993, S. 465;

Bomchil, Maximo Luis, Die Außenhandelspolitik der EWG. Praxis und Rechtsfragen, Diss. München, 1976;

Bourgeois, Jacques H.J., The Tokyo Round Agreements on Technical Barriers and on Government Procurement in International and EEC Perspective, CMLReview 1982, S. 5;

ders., The EC in the WTO and Advisory Opinion 1/94: An Echternach Procession, CMLReview 1995, S. 763;

Breulmann, Günter, Normung und Rechtsangleichung in der Europäischen Wirtschaftsgemeinschaft, 1. Aufl., Berlin 1993; zugl. Diss. Münster (Westfalen) 1992/93;

Brinker, Ingo, Die Handelsschutzinstrumente der EG nach Abschluß der Uruguay-Runde des GATT, WiB 1995, S. 323;

Bronckers, Marco C.E.J., WTO Implementation in the European Community. Antidumping, Safeguards and Intellectual Property, 29 JWT (1995) 5, S. 73;

Bronckers, Marco C.E.J./Larouche, Pierre, Telecommunications Services and the World Trade Organization, 31 JWT (1997) 3, S. 5;

Bruha, Thomas, Normen und Standards im Warenverkehr mit Drittstaaten, in: Tomuschat, Christian/Hilf, Meinhard, EG und Drittstaatsbeziehungen nach 1992,1. Aufl., Baden-Baden, 1991, S. 83; zit.: *Bruha*, in: EG und Drittstaatsbeziehungen nach 1992;

ders., Das Subsidiaritätsprinzip im Recht der Europäischen Gemeinschaft, in: Riklin, Alois/Batliner, Gerard (Hrsg.), Subsidiarität. Ein interdisziplinäres Symposium, 1. Aufl., Vaduz, 1994, S. 373; zit.: *Bruha*, Subsidiarität;

Bullinger, Martin/Mestmäcker, Ernst-Joachim, Multimediadienste. Struktur und staatliche Aufgaben nach deutschem und europäischem Recht, 1. Aufl, Baden-Baden, 1997;

Bux, Udo, EG-Kompetenzen für den Rundfunk, 1. Aufl., Frankfurt a. M. u.a., 1992; zugl. Diss. Erlangen-Nürnberg, 1992;

Calliess, Christian, Der Schlüsselbegriff der „ausschließlichen Zuständigkeit" im Subsidiaritätsprinzip des Art. 3b II EGV, EuZW 1995, S. 693;

Canal-Forgues, Eric, L'Institution de la Conciliation dans le Cadre du GATT. Contribution à l'Étude de la Structuration d'un Mécanisme de Règlement des Différends, 1. Aufl., Brüssel, 1993;

Cann, Wesley A., Internationalizing Our Views Toward Recoupment and Market Power: Attacking the Antidumping /Antitrust Dichotomy through WTO-Consistent Global Welfare Theory, University of Pennsylvania Journal of International Economic Law 17 (1996), S. 69;

Castendyk, Oliver/Albrecht, Martin von, Der Richtlinienvorschlag der EG-Kommission zum Satellitenfernsehen, GRUR Int. 1992, S. 734;

dies., Satellitenfernsehen und Urheberrecht - eine Replik, GRUR Int. 1993, S. 300;

Castillo de la Torre, Fernando, The Status of GATT in EC Law, Revisited. The Consequence of the Judgement on the Banana Import Regime for the Enforcement of the Uruguay Round Agreements, 29 JWT (1995) 1, S. 53;

Cheyne, Ilona, International Agreements and the European Community Legal System, ELReview 1994, S. 581;

Classen, Claus Dieter, Der Rundfunk zwischen Wirtschaft und Kultur: Die Perspektive des Europäischen Gemeinschaftsrechts, in: Dittmann, Armin/Fechner, Frank/Sander, Gerald G. (Hrsg.), Der Rundfunkbegriff im Wandel der Medien. Symposion zum 65. Geburtstag von Professor Dr. iur. Dr. h.c. Thomas Oppermann, 1. Aufl., Berlin, 1997, S. 53; zit.: *Classen*, Der Rundfunkbegriff im Wandel der Medien;

Collins, Richard, Broadcasting and Audio-visual Policy in the European Single Market, 1. Aufl., Whitstable, 1994;

Cottier, Thomas, Die völkerrechtlichen Rahmenbedingungen der Filmförderung in der neuen Welthandelsorganisation WTO-GATT, ZUM - Sonderheft - 1994, S. 749;

Curzon Price, Victoria, Treating Protection as a Pollution Problem or how to prevent GATT's Retreat from Multilateralism, in: Oppermann, Thomas/Molsberger, Josef (Hrsg.), A New GATT for the Nineties and Europe '92. International Conference held in Tübingen 25-27 July 1990, 1. Aufl., Baden-Baden, 1991, S. 21; zit.: *Curzon Price*, in: A New GATT for the Nineties and Europe '92;

Dai, Xiudian/Cawson, Alan/Holmes, Peter, The Rise and Fall of High Definition Television: The Impact of European Technology Policy, JCMStudies 34 (1996), S. 149;

Da Silva, Francisco Henriques, Les six points de Mons et leur suite, in: Doutrelepont, Carine (Hrsg.), L'Europe et les enjeux du GATT dans le domaine de l'audiovisuel, 1. Aufl., Brüssel, 1994, S. 131; zit: *Da Silva*, L'Europe et les enjeux du GATT dans le domaine de l'audiovisuel;

Dauses, Manfred A., Die Beteiligung der Europäischen Gemeinschaften an multilateralen Völkerrechtsübereinkommen, EuR 1979, S. 138;

ders. (Hrsg.), Handbuch des EG-Wirtschaftsrechts (Loseblatt), München, Stand: November 1996; zit.: Dauses-*Bearbeiter*;

Deardorff, Alan V., Economic Perspectives on Antidumping Law, in: Jackson, John Howard/Vermulst, Edwin A. (Hrsg.), Antidumping Law and Practice. A Comparative Study, 1. Aufl., Ann Arbor 1989, S. 23; zit.: *Deardorff*, Antidumping Law and Practice;

Deckert, Martina R./Lilienthal, Nicolas, Der europäische Film in rechtsvergleichender Sicht, ZUM 1996, S. 26;

Defalque, Lucette, Les concentrations des sociétés americaines de production dans la Communauté européenne, in: Doutrelepont, Carine (Hrsg.), L'Europe et les enjeux du GATT dans le domaine de l'audiovisuel, 1. Aufl., Brüssel, 1994, S. 87; zit.: *Defalque*, L'Europe et les enjeux du GATT dans le domaine de l'audiovisuel;

dies., La jurisprudence de la Cour de justice dans le domaine de l'audiovisuel (seconde partie), in: Doutrelepont, Carine (Hrsg.), L'actualité du droit de l'audiovisuel européen, 1. Aufl., Brüssel, 1996, S. 143; zit.: *Defalque*, L'actualité du droit de l'audiovisuel européen;

Dehousse, Franklin/Havelange, Françoise, Aspects audiovisuels des accords du GATT - exception ou spécificité culturelle?, in: Doutrelepont, Carine (Hrsg.), L'Europe et les enjeux du GATT dans le domaine de l'audiovisuel, 1. Aufl., Brüssel, 1994, S. 99; zit: *Dehousse/Havelange*, L'Europe et les enjeux du GATT dans le domaine de l'audiovisuel;

Delbrück, Jost, Die Rundfunkhoheit der deutschen Bundesländer im Spannungsfeld zwischen Regelungsanspruch der Europäischen Gemeinschaft und nationalem Verfassungsrecht. Rechtsgutachten erstattet im Auftrag der deutschen Bundesländer, 1. Aufl. Frankfurt a. M. u. a., 1986; zit.: *Delbrück*, Rundfunkhoheit;

Demaret, Paul, La politique commerciale: perspectives d'évolution et faiblesses présentes, in: Schwarze, Jürgen /Schermers, Henry G. (Hrsg.), Structure and Dimensions of European Community Policy. Structure et dimensions des politiques communautaires, 1. Aufl., Baden-Baden, 1988, S. 69;

Deringer, Arved, Europäisches Gemeinschaftsrecht und nationale Rundfunkordnung, ZUM 1986, S. 627;

Deselaers, Wolfgang, Die „Essential Facilities"-Doktrin im Lichte des Magill-Urteils des EuGH, EuZW 1995, S. 563;

Didier, Pierre, Le Code anti-subventions du cycle de l'Uruguay et sa transposition dans la Communauté, Cahiers de droit européen 1995, S. 679;

Dittmann, Armin/Fechner, Frank/Sander, Gerald G. (Hrsg.), Der Rundfunkbegriff im Wandel der Medien. Symposion zum 65. Geburtstag von Professor Dr. iur. Dr. h.c. Thomas Oppermann, 1. Aufl., Berlin, 1997;

Dörr, Dieter/Beucher, Klaus/Eisenbeis, Jochen/Jost, Eberhard, Die Einflüsse europarechtlicher Entwicklungen auf das Bund-Länder-Verhältnis im Rundfunkwesen. Rechtsgutachten, 1. Aufl., München, 1992; zit.: EMR-Gutachten;

Dörr, Dieter, Die Entwicklung des Medienrechts, NJW 1997, S. 1341;

Dörr, Oliver, Die Entwicklung der ungeschriebenen Außenkompetenzen der EG, EuZW 1996, S. 39;

Dolmans, Maurits J.F.M., Problems of Mixed Agreements. Division of Powers Within the EEC and the Rights of Third States, 1. Aufl., Den Haag, 1985; zugl. master's thesis, Leyden Europa Institute, 1984;

Dony, Marianne, Les aides à l'audiovisuel à la lumière du traité de Maastricht, in: Doutrelepont, Carine (Hrsg.), L'actualité du droit de l'audiovisuel européen, 1. Aufl., Brüssel, 1996, S. 111; zit.: *Dony*, L'actualité du droit de l'audiovisuel européen;

Dorn, Dietrich-W., Art. 235 EWGV-Prinzipien der Auslegung. Die Generalermächtigung zur Rechtsetzung im Verfassungssystem der Gemeinschaften, 1. Aufl., Kehl u.a., 1986; zugl. Diss., Berlin, 1985;

Doutrelepont, Carine, La jurisprudence de la Cour de justice dans le domaine de l'audiovisuel (première partie), in: dies. (Hrsg.), L'actualité du droit de l'audiovisuel européen, 1. Aufl., Brüssel, 1996, S. 125; zit.: *Doutrelepont*, L'actualité du droit de l'audiovisuel européen;

Dreier, Horst (Hrsg.), Grundgesetz. Kommentar, Bd. 1, Artikel 1 - 19, 1. Aufl., Tübingen, 1996; zit.: Dreier-*Bearbeiter*;

Dreier, Thomas, TRIPS und die Durchsetzung von Rechten des geistigen Eigentums, GRUR Int. 1996, S. 205;

Dutheil de la Rochère, Jacqueline, L'ère des compétences partagées, RevMC 1995, S. 461;

Ebenroth, Carsten Thomas/Lange, Knut Werner, Zukunftsmärkte in der europäischen Fusionskontrolle, EWS 1995, S. 1;

Eberle, Carl-Eugen, Das europäische Recht und die Medien am Beispiel des Rundfunkrechts, AfP 1993, S. 422;

Eeckhout, Piet, The External Dimension of the Internal Market and the Scope and Content of a Modern Commercial Policy, in: Maresceau, Marc (Hrsg.), The European Community's Commercial Policy after 1992: The Legal Dimension, 1. Aufl., Dordrecht u.a., 1993, S. 79; zit.: *Eeckhout*, The Legal Dimension;

ders., Compétences externes de la CE dans le domaine de l'audiovisuel, in: Doutrelepont, Carine (Hrsg.), L'Europe et les enjeux du GATT dans le domaine de l'audiovisuel, 1. Aufl., Brüssel, 1994, S. 27; zit.: *Eeckhout*, L'Europe et les enjeux du GATT dans le domaine de l'audiovisuel;

ders., The European Internal Market and International Trade. A Legal Analysis, 1. Aufl., Oxford, 1994; zit.: *Eeckhout*, A Legal Analysis;

ders., De audiovisuele sector, Mediaforum 6 (1994), S. 28;

ders., The domestic legal status of the WTO Agreement: Interconnecting legal systems, CMLReview 1997, S. 11;

Ehlermann, Claus-Dieter, The Scope of Article 113 of the EEC Treaty, in: Études de droit des Communautés Européennes. Melanges offerts à Pierre-Henri Teitgen, 1. Aufl., Paris, 1984; zit.: *Ehlermann*, Teitgen-FS;

Ellger, Reinhard/Witt, Detlev, International Free Trade in Telecommunications, in: Friedmann, Daniel/Mestmäcker, Ernst-Joachim (Hrsg.), Rules for Free International Trade in Services. Symposium in Tel Aviv, 1. Aufl., Baden-Baden 1990, S. 275; zit.: *Ellger/Witt*, Rules for Free International Trade in Services;

Emiliou, Nicholas, The Death of Exclusive Competence, ELReview 1996, S. 294;

Endelman, Howard M., Regulating Culture: The Audiovisual Controversy in the GATT Accord, Boston College International & Comparative Law Review 18 (1995), S. 443;

Engel, Christoph, Trade in Services Between the European Communities and Third Countries - Its Regulation by Community Law, in: Friedmann, Daniel/Mestmäcker, Ernst-Joachim, Rules for Free International Trade in Services. Symposium in Tel Aviv, 1. Aufl., Baden-Baden, 1990, S. 107; zit.: *Engel*, Rules for Free International Trade in Services;

ders., Is Trade in Services Specific? in: Oppermann, Thomas/Molsberger, Josef (Hrsg.), A New GATT for the Nineties and Europe '92. International Conference held in Tübingen 25-27 July 1990, 1. Aufl., Baden-Baden, 1991, S. 213; zit.: *Engel*, A New GATT for the Nineties and Europe '92;

ders., Privater Rundfunk vor der Europäischen Menschenrechtskonvention, 1. Aufl., Baden-Baden, 1993; zugl. Habil., Hamburg, 1992; zit.: *Engel*, Privater Rundfunk;

ders., Die Geltung des Brutto-Prinzips für die Unterbrechung von Spiel- und Fernsehfilmen durch Werbung, ZUM 1994, S. 335;

ders., Anmerkung, JZ 1995, S. 940;

ders., Europarechtliche Grenzen für die Industriepolitik, in: Hans-Werner Rengeling (Hrsg.), Europäisierung des Rechts. Ringvorlesung anläßlich des zehnjährigen Bestehens des Instituts für Europarecht der Universität Osnabrück 1995, 1. Aufl., Köln u.a. 1996, S. 35; zit.: *Engel*, in: Europäisierung des Rechts;

ders., Medienordnungsrecht, 1. Aufl., Baden-Baden, 1996;

ders., Kabelfernsehen, 1. Aufl., Baden-Baden, 1996;

ders., Europarechtliche Grenzen für öffentlich-rechtliche Spartenprogramme. Beihilfeaufsicht, Wettbewerbsregeln, Grundfreiheiten. Ein Rechtsgutachten, 1. Aufl., Berlin, 1996;

Europäische Audiovisuelle Informationsstelle, Statistisches Jahrbuch. Filmindustrie, Fernsehen, Video und Neue Medien in Europa 1997, Straßburg, 1996;

Everling, Ulrich, Gestaltungsbedarf des Europäischen Rechts, EuR 1987, S. 214;

ders., Will Europe Slip on Bananas? the Bananas Judgement of the Court of Justice and National Courts, CMLReview 1996, S. 401;

Feketekuty, Geza, International Trade in Services. An Overview and Blueprint for Negotiations, 1. Aufl., Cambridge, Massachusetts, 1988;

Fiedler, Wilfried, Impulse der Europäischen Gemeinschaft im kulturellen Bereich - Rechtliche Grundlagen und politische Fortentwicklung, in: Magiera, Siegfried (Hrsg.), Das Europa der Bürger in einer Gemeinschaft ohne Binnengrenzen, 1. Aufl., Baden-Baden, 1990, S. 147; zit.: *Fiedler*, Das Europa der Bürger in einer Gemeinschaft ohne Binnengrenzen;

Fikentscher, Wolfgang/Immenga, Ulrich (Hrsg.), Draft International Antitrust Code. Kommentierter Entwurf eines internationalen Wettbewerbsrechts mit ergänzenden Beiträgen, 1. Aufl., Baden-Baden, 1995;

Filipek, Jon, "Culture Quotas": The Trade Controversy over the European Community's Broadcasting Directive, Stanford JIL 28 (1992), S. 323;

Flamée, Michel, La décision UIP: un défi juridique?, in: Doutrelepont, Carine (Hrsg.), L'actualité du droit de l'audiovisuel européen, 1. Aufl., Brüssel, 1996, S. 55; zit.: *Flamée*, L'actualité du droit de l'audiovisuel européen;

Flory, Thiébaut/Martin, Frédéric-Paul, Remarques à propos des avis 1/94 et 2/92 de la Cour de justice des Communautés européennes au regard de l'évolution de la notion de politique commerciale commune, Cahiers de droit européenne 1996, S. 379;

Footer, Mary E., The International Regulation of Trade in Services Following Completion of the Uruguay Round, The International Lawyer 29 (1995), S. 453;

Frank, Björn, A Note on the International Dominance of the U.S. in the Trade in Movies and Television Fiction, Journal of Media Economics Bd. 5 (Spring 1992), S. 31;

ders., Zur Ökonomie der Filmindustrie, 1. Aufl., Hamburg, 1993; zugl. Diss. Univ. Hohenheim 1993;

Frohne, Ronald, Die Quotenregelung im nationalen und im europäischen Recht, ZUM 1989, S. 390;

Gantz, David A., A Post-Uruguay Round Introduction to International Trade Law in the United States, Arizona Journal of International and Comparative Law 12 (1995), 1, S. 1;

Garrett, Lisa L., Commerce versus Culture: The Battle Between the United States and the European Union Over Audiovisual Trade Policies, North Carolina JIL and Commercial Regulation 19 (1994), S. 553;

Geiger, Rudolf, EG-Vertrag. Kommentar zu dem Vertrag zur Gründung einer Europäischen Gemeinschaft, 2. Aufl., München, 1995;

ders., Vertragsschlußkompetenzen der Europäischen Gemeinschaft und auswärtige Gewalt der Mitgliedstaaten, JZ 1995, S. 973;

Gersdorf, Hubertus, Funktionen der Gemeinschaftsgrundrechte im Lichte des Solange II-Beschlusses des Bundesverfassungsgerichts, AöR 119 (1994), S. 400;

ders., Der verfassungsrechtliche Rundfunkbegriff im Lichte der Digitalisierung der Telekommunikation. Ein Rechtsgutachten im Auftrag der Hamburgischen Anstalt für neue Medien, 1. Aufl., Berlin, 1995;

ders., Rundfunkfreiheit ohne Ausgestaltungsvorbehalt. Verfassungs- und gemeinschaftsrechtliche Voraussetzungen für die Einführung neuer Kommunikationsdienste am Beispiel reiner Teleshoppingkanäle. Rechtsgutachten im Auftrag der Bayerischen Landeszentrale für neue Medien (BLM), 1. Aufl., München 1996;

Gilsdorf, Peter, Die Grenzen der Gemeinsamen Handelspolitik, Vorträge, Reden und Berichte aus dem Europa-Institut/Nr. 125, 1988;

ders., Die Außenkompetenzen der EG im Wandel - Eine kritische Auseinandersetzung mit Praxis und Rechtsprechung, EuR 1996, S. 145;

Grabitz, Eberhard/Bogdandy, Armin v./Nettesheim, Martin (Hrsg.), Europäisches Außenwirtschaftsrecht, 1. Aufl., München, 1994; zit.: Europäisches Außenwirtschaftsrecht-*Bearbeiter*;

Grabitz, Eberhard/Hilf, Meinhard, Kommentar zur Europäischen Union. Vertrag über die Europäische Union. Vertrag zur Gründung der Europäischen Gemeinschaft, Bd. 1, 2, München, Stand: 10. Ergänzungslieferung Oktober 1996; zit.: Grabitz/Hilf-*Bearbeiter*;

Grant, Jonas M., 'Jurassic' Trade Dispute: The Exclusion of the Audiovisual sector from the GATT, Indiana Law Journal 70 (1995), S. 1333;

Greiffenberg, Horst, Multimedia zwischen Rundfunkregulierung und wettbewerblicher Medienordnung, Wirtschaftsdienst 1996, S. 590;

Groeben, Hans von der/Thiesing, Jochen/Ehlermann, Claus-Dieter (Hrsg.), Kommentar zum EU-/EG-Vertrag, Bd. 1 Art. A-F EUV. Art. 1-84 EGV , 5. Aufl., Baden-Baden, 1997, Bd. 2 Art. 85-109, Bd. 3 Art. 110-188, Bd. 4 Art 189-248, unter dem Titel Kommentar zum EWG-Vertrag, 4. Aufl., Baden-Baden, 1991; zit.: Groeben-*Bearbeiter*;

Großkopf, Lambert, Fernsehen als genuin europäische Dienstleistung, AfP 1995, S. 464;

Groux, Jean/Manin, Philippe, Die Europäischen Gemeinschaften in der Völkerrechtsordnung, 1. Aufl., Brüssel u.a., 1984;

Gulich, Joachim, Rechtsfragen grenzüberschreitender Rundfunksendungen. Die deutsche Rundfunkordnung im Konflikt mit der Dienstleistungsfreiheit, 1. Aufl., Baden-Baden, 1990; zugl. Diss. Göttingen, 1989;

Gyory, Michel, La décision UIP: un défi juridique?, in: Doutrelepont, Carine (Hrsg.), L'actualité du droit de l'audiovisuel européen, 1. Aufl., Brüssel, 1996, S. 33; zit.: *Gyory*, L'actualité du droit de l'audiovisuel européen;

Hahn, Michael J./Schuster, Gunnar, Zum Verstoß von gemeinschaftlichem Sekundärrecht gegen das GATT - Die gemeinsame Marktorganisation für Bananen vor dem EuGH -, EuR 1993, S. 261;

Hahn, Michael J., Eine kulturelle Bereichsausnahme im Recht der WTO?, ZaöRV 56 (1996), S. 315;

Hailbronner, Kay, Die deutschen Bundesländer in der EG, JZ 1990, S. 149;

Hailbronner , Kay/Weber, Claus, Möglichkeiten zur Förderung der europäischen Kultur in Rundfunk und Fernsehen anhand der Fernsehrichtlinie der Europäischen Gemeinschaft, DÖV 1997, S. 561;

Harpen, Robin L. Van, Mamas, Don't Let Your Babies Grow Up to Be Cowboys: Reconciling Trade and Cultural Independence, Minnesota Journal of Global Trade 4 (1995), S. 167;

Hartlieb, Horst v., Handbuch des Film-, Fernseh- und Videorechts, 3. Aufl., München, 1991;

Heckscher, Eli, The Effect of Foreign Trade on the Distribution of Income, in: Readings in the Theory of International Trade, York, 1949, S. 272; zit.: *Heckscher*, Readings in the Theory of International Trade;

Heiduk, Günter, Die weltwirtschaftlichen Ordnungsprinzipien von GATT und UNCTAD. Instrumente der Entwicklungspolitik, 1. Aufl., Baden-Baden, 1973;

Hilf, Meinhard, Europäische Gemeinschaften und internationale Streitbeilegung, in: Bernhardt, Rudolf/Geck, Wilhelm Karl/Jaenicke, Günther/Steinberger, Helmut (Hrsg.), Völkerrecht als Rechtsordnung. Internationale Gerichtsbarkeit. Menschenrechte. Festschrift für Hermann Mosler, 1. Aufl., Berlin u.a., 1983, S. 387; zit.: *Hilf*, Mosler-FS;

ders., Die Anwendung des GATT im deutschen Recht, in: ders./Petersmann, Ernst-Ulrich (Hrsg.), GATT und Europäische Gemeinschaft. Referate der Tagung des Arbeitskreises Europäische Integration e.V. in Bielefeld vom 6.-8. September, 1. Aufl., Baden-Baden, 1984, S. 11; zit.: *Hilf*, GATT und Europäische Gemeinschaft;

ders., Europäisches Gemeinschaftsrecht und Drittstaatsangehörige, in: Hailbronner, Kay/Ress, Georg/Stein, Torsten, Staat und Völkerrechtsordnung. Festschrift für Karl Doehring, 1. Aufl., Berlin u.a., 1989, S. 339; zit.: *Hilf*, Doehring-FS;

ders., Symposium: The European Community as an International Actor. The Single European Act and 1992: Legal Implications for Third Countries, EJIL 1990, S. 89;

ders., EG-Außenkompetenzen in Grenzen. Das Gutachten des EuGH zur Welthandelsorganisation, EuZW 1995, S. 7;

ders., The ECJ's Opinion 1/94 on the WTO - No Surprise, but Wise?-, EJIL 6 (1995), S. 245;

Hilpold, Peter, Regionale Integrationszonen und GATT. Die Neuerungen der Uruguay-Runde, RIW 1993, S. 657;

Hizon, Ernesto M., The Safeguard Measure/VER Dilemma: The Jekyll and Hyde of Trade Protection, Northwestern Journal of International Law & Business 15 (1994), S. 105;

Hoekman, Bernard M./Kostecki, Michel M., The Political Economy of the World Trading System. From GATT to WTO, 1. Aufl., Oxford, 1995;

Holliday, George D., The Uruguay Round's Agreement on Safeguards, 29 JWT (1995) 3, S. 155;

Holmer, Alan F./Horlick, Gary N./Stewart, Terence P., Enacted and Rejected Ammendments to the Antidumping Law: In Implementation or Contravention of the Antidumping Agreement?, The International Lawyer 29 (1995), S. 483;

Horlick, Gary N., Dispute Resolution Mechanism. Will the United States Play by the Rules?, 29 JWT (1995) 2, S. 163;

ders., The New WTO Dispute Settlement System. The Impact on the European Community, 29 JWT (1995) 6, S. 49;

Horlick, Gary N./Shea, Eleanor C., The World Trade Organization Antidumping Agreement, 29 JWT (1995) 1, S. 5;

Hudec, Robert E., The GATT Legal System and World Trade Diplomacy, 2. Aufl., Salem (U.S.A.) u.a., 1990; zit.: *Hudec*, The GATT Legal System;

Hümmerich, Klaus/Eisenbeis, Jochen, Der Einfluß des Europäischen Rechts auf die Tätigkeit der Rundfunk- und Fernsehveranstalter in Deutschland. Rechtsgutachten, 1. Aufl., München, 1992; zit.: *Hümmerich/Eisenbeis*;

IDATE, The world television and film market. "Industries and markets", 1. Aufl., Montpellier, 1994;

Immenga, Ulrich/Mestmäcker, Ernst-Joachim, GWB. Gesetz gegen Wettbewerbsbeschränkungen. Kommentar, 1. Aufl., München, 1992; zit.: Immenga/Mestmäcker-*Bearbeiter*;

Ingberg, Henry, Le contrôle générale de la directive „télévision sans frontières", in: Doutrelepont, Carine (Hrsg.), L'actualité du droit de l'audiovisuel européen, 1. Aufl., Brüssel, 1996, S. 23; zit.: *Ingberg*, L'actualité du droit de l'audiovisuel européen;

Ipsen, Hans Peter, Der „Kulturbereich" im Zugriff der Europäischen Gemeinschaft, in: Fiedler, Wilfried/Ress, Georg (Hrsg.), Verfassungsrecht und Völkerrecht. Gedächtnisschrift für Wilhelm Karl Geck, 1. Aufl., Köln u. a., 1989, S. 339; zit.: *Ipsen*, Geck-GS;

ders., Rundfunk im Europäischen Gemeinschaftsrecht, 1. Aufl., Frankfurt a.M. u.a., 1983;

Jackson, John Howard, World Trade and the Law of GATT. A Legal Analysis of the General Agreement on Tariffs and Trade, 1. Aufl., Indianapolis u.a., 1969;

ders., The World Trading System. Law and Policy of International Economic Relations, 1. Aufl., Cambridge, Massachusetts u.a., 1989;

ders., Dumping in International Trade: Its Meaning and Context, in: ders./Vermulst, Edwin A. (Hrsg.), Antidumping Law and Practice. A Comparative Study, 1. Aufl., Ann Arbor 1989, S. 1; zit.: *Jackson*, Antidumping Law and Practice;

Jaeger, Franz, GATT, EWG und EFTA. Die Vereinbarkeit von EWG- und EFTA-Recht mit dem GATT-Statut, 1. Aufl., Bern 1970;

Jarass, Hans D., EG-Recht und nationales Rundfunkrecht. Zugleich ein Beitrag zur Reichweite der Dienstleistungsfreiheit, EuR 1986, S. 75;

ders., Kartellrecht und Landesrundfunkrecht. Die Bewältigung von Konflikten zwischen dem Gesetz gegen Wettbewerbsbeschränkungen und landesrechtlichen Vorschriften, 1. Aufl., Köln u.a., 1991;

ders., EG-Kompetenzen und das Prinzip der Subsidiarität nach Schaffung der Europäischen Union, EuGRZ 1994, S. 209;

ders., Die Kompetenzen der Europäischen Gemeinschaft und die Folgen für die Mitgliedstaaten, Rheinische Friedrich-Wilhelms-Universität Bonn, 1997; zit.: *Jarass*, Die Kompetenzen der Europäischen Gemeinschaft;

Jestaedt, Thomas/Anweiler, Jochen, Europäische Fusionskontrolle im Medienbereich, EuZW 1997, S. 549;

Jungbluth, Armin, Das Niederlassungsrecht der Rundfunkveranstalter in der Europäischen Gemeinschaft, 1. Aufl., Baden-Baden, 1992; zugl. Diss. Regensburg, 1991;

Kaiser, Joseph H., Grenzen der EG-Zuständigkeit, EuR 1980, S. 97;

Kakabadse, Mario A., The WTO and Trade in Audiovisual Services: Implications for the European Cinema, hektographierte Fassung, 1995;

Kapteyn, Paul Joan George/Verloren van Themat, Pieter, Introduction to the Law of the European Communities. After the coming into force of the Single European Act, 2. Aufl. hrsgg. v. Laurence William Gormley, Deventer u.a., 1990;

Kaufmann, Donatus Bernhard, Ursprungsregeln. Die internationale und europäische Gestaltung der Ursprungsregeln, 1. Aufl., Baden-Baden, 1996; zugl. Diss. Hamburg, 1995;

o'Keeffe, David/Schermers, Henry G. (Hrsg.), Mixed Agreements, 1. Aufl., Antwerpen, 1983;

Kessler, Kirsten L., Protecting Free Trade in Audiovisual Entertainment: a Proposal for Counteracting the European Union's Trade Barriers to the U.S. Entertainment Industry's Exports, Law & Policy in International Business 26 (1995), S. 563;

Keßler, Werner K., Die Filmwirtschaft im Gemeinsamen Markt. Rechtsfragen der Herstellung eines europäischen Filmmarktes unter besonderer Berücksichtigung der Niederlassungs- und Dienstleistungsfreiheit sowie der Filmförderung, 1. Aufl., Berlin, 1976; zugl. Diss. Tübingen, 1975;

Kilian, Michael, Neue Medien ohne Grenzen? - Das Völkerrecht und der Schutz nationaler kultureller Identität zwischen Bewahrung und Weltkultur, in: Dittmann, Armin/Fechner, Frank/Sander, Gerald G. (Hrsg.), Der Rundfunkbegriff im Wandel der Medien. Symposion zum 65. Geburtstag von Professor Dr. iur. Dr. h.c. Thomas Oppermann, 1. Aufl., Berlin, 1997, S. 69; zit.: *Kilian*, Der Rundfunkbegriff im Wandel der Medien;

Klein, Eckart, Der Verfassungsstaat als Glied einer europäischen Gemeinschaft, VVDStRL 50 (1990), S. 56;

Klein, Eckart/Beckmann, Martina, Neuere Entwicklungen des Rechts der Europäischen Gemeinschaften, DÖV 1990, S. 179;

Kleinsteuber, Hans J., HDTV-Politik, RuF 1994/1, S. 5;

Klabbers, Jan, Jurisprudence in International Trade Law. Article XX of GATT, 26 JWT (1992) 2, S. 63;

Knapp, Ursula, The General Agreement on Trade in Services (GATS): An Analysis, OECD Working Papers Vol. II, Nr. 85, Paris 1994;

Kösters, Wim, Freihandel versus Industriepolitik, Wirtschaftsdienst 1992/I, S. 49;

Kohona, Palitha T.B., Dispute Resolution under the World Trade Organization. An Overview, 28 JWT (1994) 2, S. 23;

Kommission der Europäischen Gemeinschaften , Fernsehen ohne Grenzen, Grünbuch über die Errichtung eines Gemeinsamen Marktes für den Rundfunk, insbesondere über Satellit und Kabel (Mitteilung der Kommission an den Rat), KOM(84) 300 endg., Brüssel, 1984; zit.: Fernsehen ohne Grenzen;

dies., Pluralismus und Medienkonzentration im Binnenmarkt. Bewertung der Notwendigkeit einer Gemeinschaftsaktion. Grünbuch der Kommission, KOM(92) 480 endg., Brüssel, 1992;

dies., Die Aktion der Europäischen Gemeinschaft zugunsten der Kultur (Mitteilung der Kommission an das Europäische Parlament und den Rat der Europäischen Union), KOM(94) 356 endg., Brüssel, 1994;

dies., Mitteilung der Kommission an den Rat und das Europäische Parlament über die Durchführung der Artikel 4 und 5 der Richtlinie 89/552/EWG „Fernsehen ohne Grenzen", KOM(94) 57 endg., Brüssel, 1994;

dies., Strategische Optionen für die Stärkung der Programmindustrie im Rahmen der audiovisuellen Politik der Europäischen Union. Grünbuch, KOM(94) 96 endg., Brüssel, 1994;

dies., Mitteilung der Kommission an den Rat und das Europäische Parlament. Reaktionen auf den Konsultationsprozeß zum Grünbuch „Pluralismus und Medienkonzentration im Binnenmarkt - Bewertung der Notwendigkeit einer Gemeinschaftsaktion", KOM(94) 353 endg., Brüssel, 1994;

dies., Vorschlag für einen Beschluß des Rates zur Einrichtung eines Europäischen Garantiefonds zur Förderung der Film- und Fernsehproduktion, KOM(95) 546 endg., ABl. C 41/8 v. 13.2.1996, Brüssel 1995;

dies., Vorschläge für Beschlüsse des Rates zur Unterzeichnung und Genehmigung namens der Europäischen Gemeinschaft der Europäischen Konvention über urheber- und leistungsschutzrechtliche Fragen im Bereich des grenzüberschreitenden Satellitenrundfunks, KOM(96) 6 endg., Brüssel, 1996;

dies., Mitteilung der Kommission an den Rat und das Europäische Parlament über die Durchführung der Artikel 4 und 5 der Richtlinie 89/552/EWG „Fernsehen ohne Grenzen", KOM(96) 302 endg., Brüssel, 1996;

Komuro, Norio, The WTO Dispute Settlement Mechanism. Coverage and Procedures of the WTO Understanding, 29 JWT (1995) 4, S. 5;

Koszuszeck, Helmut, Freier Dienstleistungsverkehr und nationales Rundfunkrecht. Anmerkungen zum Urteil des Gerichtshofs der Europäischen Gemeinschaften vom 26.04.1988 zur niederländischen „Kabelregeling" - Rs. 352/85 - De Vereniging Bond van Adverteerders u.a./Niederländischen Staat, ZUM 1989, S. 541;

Kraußer, Hans-Peter, Das Prinzip begrenzter Ermächtigung im Gemeinschaftsrecht als Strukturprinzip des EWG-Vertrages, 1. Aufl., Berlin, 1991; zugl. Diss., Erlangen, Nürnberg, 1991;

Kreile, Reinhold/Becker, Jürgen, Neuordnung des Urheberrechts in der Europäischen Union, GRUR Int. 1994, S. 901;

Krück, Hans, Völkerrechtliche Verträge im Recht der Europäischen Gemeinschaften. Abschlußkompetenzen-Bindungswirkung-Kollisionen, 1. Aufl., Berlin u.a., 1977;

Kruse, Eberhard, Das gemeinschaftsrechtliche Beihilfenverbot und die für „Kultur" und „kulturelles Erbe" bestehende Befreiungsmöglichkeit, EWS 1996, S. 113;

Kruse, Jörn, Die amerikanische Dominanz bei Film- und Fernseh-Produktionen, RuF 1994, S. 184;

Kugelmann, Dieter, Der Rundfunk und die Dienstleistungsfreiheit des EWG-Vertrages, 1. Aufl., Berlin, 1991; zugl. Diss. Mainz, 1991;

Kuijper, Pieter J., The Conclusion and Implementation of the Uruguay Round Results by the European Community, EJIL 6 (1995), S. 222;

Landsittel, Ralph, Die EG-Antidumpingregelung für „Schraubenzieherfabriken" nach der Entscheidung des GATT-Panel, EuZW 1990, S. 177;

Lane, Robert, New Community Competences under the Maastricht Treaty, CMLReview 1993, S. 939;

Lauwaars, Richard, Scope and exclusiveness of the common commercial policy - limits of the powers of the Member States, in: Schwarze, Jürgen (Hrsg.), Discretionary Powers of the Member States in the Field of Economic Policies and their Limits under the EEC Treaty. Les pouvoirs discrétionaires des Etats membres de la Communauté européenne dans le domaine de la politique économique et leurs limites en vertu du Traité C.E.E., 1. Aufl., Baden-Baden, 1988, S. 73; zit.: *Lauwaars*, Discretionary Powers;

Lenz, Carl Otto (Hrsg.), EG-Vertrag. Kommentar zu dem Vertrag zur Gründung der Europäischen Gemeinschaften, 1. Aufl., Köln u.a., 1994; zit.: Lenz-*Bearbeiter*;

Liehr, Jürgen, Die Niederlassungsfreiheit zum Zwecke der Rundfunkveranstaltung und ihre Auswirkungen auf die deutsche Rundfunkordnung, 1. Aufl., München, 1995; zugl. Diss. München, 1994/95;

Lüder, Tilman E., Die Grenzen der Keck-Rechtsprechung, EuZW 1996, S. 615;

Lupinacci, Timothy M., The Pursuit of Television Broadcasting Activities in the European Community: Cultural Preservation or Economic Protectionism?, Vanderbilt Journal of Transnational Law 24 (1991), S. 113;

Macleod, I./Hendry, I.D./Hyett, Stephen, The External Relations of the European Communities, 1. Aufl., Oxford, 1996;

Marceau, Gabrielle, Transition from GATT to WTO. A Most Pragmatic Operation, 29 JWT (1995) 4, S. 147;

Martín-Pérez de Nanclares, José, Die EG-Fernsehrichtlinie. Rechtsgrundlage, Kommentierung und Umsetzung in das Recht der EG-Mitgliedstaaten sowie Österreichs und der Schweiz, 1. Aufl., Frankfurt a.M. u.a., 1995; zugl. Diss. Univ. Saarbrücken, 1994;

Mattoo, Aaditya, National Treatment in the GATS. Cornerstone or Pandora's Box?, 31 JWT (1997) 1, S. 107;

McGee, Robert W., The Fatal Flaw in NAFTA, GATT and All Other Trade Agreements, Northwestern Journal of International Law & Business 14 (1994), S. 549;

McGovern, Edmond, International Trade Regulation. GATT, the United States and the European Community, 1. Aufl., Exeter, 1982;

Meinel, Wulf, Grenzen europäischer Rundfunkrechtsetzung. Dargestellt am Beispiel der Fernsehrichtlinie der Europäischen Gemeinschaft vom 3. Oktober 1989, 1. Aufl., Frankfurt a. M. u.a., 1993; zugl. Diss. Freiburg, 1992;

Meng, Werner, Hormonstreit zwischen der EG und den USA im Rahmen des GATT, RIW 1989, S. 544;

Mengozzi, Paolo, Trade in Services and Commercial Policy, in: Marescau, Marc (Hrsg.), The European Community's Commercial Policy after 1992: The Legal Dimension, 1. Aufl., Dordrecht u.a., 1993, S. 223; zit.: *Mengozzi*, The Legal Dimension;

Mestmäcker, Ernst-Joachim/Engel, Christoph/Gabriel-Bräutigam, Karin/Hoffmann, Martin, Der Einfluß des europäischen Gemeinschaftsrechts auf die deutsche Rundfunkordnung, 1. Aufl., Baden-Baden, 1990;

Mestmäcker, Ernst-Joachim, Über den Einfluß von Ökonomie und Technik auf Recht und Organisation der Telekommunikation und der elektronischen Medien, in: ders. (Hrsg.), Kommunikation ohne Monopole II. Ein Symposium über Ordnungsprinzipien im Wirtschaftsrecht der Telekommunikation und der elektronischen Medien, 1. Aufl., Baden-Baden, 1995, S. 9; zit. *Mestmäcker*, Kommunikation ohne Monopole II;

Ming Shao, W., Is There No Business Like Show Business? Free Trade and Cultural Protectionism, Yale JIL 20 (1995), S. 105;

Monopolkommission, Hauptgutachten 1994/1995. Wettbewerbspolitik in Zeiten des Umbruchs, 1. Aufl., Baden-Baden, 1996;

dies., Hauptgutachten 1988/1989. Wettbewerbspolitik vor neuen Herausforderungen, 1. Aufl., Baden-Baden, 1990;

Montag, Frank, Gewerbliche Schutzrechte, wesentliche Einrichtungen und Normung im Spannungsfeld zu Art. 86 EGV, EuZW 1997, S. 71;

Müller, Jürgen , An Economic Analysis of Different Regulatory Regimes of Transborder Services, in: Friedmann, Daniel/Mestmäcker, Ernst-Joachim (Hrsg.), Rules for Free International Trade in Services. Symposium in Tel Aviv, 1. Aufl., Baden-Baden 1990, S. 341; zit.: *Müller,* Rules for Free International Trade in Services;

Müller, Wolfgang, Das neue Antidumpingrecht der EG, EWS 1995, S. 146;

Neuwahl, Nanette A., Joint Participation in International Treaties and the Exercise of Power by the EEC and its Member States: Mixed Agreements, CMLReview 1991, S. 717;

dies., Shared Powers or Combined Incompetence? More on Mixity, CMLReview 1996, S. 667;

Nicolaides, Phedon, Economic Aspects of Services: Implications for a GATT Agreement, 23 JWT (1989) 1, S. 125;

dies., The Usefulness of a Broad Perspective on Services: Comment on D. Nayyar's Article: "Some Reflections on the Uruguay Round and Trade in Services", 23 JWT (1989) 4, S. 64;

Nicolaysen, Gert, Zur Theorie von den implied powers in den Europäischen Gemeinschaften, EuR 1966, S. 129;

ders., Europarecht I, 1. Aufl., Baden-Baden, 1991;

ders., Notwendige Rechtsetzung. Auch ein Beitrag zum Thema Subsidiarität, in: Randelzhofer, Albrecht /Scholz, Rupert/Wilke, Dieter (Hrsg.), Gedächtnisschrift für Eberhard Grabitz, 1. Aufl., München, 1995, S. 469; zit.: *Nicolaysen,* GS Grabitz;

ders., Europarecht II. Das Wirtschaftsrecht im Binnenmarkt, 1. Aufl., Baden-Baden, 1996;

Niedobitek, Matthias, Kultur und Europäisches Gemeinschaftsrecht, 1. Aufl., Berlin, 1992; zugl. Diss. Speyer, 1991;

ders., Die kulturelle Dimension im Vertrag über die Europäische Union, EuR 1995, S. 349;

Nöll, Hans-Heinrich, Die Völkerrechtssubjektivität der Europäischen Gemeinschaften und deren Bindung an das allgemeine Völkerrecht, 1. Aufl., Baden-Baden, 1986; zugl. Diss. Marburg/Lahn, 1982;

OECD, Échanges internationaux de services. Les oeuvres audiovisuelles, 1. Aufl., Paris, 1986; zit.: *OECD,* Les oeuvres audiovisuelles;

Oehmichen, Alexander, Die unmittelbare Anwendbarkeit der völkerrechtlichen Verträge der EG. Die EG-Freihandels- und Assoziierungsabkommen im Spannungsfeld von Völkerrecht, Gemeinschaftsrecht und nationalem Recht, 1. Aufl., Frankfurt a.M. u.a., 1992; zugl. Diss. Saarbrücken, 1992;

Ohlin, Bertil, Interregional and International Trade, 1. Aufl., Cambridge, 1933;

Oliver, Peter, Free Movement of Goods in the European Community under Articles 30 to 36 of the Rome Treaty, 3. Aufl., London, 1996;

Orville, Michael d', Die rechtlichen Grundlagen für die gemeinsame Zoll- und Handelspolitik der EWG, 1. Aufl., Köln u.a., 1973; zugl. Diss., 1971;

Oppermann, Thomas, Die Europäische Gemeinschaft und Union in der Welthandelsorganisation (WTO), RIW 1995, S. 919;

ders., ARTE - Ein Experiment in Europäischer Kultur, in: Randelzhofer, Albrecht/Scholz, Rupert/Wilke, Dieter (Hrsg.), Gedächtnisschrift für Eberhard Grabitz, 1. Aufl., München, 1995, S. 483; zit.: *Oppermann*, GS Grabitz;

ders., Deutsche Rundfunkgebühren und Europäisches Beihilferecht, ZUM 1996, S. 656;

Ossenbühl, Fritz, Rundfunk zwischen nationalem Verfassungsrecht und europäischem Gemeinschaftsrecht, 1. Aufl., Frankfurt a.M., 1986; zit.: *Ossenbühl*, Rundfunk;

Owen, Bruce M./Beebe, Jack H./Manning, Jr., Willard G., Television Economics, 2. Aufl., Lexington, Massachusetts u.a., 1976;

Palmeter, David, A Commentary on the WTO Anti-Dumping Code, 30 JWT (1996) 4, S. 43;

Patterson, Gardner/Patterson, Eliza , The Road from GATT to MTO, Minnesota Journal of Global Trade 3 (1994), 1, S. 35;

Perau, Guido, Werbeverbote im Gemeinschaftsrecht. Gemeinschaftsrechtliche Grenzen nationaler und gemeinschaftsrechtlicher Werbebeschränkungen, 1. Aufl., Baden-Baden, 1997; zugl. Diss. Trier, 1996;

Perreau de Pinninck, Fernando, Les competences communautaires dans les negociations sur le commerce des services, Cahiers de droit européen 1991, S. 390;

Pescatore, Pierre, Die Rechtsprechung des Europäischen Gerichtshofs zur innergemeinschaftlichen Wirkung völkerrechtlicher Abkommen, in: Bernhardt, Rudolf/Geck, Wilhelm Karl/Jaenicke, Günther/Steinberger, Helmut, Völkerrecht als Rechtsordnung. Internationale Gerichtsbarkeit. Menschenrechte. Festschrift für Hermann Mosler, 1. Aufl., Berlin u.a., 1983, S. 661; zit.: *Pescatore*, Mosler-FS;

Pescatore, Pierre/Davey, William J./Lowenfeld, Andreas F., Handbook of WTO/GATT Dispute Settlement, Volumes 1-2, Stand: 7. Lieferung (Juni 1996), New York u.a.;

Petersmann, Ernst-Ulrich, Participation of the European Communities in the GATT: International Law and Community Law Aspects, in: o'Keeffe, David/Schermers, Henry G. (Hrsg.), Mixed Agreements, 1. Aufl., Antwerpen u.a., 1983; zit.: *Petersmann*, Mixed Agreements;

ders., Application of GATT by the Court of Justice of the European Communities, CMLReview 1983, S. 397;

ders., Die EWG als GATT-Mitglied - Rechtskonflikte zwischen GATT-Recht und Europäischem Gemeinschaftsrecht, in: Hilf, Meinhard/Petersmann, Ernst-Ulrich (Hrsg.), GATT und Europäische Gemeinschaft. Referate der Tagung des Arbeitskreises Europäische Integration e.V. in Bielefeld vom 6.-8. September 1984, 1. Aufl., Baden-Baden, 1984, S.119; zit.: *Petersmann*, GATT und Europäische Gemeinschaft;

ders., The Dispute Settlement System of the World Trade Organization and the Evolution of the GATT Dispute Settlement System since 1948, CMLReview 1994, S. 1157;

ders., The Transformation of the World Trading System through the 1994 Agreement Establishing the World Trade Organization, EJIL 6 (1995), S. 161;

Picard, Robert G., Media Economics. Concepts and Issues, 1. Aufl., Newbury Park u.a., 1989;

Reinbothe, Jörg, TRIPS und die Folgen für das Urheberrecht, ZUM 1996, S. 735;

Reinert, Patrick, Grenzüberschreitender Rundfunk im Spannungsfeld von staatlicher Souveränität und transnationaler Rundfunkfreiheit. Eine völker-, europa- und verfassungsrechtliche Betrachtung des Mediums Rundfunk, insbesondere über Satellit und Kabel, 1. Aufl., Frankfurt a.M. u.a., 1990; zugl. Diss. Trier, 1989;

Rengeling, Hans-Werner, Zu den Befugnissen des Europäischen Parlaments beim Abschluß völkerrechtlicher Verträge im Rahmen der Gemeinschaftsverfassung, in: Münch, Ingo v. (Hrsg.), Staatsrecht -Völkerrecht-Europarecht. Festschrift für Hans-Jürgen Schlochauer, 1. Aufl., Berlin u.a., 1981, S. 877; zit.: *Rengeling*, Schlochauer-FS;

Ress, Georg, Die Zulässigkeit von Kulturbeihilfen in der Europäischen Union, in: Randelzhofer, Albrecht/Scholz, Rupert/Wilke, Dieter (Hrsg.), Gedächtnisschrift für Eberhard Grabitz, 1. Aufl., München, 1995, S. 595; zit.: *Ress*, GS Grabitz;

Ricardo, David, Über die Grundsätze der politischen Ökonomie und der Besteuerung. Übersetzt von Gerhard Bondi, hrsgg. von Heinz D. Kurz, 1. Aufl., Marburg, 1994;

Richardson, John B., A Sub-sectoral Approach to Services' Trade Theory, in: Giani, Orio (Hrsg.), The Emerging Service Economy, 1. Aufl., Oxford u.a., 1987, S. 59; zit.: *Richardson*, The Emerging Service Economy;

Rose, Ian M., Barring Foreigners from our Airwaves: An Anachronistic Pothole on the Global Information Highway, Columbia Law Review 95 (1995), S. 1188;

Rose, Klaus/Sauernheimer, Karlhans, Theorie der Außenwirtschaft, 11. Aufl., München, 1992;

Rosenbach, Georg, Status und Vertretung der Europäischen Gemeinschaften in internationalen Organisationen, 1. Aufl., München, 1979;

Roth, Wulf-Henning, Grenzüberschreitender Rundfunk und Dienstleistungsfreiheit, ZHR 149 (1985), S. 679;

ders., Die Harmonisierung des Dienstleistungsrechts in der EWG, EuR 1986, S. 340; 1987, S.7;

ders., Grundfreiheiten des Gemeinsamen Marktes für kulturschaffende Tätigkeiten und kulturelle Leistungsträger, ZUM 1989, S.101;

Rumphorst, Werner, Satellitenfernsehen und Urheberrecht. Kritische Anmerkungen zur sogenannten Theorie des intendierten Sendegebiets, GRUR Int. 1992, S. 910;

Rupo, Elio Di, Ouverture des travaux, in: Doutrelepont, Carine (Hrsg.), L'Europe et les enjeux du GATT dans le domaine de l'audiovisuel, 1. Aufl., Brüssel, 1994, S. 21; zit.: *Di Rupo*, L'Europe et les enjeux du GATT dans le domaine de l'audiovisuel;

Sack, Jörn, The European Community's Membership of International Organizations, CMLReview 1995, S. 1227;

ders., Die Europäische Gemeinschaft als Mitglied internationaler Organisationen, in: Randelzhofer, Albrecht/Scholz, Rupert/Wilke, Dieter (Hrsg.), Gedächtnisschrift für Eberhard Grabitz, 1. Aufl., München, 1995, S. 631; zit.: *Sack*, GS Grabitz;

Salvatore, Vincenzo, Quotas on TV Programmes and EEC Law, CMLReview 1992, S. 967;

Sander, Gerald G., "Cultural Exception" in der WTO - eine Bereichsausnahme für die audiovisuellen Medien?, in: Dittmann, Armin/Fechner, Frank/Sander, Gerald G. (Hrsg.), Der Rundfunkbegriff im Wandel der Medien. Symposion zum 65. Geburtstag von Professor Dr. iur. Dr. h.c. Thomas Oppermann, 1. Aufl., Berlin, 1997, S. 177; zit.: *Sander*, Der Rundfunkbegriff im Wandel der Medien;

Sauvé, Pierre, Assessing the General Agreement on Trade in Services. Half-Full or Half-Empty?, 29 JWT (1995) 4, S. 125;

Schiwy, Peter/Schütz, Walter J. (Hrsg.), Medienrecht. Lexikon für Wissenschaft und Praxis, 3. Aufl., Neuwied u.a., 1994; zit.: Schiwy/Schütz-*Bearbeiter*;

Schmidt, Reiner (Hrsg.), Öffentliches Wirtschaftsrecht. Besonderer Teil 2, 1. Aufl., Berlin u.a., 1996; zit.: Schmidt-*Bearbeiter*;

Schmittmann, Michael, Das Urteil des LG Stuttgart zum Brutto/Nettoprinzip bei Fernsehwerbeunterbrechungen: Landesmedienrecht im Konflikt zum primären und sekundären Gemeinschaftsrecht?, AfP 1997, S. 515;

Schnichels, Dominik, Reichweite der Niederlassungsfreiheit. Dargestellt am Beispiel des deutschen Internationalen Gesellschaftsrechts, 1. Aufl., Baden-Baden, 1995; zugl. Diss. München, 1993;

Schoch, Frank, Unbestimmte Rechtsbegriffe im Rahmen des GATT. Eine Untersuchung anhand der Regelungen über Dumping und Subventionen, 1. Aufl., Frankfurt a.M. u.a., 1994; zugl. Diss. Mannheim, 1994;

Schwartz, Ivo E., EG-Rechtsetzungsbefugnisse, insbesondere nach Artikel 235 - ausschließlich oder konkurrierend?, in: Everling, Ulrich/Schwartz, Ivo E./Tomuschat, Christian, Die Rechtsetzungsbefugnisse der EWG in Generalermächtigungen, insbesondere in Art. 235 EWGV, EuR Sonderheft, München, 1976, S. 27; zit: *Schwartz*, Everling-Schwartz-Tomuschat, Rechtsetzungsbefugnisse;

ders., Rundfunk und EWG-Vertrag, in: Schwarze, Jürgen (Hrsg.), Fernsehen ohne Grenzen. Die Errichtung des Gemeinsamen Marktes für den Rundfunk, insbesondere über Satellit und Kabel, 1. Aufl., Baden-Baden, 1985, S. 45; zit.: *Schwartz*, Fernsehen ohne Grenzen;

ders., EG-Rechtsetzungsbefugnis für das Fernsehen, ZUM 1989, S. 381;

ders., Subsidiarität und EG-Kompetenzen. Der neue Titel „Kultur". Medienvielfalt und Binnenmarkt, AfP 1993, S. 409;

ders., EG-Kompetenzen für den Binnenmarkt: Exklusiv oder konkurrierend/subsidiär?, in: Due, Ole/Lutter, Marcus/Schwarze, Jürgen (Hrsg.), Festschrift für Ulrich Everling, Band II, 1. Aufl. Baden-Baden, 1995, S. 1331; zit.: *Schwartz*, Everling-FS;

Schwarze, Jürgen, Die EWG in ihren völkerrechtlichen Beziehungen. Grundfragen und aktuelle Rechtsprobleme, NJW 1979, S. 456;

ders., Rundfunk und Fernsehen in der Europäischen Gemeinschaft - Europarechtliche, staatsrechtliche und völkerrechtliche Grundlagen, in: ders. (Hrsg.), Fernsehen ohne Grenzen. Die Errichtung des Gemeinsamen Marktes für den Rundfunk, insbesondere über Satellit und Kabel, 1. Aufl., Baden-Baden, 1985, S. 11; zit.: *Schwarze*, Fernsehen ohne Grenzen;

Selmer, Peter/Gersdorf, Hubertus, Die Finanzierung des Rundfunks in der Bundesrepublik Deutschland auf dem Prüfstand des EG-Beihilferegimes, 1. Aufl., Berlin 1994;

Senti, Richard, GATT. Allgemeines Zoll- und Handelsabkommen als System der Welthandelsordnung, 1. Aufl., Zürich, 1986;

ders., Die Integration als Gefahr für das GATT, Aussenwirtschaft 1994, S. 131;

ders., GATT-WTO. Die neue Welthandelsordnung nach der Uruguay-Runde, 1. Aufl., Zürich, 1994;

ders., Die neue Welthandelsordnung für Dienstleistungen, Zürich, 1994;

Shelden, Jamie, "Television Without Frontiers": A Case Study of Turner Broadcasting's New Channel in the Community - Does it Violate the Directive?, The Transnational Lawyer 7 (1994), S. 523;

Shell, Richard G., Trade Legalism and International Relations Theory: An Analysis of the World Trade Organization, Duke Law Journal 44 (1995), S. 829;

Siebert, Horst, Außenwirtschaft, 4. Aufl., Stuttgart, 1989;

Silverman, Jared R., Multilateral Resolution Over Unilateral Retaliation: Adjudicating the Use of Section 301 Before the WTO, University of Pennsylvania Journal of International Economic Law 17 (1996), S. 233;

Sindelar, Martina, Das GATT - Handelsordnung für den Dienstleistungsverkehr: eine handelspolitische Untersuchung am Beispiel des internationalen Seeverkehrs, 1. Aufl., Bayreuth, 1987; zugl. Diss. Univ. Bayreuth, 1987;

Slot, Piet Jan, State Aids in the Cultural Sector, Rheinische Friedrich-Wilhelms-Universität Bonn, 1994;

Smith, Adam, The Wealth of Nations, Nachdruck, London 1964.

Smith, Clint N., International Trade in Television Programming and GATT: An Analysis of Why the European Community's Local Program Requirement Violates the General Agreement on Tariffs and Trade, International Tax & Business Lawyer 10 (1993), S. 97;

Stadler, Christoph, Die Liberalisierung des Dienstleistungshandels am Beispiel der Versicherungen. Kernelemente bilateraler und multilateraler Ordnungsrahmen einschließlich des GATS, 1. Aufl., Berlin 1992; zugl. Diss. Univ. Konstanz, 1992;

Stahl, Tycho H.E., Liberalizing Trade in Services: The Case for Sidestepping the GATT, Yale JIL 19 (1994), S. 405;

Stein, Klaus D., Der gemischte Vertrag im Recht der Außenbeziehungen der Europäischen Wirtschaftsgemeinschaft, 1. Aufl., Berlin, 1986; zugl. Diss. Trier, 1986;

Strong, Stacie I., Banning the Cultural Exclusion: Free Trade and Copyrighted Goods, Duke Journal of Comparative & International Law 4 (1993), S. 93;

Timmermans, Christiaan W.A., Common Commercial Policy (Article 113 EEC) and International Trade in Services, in: Capotorti, F./Ehlermann, C.-D./Frowein, J./Jacobs, F./Joliet, R./Koopmans, T./Kovar, R. (Hrsg.), Du droit international au droit de l'integration. Liber Amicorum Pierre Pescatore, 1. Aufl., Baden-Baden, 1987, S. 675; zit.: *Timmermans*, Pescatore-FS;

ders., Division of external powers between Community and Member States in the field of harmonization of national law - a case study, in: Timmermans, Christiaan W.A./Völker, E.L.M. (Hrsg.), Division of powers between the European Communities and their Member States in the field of external relations, 1. Aufl., Niederlande, 1981, S.15; zit.: *Timmermans*, Division of powers;

Tomuschat, Christian, Anmerkung: Die auswärtige Gewalt erhält feste Konturen, EuR 1977, S. 157;

ders., Zur Rechtswirkung der von der Europäischen Gemeinschaft abgeschlossenen Verträge in der Gemeinschaftsrechtsordnung, in: Lüke, Gerhard/Ress, Georg/Will, Michael R. (Hrsg.), Rechtsvergleichung, Europarecht und Staatenintegration. Gedächtnisschrift für Léontin-Jean Constantinesco, 1. Aufl., Köln u.a., 1983, S. 801; zit.: *Tomuschat*, Constantinesco-GS;

ders., Aller guten Dinge sind III? Zur Diskussion um die Solange-Rechtsprechung des BVerfG, EuR 1990, S. 340;

Trebilcock, Michael J./Howse, Robert, The Regulation of International Trade, 1. Aufl., London u.a., 1995;

Tridimas, Takis/Eeckhout, Piet, The External Competence of the Community and the Case-Law of the Court of Justice: Principle versus Pragmatism, Yearbook of European Law 14 (1994), S. 143;

Tumlir, Jan, GATT-Regeln und Gemeinschaftsrecht. Ein Vergleich wirtschaftlicher und rechtlicher Funktionen, in: Hilf, Meinhard/Petersmann, Ernst-Ulrich (Hrsg.), GATT und Europäische Gemeinschaft. Referate der Tagung des Arbeitskreises Europäische Integration e.V. in Bielefeld vom 6.-8. September 1984, 1. Aufl., Baden-Baden, 1984, S. 87; zit.: *Tumlir*, GATT und Europäische Gemeinschaft;

Varis, Tapio, International flow of Television Programmes, hrsgg. von der UNESCO, 1. Aufl., Paris, 1985;

Vaubel, Roland, The Anti-Dumping Policy of the European Community: A Critique and Two Proposals, in: Oppermann, Thomas/Molsberger, Josef (Hrsg.), A New GATT for the Nineties and Europe '92. International Conference held in Tübingen 25-27 July 1990, 1. Aufl., Baden-Baden, 1991, S. 187; zit.: *Vaubel*, in: A New GATT for the Nineties and Europe '92;

Vedder, Christoph Wilhelm, Die auswärtige Gewalt des Europa der Neun, 1. Aufl., Göttingen, 1980; zugl. Diss. Göttingen, 1978;

Vermulst, Edwin/Driessen, Bart, An Overview of the WTO Dispute Settlement System and its Relationship with the Uruguay Round Agreements. Nice on Paper but Too Much Stress for the System?, 29 JWT (1995) 2, S. 131;

Vermulst, Edwin/Waer, Paul, The Post-Uruguay Round EC Anti-Dumping Regulation. After a Pit Stop, Back in the Race, 29 JWT (1995) 2, S. 53;

Vitzthum, Wolfgang Graf, Der Föderalismus in der europäischen und internationalen Einbindung der Staaten, AöR 115 (1985), S. 281;

Völker, Edmond L.M., Technical Regulations and Standards and Commercial Policy, in: Maresceau, Marc (Hrsg.), The European Community's Commercial Policy after 1992: The Legal Dimension, 1. Aufl., Dordrecht u.a., 1993, S. 285; zit.: *Völker*, The Legal Dimension;

Wägenbaur, Rolf, Auf dem Wege zur Bildungs- und Kulturgemeinschaft, in: Randelzhofer, Albrecht/Scholz, Rupert/Wilke, Dieter (Hrsg.), Gedächtnisschrift für Eberhard Grabitz, 1. Aufl., München, 1995, S. 851; zit.: *Wägenbaur*, GS Grabitz;

Waelbroeck, Denis, La révision de la directive „télévision sans frontières" le régime des „quotas", in: Doutrelepont, Carine (Hrsg.), L'actualité du droit de l'audiovisuel européen, 1. Aufl., Brüssel, 1996, S. 11; zit.: *Waelbroeck*, L'actualité du droit de l'audiovisuel européen;

Wagner, Michael, GATT and broadcasting: Europe stands firm, diffusion EBU - winter 1993/94, S. 64;

Wang, Lei, Some Observations on the Dispute Settlement System in the World Trade Organization, 29 JWT (1995) 2, S. 173;

Wang, Yi, Most-Favoured-Nation Treatment under the General Agreement on Trade in Services - And its Application in Financial Services, 30 JWT (1996) 1, S. 91;

Waregne, Jean-Marie, Le GATT et l'audiovisuel, CRISP/CH 1994, Nr. 1449-1450, S. 1;

Weiss, Friedl, The General Agreement on Trade in Services, CMLReview 1995, S. 1177;

Weissenberg, Paul, Die Kompetenz der Europäischen Wirtschaftsgemeinschaft zum Abschluß von Handels- und Kooperationsabkommen gemäß Art. 113 EWG-Vertrag, 1. Aufl., Berlin, 1978; zugl. Diss. Genf, 1977;

Wildman, Steven S./Siwek, Stephen E., International Trade in Films and Television Programs, Cambridge, Massachusetts, 1988;

Willems, Valérie, Pluralisme et concentrations dans le secteur de l'audiovisuel. Enjeux à l'aube de la société de l'information, in: Doutrelepont, Carine (Hrsg.), L'actualité du droit de l'audiovisuel européen, 1. Aufl., Brüssel, 1996, S. 89; zit.: *Willems*, L'actualité du droit de l'audiovisuel européen;

Winn, David Benjamin, European Community and International Media Law, 1. Aufl., London u.a., 1994;

WTO Sekretariat, Regionalism and the World Trading System, hektographierte Fassung, Genf, 1995;

dass., Subsidies and Trade in Services. Note by the Secretariat, S/WPGR/W/9, Genf, 1996;

Wurzbacher, Hartmut, Die Aufteilung von Vertragsschlusskompetenzen zwischen der EWG und den Mitgliedstaaten. Die Möglichkeit innerstaatlicher, gemeinschafts- und völkerrechtlicher Konflikte und ihrer Lösungen, Diss. München, 1973;

Young, Michael K., Dispute Resolution in the Uruguay Round: Lawyers Triumph over Diplomats, The International Lawyer 29 (1995), S. 389;

Zuleeg, Manfred, Die innerstaatliche Anwendbarkeit völkerrechtlicher Verträge am Beispiel des GATT und der Europäischen Sozialcharta, ZaöRV 35 (1975), S. 341;

ders., Urteilsanmerkung, JZ 1995, S. 673;

Zweigert, Konrad, Grundsatzfragen der europäischen Rechtsangleichung, ihrer Schöpfung und Sicherung, in: Caemmerer, Ernst v./Nikisch, Arthur/Zweigert, Konrad (Hrsg.), Vom deutschen zum europäischen Recht. Festschrift für Hans Dölle, Bd. II, 1. Aufl., Tübingen 1963, S. 401, zit.: *Zweigert*, Dölle-FS.

Herausgegeben von Prof. Dr. Ernst-Joachim Mestmäcker und
Prof. Dr. Christoph Engel

Law and Economics of International Telecommunications – Wirtschaftsrecht der internationalen Telekommunikation

Thomas Kiessling   Band 34
Optimale Marktstrukturregulierung in der Telekommunikation
Lehren aus den USA und anderen Ländern
für die EU
1998, 236 S., geb. mit SU, 78,– DM, 569,– öS, 71,– sFr, ISBN 3-7890-5153-5

Klaus W. Grewlich   Band 33
Konflikt und Ordnung in der globalen Kommunikation
Wettstreit der Staaten und Wettbewerb
der Unternehmen
1997, 307 S., geb. mit SU, 98,– DM, 715,– öS, 89,– sFr, ISBN 3-7890-4983-2

Martin Schellenberg   Band 32
Rundfunk-Konzentrations-bekämpfung zur Sicherung des Pluralismus im Rechtsvergleich
Rundfunkstaatsvertrag 1997 und Landes-
mediengesetze im Vergleich mit den
Kontrollsystemen in Frankreich, Italien und
Großbritannien
1997, 268 S., geb. mit SU, 98,– DM, 715,– öS, 89,– sFr, ISBN 3-7890-4904-2

Susanne Stürmer   Band 31
Netzzugang und Eigentumsrechte in der Telekommunikation
1997, 215 S., geb. mit SU, 76,– DM, 555,– öS, 69,– sFr, ISBN 3-7890-4776-7

Martin Bullinger/
Ernst-Joachim Mestmäcker   Band 30
Multimediadienste
Struktur und staatliche Aufgaben nach deut-
schem und europäischem Recht
1997, 178 S., geb. mit SU, 68,– DM, 496,– öS, 62,– sFr, ISBN 3-7890-4633-7

Christoph Engel   Band 29
Kabelfernsehen
1996, 165 S., geb. mit SU, 66,– DM, 482,– öS, 60,– sFr, ISBN 3-7890-4432-6

Christoph Engel   Band 28
Medienordnungsrecht
1996, 144 S., geb. mit SU, 58,– DM, 423,– öS, 52,50 sFr, ISBN 3-7890-4397-4

Karl-Ernst Schenk/   Band 27
Bent Lüngen/ Henrik Prößdorf
Telekommunikation in der Transformation
Handlungsoptionen, kontroverse Reformen
und wirtschaftliche Wirkungen
1996, 217 S., geb. mit SU, 76,– DM, 555,– öS, 69,– sFr, ISBN 3-7890-4127-0

Jens Neitzel   Band 26
Die Auslandstätigkeit der Deutschen Telekom
Eine Untersuchung anhand des Europäischen
Wettbewerbsrechts unter besonderer
Berücksichtigung strategischer Allianzen und
Gemeinschaftsunternehmen
1996, 227 S., geb. mit SU, 79,– DM, 577,– öS, 72,– sFr, ISBN 3-7890-4265-X

 **NOMOS Verlagsgesellschaft
76520 Baden-Baden**

Thomas Kiessling

Optimale Marktstrukturregulierung in der Telekommunikation

Lehren aus den USA und anderen Ländern für die EU

Am 1. Januar 1998 wurden die Telekommunikationsmärkte in den meisten EU-Staaten vollständig liberalisiert, um Innovationspotentiale auszunutzen und die Fragmentierung der Kommunikationsmärkte zu überwinden.

Die Arbeit entwickelt ein umfassendes mikroökonomisches Analysemodell zur Identifikation derjenigen Angebotsstrukturen, die diese Ziele am besten erreichen. Dabei werden die Erfahrungen in den USA und anderen Ländern aufgearbeitet.

Der EU-Regulierungsrahmen wird vor dem Hintergrund dieses Marktmodells auf seine Effizienz untersucht. Ineffizienzen aufgrund der Überbetonung der industriepolitischen Komponente auf EU-Ebene (Subventionsprogramme, ONP-Marktergebnisregulierung) sowie fehlender Durchsetzungsfähigkeit der Kommission bei wettbewerbspolitischen Regulierungsmaßnahmen werden präzise dargestellt. Die Studie schließt daher mit der Forderung nach einer supranationalen EU-Regulierungsbehörde, die über die Kompetenzen zur Durchsetzung EU-weiter Regulierungsmaßnahmen verfügt.

Der Verfasser war von 1991 bis 1993 in der Regulierungsberatung im Kommunikationsbereich auf EU-Ebene tätig und ist seit 1994 in der Planungsabteilung der Firma GlobalOne beschäftigt.

1998, 236 S., geb. mit Schutzumschlag, 78,– DM, 569,– öS, 71,– sFr,
ISBN 3-7890-5153-5
(Law and Economics of International Telecommunications – Wirtschaftsrecht der internationalen Telekommunikation, Bd. 34)

 **NOMOS** Verlagsgesellschaft
76520 Baden-Baden